Solidarität im Gesundheitswesen

Schriften zur Gesundheitspolitik
und zum Gesundheitsrecht

Schriftenreihe des Instituts
für Europäische Gesundheitspolitik und Sozialrecht
an der Johann Wolfgang Goethe-Universität Frankfurt

Herausgegeben von Ingwer Ebsen,
Thomas Gerlinger und Astrid Wallrabenstein

Band 25

Claudia Maria Hofmann / Indra Spiecker gen. Döhmann (Hrsg.)

Solidarität im Gesundheitswesen

Strukturprinzip, Handlungsmaxime, Motor für Zusammenhalt?

PETER LANG

Bibliografische Information der Deutschen Nationalbibliothek
Die Deutsche Nationalbibliothek verzeichnet diese Publikation in der Deutschen Nationalbibliografie; detaillierte bibliografische Daten sind im Internet über http://dnb.d-nb.de abrufbar.

ISSN 2193-0465
ISBN 978-3-631-84469-4 (Print)
E-ISBN 978-3-631-86721-1 (E-PDF)
E-ISBN 978-3-631-86722-8 (EPUB)
DOI 10.3726/b19050

Peter Lang – Berlin · Bern · Bruxelles · New York ·
Oxford · Warszawa · Wien

Diese Publikation wurde begutachtet.

www.peterlang.com

Vorwort

Der vorliegende Sammelband ist hervorgegangen aus der wissenschaftlichen Jahrestagung „Solidarität im Gesundheitswesen: Strukturprinzip, Handlungsmaxime, Motor für Zusammenhalt?" des Instituts für Europäische Gesundheitspolitik und Sozialrecht (ineges) der Goethe-Universität Frankfurt am Main vom 15. September 2020. Jenseits der Referent:innen konnten wir weitere namhafte Autor:innen gewinnen, sich mit dem Thema grundlegend zu befassen.

Als wir das Thema für diese Tagung festlegten, ahnten wir nicht, welchen Aufschwung Debatten um Solidarität im Gesundheitswesen im Laufe des Jahres nehmen sollten. SARS-CoV-2 war noch ein unbekannter Begriff – genauso wie Zoom, Hybrid-Format oder Pandemiemüdigkeit. Die Tagung selbst fand im Hybrid-Format gerade noch vor der nächsten Schließung statt – auch das ein Novum, natürlich nicht nur für ineges.

Durch den Ausbruch der COVID-19-Pandemie erhielt die anhaltend aktuelle Frage, welche Relevanz der Gedanke der Solidarität im Bereich der Gesundheitsversorgung hat, einen besonderen Spin: Plötzlich ging es um eine akute Situation, die rasche und gravierende Entscheidungen forderte. Welche Einschränkungen des eigenen Verhaltens war man bereit hinzunehmen, aus Solidarität z. B. gegenüber der Gesundheit von Personen aus Risikogruppen? Welche Art solidarischer Unterstützung wollte und konnte man leisten? Welche Grenzen der Solidarität musste man sich eingestehen – persönlich, national, supra- bzw. international?

Die Beiträge in diesem Band zeigen, dass wir die „Dimension Pandemie" aus unseren Debatten um Solidarität im Gesundheitswesen kaum mehr ausnehmen können. Gleichzeitig verdeutlichen sie, dass wir diese Debatten schon seit langem führen und die Ausgestaltung der Gesundheitssysteme nicht nur in Deutschland auch vom Gedanken der Solidarität geprägt ist. Die Themen der Texte geben dabei einen Überblick über die Vielschichtigkeit dieser Debatten: Nach einer übergreifenden Betrachtung des Zusammenspiels zwischen Solidarität und Recht aus der Perspektive des Verfassungsrechts (Beitrag von Uwe Volkmann) und der Ethik (Beitrag von Peter Dabrock) wendet sich Stefan Huster der Verknüpfung von Solidarität und Gesundheit zu. Seine Betrachtungen werden komplettiert durch eine soziologische Betrachtung der Solidaritätspraktiken und -diskurse in der deutschen Gesetzlichen Krankenversicherung (Beitrag von Stefanie Börner). Felix Welti widmet sich der spezifischen Ausgestaltung der Solidarität zwischen Krankenkassen in Deutschland; Wanda Spahl und Barbara Prainsack nehmen die gelebte Solidarität im österreichischen Gesundheitssystem in den Blick.

Mit einem Fokus auf Kosten-Nutzen-Bewertungen lotet Laura Münkler das Verhältnis von Wirtschaftlichkeit und Solidarität in der Gesetzlichen Krankenversicherung in Deutschland aus. Stephan Rixen beleuchtet in seinem Beitrag zu Impfpflichten, Immunitäts- und Impfnachweisen die Schnittstelle zwischen Solidarität und Diskriminierung. Es folgen Analysen zur Solidarität zwischen

Generationen am Beispiel der medizinischen Datenspenden (Beitrag von Jenny Krutzinna) sowie zur Solidarität im Bereich europäischer Gesundheitspolitik (Beitrag von Claudia Maria Hofmann). Der Frage nach europäischer Solidarität wenden sich auch Constanze Janda und Vanessa Zeeb zu in ihrer Untersuchung zum beschränkten Zugang zur Gesundheitsversorgung für Drittstaatsangehörige und nichtständig beschäftigte Unionsbürger:innen. Der Band schließt mit einer Erörterung strafrechtlich garantierter Solidaritätspflichten (Beitrag von Michael Kubiciel und Matthias Wachter).

Die inhaltliche Bandbreite der Beiträge veranschaulicht nicht nur, an wie vielen verschiedenen Stellen wir im Zusammenhang mit dem Thema Gesundheit über Solidarität diskutieren. Sie zeigt auch, wie sehr wir in manchen dieser Diskussionen noch am Anfang stehen und wie die Frage, zu wieviel Solidarität wir bereit sind, sich in Zukunft – nicht nur, aber auch im Zusammenhang mit globalen Krisen – womöglich noch nachdrücklicher stellen wird.

Unser herzlicher Dank gilt daher zum einen allen Beitragenden in diesem Band, die uns in ihren Texten kenntnisreich in die verschiedenen Facetten des Zusammenspiels zwischen Solidarität und Gesundheit eingeführt haben. Zum anderen gilt er den Verbänden der gesetzlichen Krankenkassen, die mit der Förderung und Unterstützung des ineges auch die Veröffentlichung dieses Bandes ermöglicht haben. Besonderen Dank möchten wir schließlich auch unseren Mitarbeiterinnen und Mitarbeitern – insbesondere Noel Berhane, Karin Henke, Alisha Morell, Berna Orak, Dana Schneider und Myriam Turath – aussprechen, die uns tatkräftig bei der Organisation und Durchführung der Tagung sowie der Fertigstellung dieses Bandes unterstützt haben.

Frankfurt am Main/Frankfurt (Oder), im Januar 2022

Prof. Dr. Claudia Maria Hofmann

Prof. Dr. Indra Spiecker gen. Döhmann

Ineges

Institut für Europäische Gesundheitspolitik und Sozialrecht

Inhaltsverzeichnis

Uwe Volkmann

Solidarität, Pandemie, Verfassung

I Einleitung

Nach dem Programm, das dieser Tagung zugrunde liegt, und dem Flyer, der ihr beigegeben ist, liegt deren Schwerpunkt entgegen dem Titel zunächst nicht bei Solidarität, sondern bei dem, was hier als „moralische Aufrüstung“ des Rechts beschrieben ist; Solidarität ist dann nur der besondere Begriff oder einer der Aspekte, unter dem dieses allgemeinere Thema hier behandelt wird. Beides miteinander in Zusammenhang zu bringen, ist natürlich nicht falsch, wie gerade die Situation der Pandemie zeigt: Die nach wie vor anhaltenden Beschränkungen des öffentlichen Lebens zu ihrer Eindämmung wurden ja nicht zuletzt aus einem moralischen Imperativ der Solidarität eingefordert, der Solidarität der Jüngeren mit den Älteren, der Solidarität der körperlich Robusten mit den Schwächeren, vielleicht auch der Solidarität aller mit allen,[1] was dann einerseits zur Einführung dieser Beschränkungen durch Recht führte, andererseits die Kritik daran bis heute als unsolidarisch diskreditiert: Wer möchte das schon sein? Und natürlich ist Solidarität wie andere verwandte Begriffe – Barmherzigkeit, Brüderlichkeit, Verantwortung, Gemeinsinn oder auch Gerechtigkeit – zunächst und ungeachtet möglicher Wurzeln in der Rechtssprache[2] ein moralischer Begriff, von dem man dann ebenso wie bei anderen moralischen Begriffen zu fragen hat, wie er in das Recht hineingekommen ist, was er dort zu suchen hat und was man gegebenenfalls mit ihm anfängt. Das Problem tritt selbst dort auf, wo das Recht ihn ausdrücklich verwendet oder ihm sogar eine Schlüsselstellung zuweist, wie es bei der Europäischen Union der Fall ist: Diese hat ihn in Art. 2 EUV zu einem ihrer obersten „Grundwerte“ erhoben und zeichnet ihn auch sonst an verschiedener Stelle aus (vgl. etwa Art. 3 Abs. 3 und 5, 21 Abs. 1, 24 Abs. 2 und 3 EUV etc.), aber man weiß im Grunde bis heute nicht recht, was man dort mit ihm anfangen soll und wie es um seinen konkreten Verpflichtungsgehalt bestellt ist.[3] Noch unklarer ist seine Relevanz dementsprechend für eine Verfassung wie das Grundgesetz, die in ihrem Text nicht

1 *Deutscher Ethikrat*, Solidarität und Verantwortung in der Corona-Krise ad-hoc-Empfehlung, Berlin, 27. März 2020, S. 5; s. dazu noch den Abschnitt V.

2 Die Etymologie verweist oft auf das römische Recht, wo das „in solidum obligari“ die gemeinsame Verpflichtung mehrerer bezeichnete, vgl. *Schmelter*, Solidarität, München, 1991, S. 8. Davon hat sich die neuzeitliche Entwicklung und Behandlung des Begriffs längst gelöst.

3 Exemplarisch hat dies zuletzt die Flüchtlingskrise gezeigt, vgl. *Saracino*, Solidarität in der Asylpolitik der Europäischen Union, Wiesbaden, 2019 insbes. S. 151 ff.

einmal oder nur ganz beiläufig erwähnt.[4] Der Versuch einer Zuordnung wird im Folgenden in drei Schritten entfaltet: Zunächst wird, im Sinne einer verfassungstheoretischen Vorbemerkung, dargelegt, warum das Recht und speziell das Verfassungsrecht heute ohne Moral gar nicht auskommt und ohne sie auch nicht angemessen begriffen werden kann. Darauf aufbauend wird die Rolle beschrieben, die gerade einem möglichen Konzept von Solidarität in diesem Zusammenhang zukommt; abschließend wird ein Blick darauf geworfen, was damit – gerade in der derzeitigen Situation – für die Rechts- und Verfassungsanwendung eigentlich gewonnen ist.[5]

II Verfassung als Ausdruck einer politischen Gerechtigkeitskonzeption

Was zunächst den Zusammenhang von Recht und Moral im Konzept der Verfassung anbelangt, so hängt dieser wesentlich davon ab, was dieses Konzept überhaupt ausmacht und wie es näher zu bestimmen ist. Das ist keineswegs so klar, wie man oft meint.[6] Natürlich wird man sich relativ leicht auf eine allgemeine Definition von Verfassung verständigen können, die diese – anknüpfend an die bekannte Charakterisierung in Marbury vs. Madison („fundamental and paramount law of the nation") – etwa als rechtliche Grundordnung des Staates oder ähnlich beschreibt.[7] Aber schon zur Frage, ob ihr Begriff wirklich auf den Staat beschränkt ist oder heute auch andere Gebilde wie die Europäische Union oder vielleicht sogar die Weltgemeinschaft einschließen kann, sind vernünftige Meinungsverschiedenheiten möglich. Ebenso ist offen, ob zur Verfassung notwendigerweise die Verschriftlichung in einer einheitlichen Urkunde gehört (mit der Folge, dass etwa England keine Verfassung hätte, obwohl darüber dicke Bücher geschrieben worden sind[8]), ob zusätzlich bestimmte Gemeinsamkeiten des Inhalts gegeben sein müssen (wie es etwa der berühmte Artikel 16 der Menschenrechtserklärung von 1789 festgelegt

4 So heute in dem – 2006 erst eingefügten – Art. 104a Abs. 6 Satz 3 GG, der die Lastenverteilung zwischen Bund und Ländern bei der Verletzung von Verpflichtungen gegenüber der Europäischen Union betrifft: „Die Ländergesamtheit trägt in diesen Fällen solidarisch 35 vom Hundert der Gesamtlasten entsprechend einem allgemeinen Schlüssel [...]".

5 Speziell die Ausführungen zu den ersten beiden Abschnitten greifen dabei frühere Überlegungen von mir auf; zu nennen sind vor allem: *Volkmann*, Grundzüge einer Verfassungslehre der Bundesrepublik Deutschland, Tübingen, 2013 (insbes. zu II); *ibds.*, Solidarität – Programm und Prinzip der Verfassung, Tübingen, 1998 (insbes. zu III).

6 Zur Unbestimmtheit des Verfassungsbegriffs beispielhaft *Stern*, Das Staatsrecht der Bundesrepublik Deutschland, 2. Aufl., München, 1984 S. 69 f.: eine der „härtesten Nüsse der Rechtswissenschaft".

7 *Kägi*, Die Verfassung als rechtliche Grundordnung des Staates, Zürich, 1945.

8 Vgl. *Bagehot*, The English Constitution, London, 1867.

hat[9]) oder ob nicht zuletzt jede politische Gemeinschaft überhaupt ihren eigenen Verfassungsbegriff ausbildet (weshalb es über den des Grundgesetzes mittlerweile bereits eine eigene Habilitationsschrift gibt[10]). Gerade daraus ergeben sich aber auch unterschiedliche Zuordnungen von Recht und Moral, die letztlich jede Verfassungsordnung für sich festlegen muss.

1 Institutionelle Kopplung von Recht und Moral

Für die für das Grundgesetz maßgebliche Zuordnung lässt sich anknüpfen an eine bekannte Formel von Niklas Luhmann, der Verfassungen einmal als institutionelle Kopplungen von Recht und Politik bestimmt hat.[11] Das trifft natürlich in einem ganz allgemeinen Sinne zu: Verfassungen sind Teil des Rechtssystems, aber ihr zentraler Regelungsgegenstand ist das politische System. Die meisten Verfassungen sind heute aber nicht nur institutionelle Kopplungen von Recht und Politik, sondern auch von Recht und Moral. Das gilt jedenfalls dann, wenn sie sich von ihrem Regelungsinhalt her nicht auf das bloße „instrument of government" beschränken, wie es die Verfassung des Kaiserreichs von 1871 tat: Diese war ein reines Organisationsstatut ohne Grundrechte, ohne irgendwelche Zielvorgaben, ohne materiale Prinzipien; die einzige Funktion war die Einrichtung und gegenseitige Zuordnung der Staatsorgane und die Bestimmung ihrer Kompetenzen. Sobald Verfassungen aber bestimmte materiale Prinzipien enthalten und diese in die Zeit hinein festlegen wollen, nehmen sie notwendig die Vorstellung einer politischen Gemeinschaft in sich auf, wie ihre politische Ordnung richtiger- und gerechterweise beschaffen sein soll. Sie sind insoweit immer auch Ausdruck einer politischen Gerechtigkeitskonzeption, die sie in Recht übersetzen. Diese besteht dann ihrerseits – sonst wäre sie keine – aus bestimmten moralischen Prinzipien: Menschenwürde, Freiheit und Gleichheit, Demokratie, Rechts- und Sozialstaatlichkeit – als zugleich zentralen Leitbegriffen und Problemformeln des neuzeitlichen Naturrechts, wie sie bis heute in verschiedenen Gerechtigkeitstheorien von Rawls bis Habermas fortgeschrieben werden.[12]

Das Grundgesetz selbst stellt sich an verschiedener Stelle ausdrücklich in diese Tradition und hat den Zusammenhang zu einer moralischen Konzeption noch einmal verstärkt: in der Voranstellung der Menschenwürde als einem klassischen Hybridbegriff zwischen Recht und Moral;[13] im Bekenntnis zu den unverletzlichen

9 In der Übersetzung: „Eine Gesellschaft, in der die Verbürgung der Rechte nicht gesichert und die Gewaltenteilung nicht festgelegt ist, hat keine Verfassung."

10 *Unruh*, Der Verfassungsbegriff des Grundgesetzes, Tübingen, 2002.

11 *Luhmann*, Das Recht der Gesellschaft, Frankfurt a.M., 1993, S. 470.

12 Vgl. *Rawls*, Eine Theorie der Gerechtigkeit, Frankfurt a.M., 1975, S. 74 ff.; zum Zusammenhang mit dem Vorgang der Verfassungsgebung ebda., S. 223 ff.; *Habermas*, Faktizität und Geltung, 3. Aufl., Frankfurt a.M., 2006, S. 109 ff., 166 ff.

13 Zu solchen Hybridkonzepten *Möllers*, Die Möglichkeit der Normen, Berlin, 2015, S. 440 ff.

und unveräußerlichen Menschenrechten als Grundlage des Friedens und der Gerechtigkeit in der Welt in Art. 1 Abs. 2 GG; schließlich auch in der bekannten Entgegensetzung von „Recht" und „Gesetz" in Art. 20 Abs. 3 GG. Aber auch von seinem konkreten Inhalt her steht es für eine zu positivem Recht geronnene Verbindung von Recht und Moral, die ihren markanten Ausdruck in seiner bis heute vorherrschenden Deutung als „wertgebundene Ordnung" oder einfach als „Wertordnung" findet.[14] Der Wertbegriff fungiert hier als typischer Kopplungs- oder Scharnierbegriff; er ist ein Begriff aus der moralischen Welt und bezeichnet im Unterschied zum Recht nicht das, was formal, d. h. kraft einer Setzung „gesollt" ist, sondern das, was inhaltlich richtig, vorzugswürdig oder in einem elementaren Sinne „gut" ist.[15] Auch in der Anwendung der Verfassung lässt sich ihre moralische Imprägnierung an verschiedenen Stellen nachzeichnen, von der Bestimmung des Inhalts der Menschwürdegarantie nach dem kategorischen Imperativ der kantschen Morallehre bis etwa zur Hinordnung des Rechtsstaatsprinzips auf ein allgemeines Prinzip materialer Gerechtigkeit. Vielleicht am deutlichsten aber zeigt sie sich daran, dass den Löwenanteil bei der Lösung verfassungsrechtlicher – insbesondere grundrechtlicher – Fälle heute nicht mehr herkömmliche juristische Begriffsarbeit, sondern eine Güterabwägung ausmacht, wie sie zum klassischen Haushalt einer moralischen Argumentation gehört.[16] Mit alledem ist Verfassung heute typischerweise Ausdruck einer politischen Moral, die in ihrer Anwendung ausverhandelt wird, sich daraus aber eben auch nicht heraushalten lässt.[17]

2 Verfassung als sprachliche und soziale Praxis

Wenn dies der zutreffende Ausgangspunkt ist, stellt sich auf der nächsten Stufe nicht mehr die Frage, ob die Verfassung überhaupt moralische Prinzipien enthält und sie von diesen aus zu verstehen ist, sondern nur, welche dies im Einzelnen sind, wie man sie erkennen kann und ob dann eben auch Solidarität dazu gehört. Das führt zu einer weiteren verfassungstheoretischen Vorbemerkung zum Inhalt einer Verfassung, genauer zur Frage, woher sich dieser Inhalt bestimmt und woraus eine

---

14 Grundlegend BVerfG 15. Januar 1958 - 1 BvR 400/51 - BVerfGE 7, 198 (205 ff.) – Lüth; seitdem ständige Rechtsprechung.

15 *Alexy*, Theorie der Grundrechte, 3. Aufl., Frankfurt a.M., 1996, S. 126 f., 133 ff., dort als Unterschied zwischen „axiologischen" zu „deontologischen" Sätzen; zum Begriff des „Guten" als Grundbegriff der Moral klassisch *Moore*, Principia Ethica, Cambridge, 1903, §§ 1 - 6.

16 Zum hier festzustellenden Gleichklang s. bereits – kritisch – *Schlink*, Der Staat 28 (1989), 161 (169); zur Verkoppelung von Rechtsstaat und materialer Gerechtigkeit markant zuletzt etwa BVerfG 19. März 2013 - 2 BvR 2628/10 - BVerfGE 133, 168 (198) – Verständigung im Strafverfahren.

17 Dworkin hat dies einmal als „moral reading" beschrieben, s. *ders.*, Freedom`s Law, Oxford, 1999, S. 2, was so für das deutsche Verfassungsrecht eher zutreffen dürfte als für das amerikanische, auf das es ursprünglich bezogen ist.

Verfassung besteht. Dies ist natürlich zunächst der Text im Sinne der geschriebenen Sätze, aber es ist nicht nur der Text. Vielmehr kommt, wie bei allem Recht, das hinzu, was Rudolf Wiethölter einmal den „Faktor X“ genannt hat und sich um diese Sätze herumrankt: die Bedeutungszuschreibungen der Sprachgemeinschaft, die formellen und informellen Anwendungsregeln, die Gerichtsentscheidungen, die vorhandenen Lehrmeinungen, die Praktiken der konkreten Adressaten etc. etc.[18] Verkürzt kann man dann für das Grundgesetz formulieren, es bestehe heute nicht mehr nur aus den 146 Artikeln der geschriebenen Verfassung, sondern auch aus den mittlerweile über 150 Bänden Bundesverfassungsgerichtsentscheidungen, die dazu ergangen sind.[19] Aber es kommt eben auch all dies andere noch hinzu: die Art und Weise etwa, wie die Grundrechte in der Gesellschaft gelebt werden, der Umgang mit Verfassung als Argument im politischen Diskurs oder auch ihre Behandlung in den Deutungskulturen von Wissenschaft und Medien, um nur das wichtigste zu nennen.

Das Grundgesetz von heute ist deshalb etwas anderes als das Grundgesetz von 1949 oder jedenfalls als das, was man sich damals darunter vorgestellt hat. Und dies ist nicht so sehr das Resultat der mittlerweile über 60 Textänderungen, die in den rund 70 Jahren seines Bestehens vorgenommen worden sind, als vielmehr das Resultat von Interpretationen, die die Verfassung mit neuem Inhalt angereichert, sie damit aber auch gegenüber der ursprünglichen Anlage ganz grundlegend verändert haben. Am deutlichsten zu erkennen ist dieser Grundzug bei den Grundrechten und ihrer immer weiter fortgeschrittenen Funktionserweiterung. Aber es lässt sich auch in vielen anderen Bereichen nachzeichnen: bei den verfassungsrechtlichen Großbegriffen wie Demokratie, Rechtsstaat oder Sozialstaat, zuletzt aber fast bei jeder einzelnen Norm, soweit sie schon einmal relevant geworden ist. Verfassung ist in diesem Sinne nichts Festes und für alle Zeiten Vorgegebenes, sondern das Resultat einer interpretativen, d. h. sprachlichen und sozialen Praxis: eine Summe von Kommunikationen über Verfassung als das, was eine bestimmte Verfassungsgemeinschaft aus ihrer Verfassung in der Praxis ihrer Anwendung gemacht hat. In diesen wiederum schlagen sich dann notwendig die Vorstellungen einer politischen Gemeinschaft als eben auch einer Verfassungsgemeinschaft davon nieder, was sie jeweils für gerecht und angemessen hält. Als anschauliches Beispiel aus jüngster Zeit mag man die jüngste Anerkennung oder Begründung eines Rechts auf Selbsttötung durch das BVerfG nehmen, die bei unverändertem Textbestand so vor zwanzig oder dreißig Jahren nicht möglich, vielleicht nicht einmal denkbar gewesen wäre.[20] Gerade darin spiegeln sich

---

18 *Wiethölter*, in: Zumbansen/Amstutz (Hrsg.), “Recht in Recht-Fertigungen,“ Berlin, 2014, S. 451 ff.

19 *Voßkuhle*, in: Mangoldt/Klein/Starck, “Das Bonner Grundgesetz,“ 7. Aufl., München, 2018; Art. 93 Rn. 33. Von der Vermehrung der „Maßstäbe“ spricht *Lepsius*, in: Jestaedt/Lepsius/Möllers/Schönberger, “Das entgrenzte Gericht,“ Berlin, 2011; S. 159 ff.

20 BVerfG, Urteil 26.2.2020 - 2 BvR 2347/15 u.a.

die grundlegend veränderten moralischen Einstellungen der Gesellschaft in dieser Frage.[21]

III Solidarität als Bestandteil der Gerechtigkeitskonzeption des Grundgesetzes

Es ist dann kein Argument gegen ein verfassungsrechtliches Solidaritätsprinzip oder gegen Solidarität als möglichen Inhalt, vielleicht sogar Kerngehalt des Grundgesetzes, dass der Begriff selbst dort nicht wirklich auftaucht.[22] Das gilt auch für viele andere Begriffe und Grundsätze, die man heute zu seinem selbstverständlichen Inhalt rechnet: die Bundestreue, das Rückwirkungsverbot, das Schuldprinzip, die religiöse und weltanschauliche Neutralität des Staates oder den Verhältnismäßigkeitsgrundsatz, von denen einige wiederum für die Gesamtanlage und das Verständnis der Verfassung wichtiger sind als der eine oder andere Satz des Textes. Die Frage kann dementsprechend nur sein, ob die moralische Konzeption, die im Grundgesetz zu positivem Verfassungsrecht geronnen ist, heute auch Elemente enthält, die sich einem möglichen Begriff von Solidarität zuordnen lassen. Die Schwierigkeiten resultieren dabei nicht zuletzt aus der Offenheit und Unbestimmtheit dieses Begriffs selbst, unter dem geschichtlich ganz Verschiedenes verstanden worden ist: Für die Arbeiterbewegung, die ihn als eine der ersten für sich entdeckt und geprägt hat, war Solidarität ein polemischer Kampfbegriff gegen die Bourgeoisie, und zwar sowohl gegen deren Ideologie („Chacun pour soi, Dieu pour nous tous") als auch gegen sie als soziale Klasse;[23] für den aus der katholischen Soziallehre entwickelten Solidarismus dagegen ein göttliches Ordnungsprinzip, das die Mitglieder der Gesellschaft in einer übergreifenden und organischen Harmonie zusammenfügt.[24] Heutige Definitionen reichen etwa von der Charakterisierung als

---

21 Man kann das an der emphatischen Zustimmung nachzeichnen, die das Urteil bei seiner Verkündung gefunden hat (im Saal brandete erstmals in der Geschichte des Gerichts lauter Beifall auf), aber auch in der Verstörung, die es andernorts hervorgerufen hat, vgl. etwa *Deckers*, FAZ vom 26.01.2020, S. 1.

22 Die Bestimmung des Art. 104a Abs. 6 S. 3 GG kann man von ihrem Anwendungsbereich her nicht wirklich als solche nehmen, s. dazu oben Fn. 4.

23 Mit dem langfristigen Ziel gerade der Überwindung des Klassengegensatzes, so Liebknecht in einer Rede von 1871: „Der Begriff der allgemeinen menschlichen Solidarität ist der höchste Kultur- und Moralbegriff; ihn zu verwirklichen – das ist die Aufgabe des Sozialismus", s. *ders.*, Kleine politische Schriften, Frankfurt a.M., 1976, S. 99.

24 Namentlich wäre hier Pesch zu nennen, s. *ders.*, Solidarismus, Stimmen aus Maria-Laach, 63 (1902), Freiburg i.Br., S. 38 ff. und 307 ff.; daran anknüpfend etwa in neuerer Zeit Oswald von Nell-Breuning. Daneben existiert ein französischer Solidarismus, verkörpert durch hierzulande weithin unbekannte Namen wie Charles Gide oder Alfred Fouillée. Zu den auf ein Rechtsprinzip von Solidarität ziehenden Arbeiten von Léon Duguit die Schrift von *Grimm*, Solidarität als Rechtsprinzip, Frankfurt a.M., 1973. Instruktive Zusammenfassung und Überblick über die verschiedenen Richtungen nunmehr bei *Große-Kracht*, Solidarität und Solidarismus, Bielefeld, 2017.

„durch und durch moderne Form sozialer Bindung, die auf der freien Entscheidung des Einzelnen beruht", bis hin zu der aus ähnlichen Erfahrungen von Schmerz und Demütigung geborenen „Fähigkeit, auch Menschen, die himmelweit verschieden von uns sind, doch zu ‚uns' zu zählen".[25] Demgegenüber wird hier zunächst ein sparsamer Begriff von Solidarität zugrunde gelegt, der darunter eine Form gegenseitiger und gemeinschaftsstiftender Verbundenheit zwischen verschiedenen Personen oder Gruppen versteht, die ein Element der Verantwortung und der Sorge für andere einschließt.

1 Vermittlung zwischen normativem Individualismus und Gemeinschaftlichkeit

Auch für diesen schwachen Begriff von Solidarität ist allerdings nicht von vornherein klar, ob er sich als Bestandteil oder sogar Grundelement einer liberalen Verfassung ausweisen lässt. Das Problem resultiert aus dem für jede liberale Ordnung konstitutiven Vorrang des Freiheitsprinzips, das oft zu einem alleinigen oder jedenfalls beherrschenden Grundprinzip des normativen Individualismus zusammengezogen wird.[26] Unter dieser Prämisse ist zunächst jeder für sich selbst verantwortlich, während sich das Gemeinwohl dadurch herstellen soll, dass alle von ihren Freiheiten Gebrauch machen. Tatsächlich wiesen gerade die bürgerlichen Verfassungen des ausgehenden 18. und beginnenden 19. Jahrhunderts einen stark individualistischen Grundzug in diesem Sinne auf, wie es Karl Marx luzide analysiert hat: Von den Menschenrechten der ersten Generation, wie sie in der Erklärung von 1789 zusammengefasst waren, schrieb er, sie beruhten nicht „auf der Verbindung des Menschen mit dem Menschen, sondern vielmehr auf der Absonderung des Menschen von dem Menschen"; entworfen seien sie als Rechte „des egoistischen Menschen, des Menschen als vom Menschen und vom Gemeinwesen getrennten Menschen".[27] Heute gilt etwa noch die US-amerikanische Verfassung

---

25 Die erste Bestimmung bei *Hondrich/Koch-Arzberger*, Solidarität in der modernen Gesellschaft, Frankfurt a.M., S. 16, die zweite bei *Rorty*, Kontingenz, Ironie und Solidarität, Frankfurt a.M., 1989, S. 310. Weitere Begriffsbestimmungen etwa bei *Brunkhorst*, Solidarität unter Fremden, Frankfurt a.M., 2002, S. 21 ff., 111 ff.; *Bude*, Solidarität: Die Zukunft einer großen Idee, München, 2019, S. 32, 34, 45, 61 f., 125; *Prainsack/Buyx*, Das Solidaritätsprinzip: Ein Plädoyer für eine Renaissance in Medizin und Bioethik, Frankfurt a.M., 2016, dort eine Arbeitsdefinition auf S. 82. Informativer Überblick, auch über die Begriffsgeschichte, bei *Bayertz*, Solidarität: Begriff und Problem, Frankfurt a.M., 1998, S. 11 ff.

26 Beispielhaft von der *von der Pfordten*, JZ, 2005, 1069 (1069 ff.); *ders.*, Rechtsethik, 2 Aufl. München, 2011, S. 249 ff., *ders./Lorenz/Kähler*, Normativer Individualismus in Ethik, Politik und Recht, Tübingen, 2014.

27 *Marx*, Zur Judenfrage, in: Marx-Engels-Werke, hrsgg. vom Institut für Marxismus-Leninismus beim ZK der SED, Bd. I, 1972, S. 347 (364); zustimmend insoweit *Böckenförde*, Recht, Staat, Freiheit, Frankfurt a.M., 1991, S. 58 ff.

im Rechtsvergleich als eine entschieden individualistische Verfassung, die der Freiheit einen weitgehenden Vorrang vor irgendwelchen Gemeinschaftswerten einräumt.[28]

Das Grundgesetz folgt demgegenüber von Anfang an einer mittleren Linie, die sich stärker für solidarische Elemente öffnet.[29] Ihren klassischen Ausdruck findet diese Linie bis heute im vom BVerfG formulierten „Menschenbild des Grundgesetzes“: Dieses sei „nicht das eines isolierten souveränen Individuums; das Grundgesetz habe vielmehr die Spannung Individuum – Gemeinschaft im Sinne der Gemeinschaftsbezogenheit und Gemeinschaftsgebundenheit der Person entschieden, ohne deren Eigenwert anzutasten“.[30] Man hat dies oft nur als bloße Verfassungslyrik hinzustellen versucht, die für die Anwendung der Verfassung ohne Folgen sei und bestenfalls eine Trivialität zum Ausdruck bringe.[31] Die Formel bringt aber gerade in ihrer Allgemeinheit eine Grundorientierung zum Ausdruck, die die Verfassungsanwendung gerade dort prägt, wo es weniger sichtbar ist, oft auch gar nicht als Folge dieser Grundorientierung wahrgenommen wird: in den Tiefenschichten dieser Anwendung, in denen sich die normativen Ordnungsvorstellungen einer Gesellschaft vermischen mit den dogmatischen Strukturen und Argumentationsfiguren, mit deren Hilfe im Einzelfall das konkrete Ergebnis gefunden wird.[32] Solche Grundorientierungen verschwinden auch nicht, wenn man auf ihre zusammenfassende und wie trivial auch immer daherkommenden Beschreibung verzichtete. Sie wären vielmehr genauso vorhanden, nur eben nicht sichtbar gemacht.

2 Elemente eines verfassungsrechtlichen Solidaritätsprinzips

Von hier aus lassen sich im Grundgesetz verschiedene Elemente oder Bausteine aufweisen, die das Prinzip der individuellen Freiheit mit den Notwendigkeiten gemeinschaftlicher Integration vermitteln und sich einem modernen Gesellschaften angemessenen Begriff von Solidarität zuordnen lassen. Diese Elemente sind, erstens und gleichsam als Grundlage, die wechselseitige Anerkennung der Bürger

---

28 *Kommers/Miller*, The Constitutional Jurisprudence of the Federal Republic of Germany, 3. Aufl., Durham/London, 2012, S. 439 f.; dies gerade in Entgegensetzung zum Grundgesetz.

29 Zu dieser mittleren Linie bereits *Dürig*, in: Maunz/Dürig, Erstbearbeitung, München, 1958, Art. 1 Abs. I Rn. 46 f. im Anschluss an Peters; *Denninger*, Rechtsperson und Solidarität, Frankfurt a.M., 1967, S. 212 ff.

30 BVerfG, 20.07.1954 - 1 BvR 459/52, 1 BvR 484/52, 1 BvR 555/52, 1 BvR 623/52, 1 BvR 651/52, 1 BvR 748/52, 1 BvR 783/52, 1 BvR 801/52, 1 BvR 5/53, 1 BvR 9/53, 1 BvR 96/54, 1 BvR 114/54 - BVerfGE 4, 7 (15); seitdem in der Sache und in vielfältigen Abwandlungen st. Rspr.

31 Vgl. *Huster*, Die ethische Neutralität des Staates, 2. Aufl., Tübingen, 2017, S. 293 ff.

32 Gerade deshalb muss sie vom Konzept eines normativen Individualismus aus auch zurückgewiesen werden, s. *von der Pfordten*, JZ, 2005, 1069 (1071 ff.).

als Freie und Gleiche, wie sie der Menschenwürdegarantie, den Grundrechten und dem Demokratieprinzip zugrunde liegt; zweitens und darauf aufsetzend die Institutionalisierung von Kooperations- und Assoziationsmöglichkeiten wiederum durch die Grundrechte und in einem politischen Sinn erneut durch das Demokratieprinzip; sodann ein Grundbestand wechselseitiger Verantwortung etwa durch das Sozialstaatsprinzip und die in den Grundrechten angelegten Schutzpflichten. Gerade bei letzteren lässt sich dabei ablesen, wie diese solidarischen Gehalte durch die Interpretation erst entfaltet worden sind: im Falle des Sozialstaatsprinzips durch dessen gegen erheblichen Widerstand in der Staatsrechtslehre durchgesetzten Ausbau zu einem umfassenden Staatsziel der Verwirklichung sozialer Gerechtigkeit und einer gerechten Sozialordnung,[33] im Falle der Schutzpflichten eben durch die über die ursprüngliche Bedeutung als Abwehrrecht hinausweisende Begründung einer Verpflichtung der politischen Gemeinschaft zur Realisierung und Förderung der grundrechtlichen Belange jedes Einzelnen.[34] Auch die Menschenwürdegarantie als Zentralnorm des Grundgesetzes ist längst von ihrer früheren Reduktion auf die klassische „Objektformel" gelöst und zu einem umfassenden, auf wechselseitige Anerkennung zielenden Recht auf gleiche Beachtung und Respekt ausgebaut worden.[35]

Besonders deutlich tritt diese Anreicherung und die damit eben auch verbundene normative Aufladung daneben beim Demokratieprinzip hervor, das vom Bundesverfassungsgericht von Anfang an von rein individualistischen

---

33 Vgl. – zugleich zusammenfassend und als Ausgangspunkt für die weitere Entwicklung – BVerfG, 18.07.1967 - 2 BvF 3/62, 2 BvF 4/62, 2 BvF 5/62, 2 BvF 6/62, 2 BvF 7/62, 2 BvF 8/62, 2 BvR 139/62, 2 BvR 140/62, 2 BvR 334/62, 2 BvR 335/62 - BVerfGE 22, 180 (204), ferner etwa BVerfG, 12.03.1996 - 1 BvR 609/90, 1 BvR 692/90 - BVerfGE 94, 241 (263). Zur frühen Debatte: Bachof, VVDStRL, 12 (1954), 37 ff.; die Gegenposition bei Forsthoff, ebda., 8 ff.

34 Die Grundlagen bekanntlich in der Entscheidung zum Schwangerschaftsabbruch, BVerfG, 25.02.1975 - 1 BvF 1/74, 1 BvF 2/74, 1 BvF 3/74, 1 BvF 4/74, 1 BvF 5/74, 1 BvF 6/74 - BVerfGE 39, 1 ff.; von hier aus nach und nach auf alle Grundrechte übertragen und zu einem umfassenden Gesamtkonzept ausgebaut, s. zusammenfassend *Isensee*, in: *ders.*/Kirchhof, Handbuch des Staatsrechts der Bundesrepublik Deutschland, Bd. VIIII, 3. Aufl., 2010, § 191 Rn. 146 ff.

35 Das Recht auf gleiche Beachtung und Respekt als solches paradigmatisch formuliert von *Dworkin*, Bürgerrechte ernstgenommen, Frankfurt a.M., 1984, S. 298 ff.; s. zuletzt auch *ders.*, Gerechtigkeit für Igel, Berlin, 2014, S. 323 ff., 703 ff. Zur entsprechenden Rolle im Verfassungsrecht *Gutmann*, Struktur und Funktion der Menschenwürde als Rechtsbegriff, Münster, 2010, S. 10 f.; als anspruchsvolle Entfaltung in der verfassungsgerichtlichen Rechtsprechung zuletzt BVerfG 17. Januar 2017 - 2 BvB 1/13 - BVerfGE 144, 20 (206 ff.): „Dem Achtungsanspruch des Einzelnen als Person ist die Anerkennung als gleichberechtigtes Mitglied in der rechtlich verfassten Gemeinschaft immanent". Für eine instruktive Interpretation der Menschenwürde als „Staatsgründungsversprechen wechselseitiger Anerkennung": Hofmann, AöR 118 (1993), 353 (353 ff.).

Deutungen – etwa im Sinne der ökonomischen Theorie der Demokratie über oder überhaupt einer Vorstellung von Demokratie als bloßes Vehikel zur Durchsetzung von Privatinteressen – gelöst und auf eine stärker gemeinschaftliche oder eben solidarische Deutung hingeordnet worden ist. Schon das KPD-Urteil hat in diesem Sinne formuliert, die Demokratie des Grundgesetzes sei diejenige Ordnung, in der „die Menschen selbst ihre Entwicklung durch Gemeinschaftsentscheidungen" gestalten, „jedes Glied der Gemeinschaft freier Mitgestalter bei den Gemeinschaftsentscheidungen ist" und das Ziel die „annähernd gleichmäßige Förderung des Wohlstands aller Bürger" ist.[36] Demokratie erscheint hier im Ergebnis nicht als der „Kampfplatz des individuellen Privatinteresses aller gegen alle", als den Hegel einst die bürgerliche Gesellschaft beschrieben hat,[37] sondern im Kern als ein gemeinsames Unternehmen von Bürgern, die sich über ihre individuellen Verschiedenheiten hinweg in grundlegenden Interessen geeint wissen. Auf diesem Wege lässt sich dann eben auch Solidarität als ein Element der politischen Gerechtigkeitskonzeption verstehen, die zu der Verfassung heute dazugehört: im Sinne einer „Solidarität von Staatsbürgern, die sich gegenseitig als freie und gleiche Mitglieder ihres politischen Gemeinwesens achten".[38]

IV Leistungsfähigkeit und Grenzen eines Solidaritätsprinzips im Gesundheitsrecht

Die Frage ist allerdings, was damit für die eingangs aufgeworfenen Fragen gewonnen ist: Ist Solidarität dann etwa auch ein Eingriffstitel, der aus sich heraus die bisherigen und ja noch immer anhaltenden Beschränkungen legitimiert, denen das öffentliche Leben und die Ausübung der Grundrechte im Zuge der Bekämpfung des Corona-Virus unterworfen sind? Oder vielleicht nicht nur legitimiert, sondern weitergehend sogar fordert? Oder aus dem heraus etwa eine allgemeine Impfpflicht gerechtfertigt werden könnte, da nun endlich der erhoffte Impfstoff gefunden ist, sich am Ende aber zu wenige freiwillig impfen lassen, um den erforderlichen „Herdenschutz" für alle zu gewährleisten?[39] Dahinter kommt die größere

36 BVerfG, 17.08.1956 - 1 BvB 2/51 - BVerfGE 5, 85 (196, 197 f.); zuletzt auch im Republikprinzip verortet, BVerfG 03. März 2009 - 2 BvC 3/07 - BVerfGE 123, 39 (69): die Wahl als „Sache des ganzen Volkes und gemeinschaftliche Angelegenheit aller Bürger".

37 *Hegel*, Grundlinien der Philosophie des Rechts, Berlin, 1821, § 289.

38 *Habermas*, Zwischen Naturalismus und Religion, Frankfurt a.M., 2005, S. 9.

39 Das Problem resultiert wesentlich daraus, dass sich wegen gesundheitlicher Vorbelastungen, insbesondere einer Immunschwäche, nicht alle Bürger impfen lassen *können*, s. dazu zuletzt *Kießling*, Coronavirus, Masern und die Grundrechte, vom 2. März 2020, unter: https://verfassungsblog.de/coronavirus-masern-und-die-grundrechte/. Weitere Schubkraft könnte die Forderung nach einer Impfpflicht in der gegenwärtigen Situation aber auch aus den ansonsten weiter für notwendig gehaltenen Freiheitsbeschränkungen aller erhalten; die weitgehende Durchimpfung der Bevölkerung wäre dann gleichsam der Preis, der für deren Aufhebung zu zahlen wäre.

und allgemeinere Frage nach der Rolle von Gesundheit als öffentliches Gut zum Vorschein, genauer die Frage, welche Beeinträchtigungen der Gesundheit dem allgemeinen Lebensrisiko zuzuschlagen sind (mit der Folge, dass sie von jedem Einzelnen selbst zu tragen wären) und welche als kollektive Risiken anzusehen sind (mit der Folge, dass ihre Bewältigung oder Minimierung Sache der politischen Gemeinschaft oder eben des Staates sein müsste). Lassen sich dem Solidaritätsprinzip auch hierzu Anhaltspunkte oder Leitlinien entnehmen? Es legitimierte dann nicht nur Maßnahmen, Eingriffe oder Umverteilungen auf der Grundlage einer vorausgesetzten Risikozuordnung, sondern bestimmte zugleich, was überhaupt diese Risiken sind. Damit würde einem Verfassungsprinzip von Solidarität zuletzt aber doch mehr aufgebürdet, als es zu tragen imstande ist. Dieses enthält zwar durchaus eine Zielvorgabe für staatliches Handeln, verweist aber durch seine gleichzeitige Fundierung im Demokratieprinzip wesentlich auf Vorgänge demokratischer Selbstverständigung, in denen es erst einmal zu konkretisieren ist. Insofern handelt es sich wesentlich auch um ein prozedurales Prinzip. Die Entscheidung, *welche Risiken* sie gemeinsam tragen und *wie* solidarisch sie sein wollen, nimmt es den Bürgern damit gerade in der Situation der Pandemie nicht ab.

1 Verstärkung, nicht Priorisierung von Gemeinwohlbelangen

Überhaupt enthält Solidarität nicht schon aus sich heraus ein fertiges Programm zur Umsetzung, sondern entfaltet Wirkungen allgemeinerer Art. Von ihrer Grundlegung her erscheint sie in diesem Sinne als eine der Ordnungsideen, von denen aus das Grundgesetz in den Blick genommen und verstanden werden kann: als eben auch ein Element seiner Gerechtigkeitskonzeption, die dem Prinzip des normativen Individualismus zur Seite tritt, es inhaltlich modifiziert und in seinen Auswirkungen begrenzt. Das bedeutet nicht, dass es dieses durch ein ihm entgegengesetztes kollektivistisches Prinzip ersetzt oder gar das grundsätzliche „Recht auf Rechtfertigung" gegenüber allen uns beschränkenden Normen und Institutionen aufhebt, das man zutreffend als den inneren Kern jeder liberalen Ordnung herausgearbeitet hat.[40] Aber es wirkt den äußersten Konsequenzen oder auch Übersteigerungen eines normativen Individualismus entgegen, stärkt das Gewicht von Gemeinwohlbelangen in Abwägungsvorgängen oder relativiert etwa den oft gedankenlos behaupteten grundsätzlichen Vorrang der Freiheit vor anderen Verfassungsgütern („in dubio pro libertate")[41]. In diesem Sinne lenkt und dirigiert Solidarität zunächst nicht Auslegungsergebnisse in eine bestimmte Richtung, sondern erhöht zunächst die innere Beweglichkeit der Verfassung, ebenso wie dies auch

---

40 *Forst*, Kritik der Rechtfertigungsverhältnisse, Frankfurt a.M., 2011, dort insbes. S. 59 ff.

41 Zu diesem Grundsatz als frühes, mittlerweile aber überwundenes Auslegungspostulat *Merten*, in: Merten/Papier, "Handbuch der Grundrechte in Deutschland und Europa," Bd. III, Heidelberg, 2009, § 56, Rn. 51 ff.

andere polare Elemente und „Gegenstrukturen“ tun, die in sie an verschiedener Stelle eingebaut sind: Parteien *und* freies Mandat, Rechtsstaat *und* Sozialstaat, Eigentum *und* Sozialpflichtigkeit.[42]

Anders als diese wirkt das Solidaritätsprinzip aber wesentlich auf einer abstrakteren Ebene, im Bereich der normativen Hintergrundorientierungen, dort, wo sich zunächst das Bild einer Verfassung formiert. Gerade in diesen Orientierungen unterscheidet sich das Grundgesetz von anderen Verfassungen wie etwa der US-amerikanischen, die ganz dem Prinzip der individuellen Freiheit verhaftet sind und es nicht selten – etwa im Sinne einer „preferred freedoms-doctrine“ für die Meinungsfreiheit, der Subjektivierung des vom Wortlaut her auf ein Kollektiv bezogenen Rechts auf das Tragen von Waffen oder auch der viel stärkeren Begrenzung staatlicher Regulierungsbemühungen – auch verabsolutieren.[43] Andererseits relativiert sich, wie man sehen muss, damit auch die unmittelbare rechtliche Wirkung von Solidarität: In diesem Zusammenhang ist Solidarität zunächst nicht mehr als ein Prinzip, das gegen ein anderes steht, oder eben in Abwägungen ein Abwägungsgesichtspunkt unter anderen. Das Ergebnis dieser Abwägungen wird dadurch aber nicht präjudiziert. Zudem handelt es sich bei ihr zunächst einmal nur um eine zusammenfassende Abbreviatur für andere Verfassungsgehalte und -prinzipien, aus deren heutiger Interpretation es abgeleitet worden ist (Menschenwürde, die grundrechtlichen Schutzpflichten, das Sozialstaatsprinzip etc.); es erhöht aber dadurch nicht noch einmal deren Gewicht in Abwägungsvorgängen. Auch andere Verfassungsprinzipien bekommen bekanntlich nicht deshalb ein höheres Gewicht, weil sie an mehreren Stellen im Grundgesetz erwähnt sind.

2 Verteilung von Gesundheitsrisiken und demokratische Selbstverständigung

Diese Art von Solidarität zielt dementsprechend gerade auf Vorgänge demokratischer Selbstverständigung von Staatsbürgern: Diese erkennen sich in diesen Vorgängen wechselseitig als Freie und Gleiche an und müssen sich auf der Basis ihrer Grundrechte darüber verständigen, wie sie diese Rechte näher ausgestalten und welche Verpflichtungen sie sich gegenseitig auferlegen wollen.[44] Für diesen Vorgang fungiert Solidarität ihrerseits als eine allgemeine Leitidee und Zielvorstellung, aus der sich auch einige grundsätzliche Vorgaben für die Zuordnung von Risiken, also für die Frage entnehmen lassen, welche Risiken vom Einzelnen und welche von der gesamten Gesellschaft geschultert werden sollen. Zentrale Indikatoren für

---

42 Zu diesen „Gegenstrukturen“ schon *Schneider*, Deutsche Landesreferate zum Öffentlichen Recht und Völkerrecht, Heidelberg, 1982, S. 23 (24 f.).

43 S. zum Vergleich der Rechtsprechung der Meinungsfreiheit unter diesem Gesichtspunkt *Grimm*, “ NJW 1995, 1697 (1701 f.); *Frankenberg*, KJ, 2017, 249 (249 ff.).

44 Vgl. dazu die Rekonstruktion des demokratischen Rechtsstaats bei *Habermas* (Fn. 12), S. 159 f.

eine prinzipielle Verantwortlichkeit des Einzelnen sind dabei individuelle Verursachung und individuelle Fähigkeit zur Risikobewältigung, für eine gesellschaftliche und damit zuletzt staatliche Verantwortung gesamtgesellschaftliche Verursachung und gesamtgesellschaftliche Fähigkeit zur Risikobewältigung. Für ein konkretes Problem liegt eine tragfähige Ausgangsüberlegung dabei regelmäßig in der Frage, ob es individuell oder strukturell bedingt ist. So war der Liberalismus beim Eintritt in das bürgerliche Zeitalter noch davon ausgegangen, dass unter den Bedingungen rechtlich gleicher Freiheit jeder die gleiche Chance hatte, sein Schicksal selbst in die Hand zu nehmen. Wer diese nicht nutzte oder zu einem früheren Zeitpunkt nicht genutzt hatte, hatte dann umgekehrt selbst für die Konsequenzen aufzukommen. Die soziale Stellung oder sogar das Los tiefster Armut erschienen unter diesen Voraussetzungen als Folge einer individuellen Wahl, für die die Gesellschaft nicht verantwortlich zu machen war. In diesen Annahmen war freilich verkannt, dass die Chancen auf ein gesellschaftliches Fortkommen oder gar zum Erwerb von Eigentum und Besitz beim Eintritt in dieses Zeitalter bereits ungleich verteilt waren und einem großen Teil der Gesellschaft von Anfang an fehlten. Die Folgen wurden in einer massenhaften Verelendung sichtbar, die schon von ihrem Ausmaß her nicht auf persönliches Versagen zurückgeführt werden konnte, sondern eben strukturell bedingt und daher auch durch eigene Leistung nicht behebbar war.[45] Ihre Bewältigung wurde damit ebenso wie die soziale Absicherung im Alter oder später auch gegen Arbeitslosigkeit zu einer gesamtgesellschaftlichen Aufgabe oder eben einem Gebot der gesamtgesellschaftlichen Solidarität, das sich historisch mittlerweile soweit verfestigt hat, dass es jedenfalls hierzulande von niemandem mehr ernsthaft in Frage gestellt wird.[46]

Bei einem Gut wie Gesundheit streitet für die Annahme einer gesamtgesellschaftlichen Verantwortung dagegen vor allem die normative Überlegung, dass es Voraussetzung für viele andere Lebensvollzüge und damit für den Einzelnen von so existentieller Bedeutung ist, dass sich soziale Ungleichheiten darauf nicht auswirken sollen.[47] Jeder soll deshalb unabhängig von seinen wirtschaftlichen Verhältnissen gleichen Anspruch auf Versorgung im Krankheitsfall haben.[48] Für die Frage des Umgangs mit den Risiken einer Pandemie ist aber damit, wie man leicht sehen kann, nur insoweit etwas gewonnen, als es um die Versorgungsseite

---

45 In Anlehnung an *Grimm*, Recht und Staat der bürgerlichen Gesellschaft, Frankfurt a.M., 1987, S. 138 (141 ff.) und passim.

46 In diesem Sinne gehören heute die gesetzliche Renten-, Unfall- und Arbeitslosenversicherung zum klassischen Mindestbestand des Sozialstaats, vgl. nur *Zacher*, in: Isensee/Kirchhof (Hrsg.), Bd. II, 3. Aufl., Heidelberg, 2004, § 28 Rn. 43 ff., historische Tradition und Verfestigung sind in diesem Sinne durchaus ein wichtiger Indikator für die Vornahme der Risikozuordnung; zu weiteren Gesichtspunkten s. sogleich im Text.

47 So grundlegend *Huster*, Soziale Gesundheitsgerechtigkeit, Berlin, 2011, S. 9 ff.

48 Zu den Fragen, was dies für die Public-Health-Debatte bedeutet, ebenfalls *Huster* (Fn. 47), S. 55 ff., 72 ff.

im Ansteckungs- und Erkrankungsfall geht: Hier ist es ohne weiteres ein Gebot der Solidarität, jedem die bestmögliche Versorgung zu sichern. Die Anstrengungen etwa zur Erhöhung der Zahl der Intensivbetten in den Krankenhäusern und auf anderem Wege lassen sich deshalb ohne weiteres aus diesem Gebot rechtfertigen, wobei auch hier nur irgendwann der bekannte „Vorbehalt des Möglichen" als – bislang noch ziemlich ferne Grenze – aufscheint:[49] Der Satz „ultra posse nemo obligatur" gilt auch hier. Weitgehend offen ist demgegenüber, ob das Ansteckungsrisiko als solches als individuelles oder – wie es fast alle Staaten getan haben – als kollektives Problem anzusehen ist, das durch eine kollektive Strategie allseitiger Freiheitsbeschränkungen – in Form von Ausgangs- und Kontaktverboten, Schließungen von Betrieben und Unternehmen, Aussetzung des Schul- und Universitätsbetriebs, Gottesdienstverbote, Versammlungsbeschränkungen etc. – in den Griff zu bekommen wäre. Die Kriterien, die dafür heranzuziehen wären, sind weitgehend bekannt: Verbreitungsgeschwindigkeit des Virus, Ansteckungsrisiko, Sterblichkeitsrate, mögliche Spätfolgen etc.; die Pest ist insoweit anders zu beurteilen als die im gegenwärtigen Zusammenhang vielzitierte „normale" – aber deshalb keineswegs ungefährliche – Grippe.[50] Aber gerade dadurch ergibt sich ein Spielraum der Reaktion, der durch das Gebot der Solidarität oder auch durch andere Prinzipien der Verfassung nur in einigen Eckpunkten präjudiziert ist. Oft werden Grenzen dieses Spielraums den grundrechtlichen Schutzpflichten für Leben und Gesundheit entnommen und zu einem Anforderungsprofil verdichtet, das ziemlich genau den tatsächlich ergriffenen Maßnahmen entspricht.[51] Aber die Schutzpflichten verlangen im Sinne des „Untermaßverbots" nur ein nicht zu unterschreitendes Mindestmaß an Reaktion und lassen im Übrigen ganz verschiedene Möglichkeiten zu ihrer Erfüllung.[52] Die entsprechenden Fragen sind demnach zunächst vom

49 Nach BVerfG, 18.07.1972 - 1 BvL 32/70, 1 BvL 25/71 - BVerfGE 33, 303 (333).

50 Auch hier kann es immerhin bis zu 25.000 Todesopfern pro Jahr kommen, so etwa die Schätzung für die schwere Grippesaison 2017/2018 des Robert-Koch-Instituts (RKI) in Berlin, vgl. die Meldung auf https://www.tagesschau.de/inland/grippe-129.html.

51 Vgl. als frühe Stellungnahme bereits *Di Fabio*, An den Grenzen der Verfassung, FAZ vom 6. April 2020, S. 7.

52 Vgl. BVerfG, 25.02.1975 - 1 BvF 1/74, 1 BvF 2/74, 1 BvF 3/74, 1 BvF 4/74, 1 BvF 5/74, 1 BvF 6/74 - BVerfGE 39 1 ff., BVerfG, 28.05.1993 - 2 BvF 2/90, 2 BvF 4/90, 2 BvF 5/92 - 88, 203 ff. Der Staat darf also nicht nichts tun, was aber so auch nie zur Debatte stand; ein Weg wie der in Schweden eingeschlagene – mit Beschränkungen in einigen Bereichen, aber eben auch einem Vertrauen in bürgerschaftliche und gesellschaftliche Eigenverantwortung – wäre auch in der Bundesrepublik verfassungsrechtlich ohne weiteres möglich gewesen. Zum Vergleich: Für die Situation des Schwangerschaftsabbruchs, für den die grundrechtliche Schutzpflicht überhaupt erstmals formuliert und schließlich auch die Figur des Untermaßverbots entwickelt wurde, begnügte sich das BVerfG am Ende mit einem vagen Schutzkonzept aus obligatorischer Beratung, Hilfsangeboten, der symbolischen Stigmatisierung des Vorgangs als „rechtswidrig" etc. Unter der (m. E. fragwürdigen) Prämisse eines vollen Lebens- und Würdeschutzes des Embryos in den frühesten Stadien seiner Entwicklung, wie ihn

demokratischen Gesetzgeber zu klären, der vor allem auch festzulegen hätte, was überhaupt das Ziel ist, das mit den entsprechenden Beschränkungen erreicht werden soll. Eine solche Entscheidung steht indessen immer noch aus, ebenso wie die Entscheidung darüber, welche Eingriffsbefugnisse den handelnden Institutionen konkret zur Verfügung stehen sollen und welchen Grenzen ihnen hier gesetzt sind.[53]

V Schluss

Was die möglichen Ziele anbelangt, so wäre im Übrigen noch zu klären, inwieweit sie tatsächlich mit einem Gebot der Solidarität in Zusammenhang gebracht werden können und sich daraus rechtfertigen lassen. Was kommt also als ein solches Ziel in Betracht? Ein erstes, vor allem in der Anfangsphase der Pandemie von verschiedener, insbesondere virologischer, aber auch politischer Seite stark gemachtes Ziel könnte wie eingangs bereits angesprochen darin liegen, insbesondere die sog. vulnerablen Gruppen – die Älteren, Menschen mit einer Immunschwäche, Diabetiker etc. – vor der Ansteckung mit dem Virus zu schützen. Dies reagierte auf den Umstand, dass die Erkrankung bei diesen Gruppen typischerweise einen schweren und oft sogar tödlichen Verlauf nimmt, während sie vor allem bei Jüngeren oft völlig symptomlos oder nur mit den üblichen Beeinträchtigungen einer mehr oder weniger schweren Erkältungskrankheit (Kopfschmerzen, Fieber etc.) verläuft; nach wie vor liegt das Durchschnittsalter der an einer COVID-19-Infektion Verstorbenen bei 80 Jahren oder knapp darunter. Die Beschränkungen der Bewegungs- oder Kontaktfreiheit, denen alle und damit gerade auch die Jüngeren unterworfen werden, hätten dann vor allem den Sinn, das Erkrankungsrisiko und damit am Ende eben auch das Risiko eines tödlichen Verlaufs für diese Gruppen zu verringern. Das wäre natürlich ein klassisch solidarisches Motiv: Alle, auch die Stärkeren, nehmen gewisse Lasten auf sich, um die in einer bestimmten Beziehung Schwächeren zu schützen. Allerdings ist, wenn die Wahrnehmung nicht trügt, dieses Motiv in der öffentlichen und vor allem auch politischen Diskussion zuletzt stark in den Hintergrund getreten. Zudem stellt sich die Frage, ob es auch die nach wie vor gravierenden Beschränkungen für alle auch über einen längeren Zeitraum – und nicht etwa nur für die ersten Wochen des Lockdown – tatsächlich

---

das BVerfG in diesen Entscheidungen angenommen hat, würde dies bei derzeit etwa 100.000 Schwangerschaftsabbrüchen pro Jahr in der Bundesrepublik bedeuten, dass auch die Inkaufnahme von 100.000 vernichteten Leben offenbar noch in einen dem Gesetzgeber zuzubilligenden Gestaltungsspielraum fällt (was letztlich zeigt, dass die Prämisse anfechtbar ist, aber das ist ein anderes Problem).

53 Praktisch alleinige gesetzliche Grundlage des Beschränkungsregimes war – im Zeitpunkt der Abfassung des Manuskripts – die Generalklausel des § 28 IfSG, der sich zu dieser Frage gar nicht verhielt.

rechtfertigen kann oder ob ihm nicht allmählich auf andere Weise Rechnung zu tragen wäre.[54]

Ein zweites Ziel liegt demgegenüber in der Vermeidung einer Überlastung des Gesundheitssystems, um im Erkrankungsfall jedem, der darauf angewiesen ist, ein Beatmungsgerät zur Verfügung zu stellen, und ihn auch sonst so gut es geht zu behandeln. Verhindert werden soll dadurch vor allem die Situation der sog. Triage, in der wegen der Knappheit der zur Verfügung stehenden Ressourcen am Ende Ärzte darüber entscheiden müssen, wer an ein solches Beatmungsgerät angeschlossen wird und wer nicht, wer also weiterleben darf und wer nicht. Auch das rührt an den innersten Kern von Solidarität, weil es gerade das wechselseitige Anerkennungsversprechen betrifft, das ihr zugrunde liegt: Jeder soll als Person und in seinen elementaren Interessen gleich zählen und keiner weniger. In der Verhinderung der Triage wird dann gerade auch dieses Anerkennungsversprechen verteidigt.[55] Auch in der öffentlichen Diskussion ist dieses Ziel nach wie vor durchaus präsent.[56] Es wird hier allerdings zusehends mit einem weitergehenden Ziel vermengt, das in der Verhinderung jeder Infektion und jeder Erkrankung überhaupt liegt.[57] Auch in großen Teilen der Gesellschaft scheint – nicht zuletzt mit Blick auf mögliche und oft auch unbekannte Folgeschäden einer Erkrankung – der Eindruck vorzuherrschen, dass es genau darum gehe.

Klärungs- und diskussionsbedürftig ist allerdings, ob die Erreichung dieses Ziels tatsächlich die weitgehendsten Mittel rechtfertigt, also nicht nur die – insoweit völlig unproblematischen – Anstrengungen zur Verbesserung der medizinischen Versorgung (durch entsprechende Ausstattung der Krankenhäuser, pharmakologische Forschung, Suche nach einem Impfstoff etc.), sondern auch die nach vor

---

54 Kritisch etwa *Lübbe-Wolff*, Geschlossene Gesellschaft, FAZ vom 24.03.2020, S. 11: In der Verfolgung dieses Ziel wird man jedenfalls auf längere Sicht „nicht an Differenzierungen vorbeikommen, die darauf zielen, gerade die Risikogruppen aus dem Infektionsgeschehen besonders endschieden herauszuhalten, die im Infektionsfall weit überproportional Krankenhaus- und Intensivbehandlung benötigen".

55 S. dazu *Huster* in diesem Band, der dies aber von einem Verständnis von Solidarität als Problem der Verteilungsgerechtigkeit eher aus dem Anwendungsbereich von Solidarität heraushalten will.

56 Beispielhaft die Regierungserklärung der Bundeskanzlerin vom 23. April 2020: „Wir alle kennen die furchtbaren Berichte aus Krankenhäusern in einigen Ländern, die vom Virus ein paar Wochen lang schlicht überrannt waren. Dass es dazu nicht kommt, das ist das schlichte und gleichzeitig so anspruchsvolle Ziel der Bundesregierung." Abrufbar unter: https://bundeskanzlerin.de/bkin-de/aktuelles/regierung serklaerung-von-bundeskanzlerin-merkel-1746554.

57 In diesem Sinne der bayerische Ministerpräsident Söder bei Verkündung des landesweiten Lockdowns: „Jede Infektion, jeder Tote ist zu viel. Unser oberstes Gebot ist, die Menschen zu schützen. Und ich sage deutlich: Auch vor sich selbst." Hier zitiert nach https://www.sueddeutsche.de/gesundheit/gesundheit-muenchen-mass ive-ausgangsbeschraenkungen-fuer-ganz-bayern-ab-samstag-dpa.urn-newsml-dpa-com-20090101-200320-99-404727.

anhaltenden Beschränkungen der Freiheit aller. In anderen Politikbereichen oder auch bei früheren „normalen" Grippewellen – mit aber eben auch schon bis zu 25.000 Toten in einer Saison[58] – ist jedenfalls so nicht verfahren worden, und es drängt sich dann die Frage auf, warum eigentlich nicht oder ob man jedenfalls künftig so verfahren sollte.[59] Ist es aber eine bloße Frage der Zahl? So dass also 25.000 Opfer keines großen Aufhebens wert wären, 100.000 aber doch? Und wo läge dann die kritische Schwelle? Dazu setzt sich ein solches Unterfangen leicht dem Verdacht menschlicher Hybris aus: als wolle man mit Politik Krankheit und Tod besiegen.[60] Und auch hier könnte man kritisch nachfragen, ob die Verfolgung dieses Ziels tatsächlich etwas mit Solidarität zu tun hat. Es wäre dies eine Solidarität von allen mit allen, die füreinander Verantwortung für den umfassenden Schutz ihres Lebens übernehmen. Aber die Frage ist am Ende doch, wovon die Verfolgung dieses Ziels an ihrem tiefsten Grund getragen wird: wirklich von der Sorge, die man um die anderen, oder doch von der Angst, die man um sich selber hat. Auch das ist natürlich, um daran keinen Zweifel aufkommen zu lassen, ein so nachvollziehbares wie tragfähiges Motiv, und eine politische Gemeinschaft kann sich darauf verständigen, es zur zentralen Maxime seiner Politik zu machen. Es hat nur weniger mit Solidarität zu tun, als man oft meint.

58 S. oben Fn. 50.

59 Das Beispiel des Straßenverkehrs mit derzeit jährlich noch zwischen 3.000 und 4.000 Verkehrstoten – vor dreißig Jahren ebenfalls noch rund 25.000 – ist in diesem Zusammenhang oft genannt worden. Ein anderes Beispiel ist der Umweltsektor: Nach einer neueren Studie der Europäischen Umweltagentur sterben in Europa jährlich mehr als 400.000 Menschen an den Folgen der Luftverschmutzung, vgl. https://www.eea.europa.eu/de/highlights/die-bekaempfung-von-umweltverschmutzung-und. Auch dies ließe sich natürlich etwa durch ein weitgehendes Herunterfahren der Wirtschaft mit den entsprechenden Freiheitseinschränkungen erheblich senken; es wird aber nicht getan.

60 Aus historischer Perspektive zum Ziel einer „Welt ohne Krankheiten": T. Zimmer, Merkur Nr. 854 (74/2020), S. 32, 35 ff.

Peter Dabrock

Solidarität und Recht im digitalisierten Gesundheitswesen – Perspektiven konkreter Ethik

I Solidarität

1 Begriffsbestimmung von ‚Solidarität'

Solidarität erfasst Einstellungen und Handlungen, durch die sich die Bereitschaft manifestiert, (materielle wie bspw. finanzielle oder immaterielle wie bspw. emotionale) Kosten zu tragen, um andere zu unterstützen (sei es materiell, sei es immateriell, sei es kompensativ, sei es befähigend), bei denen wir Ähnlichkeit in relevanter Hinsicht (an)erkennen (Prainsack & Buyx 2017, 52). Diese von Prainsack und Buyx in mehreren Arbeiten eingeführte und hier nur leicht modifizierte Definition ist – insbesondere wenn man die schon erläuternden Klammerzusätze weglässt – schlank genug, um die zu bedenkenden, im Folgenden kurz erwähnten Verästelungen im Gebrauch des Solidaritätsbegriffs dennoch unter einem gemeinsamen Begriff zu bündeln, der in der zu beachtenden Vielfalt semantisch und funktionell etwas gehaltvoll Gemeinsames festhält. Eine kleine, aber wesentliche Veränderung an dem Definitionsvorschlag von Prainsack und Buyx habe ich, inspiriert durch Matthias Braun (Braun 2017), eingeführt. In seiner wegweisenden Studie zum Zusammenhang von Vulnerabilität und Anerkennung macht Braun nämlich auch auf das wechselseitige Bedingungsverhältnis von Perzeption und Anerkennung im starken normativen Sinne, wie es im Anschluss an Hegel vor allem durch Honneth (Honneth 1992) entwickelt worden ist, aufmerksam. Eine solche Konstitutionsdialektik sehe ich – wie die folgenden Ausführungen zeigen mögen – ebenfalls in Solidaritätszusprechungen am Werke. Auch hier gibt es bei den je unterschiedlichen Spielarten von Solidarität ein Zusammenspiel von Wahrnehmung und evaluativ, emotional und normativ ausbuchstabierbarer wechselseitiger Anerkennung.

2 Ambiguititätsherausforderungen des Solidaritätskonzeptes

Nach der aus meiner Sicht funktional hinreichenden Definition changiert der Solidaritätsbegriff ethisch, aber auch sozial- und politiktheoretisch zwischen ‚Gerechtigkeit' und ‚Fürsorge'/‚Liebe' (Dabrock 2012, 287–338). Wenn *cum grano salis* Gerechtigkeit Universalität und Gleichheit, Würde und Inklusion, die Forderung nach Beseitigung von Ungerechtigkeiten, durch diese Verallgemeinerungsimpulse aber keineswegs notwendigerweise persönliche Bindung konnotieren, dagegen

Liebe und Fürsorge in der Regel nicht gezwungen werden können, sich trotz möglicher Stabilisierung in institutionell abgesicherten Lebensformen (Jaeggi 2014) im Nahbereich, im *face-to-face*-Bereich ereignen und durch persönliches Engagement, Bindungen und vor allem Emotionen geprägt sind, ist klar: ‚Solidarität' soll in seiner Breite ein auf den ersten Blick nahezu verstörendes denk- und nutzbare Konnotationsfeld von universaler Verpflichtung bis partikular-gemeinschaftlicher oder gar persönlicher Supererogation abdecken, das erhebliche semantische Ambivalenzen schafft.

So verwundert es nicht, dass auf der reinen Definitionsebene Extensionalität (partikulare bis universale Solidarität), Intensität (handlungswirksame Solidarität bis rein symbolische Solidarität, Pro- vs. Consolidarität, starke vs. schwache Solidarität), Status von Geber und Nehmer (symmetrische vs. asymmetrische Solidarität), Rahmenbedingungen (freiwillige vs. Zwangssolidarität), Formen (formelle vs. informelle Solidarität, abstrakte vs. konkrete Solidarität) und Ziele (kooperative Solidarität zur Bewältigung individueller Risiken; antagonistische Solidarität zur Verfolgung kollektiver Interessen gegenüber Dritten; kontingente Solidarität zur Bewältigung von kollektiven Schicksalsschlägen), Dauer (lebenslang bis kurzfristig) wenig bis gar nicht bestimmbar sind. Pragmatisch lädt die geradezu als Äquivokation zu charakterisierende Vielfalt der durchaus je für sich eingeführten und *jeweils* nicht unplausiblen Gebrauchsweisen dazu ein, den Begriff nach je eigener Interessenslage zu instrumentalisieren. Dabei liegt der Reiz oder die Versuchung darin – was in der Sache allerdings einer Quadratur des Kreises gleichkommt –, alle Konnotationen verbinden und so die Kategorizität (nahezu) mit Universalitätsanspruch rechtfertigbarer, unbedingter Pflichten mit der emotionalen und motivationalen Bindungswirkung von persönlichen Fürsorgebeziehungen verknüpfen zu wollen. Nach Maurice Merleau-Ponty führt ein derartig spannungsreiches ‚sowohl-als auch' jedoch in eine „schlechte Ambiguität", mit der man sich und andere über Sinn, Nutzen und Grenzen eines Konzeptes täuscht. Im Gegenzug solle man – so Merleau-Ponty – versuchen, eine „gute" (bescheidener formuliert), eine bessere Ambiguität zu erzielen, um ein Drittes im Sinne eines ‚weder-noch' gegenüber den erwähnten anderen Dimensionen, hier Großbegriffen von Gerechtigkeit und Fürsorge, zu erzielen (Merleau-Ponty 1973; zur Erläuterung Waldenfels 1987, 174–178). Das wird nicht gänzlich gelingen, so dass ich nicht erwarte ein Solidaritätsverständnis vorzulegen, dass sich auf das Level einer guten Ambiguität aufschwingt, aber eine gegenüber einer ‚sowohl-als auch'-Ambiguität bessere anstrebt (ausführlicher Dabrock 2012, 287–338).

3 Solidarität als Gabe-Geschehen

Am ehesten folgt man diesem Hinweis zur Vermeidung „schlechter Ambiguität" beim Ausbuchstabieren des Solidaritätskonzeptes, wenn man den Ansatz für Solidarität (im Sinne der unter I.1. eingeführten funktionalen Definition) weder auf der rein normativen Ebene (sprich: Solidarität nur als Pflicht zu begreifen) noch auf einer rein deskriptiven Ebene (bei der Bestimmung von „Ähnlichkeit in relevanter Hinsicht“) sucht. Anders formuliert: Bei wahrgenommenen Solidaritätsverpflichtungen geht es immer auch um Erfahrungen von Anerkennung, d.h. um Erfahrungen von interaktioneller Beziehung, bei der die je eigene Identität mit auf dem Spiel steht. Deshalb sind Anerkennungsakte – wie insbesondere Paul Ricoeur in „Wege der Anerkennung“ eindrücklich dargelegt hat (Ricœur 2006) – keineswegs symmetrisch orchestrierte Tausch-Akte, sondern (wiederum im Anschluss an die Gabe-Theorie Marcel Mauss‘ und die Alteritätsphilosophie von Emmanuel Levinas formuliert) Gabe-*Geschehnisse* (Dabrock 2015).

Ein solches Geschehnis zeichnet sich durch signifikante Unterschiede zu strategisch, ökonomisch oder am Nutzen orientierten, reziproken Tausch-Geschäften aus. Das Geben und Nehmen von Gaben ist (oft) gemeinschafts- und identitätsstiftend, ihnen kommt daher über den reinen Materialwert der geschenkten Gaben eine symbolische Funktion zu – man denke nur an das Geben von Geschenken. Weil aber der potentielle Empfänger nicht weiß, ob er eine Gabe erhält, und der Geber nicht weiß, ob die Gabe angenommen wird, setzen sich beide dem jeweils Anderen aus und gefährden damit zugleich ihre eigene Identitätsimagination. Gaben binden aneinander und bedrohen doch das eigene Selbstwertgefühl – jeder, dessen Geschenk abgewiesen wurde, weiß um den Schmerz, den das bereiten kann. Man kann mit Rekurs auf das Gabe-Geschehen daher die nicht zu leugnenden Konnotationen von Pflicht und Bindung im Solidaritätskonzept berücksichtigen und zugleich ein Drittes, nämlich Begrenzung und Prekarität der Verpflichtung bei aufgegebener und immer zu erneuernder Identitätsbildung unter Berücksichtigung von Anerkennung und Vulnerabilität (Braun 2017), positiv in den Blick nehmen und formulieren.

Schließlich ist aber auch zu beachten: Bindung schafft oder bewirkt (mal absichtlich, mal unabsichtlich) immer auch *Abgrenzung* und führt damit in Selbst- oder Fremdwahrnehmungen zu Exklusions- und Neideffekten. Deshalb können Solidaritätsbekundungen, gerade im Versuch Zusammenhalt zu stiften, zugleich Konflikt und Kontroverse verursachen. Wegen der dem Gabe-Geschehen inhärenten emotionalen Dimension können diese sogar noch stärker als beim erkennbar ja oft schnöden Tauschgeschäft wahrgenommen werden. Zwar entgeht auch die Gabe nicht tauschlogischen oder strategischen Erwartungen auf Seiten von Gebenden und Nehmenden. Dennoch kann bei allen denkbaren Überlappungen und Verwischungen zur Tauschlogik mit Bernhard Waldenfels die Sonderheit des Gabe-Geschehens darin gesehen werden, dass ‚Gabe‘ für diesen Überbietungs- resp. Unterbrechungsgestus gegenüber reziproken Erwartungsschemata in menschlichen Kommunikations- und Ordnungsformen steht (Waldenfels 1994, 586–626). Überschuss und Unterbrechung können sich strukturell und semantisch genau dann ereignen, wenn die jeweiligen durchaus emotional, emphatisch und/oder pathetisch aufgeladenen Bindungen auf ihre kontingenten Bedingungen, Grenzen und Grenzerfahrungen hin befragt werden. Wenn aber Grenzen als Grenzen sichtbar und reflektiert werden, steigert dies oftmals die Sensibilität für die Begrenztheit des Bewusstseins, die wiederum dazu drängt, das Jenseits der Grenze zu imaginieren, zu ersehnen und ggf. das Begrenzte verschieben zu wollen. Formaler formuliert: im kritischen, d.h. unterscheidenden Bewusstsein eigener Partikularität kann sich eine Sensibilität für Trans-Partikulares auftun (Dabrock 2018, 25–33). Diese Sensibilität muss nicht idealiter oder gar gewaltsam mit kategorischen Universalitätsprätentionen (Derrida 1991) verbunden sein, kann aber sehr wohl Allgemeinheit, nicht einfach als etwas Gegebenes, sondern Aufgegebenes verstanden, über den jeweilig ursprünglichen Partikularitätsrahmen hinausragend in den Blick nehmen. In diesem Sinne ist es möglich, dass Solidaritätspraktiken über partikulare Frames und Erfahrungen hinausdrängen, aber praxeologisch und konzeptionell die unter I.2. genannten Uneindeutigkeiten nicht überwinden. Vermutlich sind diese Partikularitäten aufgrund der Sehnsucht wie der Versuchung, Pflicht und Emotion aneinander binden zu wollen, gänzlich gar nicht überwindbar. Aber wenn dieser – wenn man so will – Transpartikularitätsschmerz in Solidaritätskulturen und -praktiken lebendig bleibt, dann scheint dies das beste Mittel dagegen zu sein, Solidarität als ultrakommunitaristischen oder gar identitären Exklusionsmotor zu funktionalisieren.

Weil darüber hinaus Solidarität nach weit verbreiteter Ansicht nicht in leeren Versprechungen aufgeht, sondern immer auch Output-orientiertes Engagement und daher grundsätzlich sogar zu einem gewissen Maße Bereitschaft, Opfer zu bringen, konnotiert, hat man zudem – wie schon beim Begriff der sozialen Gerechtigkeit – die Möglichkeit, an die Debatte um Umverteilung und Anerkennung anzuknüpfen (Fraser & Honneth 2003) und damit die Zuteilung resp. Würdigung materieller wie immaterieller Güter zum Aufbau von Solidarität in den Blick zu nehmen, was wiederum die Dialektik von Erkennen und Anerkennen auf den Plan ruft. Konkret bedeutet dies zu eruieren: Welche Solidaritätspraxis und -praxeologie schafft es, kulturell bindende Anerkennungserfahrungen zu erzeugen, zu ihnen zu motivieren, sie aber auch zu öffnen für über den ursprünglichen Adressatenkreis hinausreichende Kreise? Und umgekehrt resp. komplementär: Welche Verteilungsmechanismen müssen berücksichtigt werden, damit solche kulturellen Anerkennungserwartungen nicht ins Leere laufen, sondern sich realistischerweise verwirklichen lassen? All diese Bemühungen erfordert Sensibilität auf der Grundlage von kulturellen und finanziellen Transferanstrengungen. Ob und wie diese intensional und extensional ausgedehnt und dann bis zu welchem Grade noch immer gehaltvoll unter den Solidaritätsbegriff gefasst werden können (und nicht irgendwann schlicht unter den Begriff der sozialen Gerechtigkeit fallen, weil diese Forderungen ganz allgemein, vulgo: universalisierbar, erhoben werden), ist empirisch, evaluativ wie normativ höchst strittig – und erforderte weitere, hier nicht zu leistende Reflexionen.

II Solidarität und Recht

1 Arbeitsdefinition von Recht, das nie ohne Vorstellungen des Guten auskommt

‚Recht' bezeichnet die zu einer bestimmten Zeit, in einem bestimmten kulturellen Raum, von einer bestimmten Gruppe von Menschen durch Zwangsbefugnis gesicherten, nicht nach Motivationen fragenden, allgemeinen (negativen, aber auch anspruchserwirkenden) Mindeststandards der Gestaltung von individuellen und sozialen Entscheidungen und Handlungen (des Tuns wie Unterlassens). Nach weit verbreiteten liberalen Rechtstheorien spielt dabei die Sicherung der äußeren Freiheit des Einen gegen die äußere Freiheit des Anderen die zentrale Rolle, so dass ein staatlicher oder staatlich zugelassener Eingriff in die Freiheit des Einzelnen und Verbote von Handlungen (sofern sie die Freiheit anderer nicht – was, was das bedeutet, kann jeweils strittig sein – schädigen) entsprechend in der Beweislast sind. Sehr wohl können – und da gibt es ein breites Spektrum innerhalb liberalen Denkens (Möllers 2020) – rechtliche, beispielsweise durch Steuern und Beiträge gezwungene Umverteilungen dazu beitragen, nicht nur Anerkennungsgleichheit, sondern auch die Minderung sozialer Ungleichheit als Beitrag zur Freiheitsermöglichung für möglichst Viele erzielen zu wollen. Damit zeigt sich: Die von liberalen Theorien des Rechts und der Politik häufig vertretene strikte Trennung zwischen Gerechtem und Gutem (in der Lesart positivistischer Rechtstheorien sogar zwischen Recht, Gerechtem und Gutem) ist spätestens seit den paradigmatischen Debatten zwischen Liberalismus und Kommunitarismus als zu idealtypisch erkannt, was spätestens (wieder) seit der Corona-Krise auch ins Allgemeinbewusstsein eingerückt sein dürfte (diese Einsicht ist im Übrigen nicht damit gleichzusetzen, dass damit nicht weiterhin Solidaritätsbrüche und -ermüdungen an der Tagesordnung sein dürften). Mit (auch nach dem Hegel-Jahr 2020 nochmals ins allgemeine Bewusstsein geratener) historischer Tiefenschärfe, aber auch im nüchternen Rechtsvergleich (der zeigt, dass unterschiedliche Rechtssysteme erkennbar unterschiedliche nationale Prägungen wie kulturelle Lebensformen reflektieren) erweist sich das Recht damit prinzipiell als offen, Vorstellungen des guten Lebens oder auch Spuren von Solidaritätserfahrungen (näheres s. II.2.) in gedämpfter (mit Nussbaum 1999, 45–49 formuliert: „starker vager") Form zu rezipieren und entsprechende Umverteilungen zum Zwecke der Realisierung solcher Vorstellungen von gutem Leben und von Solidarität zu ermöglichen.

Gerade wenn man (in Hegel'scher Traditionslinie, Hegel 2017) Sollensansprüche durch historische Erfahrungen und Errungenschaften – in Aufnahme einer Dworkin'schen Unterscheidung (Dworkin 1967) – nicht nur in Rechts*regeln* umgesetzt, sondern auch in aus ihnen geronnenen, sehr allgemein formulierten, sich eher nur träge verändernden Rechts*prinzipien* und immer Regeln zur Optimierung auffordernd sedimentieren sieht, die dann wiederum oft mehr informell und durchaus revidierbar Beweislasten für Rechtsbegründung, -setzung und -pflege angeben (Reßling 2009), wird man – nicht zuletzt vor dem Hintergrund der gesellschaftlichen Entwicklung in der Corona-Krise – dem Solidaritätsbegriff, ähnlich wie dem Nachhaltigkeitsbegriff angesichts der Klimakrise, einen stärkeren Stellenwert – zumindest als Rechts*prinzip*, aber wohl eher nicht als rechtlicher *Regel* (vgl. dazu Kap. II.2.) – einräumen, als es in den lange Jahre so dominanten liberalen Rechtstheorien der Fall war und ist.

2 Die schwache Funktion des Solidaritätsbegriffs im Recht

Solidarität kommt zwar in manchen Rechtstexten, vor allem im Sozialrecht und hier sogar an prominenter Stelle (§ 1 SGB V), vor, aber sowohl auf der Ebene der Rechtsbegründung, der Rechtssetzung wie der Rechtspflege zählt der Solidaritätsbegriff nicht zu den leistungs- oder funktionsstarken Rechtsbegriffen, er bleibt vielfach überaus un- und unterbestimmt; ihm kommt normalerweise nicht einmal die – in Luhmann'scher Terminologie formulierte – Dezisionsfunktion einer Kontingenzformel (Luhmann 1993, 214–238) zu.

Die Schwäche der juristischen Funktion (jedenfalls als Rechtsregel) des oben (s. Kap. I.) zugrunde gelegten Solidaritätsbegriffs begründet sich damit, dass Freiwilligkeit (das schließt die Möglichkeit nicht nur des Eintritts-, sondern auch des Austritts aus dem Solidaritätsverband ein) und emotionale Bindung ins Zentrum einer vom Gabe-Geschehen her begründeten Solidaritätsauffassung gehören. Nun ist mir nicht entgangen, dass bspw. über die Figur des Kontrahierungszwangs die Sozialversicherungen (nicht vollumfänglich, aber in einem sehr hohen Maße; denn es gibt ja Ausschlussklauseln unterschiedlicher Art) so genannte „Zwangssolidarität" ausüben können. Natürlich kann eine ethische Perspektive keine sprachpolizeilichen Ansprüche gegenüber solchen rechtlichen, genauer rechtspolitischen Festlegungen erheben. Umgekehrt ist mit den genannten Gründen (fehlende Freiwilligkeit und emotionale Bindung) zu konstatieren, dass diese rechtliche Form von Solidarität funktional kaum über das hinausreicht, was bereits grundrechtlich über die Gewährung von Inklusion und Freiheitsermöglichung und einigermaßen gleichmäßigen Lebensverhältnissen (Art. 72 Abs. 1 GG) für die Regionen des Landes und die Bevölkerung insgesamt gilt (Haversath 2012). Deshalb bleibt die Leistungskraft eines juristischen Solidaritätsbegriffs, jedenfalls verstanden als Rechtsregel im Dworkin'schen Sinne (vgl. Kap. II.1), sofern er die Konnotationen der oben gewählten Definition (vgl. Kap. I.1) teilen wollte, gering.

Diese mangelnde Leistungs- und Funktionskraft verwundert angesichts der Freiheits- und Individuumszentriertheit liberaler Rechtstheorien und der ihnen entsprechenden Verfassungs- oder quasi im Verfassungsrang stehenden Texte nicht (zur völker- und europarechtlichen Sonderheit von ‚Solidarität' u.a. Hilpold 2007; Calliess 2013). Dennoch muss vor dem in II.1. skizzierten epistemologischen und genealogischen Hintergrund auch der Solidaritätsbegriff als dem deutschen Rechtssystem, aber auch dem Europarecht nicht völlig fremd angesehen werden. Eine primär geltungstheoretisch (rechts-)ethische Argumentation, die über solche Vermittlungsfiguren wie die Figur der Rechtsprinzipien an juristische, vor allem rechtspolitische Diskurse strukturell koppelt (zur Figur der strukturellen Kopplung

Luhmann 1997, 92–120), muss aber normativ gehaltvoller ansetzen als mit bloßem Verweis auf das historische Gewachsensein oder eine deskriptive Vorfindlichkeit eines diffusen (Zwangs-)Solidaritätsbegriffs im Recht.

3 Solidaritätsspuren im Recht – neu entdeckbar

Wenn in einer Gesellschaft und damit ebenso in deren Recht Raum für Wert-, Güter-, Lebensform- und somit auch Solidaritätsvorstellungen sowie deren Schutz und Förderung gegeben ist, dann legt es sich nahe, dass diese weit über einen engen Begriff formaler Gerechtigkeit oder liberal begründeten Rechts hinausragenden rechtlichen Verbindlichkeitsstandards als Andockstelle für die unter I.3. genannten Charakteristika von Solidarität genutzt werden können. Dieser strukturellen Kopplung entspricht prozessual die Aufgabe, rechtsstaatliche Entscheidungen nicht nur immer im kontinuierlichen, sich wechselseitig herausfordernden Austausch mit den anderen beiden Gewalten der parlamentarischen Demokratie zu formen, sondern auch mit der in sich allerdings selbst hoch differenzierten, ja heterogenen Zivilgesellschaft (was bedeutet, dass diese Diskurse immer auch Anlass für gesellschaftliche Konflikte darstellen).

Anders formuliert: Auch das Recht reflektiert (wie es Hegel als Aufgabe der Philosophie benennt, Hegel 2017) ideologisch-semantische Lebenseinstellungen, aber auch pragmatisch-praktische Lebensformen (im Sinne der Definition von Jaeggi 2014). Eingedenk der dem Recht durch die fehlende Identität von Regel und Einzelfall innewohnenden Distanzierungsnotwendigkeiten (wie Gefahren von Ungerechtigkeit, Derrida 1991), aber auch angesichts der der Rechtsbildung wie -sprechung inhärenten Trägheitseffekte, kann Recht überlieferte Lebenseinstellungen und Lebensformen eine gewisse Zeit gegen Veränderungsdruck stabilisieren (bspw. in Deutschland lange Zeit im Bereich ‚Sterbehilfe'), bisweilen aber auch zur Veränderung drängen (bspw. in Deutschland im Bereich ‚Lebenspartnerschaftsrecht'). Eine solche Spannung, oftmals ausgetragen zwischen voranpreschendem Expert:innendiskurs und veränderungsresistenter Mehrheitsauffassung, wird sich aber – ähnlich wie von Thomas Kuhn in seiner Wissenschaftsgeschichtstheorie für wissenschaftliche Paradigmen formuliert (Kuhn 1976) – irgendwann zu der einen oder anderen Seite auflösen. Dabei zählen Argumente – weshalb sie auch hier ausgetauscht werden –; solche metaphysische Gewissheiten, die keine Falisifizierungsoffenheit mehr ermöglichen, sollten es nicht tun.

Vor diesem Hintergrund sind die evaluativen Aussagen zur Weiterentwicklung der anfangs erwähnten funktionalen Arbeitsdefinition von Solidarität ein zwar kontingenter, aber mit Gründen vorgetragener Versuch, das vom Gabegeschehen gedeutete evaluative Solidaritätskonzept in Rechtsdebatten, die wiederum durch Demokratie und Zivilgesellschaft geprägt sind, in die bundesrepublikanische gesellschaftliche Wirklichkeit hinein zu koppeln.

Eine konkrete Ethik wird in diese permanenten Diskurse nicht einfach politische oder rechtliche Rezepte ein- oder ethische Prinzipien anbringen, sondern beobachtet kritisch wie auch (de-)konstruktiv explizite, meist allerdings implizite

Menschenbilder, die sich semantisch in Lebensdeutungen, aber vor allem (im aristotelischen Sinne verstanden) praktisch in Lebensformen sedimentiert haben. Sie will also nicht Recht oder Politik machen, sondern auf mit Modalitätsindices versehene Möglichkeitsbedingungen von Recht und Politik hinweisen (Dabrock 2019b).

Entsprechend scheint die in der Corona-Krise sich (wieder neu) bahngebrochen habende Wahrnehmung und Einsicht, dass alle Menschen grundsätzlich ihr ganzes Leben über vulnerabel sind (und nicht nur so genannte vulnerable Gruppen), das diskursive Potential zu besitzen, Rechts- und Politikdiskurse auf ein gehaltvolle(re) s Verständnis von Solidarität hin neu zu beleben. Selbst wenn man mit zunehmender Dauer der Corona-Pandemie (und einen von der lutherischen peccator-in-re-Anthropologie geprägten Ansatz konkreter Ethik wird dies nicht überraschen) mit Solidaritätsmüdigkeit und wieder aufbrechenden Verteilungskämpfen rechnet, besteht Grund zur Annahme, dass Menschenbilder, die (wiederum nur emblematisch formuliert) einseitig oder stark präferentiell auf negative Freiheit, auf Ideologeme wie den *homo oeconomicus*, politisch-rechtliche Minimalkonzepte wie den „Nachtwächterstaat", auf libertäre Wirtschafts- und Politikmodelle setzen und die (zu) viel der vermeintlich unsichtbaren Hand des Marktes überlassen wollen, in die Defensive oder die Beweislast geraten (ähnlich Honneth 2020). Umgekehrt formuliert: Solche Menschen- und Gesellschaftsbilder haben nach vielen Jahren wieder mehr Zuspruch gefunden, die – wie die Philosophie der Gabe (vor allem Hénaff 2014) – davon ausgehen, dass Menschen konstitutiv auf andere angewiesen und dass Kooperation, Solidarität und Fürsorge nicht nur sekundäre Kompensationsmodi von Kompetition sind, die vielmehr eine Sensibilität für kommunikative (oder gar responsive) Freiheit bewahrt haben (Waldenfels 2010). Damit wächst auch erneut eine Offenheit für Überlegungen, dass sogar eine hochgradig plurale Gesellschaft recht stabile Verbindlichkeitsstandards braucht und in ihr das Sehnen nach Eigennutz übersteigenden regulativen Gemeinwohlideen intra- und intergenerationell nicht nur nicht aufgegeben werden darf, sondern proaktiv Ideale, Konzepte, Initiativen und Bewegungen für Sozialkohäsion zu unterstützen sind (Honneth 2011). Entsprechend werden Fragen nach der Gleichwertigkeit von Lebensverhältnissen oder nach Sozialpartnerschaft in einer sich sozial verstehenden Marktwirtschaft auch unter digitalisierten Globalisierungsbedingungen neu gestellt – und harren einer gewissen rechtlichen Sedimentierung.

Mit diesen Gegenwartsdeutungen ist weder behauptet, dass sich der wahrgenommene Trend beständig hält noch, dass er in sich nicht allerlei politisch-pragmatische Ausdifferenzierungen erhalten kann. Von prozedural etatistischen oder materialen Grundeinkommens-Modellen einerseits bis hin zu prozedural wohlfahrtspluralen bis material dünnen Befähigungsmodellen andererseits ist angesichts noch nicht absehbarer gesellschaftlicher Entwicklungen und Diskurse vieles denk- und diskutierbar. Aber recht klar erscheint mir: Wenn sich bewähren sollte, dass Solidarität wieder neu ins Bewusstsein von Menschen rückt, dann müssen – wie die Debatten zwischen Nancy Fraser und Axel Honneth (Fraser & Honneth 2003), aber auch die Populismus-deutenden und überwinden-wollenden Debatten (paradigmatisch gesprochen) zwischen neoweberianisch-kulturalistischen

Ansätzen à la Andreas Reckwitz (Reckwitz 2017) und neomarxistischen-strukturellen Ansätzen à la Philip Manow (Manow 2018) zeigen, dass Antworten auf Fragen von Anerkennung und Umverteilung, von Respekt und Gemeinwohl zusammengedacht werden (Dabrock 2019a): Wer Respekt und Anerkennung ohne materielle Investitionen in dafür förderliche Rahmenbedingungen und Infrastrukturen fordert, lenkt ab von Realisierungsbedingungen möglicher Solidarität. Wer nur paternalistisch umverteilt, missachtet die eigentlichen Zielbestimmungen von Solidarität, aus denen heraus sie auch nur motivational reproduziert werden kann: Eigenverantwortung und Sozialkohäsion.

Zwar ist festzuhalten, dass ein Solidaritätskonzept, egal wie dicht oder schwach ausgeprägt es semantisch ist oder politisch und kulturell umgesetzt wird, im liberalen Verfassungsstaat nicht ohne individuelle Freiheitsfunktionalität gedacht werden kann (Honneth 2011, 2020). Dennoch muss diese wiederum nicht an der Konzeption negativer Freiheit libertärer Provenienz ausgerichtet werden – ein Einstellungsmuster, das in den letzten Jahrzehnten oft zu leichtfertig perpetuiert wurde und spätestens seit Klimawandeldiskurs und Erfahrungen der Corona-Krise hinterfragt wird.

Es ist also Zeit wie Gelegenheit, (metaphorisch gesprochen) den „Gesellschaftsvertrag" daraufhin zu überdenken, wie Solidarität im gerade skizzierten Rahmen gefördert werden kann. Dabei kann die von Matthias Braun (Braun 2017) präzise herausgearbeitete Dialektik von wahrnehmbarer Vulnerabilität und (normative Konsequenzen aus sich entlassender) Anerkennung auch dafür sensibilisieren, den Solidaritätsraum über die menschliche Gesellschaft zu erweitern – ein Gedanke, dem insbesondere Bruno Latour in seinen Arbeiten (von Latour 2001; bis Latour 2018) beständig zuarbeitet. Bei diesem Ansatz stellt sich aber die für alle Solidaritätsbande entscheidende Motivationsfrage, wie sehr zu anderen (insbesondere nicht-menschlichen) Entitäten Ähnlichkeit und Bindung erkannt *und* anerkannt werden kann. Diesseits dieser Ausweitung lässt sich festhalten, dass dem Recht die Aufgabe und Bedeutung zukommt, durch die ihm innewohnenden Charakteristika von Trägheit und Distanznahme zum Individuellen, Raum für Experiment und Implementation zu ermöglichen, weil nicht jedes Scheitern instantan Folgen für die Sozialkohäsion nach sich zieht. Vor dem Hintergrund dieser Skizze, Solidarität nicht über Rechtsregeln, sondern eher über Rechtsprinzipien, die wiederum Gestalt durch Gesellschaftsbilder und Lebensformen – hier beworben durch Sensibilität für die Gabe der Anerkennung angesichts elementarer Vulnerabilität – gewinnen, ins Recht zu koppeln, soll nun geprüft werden, wie auf diese Weise Solidarität im Recht des Gesundheitswesens unter den Bedingungen einer Biomarker-basierten und von Big Data wie Künstlicher Intelligenz (KI) getriebenen Medizin umgesetzt werden kann.

III Solidarität und Recht im Gesundheitswesen Biomarker-basierter und KI/Big-Data getriebener Medizin

1 Neue Erwartungen und Zwischenstatus als Herausforderung für die Gesundheit der Gesellschaft

Um die Bedeutung von Solidarität im Gesundheitsrecht zu avisieren, muss zunächst darauf geblickt werden, welchen Stellenwert Gesundheit in der Gesellschaft hat. Gesundheit als konditionalem Gut (Dabrock 2012, 219–286; Moos 2018, 375–477) kommt im Zusammenhang des skizzierten komplexen doppelt asymmetrischen Verhältnisses zwischen Recht und Solidarität (jedenfalls in Deutschland) eine bedeutsame Rolle zu. Gute Gesundheit steht regelmäßig auf der Wunschliste guten Lebens ganz oben (Richter & Hurrelmann 2016). Diese Aussage auf der Schwelle von Deskription, Evaluation und normativen Implikationen zu Einstellungsmustern steht neben den seit Jahrzehnten bekannten, kontrovers debattierten Fragen (Finanzierung[smodelle], Verteilung[smodelle], Priorisierung bei Krankheiten oder hinsichtlich Alterskohorten, Verhältnis von gesundheitlicher und sozialer Ungleichheit etc.) vor einer weiteren aktuellen, die Sachlage nochmals immens verschärfenden Herausforderung: der Digitalisierung und dem durch sie nochmals in ungekannter Weise nutzbaren Fortschritt in der Verarbeitung biomedizinischer und weiterer Daten (u.a. Braun & Dabrock 2016, 2019).

Auch wenn in der Praxis und ihrer rechtlichen Formatierung weiterhin die Reparaturmedizin (und ihre Finanzierung) maßgeblich ist, prägt und bringt in Forschung und Entwicklung die Richtung die Medizin voran, die gegenwärtig Präzisionsmedizin genannt wird und vorher bereits die teils reißerischen Titel ‚individualisierte, personalisierte oder stratifizierte Medizin' trug (Dabrock 2016). Was lange Jahre eher als Werbeversprechen fungierte, denn wirkliche Innovationen vorweisen konnte, nämlich eine prädiktiv, präventiv, personalisiert und partizipatorisch wirken sollende Medizin, gewinnt zunehmend unter den Möglichkeiten des gegenwärtig mit den Stichworten Big-Data und KI konnotierten Innovationsschubs der Digitalisierung an Kontur, bringt aber auch spezielle Probleme mit sich. Aus den aus den Daten gewonnenen Mustern lassen sich ebenso potentielle Krankheitsbilder (mit allerdings in sich wissenschaftstheoretisch oft fragwürdigen Prämissen und Standards) prädizieren wie Verhaltensweisen (im Sinne der selbstgouvernementalen Selbstvermessung durch nudgende Wearables oder durch positive oder negative Anreize [Belohnungen/Bestrafungen] in Versicherungs- oder anderen bindenden Verträgen) steuern (Nosthoff & Maschewski 2019). Insofern sämtliche Daten (je nach immer neu möglicher De- und Rekontextualisierung) gesundheitsrelevant werden können, entgrenzen sich die (im Fachdiskurs schon lange als äußerst unscharf angesehenen) Begriffe von Gesundheit und Krankheit nochmals. Eine starke Prädiktion für den Ausbruch einer schweren Krankheit in absehbarer Zeit (erkennbar bei bestimmten monogenetischen Erkrankungen wie Chorea Huntington, aber auch – im Übrigen oft wortwörtlich zu verstehen – einschneidenden

Erkrankungsrisiken wie beim Vorliegen bestimmter Mutation im Gen BRCA 1) kommt oft subjektiv ein (im Englischen *illness* genannter) dramatischer Krankheitswert zu, der auch sozial zu erheblichen Konsequenzen (Arbeitsplatzverlust, Gefährdung von Versicherungsabschlüssen) führen kann (Meier et al. 2017), die denen von sozialen Zuschreibungen von Krankheit (im Englischen *sickness* genannt) gleichen.

Dieser mit Blick auf subjektive Selbstbeschreibung als ‚*healthy ill*' oder mit Blick auf soziale Fremdzuschreibungen ‚*healthy sick*' bezeichenbare Zwischenstatus zwischen Krankheit und Gesundheit wird bei Zunahme der Biomarker-basierten und Big Data- wie KI-getriebenen Medizin und der Integration von Wearables in das persönliche Leben, die all diese Daten niedrigschwellig, aber zunehmend medizinisch nutzbar aufzeichnen, zur Normalität entwickeln. Das wird eben nicht nur Konsequenzen für das eigene Lebensverständnis und die eigene Lebenspraxis sowie dabei internalisierte oder eben noch nicht internalisierte Vulnerabilitätswahrnehmungen und Anerkennungsinteraktionen haben, sondern auch für den sozialen Status und die soziale Absicherung einer Person. Entsprechend wird dieser Interimsstatus sich auch auf Verständnis von Solidarität wie die Verhältnisbestimmung von Solidarität und Recht auswirken können. Denn zu Solidarität appellierende Vulnerabilitäten, weil plötzlich – zumindest in gesellschaftlicher Fremdzuschreibung – jeder als krank tituliert werden kann, tun sich auf, wo (womöglich) vorher keine solchen waren. Hier wirkt primär das oben erwähnte Moment des Wahrnehmens und Erkennens (von als relevant erachteter Ähnlichkeit) in Solidaritätszuschreibungen. Zugleich bieten sich neue Formen der Solidarität wie bspw. Datenspenden (als Moment der aus dem Erkennen erwachsenden Anerkennung und einem daran anknüpfenden Gabegeschehnisses) an, die es so vorher nicht gab, die aber danach drängen, nicht nur von der Fürsorge für andere, sondern auch zum Selbstschutz Elemente von Schutz und Gerechtigkeit zu verlangen.

Dabei scheint mir angesichts des um-sich-greifenden *healthy-sick*-Status eine auf den ersten Blick defensiv erscheinende Reflexion auf eine altehrwürdige Institution über ihre bisherige Bedeutung eine neu zu gewinnende herausstellen zu können (vgl. III.2.): Gemeint ist die Gesetzliche Krankenversicherung (GKV). Vor dem Hintergrund der mit ihr denkbaren Erwartungssicherheit im Umgang mit der Digitalisierung kann auch die vom Gabe-Geschehen deutbare Solidarität (konkret das Geben von Solidarität via Datenspenden) proaktiv gesundheitsförderliche Erkenntnisse und Verhaltensweisen wie damit korrespondierende Selbstbestimmung unterstützen (vgl. III.3.).

2 Das Revival der Idee der solidarischen Krankenversicherung

Insofern die Corona-Krise allen in einem (zumindest hier in Deutschland) lange nicht mehr gekannten Ausmaße die konstitutionelle Verletzlichkeit aller (und nicht nur einiger) vor Augen geführt hat, was zuvor schon die Biomarker-basierte-und-KI/Big-Data-getriebene Medizin als um sich greifende Möglichkeit, sich vor sich und anderen in einem *healthy ill/sick*-Status zu befinden, auch schon getan hatte, gewinnt der Solidargrundgedanke der Gesetzlichen Krankenversicherung neu an Attraktivität. Diese folgt (jedenfalls bis zur Beitragsbemessungsgrenze, deren Sinn wie Implausibilität an dieser Stelle nicht eigens debattiert werden kann) dem an Karl Marx angelehnten Motto „Allen nach ihren Möglichkeiten – allen nach ihren Bedarfen“ (§ 12 SGB V; „Jeder nach seinen Fähigkeiten, jedem nach seinen Bedürfnissen!“ Marx 1962, 21). Der hier vorgetragene Ansatz, im Anschluss an Matthias Braun (Braun 2017) Solidarität motivational und hermeneutisch von der wechselseitigen Konstitutionalität von Vulnerabilität und Anerkennung her zu verstehen und dieses Verständnis auch politisch zu bewerben, hat weder das Ziel, die Organisationsform des deutschen Sozialrechts im Allgemeinen oder des Gesundheitsrechts im Besonderen zu legitimieren und andere rechtliche und politische Organisationsformen zu diskreditieren. Dies wäre eine unsachgemäße Überdehnung ethischer Urteilskompetenz (zumal auch das vielfach ins Feld geführte Argument, dass die Ausdifferenzierung von Risiken versicherungsmathematisch das Äquivalenzsystem privater Krankenversicherungen implodieren lassen würde, vorsichtig formuliert, zumindest strittig ist; es hängt nämlich alles davon ab, welche Risiken als nicht mehr tragbar oder mit Zuzahlungen belastet angesehen werden; in diesen Pro- und Contra-Debatten zwischen GKV und Privater Krankenversicherung (PKV) gibt es viele Ambivalenzen und viel Spielraum; spricht man sich aber für das risikobasierte Äquivalenzsystem der PKV aus, dann wird man in jedem Fall damit rechnen müssen, dass die prädiktive Kraft der Biomarker-basierten und Big Data- wie KI-getriebenen Medizin zumindest besonders harte Belastungen für Menschen mit besonders starken Risiken mit sich bringen wird). Aber die Kriteriologie, dass Anerkennung und Vulnerabilitätssensibilität eine – wie im Einzelnen auch immer auszubuchstabierende – solidaritätsbasierte Gesundheitsversorgung befördern, stellt erkennbar eine breitere, sicherere Daseinsfürsorge für alle Menschen in einer Gesellschaft, in der alle auf die eine oder andere Weise für einen selbst in unerwarteter Weise zu Risikoträgern erklärt werden können, dar. Umgekehrt: Bei einer solidarischen Absicherung auf dem Level dessen, was § 12 SGB V zu halten verspricht („notwendig und zweckmäßig“ – ja, und auch wirtschaftlich erbracht), kann man die Innovationsoptionen, die die Digitalisierung mit Biomarker-basierter und Big Data- wie KI-getriebener Medizin, aber auch via Telemedizin verspricht, mutig ergreifen und dabei das Risiko im Blick behalten und sogar gesellschaftlich wie individuell sozialverträglich minimieren. Nur angesichts einer solchen sozialen und individuellen Minimierung der drohenden Risiken von Diskriminierung und Stigmatisierung oder sozialen Nachteilen in privatwirtschaftlichen Verträgen werden die Menschen bereit sein, ihren nicht hinreichenden, aber notwendigen Beitrag zur Fortentwicklung dieser Innovationen zu leisten (vgl. III.3.).

Wenn eine für jeden finanzierbare, daseinsvorsorgliche Grundsicherheit – das ist der Grundgedanke der solidarischen Gesundheitsversorgung – gegeben ist/wäre, braucht die insbesondere in Deutschland ja gern artikulierte Angst vor der Digitalisierung nicht geschürt und können deren zweifellos vorhandene, ambivalente

Entwicklungen experimentierfreudiger, als es in weiten Teilen der Bevölkerung derzeit der Fall ist, gestaltet werden, als wenn man unmittelbar damit rechnen muss, dass schon im Bereich der Daseinsvorsorge jeder Einzelne allein als „seines Glückes Schmied“ angesehen wird und die digitalen Errungenschaften nur oder primär zu einer wachsenden Ungleichheit zwischen unterschiedlichen Schichten, Milieus oder Alterskohorten führen.

Kurzum: Der hinter der Gesetzlichen Krankenkasse stehende Solidaritätsansatz bietet beste Voraussetzung Innovationsoffenheit und Sozialkohäsion in ein konstruktives Verhältnis zu bringen. Auch für Solidaritätskonkretionen im Gesundheitswesen gilt: Sie sind nicht mentalitätsmäßig eindeutig formatiert, sie können durch externe bspw. ökonomische Einflüsse, aber auch erneut auftretende Pandemien und selbstverständlich erst recht durch gesellschaftspolitische Veränderungen (bspw. neu aufflammende Debatten um Zuzug und Integration und der sich anschließenden Frage, wer zur Solidaritätsgemeinschaft dazu gehört) gestärkt oder geschwächt werden und bedürfen daher ständiger Beobachtung, Kritik wie Kultivierung.

3 Datenspende als Ausdruck von Solidarität auf der Grundlage von Datensouveränität und *health literarcy*

Auf der Grundlage der so skizzierten Solidaritätsbasierung eines (wie im Einzelnen auch immer organisierten) Gesundheitswesens kann der Ansatz der Biomarkerbasierten und Big Data- wie KI-getriebenen sog. Präzisionsmedizin vorangetrieben werden, ohne dass Versicherte befürchten müssen, dass die vielfachen gesundheitsrelevanten Verknüpfungsmöglichkeiten ihnen die für ein menschenwürdiges und selbstbestimmtes Leben gebotene Daseinsfürsorge gefährden. Dennoch muss gerade auf der Schwelle von Solidarität und Recht die Sensibilität dafür wachsen, dass weit jenseits klassischer Gesundheits- und Medizinfelder gesundheitsrelevante soziale Exklusion, zumindest Spaltung der Gesellschaft durch die unterschiedlichen Möglichkeiten, mit der Digitalisierung umzugehen, drohen. Wenn umgekehrt präzisere Medizin nicht ein bloßes Versprechen bleiben soll, dann gelingt dies – nach derzeitigem Wissensstand – nur, wenn möglichst viele Menschen bereit sind, viele gesundheitsrelevante Daten zu spenden („Je größer der Heuhaufen, umso eher ist die Nadel zu finden“) (Hummel, Braun & Dabrock 2019). Das wird nur dann umsetzbar sein, wenn die verarbeitenden Organisationen Vertrauen aufbauen und halten können und die Datenspender die Möglichkeit erhalten, in Echtzeit souverän ihre eigenen Daten im Sinne von *controllability* zu verwalten resp. verwalten zu lassen (Hummel et al. 2018; Hummel, Braun & Dabrock 2020).

Entsprechend müssen hier – ebenso wie bei der Nutzung von Wearables, die bei aller in Foucault'scher Manier analysierbarer und kritisierbarer Selbstgouvernementalisierung gesundheitliches Verhalten (Nosthoff & Maschewski 2019) fördern und damit (bei sachgemäßem Trainingsverhalten) die notorisch knappen Kassen (so lange wie möglich und nötig) schonen können – Sicherheit schaffende und

Institutionenvertrauen (mit-)garantierende Rahmenbedingungen auf der Schwelle von Recht und Solidarität geschaffen werden: Sicherheit und Verlässlichkeit der zuständigen Infrastruktur, Vertrauenswürdigkeit der sie vorhaltenden Organisationen, Stärkung der individuellen Datensouveränität (Deutscher Ethikrat 2017), aber auch Förderung der *health literacy* durch Etablierung unabhängiger internetbasierter Gesundheitsportale und insgesamt eine Stärkung von Bildung, die auf Differenzsensibilität und Ambiguitätstoleranz zielt (Dabrock 2018), sind die besten Faktoren, um die Vorteile der Digitalisierung für Gesundheitsförderung und Krankheitsverhinderung freiheitsfunktional und solidarisch zu nutzen, zugleich die in den letzten Jahren immer wieder skizzierten Gefahren eines Überwachungskapitalismus (Zuboff 2018) zu bändigen und Sozialkohäsion nicht über Gebühr zu gefährden. Solange diese Forderungen nicht (auch) rechtlich umgesetzt werden, sondern allein zivilgesellschaftliche Luftschlösser bleiben, wird der Solidaritätsgedanke nicht dauerhaft unter Digitalisierungsbedingungen etabliert werden (können) (Hummel & Braun 2020). Insofern kommt auch dem Recht eine Lebensformen und damit auch Solidaritätspraxen stabilisierende Funktion zu (Jaeggi 2014). Ob solidaritätsförderliches Recht aber implementiert wird, hängt wiederum davon ab, ob in der wechselseitigen Herausforderung von Demokratie, Rechtsstaat und Zivilgesellschaft der Solidarität wieder (längerfristig/dauerhaft) die Bedeutung zuerkannt wird, die die Corona-Krise (wenigstens zeitweilig) hervorgespült hat: Ende offen ...

Literaturverzeichnis

Braun, Matthias. 2017. Zwang und Anerkennung. Sozialanthropologische Herausforderungen und theologisch-ethische Implikationen im Umgang mit psychischer Devianz. Tübingen: Mohr Siebeck.

Braun, Matthias, Peter Dabrock. 2016. „Ethische Herausforderungen einer sogenannten Big-Data basierten Medizin." Zeitschrift für Medizinische Ethik 62:313–329.

Braun, Matthias, Peter Dabrock. 2019. „Ethik und Digitalisierung. Offene Fragen und mögliche Perspektiven." In Die Zukunft der Medizin. Disruptive Innovationen revolutionieren Medizin und Gesundheit, hrsg. v. Erwin Böttinger und Jasper zu Putlitz, 305–316. Berlin: MWV Medizinisch Wissenschaftliche Verlagsgesellschaft.

Calliess, Christian. 2013. Europäische Solidarität und nationale Identität. Überlegungen im Kontext der Krise im Euroraum. Vol. 6, Studien zum europäischen und deutschen Öffentlichen Recht. Tübingen: Mohr Siebeck.

Dabrock, Peter. 2012. Befähigungsgerechtigkeit. Ein Grundkonzept konkreter Ethik in fundamentaltheologischer Perspektive. Unter Mitarbeit von Ruth Denkhaus. Gütersloh: Gütersloher Verl.-Haus.

Dabrock, Peter. 2015. „Gabe." In Evangelische Ethik kompakt. Basiswissen in Grundbegriffen, hrsg. v. Reiner Anselm und Ulrich H. J. Körtner, 48–55. Gütersloh.

Dabrock, Peter. 2016. „Soziale Folgen der Biomarker-basierten und Big-Data-getriebenen Medizin." In Soziologie von Gesundheit und Krankheit, hrsg. v. Matthias Richter und Klaus Hurrelmann, 287–300. Wiesbaden: Springer VS.

Dabrock, Peter. 2018. „Konkrete Ethik in fundamentaltheologischer Perspektive." In Was ist eine Theologische Ethik? Grundbestimmungen und Grundvorstellungen, hrsg. v. Michael Roth und Marcus Held, 19–40. Berlin, New York: De Gruyter.

Dabrock, Peter. 2019a. „Anerkennung und Umverteilung. Zur Wiedervorlage einer Heuristik angesichts aktueller Gefährdungen des sozialen Zusammenhalts." Zeitschrift für Evangelische Ethik 63:83–88.

Dabrock, Peter. 2019b. „„Nicht Politik machen, Politik möglich machen". Zur begrenzten Legitimität religiöser Moral." In „Kirche als Moralagentur" – zur Diskussion, hrsg. v. Jochen Sautermeister, 35–56. Freiburg: Herder Verlag.

Derrida, Jacques. 1991. Gesetzeskraft. Der „mystische Grund der Autorität" Suhrkamp: Frankfurt am Main.

Deutscher Ethikrat. 2017. Stellungnahme Big Data und Gesundheit – Datensouveränität als informationelle Freiheitsgestaltung. Berlin: Deutscher Ethikrat.

Dworkin, Ronald. 1967. „The Model of Rules." University ot Chicago Law Review 35:14–46.

Fraser, Nancy, Axel Honneth. 2003. Umverteilung oder Anerkennung? Eine politisch-philosophische Kontroverse. Frankfurt am Main: Suhrkamp.

Haversath, Peter. 2012. „Solidarität im Recht – Gegenseitige Verbundenheit als Grund und Grenze hoheitlichen Handelns." In Kollektivität - Öffentliches Recht zwischen Gruppeninteressen und Gemeinwohl, hrsg. v. Junge Wissenschaft im Öffentlichen Recht e.V., 209–229 Baden-Baden: Nomos.

Hegel, Georg Wilhelm Friedrich. 2017. „Grundlinien der Philosophie des Rechts." In, hrsg. v. Ludwig Siep. Berlin/Boston: De Gruyter.

Hénaff, Marcel. 2014. Die Gabe der Philosophen. Gegenseitigkeit neu denken. Paderborn: transcript.

Hilpold, Peter. 2007. „Solidarität als Rechtsprinzip – völkerrechtliche, europarechtliche und staatsrechtliche Betrachtungen." Jahrbuch des öffentlichen Rechts der Gegenwart. Neue Folge 55 (1):195–214.

Honneth, Axel. 1992. Kampf um Anerkennung: Zur moralischen Grammatik sozialer Konflikte. 9. Aufl. Frankfurt am Main: Suhrkamp.

Honneth, Axel. 2011. Das Recht der Freiheit. Grundriß einer demokratischen Sittlichkeit. Berlin: Suhrkamp.

Honneth, Axel. 2020. Die Armut unserer Freiheit. Aufsätze 2012–2019. Vol. 2313, suhrkamp taschenbuch wissenschaft. Berlin: Suhrkamp.

Hummel, Patrik, Matthias Braun. 2020. „Just data? Solidarity and justice in data-driven medicine." Life Sciences, Society and Policy 16 (8). doi: https://doi.org/10.1186/s40504-020-00101-7.

Hummel, Patrik, Matthias Braun, Steffen Augsberg, Peter Dabrock. 2018. „Sovereignty and Data Sharing." ICT Journal (2).

Hummel, Patrik, Matthias Braun, Peter Dabrock. 2019. „Data Donations As Exercises Of Sovereignty." In The Ethics of Medical Data Donation, hrsg. v. Jenny Krutzinna und Luciano Floridi, 23–54. Cham: Springer.

Hummel, Patrik, Matthias Braun, Peter Dabrock. 2020. „Own Data? Ethical Reflections on Data Ownership." Philosophy & Technology doi: https://doi.org/10.1007/s13347-020-00404-9.

Jaeggi, Rahel. 2014. Kritik von Lebensformen. Berlin: Suhrkamp.

Kuhn, Thomas S. 1976. Die Struktur wissenschaftlicher Revolutionen. Zweite, revidierte und um das Postskriptum von 1969 ergänzte Auflage. Frankfurt am Main: Suhrkamp.

Latour, Bruno. 2001. Das Parlament der Dinge. Für eine politische Ökologie. Frankfurt am Main: Suhrkamp.

Latour, Bruno. 2018. Das terrestrische Manifest. Berlin: Suhrkamp.

Luhmann, Niklas. 1993. Das Recht der Gesellschaft. Frankfurt am Main: Suhrkamp.

Luhmann, Niklas. 1997. Die Gesellschaft der Gesellschaft. Frankfurt am Main: Suhrkamp.

Manow, Philip. 2018. Die Politische Ökonomie des Populismus. Vol. 2728, edition suhrkamp. Berlin: Suhrkamp.

Marx, Karl. 1962. Kritik des Gothaer Programms [1875]. Vol. 19, Karl Marx/Friedrich Engels Werke. Berlin: Karl Dietz Verlag.

Meier, Friedhelm, Jens Ried, Matthias Braun, Peter Dabrock. 2017. „‚Healthy sick' oder: Wie genetisches Risiko den Krankheitsbegriff des GKV-Systems aushebelt." Gesundheitswesen 79. doi: 10.1055/s-0043-109862.

Merleau-Ponty, Maurice. 1973. Vorlesungen I. Schrift für die Kandidatur am Collège de France. Lob der Philosophie. Vorlesungszusammenfassungen 1952–1960. Die Humanwissenschaften und die Phänomenologie. Vol. 9, Phänomenologisch-Psychologische Forschungen. Berlin: De Gruyter.

Möllers, Christoph. 2020. Freiheitsgrade. Elemente einer liberalen politischen Mechanik. Berlin: Suhrkamp.

Moos, Thorsten. 2018. Krankheitserfahrung und Religion. Tübingen: Mohr Siebeck.

Nosthoff, Anna-Verena, Felix Maschewski. 2019. Die Gesellschaft der Wearables. Digitale Verführung und soziale Kontrolle. Berlin: Nicolai Publishing.

Nussbaum, Martha. 1999. Gerechtigkeit oder das gute Leben. Frankfurt am Main: Suhrkamp.

Prainsack, Barbara, Alena Buyx. 2017. „Solidarity in biomedicine and beyond." In. Cambridge: Cambridge University Press.

Reckwitz, Andreas. 2017. Die Gesellschaft der Singularitäten. Zum Strukturwandel der Moderne. Berlin: Suhrkamp.

Reßling, Maximilian. 2009. „Prinzipien als Normen mit zwei Geltungsebenen: Zur Unterscheidung von Regeln und Prinzipien." Archiv für Rechts- und Sozialphilosophie/Archives for Philosophy of Law and Social Philosophy 95 (1):28–48.

Richter, Matthias, Klaus Hurrelmann, Hrsg. 2016. Soziologie von Gesundheit und Krankheit. Wiesbaden: Springer VS.

Ricœur, Paul. 2006. Wege der Anerkennung: Erkennen, Wiedererkennen, Anerkanntsein. Frankfurt am Main: Suhrkamp.

Waldenfels, Bernhard. 1987. Phänomenologie in Frankreich, Suhrkamp-Taschenbuch Wissenschaft. Frankfurt am Main: Suhrkamp.

Waldenfels, Bernhard. 1994. Antwortregister. Frankfurt am Main: Suhrkamp.

Waldenfels, Bernhard. 2010. „Responsive Ethik zwischen Antwort und Verantwortung." Deutsche Zeitschrift für Philosophie 58 (1):71–81.

Zuboff, Shoshana. 2018. Das Zeitalter des Überwachungskapitalismus. Frankfurt am Main: Campus Verlag.

Stefan Huster

Solidarität und Gesundheit

Die „Solidarität“ und die „solidarische Krankenversicherung“ sind in aller Munde, aber Gehalt und Geltung eines Prinzips oder Gebots der Solidarität sind unklar und umstritten. Im Folgenden soll der Solidaritätsbegriff (I.) in Bezug auf das System der Gesundheitsversorgung (II.) und die Pflege der Bevölkerungsgesundheit (III.) näher analysiert werden. Der Beitrag schließt mit einer eher skeptischen Bemerkung zur Bedeutung der Solidarität als Grundlage für die Gesundheitspolitik (IV.).

I Der Begriff der Solidarität

1 „Solidarität“ in der deutschen Rechtsordnung

„Solidarität“ ist ein Begriff mit einer langen politischen Tradition, spielt aber im deutschen Recht kaum eine Rolle. Im Grundgesetz taucht der Begriff nur in einem eher randständigen Zusammenhang auf („solidarische“ Tragung eines Teils der Kosten durch die Bundesländer bei länderübergreifenden Finanzkorrekturen durch die EU, vgl. Art. 104a Abs. 6 S. 2 GG).[1] Auch größere rechtswissenschaftliche Untersuchungen haben ihm einen spezifischen verfassungsrechtlichen Gehalt kaum abgewinnen können.[2] Im einfachen Recht ist der Begriff – sieht man einmal von dem bald auslaufenden „Solidaritätszuschlag“ im Steuerrecht ab – nur im Krankenversicherungsrecht prominent vertreten: Er kommt im SGB V nicht besonders oft, aber an wichtigen Stellen vor: Gleich § 1 SGB V ist programmatisch mit „Solidarität und Eigenverantwortung“ überschrieben und bezeichnet die gesetzliche Krankenversicherung (GKV) als „Solidargemeinschaft“. § 3 SGB V beschreibt die Grundzüge der Finanzierung der GKV – durch Beiträge, die von den Mitgliedern und den Arbeitgebern getragen werden, deren Höhe sich an den Einnahmen der Mitglieder orientiert und die für versicherte Familienangehörige nicht erhoben

1 Verwendung findet der Begriff im Zusammenhang mit dem Länderfinanzausgleich; vgl. dazu *Federer-Meyer*, Finanzielle Solidarität im Bundesstaat, 2017. Entsprechende Verwendungen finden sich auch im Recht der europäischen Union; vgl. nur die Beiträge bei *Kadelbach* (Hrsg.), Solidarität als Europäisches Rechtsprinzip?, 2014.

2 Vgl. insbesondere die beiden Habilitationsschriften von *Depenheuer*, Solidarität im Verfassungsstaat, 1991; sowie *Volkmann*, Solidarität – Programm und Prinzip der Verfassung, 1998. Vgl. ferner *Denninger*, KritV 1995, S. 7 ff.; *Grimm*, Solidarität als Rechtsprinzip, 1973.

werden – und bezeichnet dies in seiner Überschrift als „solidarische Finanzierung“. Das war es dann allerdings auch schon mit der „Solidarität“ im SGB V.[3]

2 Solidarität – Annäherung an ihre Struktur

Dass das Wort in Gesetzesexten kaum vorkommt, bedeutet natürlich nicht, dass die Solidarität in der Sache für die Rechtsordnung nicht wichtig wäre. Gerade für die GKV und auch die Gewährleistung der öffentlichen Gesundheit ist sie von zentraler Bedeutung.[4] Allerdings sollte man genau klären, in welchem Sinne hier jeweils von Solidarität die Rede ist. Schon beim ersten Hinsehen wird nämlich deutlich, dass der Solidaritätsbegriff ausgesprochen interpretationsbedürftig und missbrauchsanfällig ist.[5] Kaum eine politische Forderung, mit der andere zur Beteiligung an einem ressourcenintensiven Vorhaben aufgefordert werden, wird erhoben, ohne dass „die Solidarität“ bemüht wird. Ebenso oft bleibt aber unklar, was mit dieser Solidarität genau gemeint ist und worauf sie sich gründen soll. Der Begriff lädt zu einer politisch-rhetorischen Verwendung ein, weil er starke Wertungen transportiert - wer will schon offen „unsolidarisch“ sein? – und gleichzeitig inhaltlich extrem unbestimmt und unklar bleibt. Einigkeit besteht allenfalls darüber, dass Solidarität immer etwas mit Hilfe, Unterstützung, Kooperation oder Zusammenhalt zu tun hat – worauf sich dies jeweils bezieht, auf welcher Grundlage es beruht und wie weit es gehen soll, ist damit aber noch offen.

Vor diesem Hintergrund hat *Ulf Tranow* für die analytische Erfassung des Solidaritätsbegriffs den einleuchtenden Vorschlag gemacht, als Kern der Solidarität spezifische Solidarnormen zu betrachten, die in bestimmten Transfersituationen

---

3 Auch im übrigen SGB wird man – soweit ersichtlich – kaum fündig. Im SGB VII findet sich der Begriff nur ganz randständig (§ 182 Abs. 2 S. 3: „angemessener solidarischer Ausgleich“ bei den landwirtschaftlichen Berufsgenossenschaften). Programmatisch dagegen § 1 Abs. 4 SGB XI: „Die Pflegeversicherung hat die Aufgabe, Pflegebedürftigen Hilfe zu leisten, die wegen der Schwere der Pflegebedürftigkeit auf solidarische Unterstützung angewiesen sind.“ Aber ändert sich am Sinn dieses Satzes eigentlich etwas, wenn man das „solidarische“ streicht?

4 Vgl. im Folgenden unter II. und III.

5 Guter Überblick bei *Bayertz/Boshammer*, Solidarität, in: Gosepath/Hinsch/Rössler (Hrsg.), Handbuch der Politischen Philosophie und Sozialphilosophie, Bd. 2, 2008, S. 1197 ff. Aus der Fülle der sozialwissenschaftlichen und philosophischen Literatur, die dies ebenfalls durchweg betonen, vgl. aus Zeit nur *Brunkhorst*, Solidarität, 2002; Bude, Solidarität, 2019; *Dallinger*, Die Solidarität der modernen Gesellschaft, 2009; *Derpmann*, Gründe der Solidarität, 2013; *Große Kracht*, Solidarität und Solidarismus, 2017; *Hondrich/Koch-Arzberger*, Solidarität in der modernen Gesellschaft, 1992; *Löschke*, Solidarität als moralische Arbeitsteilung, 2015; *Prainsack/Buyx*, Das Solidaritätsprinzip. Ein Plädoyer für eine Renaissance in Medizin und Bioethik, 2016; und die Beiträge bei *Bayertz* (Hrsg.), Solidarität, 1998. Zu einer hilfreichen Unterscheidung von Solidaritätstypen vgl. *Mau*, APuZ 21/2008, 9 ff.

ein altruistisches Verhalten verlangen.[6] Diese Normen haben die Funktion, das Problem zu lösen, dass in vielen Kollektivgut-, Verteilungs-, Unterstützungs- und Loyalitätskonstellationen an sich kein Anreiz besteht, zugunsten anderer Individuen oder einer Gemeinschaft eine Leistung zu erbringen. Weil sich diese erwünschte Leistung aus Sicht der Betroffenen als ein „Opfer" darstellt, handelt es sich um „kritische" Transfersituationen, auf die die Solidaritätsnormen dann reagieren.

Auch in Bezug auf das Gut der Gesundheit lässt sich die erwartete oder erwünschte Solidarität als Reaktion auf kritische Transfersituationen verstehen: Sowohl das System der Gesundheitsversorgung als auch der Schutz der Bevölkerungsgesundheit (*Public Health*) sind darauf angewiesen oder profitieren zumindest davon, dass einzelne Mitglieder oder Teile der Gesellschaft ein „Opfer" erbringen und nicht lediglich marktförmig die für sich selbst beste Option wählen.[7]

II Solidarität in der GKV

1 Leistungsseite

Worin dieses abverlangte solidarische Opfer in der Gesetzlichen Krankenversicherung (GKV) besteht, wird deutlich, wenn man sie mit einer privaten Krankenversicherung (PKV) vergleicht. Beiden Systemen ist gemeinsam, dass sie beanspruchen, eine bedarfsgerechte Gesundheitsversorgung auf dem Niveau des medizinisch Notwendigen zu leisten.[8] Dabei mögen medizinische Innovationen in der PKV hier und da etwas schneller ankommen; auch ist der Leistungskatalog flexibler, weil – anders als in der GKV – individuelle Versicherungsverträge abgeschlossen werden. Der maßgebliche Unterschied zwischen GKV und PKV liegt aber nicht auf der Leistungsseite; allemal gilt das in puncto Solidarität: Es wäre nicht sonderlich plausibel, zu behaupten, die PKV sei in irgendeinem Sinne solidarischer als die GKV, weil ihr Leistungskatalog umfangreicher ist. Gleichzeitig zeichnet sich der Leistungskatalog der GKV nicht durch besondere solidarische Elemente – etwa

---

6 Vgl. dazu und zum Folgenden *Tranow*, Analyse & Kritik 2013, S. 395 ff.; *ders.*, Das Konzept der Solidarität, 2012; *ders./Schnabel*, Die Solidarität des Sozialstaats, in: Baumgartner/Fux (Hrsg.), Sozialstaat unter Zugzwang?, 2019, S. 19 ff.

7 In diesem Sinne besteht zwischen Solidarität und Markt/Wettbewerb tatsächlich ein Spannungsverhältnis; vgl. dazu nur die Beiträge in *Böckmann* (Hrsg.), Gesundheitsversorgung zwischen Solidarität und Wettbewerb, 2009; noch andere begriffliche Gegenüberstellung bei *Blanke* (Hrsg.), Die Reform des Sozialstaats zwischen Freiheitlichkeit und Solidarität, 2007. Dies gilt natürlich auch für die gesetzlichen Krankenkassen, wenn sie in einen „Kassenwettbewerb" geworfen werden; vgl. dazu die Beiträge bei *Gellner/Schmöller* (Hrsg.), Solidarität und Wettbewerb, 2009.

8 Zum Begriff des medizinisch Notwendigen und seinen Problemen vgl. *Schöne-Seifert/Friedrich/Huster/Harney/Raspe*, Ethik in der Medizin 30 (2018), 325 ff.

einen bevorzugten Leistungszugang für vulnerable Gruppen o.ä. – aus; er ist ganz auf den individuellen Bedarf ausgerichtet.

Ebenfalls eher verwirrend ist in diesem Zusammenhang die Auskunft des § 2 Abs. 1 S. 1 SGB V, dass sich die Leistungspflicht der GKV an der Eigenverantwortung der Versicherten breche.[9] Da der bereits erwähnte § 1 SGB V Solidarität und Eigenverantwortung als tragende Prinzipien der GKV herausstellt, liegt es nahe, diese Formulierung des § 2 Abs. 1 S. 1 SGB V so zu verstehen, dass die Solidarität dort endet, wo die Eigenverantwortung beginnt. Tatsächlich ist das in einem trivialen Sinne auch gar nicht falsch: Wenn die GKV nicht mehr leistet, ist es die Verantwortung jedes Einzelnen, die notwendige Gesundheitsversorgung zu finanzieren. Nur ergibt sich daraus überhaupt kein Maßstab für die Frage, *inwieweit* die GKV leisten muss bzw. durch die Eigenverantwortung begrenzt wird. Dies wäre nur dann der Fall, wenn es sich hier um einen sachhaltigen Begriff der Eigenverantwortung im Sinne des Selbstverschuldens handelte; dann könnte man z. B. sagen, dass die GKV nicht zuständig ist, wenn ein Versicherter sich ein Gesundheitsproblem freiwillig zugezogen hat. Bekanntlich ist von derartigen Einschränkungen der Solidarität im SGB V nicht viel zu finden; außer in § 52 SGB V und einigen Zuzahlungsdifferenzierungen (vgl. § 62 Abs. 1 S. 3 SGB V) verzichtet die GKV darauf, an gesundheitsgefährdendes oder nachlässiges Verhalten finanzielle Sanktionen zu knüpfen;[10] ein Gebot, die eigene Gesundheit zu erhalten, um das Versorgungssystem zu entlasten (die sich auch als Solidarpflicht beschreiben ließe), ist jedenfalls keine rechtliche Verpflichtung oder Obliegenheit. Dann bleibt der Begriff der Eigenverantwortung in § 2 Abs. 1 S. 1 SGB V aber völlig konturen- und für die Bestimmung der Grenzen der Solidarität wertlos, weil der Umstand, dass bestimmte Leistungen „der Eigenverantwortung der Versicherten zugerechnet werden", nur die Folge dieser Grenzen ist: Was die Solidargemeinschaft nach den gesetzlichen Vorgaben nicht leistet, bleibt beim Einzelnen und seiner „Eigenverantwortung" hängen. „Eigenverantwortung" ist insoweit ein parasitärer Subtraktionsbegriff: Er hängt ganz von einer vorgängigen Bestimmung der Solidaritätspflicht ab und bezeichnet lediglich den Leistungsbereich, der dieser Pflicht nicht unterfällt. Für die Bestimmung dieses Bereichs leistet er nichts.[11]

---

9 Vgl. zum Folgenden bereits *Huster*, ZEFQ 106 (2012), 195 ff.

10 Zur Diskussion der Eigenverantwortung im Sinne des Selbstverschuldens als Verteilungskriterium vgl. monographisch *Grühn*, Gesundheitsbezogene Handlungspflichten der Versicherten in der Sozialversicherung als Dimensionen von Eigenverantwortung und Solidarität, 2001; *Süß*, Die Eigenverantwortung gesetzlich Krankenversicherter unter besonderer Berücksichtigung der Risiken wunscherfüllender Medizin, 2014; *Wolf*, Das moralische Risiko der GKV im Spannungsfeld zwischen Solidarität und Eigenverantwortung, 2010.

11 Ähnliche Diagnose zur Verwendung des Begriffs in der sozialstaatlichen Diskussion bei *Kaufmann*, „Verantwortung" im Sozialstaatsdiskurs, in: *Heidbrink/Hirsch* (Hrsg.) Verantwortung in der Zivilgesellschaft, 2006, S. 39 ff.

Diese Redeweise ruiniert den Begriff der Eigenverantwortung, weil sie den Umstand, dass für diese Leistungen der Einzelne selbst aufkommen muss, mit einer Scheinbegründung versieht: „Eigenverantwortung" klingt nach Autonomie und Selbstbestimmung, bedeutet hier aber nur, dass man selber zahlen muss. Damit soll gar nicht behauptet werden, dass Leistungsausschlüsse oder -beschränkungen nicht diskutabel sind; man kann durchaus der Meinung sein, dass die Pflicht einer Solidargemeinschaft nicht so weit geht, wie sie zur Zeit in der GKV ausgestaltet ist.[12] Wer aber dafür den Begriff der Eigenverantwortung verwendet, erschleicht sich einen rhetorischen Mehrwert, der nicht gedeckt ist. In diesem unspezifischen, rein rhetorischen Sinne sollte der Begriff daher redlicherweise vermieden werden.

2 Finanzierungsseite

Solidarisch ist in der GKV ausschließlich die Finanzierung: Anders als in der PKV sind die Krankenversicherungsbeiträge

- nicht risikoäquivalent, sondern risikoindifferent,
- und – bis zur Beitragsbemessungsgrenze – einkommensbezogen.

Diese Umverteilung von den Gesunden bzw. guten Risiken zu den Kranken bzw. schlechten Risiken und von den Besserverdienenden zu den unteren Einkommensgruppen ist das spezifische Solidaritätsmodell der GKV. Daneben gibt es noch andere Umverteilungseffekte – von Alleinstehenden zu Verheirateten und Familien durch die Familienversicherung (§ 10 SGB V) und von den Jungen zu den Alten – aber diese können hier außen vor bleiben: Ob der Familienausgleich tatsächlich eine Aufgabe der GKV ist, ist bekanntlich umstritten; und die Umverteilung von Jung zu Alt ist letztlich nur eine Folge der Risikoindifferenz der Beiträge.

3 Solidaritätsverständnisse[13]

Die durch die beiden genannten Kernelemente der GKV-Umverteilung charakterisierte Solidarität findet in Politik und Bevölkerung nach wie vor breite Zustimmung.[14] Trotzdem liegt es auf der Hand, dass dies nicht die einzige Konstruktion ist, die man als „solidarisch" bezeichnen kann: Warum sollen die guten und wohlhabenden Risiken, die ihren Krankenversicherungsschutz auf dem freien Markt auch günstiger bekämen, gerade *dieses* „Opfer" bringen?

Auf der einen Seite gibt es in der GKV Einschränkungen oder Begrenzungen der Solidarität, die man kritisieren kann: Die Einkommensabhängigkeit der Beiträge reicht nur bis zur Beitragsbemessungsgrenze, ein Teil der Bürger – Beamte,

---

12 Zu dieser Diskussion vgl. *Huster*, Soziale Gesundheitsgerechtigkeit. Sparen, umverteilen, vorsorgen?, 2011.

13 Auch zum Folgenden vgl. bereits *Huster*, ZEFQ 106 (2012), 195 ff.

14 Zur – so der Untertitel – „Akzeptanz des Solidarprinzips in der Gesetzlichen Krankenversicherung" - vgl. *Ulrich*, Solidarität im Sozialversicherungsstaat, 2000.

Selbständige, Besserverdienende – können sich dieser GKV-Solidarität zudem ganz entziehen.[15] Zudem gibt es – wenn auch in überschaubarem Umfang und durch Härteregelungen abgefedert – Zuzahlungspflichten und auch einige Begrenzungen des Leistungskatalogs, die – soweit sie auch medizinisch Notwendiges ausschließen und dadurch der Eigenverantwortung überlassen – ebenfalls die Reichweite der Solidarität begrenzen.[16] Es ginge also auch „noch solidarischer".

Auf der anderen Seite geht die GKV-Solidarität in mancherlei Hinsicht bereits erstaunlich weit, zumal sich alle Vorstellungen, in der Mitgliedschaft einer Krankenkasse walte eine vorrechtliche, solidaritätsbegründende Solidarität,[17] sich spätestens seit der Einführung des Kassenwettbewerbs und -wahlrechts in Luft aufgelöst haben. Die GKV-Solidarität scheint auf einem Prinzip der Belastungsgleichheit zu beruhen: Krankheit soll (jedenfalls im Versorgungssystem) ebenso wenig finanzielle Auswirkungen haben wie die finanzielle Leistungsfähigkeit für die Gesundheitsversorgung. Vor dem Hintergrund dieses Prinzips müssen Leistungsbeschränkungen und Abweichungen von der solidarischen Finanzierung (wie z. B. Zuzahlungen und Zusatzbeiträge) als Ausprägungen einer kritikwürdigen Entsolidarisierung erscheinen.

Das ist schon deshalb fraglich, weil ein Solidarausgleich immer auch in anderen Transfersystemen vorgenommen werden könnte; das System der Gesundheitsversorgung ist dafür ordnungspolitisch nicht einmal besonders geeignet.[18] Aber auch unabhängig davon ist es alles andere als selbstverständlich, dass ein Prinzip der Belastungsgleichheit die Pflichten der Solidargemeinschaft plausibel umschreibt. So könnte man mit guten Gründen auch die Ansicht vertreten, dass die sozialstaatlich geforderte Solidarität von vornherein nur verlangt, dass niemand aus finanziellen Gründen auf eine notwendige medizinische Behandlung sollte verzichten müssen. Dem würde ein Überforderungsverbot entsprechen: Niemand sollte außer Stande sein, diese Behandlung zu bezahlen, ohne dafür – wie es in den USA vielfach der Fall ist[19] - Haus und Hof verkaufen zu müssen. Mit diesem Überforderungsverbot wäre es aber allemal vereinbar, Beiträge risikoäquivalent auszugestalten,[20] die Einkommensproportionalität der Finanzierung abzuschwächen oder

15 Die beiden Aspekte hängen ersichtlich zusammen: Zumindest solange die GKV ein partikulares System ist, kann hier keine allgemeine Umverteilung betrieben werden, die sich vom Zweck der Ermöglichung des Zugangs zur medizinischen Versorgung im Rahmen dieser partikularen Solidargemeinschaft völlig löst.

16 Vgl. etwa § 34 Abs. 1 SGB V zum Ausschluss nichtverschreibungspflichtiger Arzneimittel, der aber jedenfalls nicht verfassungswidrig ist (BVerfG NZS 2013, 297 ff.).

17 Vgl. *Depenheuer*, Solidarität im Verfassungsstaat, 1991, S. 317 ff.

18 Das könnte allerdings – worauf Ulrich Wenner in der Diskussion dieses Vortrags zu Recht hingewiesen hat – in der Folge zu Problemen im Bereich der Gesetzgebungskompetenz des Bundes aus Art. 74 Nr. 12 GG führen.

19 Vgl. *Himmelstein u.a.*, The American Journal of Medicine 2011; 124(3): 224 ff.

20 Man könnte hier einwenden, dass krankheitsbezogene finanzielle Belastungen unfair wären, weil Krankheit nicht selbstgewählt, sondern schicksalhaft ist. Aber zum einen ist das in vielen Fällen gar nicht richtig (die meisten chronischen Krankheiten sind

Leistungen zu streichen oder einzuschränken – solange nur jeder an die übliche Versorgung kommt, auch wenn er dann dafür selbst tiefer in die Tasche greifen muss. Die Grundintuition lautet dann: Wir lassen keine medizinisch notwendige Versorgung an mangelnder finanzieller Leistungsfähigkeit scheitern. Daraus folgt aber nicht, dass schlechte Risiken und Ärmere überhaupt nicht stärker durch die Kosten ihrer Gesundheitsversorgung belastet werden als Gesunde und Reiche. Auch spricht dann nicht per se etwas gegen Selbstbehalts- und Wahltarife sowie ähnliche Steuerungsinstrumente, die neben ihren Lenkungswirkungen auch immer Umverteilungseffekte zu Lasten der schlechten Risiken und der Ärmeren haben[21] und deshalb gern als „unsolidarisch" und dem Wesen der GKV eigentlich fremd kritisiert werden. Schließlich nehmen wir derartige Unterschiede in einer Wettbewerbsgesellschaft auch sonst hin: Nicht nur die Kosten z. B. einer Autohaftpflichtversicherung sind weder risikoindifferent noch einkommensabhängig; selbst in der Privaten Krankenversicherung, die keineswegs nur Wohlhabende zu ihren Kunden zählt, akzeptieren wir die Risikoäquivalenz und Einkommensindifferenz der Prämien.

4 „Hintergrundgerechtigkeit"

Ob man insoweit für ein egalitäres Gebot der Belastungsgleichheit oder für ein suffizienzorientiertes Verbot der Überforderung – oder für irgendeine vermittelnde Lösung – votiert, hängt zum einen von der allgemeinen Vorstellung von Solidarität und sozialer Gerechtigkeit ab. Hier dürften auch Traditionen und Gewöhnungen eine Rolle spielen: Dass nun gerade der spezifische GKV-Umverteilungsmix in Deutschland mit dem Begriff der Solidarität geadelt wird, lässt sich kaum anders als durch Gewöhnungsprozesse erklären. Zum anderen dürfte es dafür auch eine zentrale Rolle spielen, wie man generell die gesellschaftlichen Verhältnisse einschätzt: Wer glaubt, dass unsere Gesellschaft schon viel zu ungleich ist und immer ungleicher wird, wird dem Abbau von Umverteilungselementen im System der Gesundheitsversorgung schon deshalb sehr zurückhaltend gegenüberstehen.[22] Diese Überzeugungen von der „Hintergrundgerechtigkeit" dürften maßgeblich bestimmen, wieviel Solidarität und Umverteilung man im Versorgungssystem für geboten hält.

---

zumindest auch verhaltensverursacht), zum anderen gleichen wir die Ergebnisse der „natürlichen Lotterie" auch in anderen Lebensbereichen nicht bis zum letzten Quäntchen aus.

21 Vgl. dazu *Felder/Werblow*, Anreizwirkungen wählbarer Selbstbehalte. 2005.

22 Noch eine andere Frage ist es, ob die zunehmenden Kenntnisse über individuelle Gesundheitsrisiken (vgl. dazu den Beitrag von *Dabrock* in diesem Band) das Solidarprinzip in der GKV auf die Dauer aushöhlen werden, weil bekannte Risiken sich schlecht versichern lassen.

III Solidarität und Bevölkerungsgesundheit

Mit Blick auf die Gesundheit ist Solidarität zum einen wichtig, soweit kollektiv dafür gesorgt werden muss, dass jeder Bürger Zugang zu einer funktionsfähigen Gesundheitsversorgung hat und niemand aus finanziellen Gründen von der „Normalversorgung", die sich als Standard in einem Gemeinwesen etabliert hat, abgehängt wird.[23] Zum anderen darf aber nicht übersehen werden, dass Gesundheit und Krankheit bzw. Gesundheitschancen und Krankheitsrisiken maßgeblich von sozialstrukturellen Faktoren vor und jenseits der medizinischen Versorgung geprägt werden. Hier spielt Solidarität eine große Rolle, weil insbesondere die soziale Ungleichheit auf diese Chancen und Risiken einen erheblichen Einfluss hat. Eine solidarischere Gesellschaft könnte daher vielleicht sogar eine gesündere,[24] jedenfalls aber nach verbreiteter Ansicht eine gesundheitsgerechtere Gesellschaft sein. Es ist daher nicht überraschend, dass auch in der *Public Health*-Diskussion regelmäßig mehr gesellschaftliche Solidarität eingefordert wird.[25]

1 Gesundheitsungleichheiten in der moralischen Kritik

In einer Vielzahl von Studien und Untersuchungen ist nachgewiesen worden, dass in allen modernen Gesellschaften ein enger Zusammenhang zwischen Sozialstatus und Gesundheit besteht.[26] Dabei handelt es sich nicht um ein reines

---

23 Zu dieser Konzeption sozialer Gesundheitsgerechtigkeit vgl. *Huster*, Grundversorgung und soziale Gerechtigkeit im Gesundheitswesen, in: Schöne-Seifert/Buyx/Ach (Hrsg.), Gerecht behandelt? Rationierung und Priorisierung im Gesundheitswesen, 2006, S. 121 ff.; *ders.*, Hat das Leben keinen Preis? Absolute und relative Ansprüche im System der Gesundheitsversorgung, in: Jahrbuch für Recht und Ethik/Annual Review of Law and Ethics, hrsg. von Hruschka/Joerden, Bd. 22 (2014), S. 251 ff.; im Anschluss an die Überlegungen bei *Dworkin*, Justice and the High Cost of Health, in: ders., Sovereign Virtue, 2000, S. 307 ff.

24 Ob die soziale Ungleichheit sich nicht nur auf die Verteilung, sondern auch auf den absoluten Gesundheitszustand einer Gesellschaft negativ auswirkt, ist umstritten geblieben; vgl. zur Diskussion nur *Daniels u.a.*, Is Inequality Bad for Our Health?, 2000. Wirkungsmächtig vertreten wurde diese These bei *Wilkinson/Pickett*, Gleichheit ist Glück. Warum gerechte Gesellschaften für alle besser sind (orig.: The Spirit Level. Why More Equal Societies Almost Always Do Better), 2009; dies ist aber nicht unwidersprochen geblieben (vgl. etwa vgl. *Saunders*, Beware False Prophets. Equality, the Good Society and The Spirit Level, 2010; *Snowdon*, The Spirit Level Delusion, 2010).

25 Zum Folgenden vgl. bereits *Huster*, Selbstbestimmung, Gerechtigkeit und Gesundheit. Normative Aspekte von Public Health, Würzburger Vorträge zur Rechtsphilosophie, Rechtstheorie und Rechtssoziologie. Heft 49, 2015, S. 61 ff.

26 Vgl. dazu etwa *Bartley*, Health Inequality. An Introduction to Theories, Concepts, and Methods, 2004; *Budrys*, Unequal Health. How Inequality Contributes to Health or Illness, 2003; *Siegrist/Marmot* (Hrsg.), Soziale Ungleichheit und Gesundheit: Erklärungsansätze und gesundheitspolitische Folgerungen, 2008 (engl. Original 2006).

Deprivationsphänomen: Zwar ist der Gesundheitszustand in den untersten sozialen Schichten – gemessen an Einkommen, beruflicher Position oder Bildungsstand – am schlechtesten; der soziale Gesundheitsgradient setzt sich aber durch die gesamte Gesellschaft fort – auch dort, wo von Armut oder gar Verelendung keine Rede sein kann. Auch für Deutschland ist dieser Befund inzwischen vielfach belegt.[27] So gelangt die Expertise des Robert Koch-Instituts zum 2. Armuts- und Reichtumsbericht der Bundesregierung zum Ergebnis, dass auch in Deutschland deutliche Zusammenhänge zwischen sozioökonomischem Status und Gesundheit bestehen.[28] Danach sterben Männer aus dem untersten Einkommensfünftel durchschnittlich mehr als zehn Jahre früher als Männer im obersten Fünftel; bei Frauen beträgt der Unterschied acht Jahre. Vergleicht man die in Gesundheit verbrachten Lebensjahre, sind die Unterschiede mit 14 und zehn Jahren noch größer.[29] Auch wenn manche Daten und Zusammenhänge umstritten geblieben sind, wird für Deutschland die Existenz eines ausgeprägten sozialen Gesundheitsgradienten nicht mehr grundsätzlich geleugnet.

Sehr viel anspruchsvoller ist es dagegen, präzise die Wege zu beschreiben, auf denen ein niedriger Sozialstatus zu gesundheitlichen Problemen führt, also von den Korrelationen zu den Kausalitäten zu gelangen; niemand stirbt ja unmittelbar, weil er wenig verdient oder keine gute Bildung hat.[30] Der Einfluss von materiellen Umweltbedingungen, die sich am Arbeitsplatz und Wohnumfeld schichtenspezifisch ausdifferenzieren, mag dabei noch leicht nachvollziehbar sein. Auch der Einfluss der gesundheitsbezogenen Lebensführung liegt auf der Hand; hier besteht die Herausforderung eher in der Erläuterung, warum sich das Gesundheitsverhalten vielfach am Sozialstatus orientiert, was also insoweit die „Ursachen der Ursachen"

Neben dieser vertikalen Ungleichheit gibt es auch horizontale Gesundheitsungleichheiten, die sich etwa an Geschlecht, Herkunft und Wohnort festmachen; so scheint der Migrationshintergrund einen eigenständigen Effekt auf die Gesundheit zu haben, der sich nicht auf die sozialen Unterschiede reduzieren lässt (vgl. dazu zuletzt *Rommel u.a.*, Bundesgesundheitsblatt 58 [2015], S. 543 ff.).

27 Übersichten dazu bei *Sachverständigenrat zur Begutachtung der Entwicklung im Gesundheitswesen,* Gutachten 2005: Koordination und Qualität im Gesundheitswesen, 2006, Tz. 111 ff.; *Bauer u.a.* (Hrsg.), Health Inequalities. Determinanten und Mechanismen gesundheitlicher Ungleichheit, 2008; *Lampert u.a.*, Sozioökonomischer Status und Gesundheit, Bundesgesundheitsblatt 56 (2013), S. 814 ff.; *Richter/Hurrelmann* (Hrsg.), Gesundheitliche Ungleichheit. Grundlagen, Probleme, Perspektiven, 2. Aufl. 2009; *Mielck*, Soziale Ungleichheit und Gesundheit, 2005.

28 Vgl. *Lampert u.a.*, Armut, soziale Ungleichheit und Gesundheit. Expertise des Robert Koch-Instituts zum 2. Armuts- und Reichtumsbericht der Bundesregierung, 2005.

29 Vgl. die Angaben bei *Lampert/Knoll*, Soziale Unterschiede in der Mortalität und Lebenserwartung, Robert Koch-Institut (GBE kompakt 2/2014).

30 Zu einschlägigen Erklärungsmodellen vgl. etwa *Abel/Frohlich*, Soc. Science & Medicine 74 (2012), S. 236 ff.; *Geyer*, Manifestation, Erklärung und Reduzierung gesundheitlicher Ungleichheiten, in: Buyx/Huster (Hrsg.), Ethische Aspekte von Public Health, Ethik in der Medizin 22 (2010), S. 249, 251 ff.

für Gesundheit und Krankheit sind.[31] Am schwierigsten ist schließlich zu erklären, wie sich sozialstrukturelle Faktoren auf den Gesundheitszustand auswirken; hier geht es im Wesentlichen um psychosoziale Zusammenhänge. Jedenfalls handelt es sich um ein ganzes Bündel von Faktoren und Umständen, die den Sozialstatus mit den Gesundheitschancen verbinden. Dabei scheinen das Ausmaß der Kontrolle über das eigene Leben[32] und die Erfahrung gesellschaftlicher Anerkennung von zentraler Bedeutung zu sein.[33]

Die Annahme sozialstaatlicher Handlungspflichten läge nicht fern, wenn derartig massive Gesundheitsunterschiede eine unmittelbare Folge von finanziellen Zugangsbarrieren zum System der Gesundheitsversorgung wären. Warum aber sollten wir Unterschiede in der Gesellschaft hinsichtlich des zentralen Gutes der Gesundheit anders beurteilen, nur weil dafür nicht das Versorgungssystem, sondern soziale Faktoren verantwortlich sind? Muss man sich nicht darüber wundern, dass der Abbau der Gesundheitsunterschiede nicht schon längst als vorrangige sozialpolitische Aufgabe betrachtet wird? Zwar sieht § 20 Abs. 1 S. 2 SGB V seit einigen Jahren immerhin vor, dass die Primärprävention der Krankenkassen nicht nur den allgemeinen Gesundheitszustand verbessern, sondern insbesondere einen Beitrag zur Verminderung sozial bedingter Ungleichheit von Gesundheitschancen erbringen soll. Man wird aber nicht behaupten können, dass die sozialen Gesundheitsungleichheiten bereits als ein großes öffentliches Thema angesehen werden.

Für die Protagonisten einer *Public Health*-Politik sind diese Ungleichheiten dagegen ein Stein des moralischen Anstoßes; hier wird vielfach vorausgesetzt, dass es sich nicht nur um „Health Inequalities", sondern um „Health Inequities" handelt, die ungerecht sind und abgebaut werden müssen.[34] Die einflussreiche und

---

31 Vgl. dazu nur *Helmert/Schorb*, Die Bedeutung verhaltensbezogener Faktoren im Kontext der sozialen Ungleichheit der Gesundheit, in: Richter/Hurrelmann (Hrsg.), Gesundheitliche Ungleichheit. Grundlagen, Probleme, Perspektiven, 2. Aufl. 2009, S. 133 ff.

32 Zu dem Aspekt der Kontrolle vgl. *Geyer*, Manifestation, Erklärung und Reduzierung gesundheitlicher Ungleichheiten, in: Buyx/Huster (Hrsg.), Ethische Aspekte von Public Health, Ethik in der Medizin 22 (2010), 249, 259 f. Die berühmte Ottawa-Charta zur Gesundheitsförderung der WHO formuliert: „Health promotion is the process of enabling people to increase control over, and to improve, their health." Die deutsche Fassung übersetzt dies mit: „ein höheres Maß an Selbstbestimmung zu ermöglichen".

33 Zum Zusammenhang von Gesundheitschancen und sozialer Anerkennung vgl. *Siegrist*, Soziale Anerkennung und gesundheitliche Ungleichheit, in: Bauer u.a. (Hrsg.), Health Inequalities. Determinanten und Mechanismen gesundheitlicher Ungleichheit, 2008, S. 220 ff.

34 Vgl. nur programmatisch *Matthias Richter/Klaus Hurrelmann*, Gesundheitliche Ungleichheit: Ausgangsfragen und Herausforderungen, in: dies. (Hrsg.), Gesundheitliche Ungleichheit. Grundlagen, Probleme, Perspektiven, 2. Aufl. 2009, S. 13: „Diese gesundheitlichen Ungleichheiten (...) repräsentieren zudem bedeutende gesellschaftliche Ungerechtigkeiten, da ein breites Spektrum gesundheitlicher Ungleichheit nach den Konventionen des Sozialstaats nicht legitimiert sein dürfte. Es besteht allgemein

prominent besetzte „Commission on Social Determinants of Health" der WHO hat diese Überzeugung an hervorgehobener Stelle drastisch zum Ausdruck gebracht:

> „In countries of all levels of income, health and illness follow a social gradient: the lower the socioeconomic position, the worse the health. It does not have to be this way and it is not right that it should be like this. [...] Reducing health inequities is [...] an ethical imperative. Social injustice is killing people on a grand scale."[35]

2 Gerechtigkeitstheoretische Besonderheiten und Probleme bei der Beurteilung sozialer Gesundheitsungleichheiten

Sind die sozialen Gesundheitsungleichheiten tatsächlich ein moralischer Skandal? Sind sie in der gleichen Weise ungerecht wie soziale Hürden beim Zugang zur medizinisch notwendigen Versorgung? Gibt es eine moralische Verpflichtung für das Gemeinwesen, diese Ungleichheiten durch „mehr Solidarität" zu beseitigen oder zumindest zu reduzieren? Im Folgenden sollen einige Gründe genannt werden, warum die Antworten auf diese Fragen nicht so klar sind, wie die *Public Health*-Protagonisten häufig annehmen, und warum die Beurteilung der Gerechtigkeit der sozialen Gesundheitsunterschiede besondere Probleme bereitet.[36]

---

kein Zweifel, dass vermeidbare gesundheitliche Ungleichheiten ein Versagen moderner Gesellschaften darstellen, die angegangen werden können und müssen."

35 So bereits in der „Executive Summary": *Commission on the Social Determinants of Health*, Closing the Gap in a Generation: Health Equity through Action on the Social Determinants of Health, 2008.

36 Aus der inzwischen umfangreichen Literatur vgl. etwa *Anand/Peter/Sen* (Hrsg.), Public Health, Ethics, and Equity, 2004; *Asada*, Health Inequality. Morality and Measurement, 2007; *Becker*, Habilitation, Health, and Agency, 2012; *Bittlingmayer u.a.* (Hrsg.), Normativität und Public Health. Vergessene Dimensionen gesundheitlicher Ungleichheit, 2009; *Buyx*, Das Gesundheitswesen 71 (2009), 1 ff.; *Daniels*, Just Health. Meeting Health Needs Fairly, 2008; *Eyal u.a.* (Hrsg.), Inequalities in Health. Concepts, Measures, and Ethics, 2013; *Hausman*, Journal of Political Philosophy 15 (2007), 46 ff.; *Hofrichter* (Hrsg.), Health and Social Justice. Politics, Ideology, and Inequity in the Distribution of Diesease, 2003; *Levy/Sidel* (Hrsg.), Social Injustice and Public Health, 2006; *Marchand u.a.*, The Milbank Quarterly 76 (1998), 449 ff.; *Preda/Voigt*, The American Journal of Bioethics (15) 2015, 25 ff., und die Kommentare dazu ebd., 37 ff.; *Powers/Faden*, Social Justice. The Moral Foundations of Public Health and Health Policy, 2006; *dies*, Bundesgesundheitsblatt 51 (2008), 151 ff.; *Rauprich*, in: Buyx/Huster (Hrsg.), Ethische Aspekte von Public Health, Ethik in der Medizin 22 (2010), 263 ff.; *ders.*, Gesundheitliche Ungleichheiten als Problem der sozialen Gerechtigkeit, in: Strech/Marckmann (Hrsg.), Public Health Ethik, 2010, S. 97 ff.; *Prah Ruger*, Health and Social Justice, 2010; *Segall*, Health, Luck, and Justice, 2010; *ders.*, Equality and Opportunity, 2013, S. 173 ff.; *Venkatapuram*, Health Justice, 2011.

a) Unklare Verantwortlichkeiten und Handlungsoptionen

Die Behauptung, es bestehe eine Ungerechtigkeit und durch diese kämen Menschen sogar massiv zu Schaden („Social injustice is killing people on a grand scale"), ist keine Kleinigkeit. Sollen derartige Vorwürfe nicht trivialisiert werden, wäre es mindestens hilfreich zu erfahren, wer wen durch welche Handlung geschädigt hat und wie Abhilfe zu schaffen ist. Dies ist aber im Fall der sozialen Gesundheitsungleichheiten nicht so einfach.

Insoweit fällt zunächst auf, dass die vorgebrachte Empörung nicht auf einer unmittelbaren Unrechtserfahrung, sondern auf einer rein statistischen Grundlage beruht. Wird ein Patient mit Blinddarmdurchbruch an der Krankenhauspforte abgewiesen, weil er die Operation nicht bezahlen kann, ist dies ein offensichtliches Unrecht und die geschädigte Person eindeutig erkennbar. Mit ihrem Schicksal kann sich der Beobachter identifizieren und Solidarität mit ihr und ihrem Schicksal einfordern. So ist es aber nicht bei den „Opfern" der schichtenspezifischen Gesundheitsdeterminanten: Wir werden nie genau wissen, welche konkreten Personen aufgrund ihres Sozialstatus und der damit verbundenen Lebensumstände gesundheitliche Vor- und Nachteile gehabt haben; manche Bergarbeiter sind gesund geblieben und steinalt geworden, während es den Bergwerksdirektor schon lange dahingerafft hat. Hier wirkt sich aus, dass es bei *Public Health* eben gar nicht um konkrete Personen, sondern um populationsbezogene statistische Zusammenhänge geht. Ein moralischer Furor, der sich allein auf epidemiologische Zahlenkolonnen stützt, ist aber nicht ganz einfach nachzuvollziehen. Oder vorsichtiger formuliert: Der übliche Moralhaushalt ist so konstruiert, dass wir auf die Verletzung der Rechte konkreter Personen sehr viel sensibler reagieren als auf den Verlust statistischer Leben. Die Rettung konkreter Leben besitzt eine höhere moralische Dringlichkeit.[37]

Man kann fragen, ob und inwieweit diese normative Unterscheidung berechtigt ist.[38] Einen guten Sinn dürfte sie aber schon deshalb haben, weil bei der Gefährdung statistischer Leben regelmäßig komplexe strukturelle Ursachen im Spiel sind, so dass sich die Handlungsfelder und -optionen nicht ohne weiteres erschließen. So verhält es sich auch mit Blick auf die Gesundheitsungleichheiten. Anders als Leistungen der medizinischen Versorgung ist Gesundheit kein Gut, das sich selbst

---

37 Dieses Argument hat auch in der Diskussion über Leistungsbeschränkungen im Versorgungssystem immer wieder eine Rolle gespielt; vgl. insbesondere *Krämer*, Statistische versus individuelle Menschenleben, in: Marckmann (Hrsg.), Gesundheitsversorgung im Alter, 2003, S. 219 ff.

38 Grundlegend dazu *Schelling*, The Life You Save May Be Your Own, in: Chase, Jr. (Hrsg.), Problems in Public Expenditure Analysis, 1968, S. 127 ff.; ferner *Daniels*, Hastings Center Report 42 (2012), Heft 1, 35 ff.; *Cohen u.a.* (Hrsg.), Identified versus Statistical Lives, 2015. Vgl. auch bereits *Huster*, „Hier finden wir zwar nichts, aber wir sehen wenigstens etwas". Zum Verhältnis von Gesundheitsversorgung und Public Health (Medizinethische Materialien Heft 178), 2008, S. 20 ff.

unmittelbar (um)verteilen ließe, um mehr Gleichheit herzustellen; man muss hier sehr viel mittelbarer an den sozialen Determinanten ansetzen. Damit eröffnet sich aber ein ziemliches unübersichtliches Feld, auf dem weder klar ist, wer tätig werden muss, noch einfache und bewährte Lösungen zur Verfügung stehen. Dass man – wie die Europäische Union einprägsam formuliert hat – „Health in All Policies" berücksichtigen muss,[39] ist angesichts der verwickelten Wirkungszusammenhänge plausibel, lässt aber die Verantwortung auch diffundieren: Wenn alle verantwortlich sind, ist es keiner mehr – zumindest nicht in ausgeprägter Weise. Die Querelen um ein Präventionsgesetz, das zunächst mehrfach gescheitert ist, belegen die Zuständigkeitsunklarheiten, die durch den deutschen Korporatismus und Föderalismus sicherlich noch verstärkt werden.[40] Aber auch unabhängig davon ist schon nicht klar, wer die primäre Verantwortung besitzt. Der Gesundheitsminister oder die Krankenkassen, an die man zunächst denken könnte, sind vielleicht für die Politikfelder gar nicht zuständig, in denen die wirkungsmächtigsten Gesundheitsdeterminanten liegen; vermutlich müsste man sehr viel intensiver auf die Bildungs-, Arbeitsmarkt- und allgemeine Sozialpolitik schauen. Selbst dann wäre schließlich noch ungewiss, welche Interventionen überhaupt wirksam sind und die Gesundheitsungleichheiten tatsächlich verringern.[41] Dies gilt insbesondere für Politikfelder, die nur einen sehr mittelbaren Bezug zur Gesundheit besitzen. So ist etwa umstritten, ob und inwieweit die gesellschaftliche Ungleichheit als solche gesundheitsrelevant ist.[42] Hier herrscht weder Einigkeit über den genauen Befund noch darüber, ob dieser Zusammenhang nicht auf einen gemeinsamen dritten Faktor zurückgeführt werden kann. Es gibt aber durchaus Indizien für die These, dass der Gesundheitszustand einer Population umso schlechter und die sozialen Gesundheitsungleichheiten umso größer sind, je stärker die soziale Ungleichheit ausgeprägt ist. Dies könnte mit größeren Stressfaktoren in sehr inegalitären Gesellschaften erklärt werden, aber auch damit, dass in derartigen Gesellschaften der soziale Zusammenhalt geringer ist und die Pflege gesundheitsrelevanter

39 Vgl. dazu jetzt die Darstellung bei *Nationale Akademie der Wissenschaften Leopoldina/acatech – Deutsche Akademie der Technikwissenschaften/Union der deutschen Akademien der Wissenschaften*, Stellungnahme: Public Health in Deutschland. Strukturen, Entwicklungen und globale Herausforderungen, 2015, S. 54 ff. Ambitioniert jetzt auch der „gesamtstaatliche" („whole-of-government approach") und „gesamtgesellschaftliche" („whole-of-society approach") Ansatz bei *WHO/Regionalbüro für Europa*, Gesundheit 2020. Rahmenkonzept und Strategie der Europäischen Region für das 21. Jahrhundert, 2013.

40 Zum Präventionsgesetz vgl. *Huster*, VSSAR 2019, 329 ff.

41 Generell wird zunehmend erkannt, dass Public Health-Maßnahmen der Qualitätssicherung und Evaluation bedürfen, vgl. dazu zuletzt etwa *Gerhardus/Rehfuess/Zeeb*, ZEFQ 109 (2015), 40 ff.; und die Beiträge in *Gerhardus u.a.* (Hrsg.), Evidence-based Public Health, 2010; *Kolip/Müller* (Hrsg.), Qualität von Gesundheitsförderung und Prävention, 2009.

42 Vgl. oben die Nachweise in Fn. 24.

öffentlicher Güter vernachlässigt wird. Nur ist schwer zu bestimmen, ob und inwieweit eine entschieden auf sozialen Ausgleich gerichtete Sozialpolitik auch zu einer Reduktion der Gesundheitsungleichheiten führen würde, zumal etwa in den skandinavischen Ländern die ökonomische, nicht aber die gesundheitliche Ungleichheit kleiner ist. Es könnte daher sein, dass soziale Ungleichheit zwar mit dem Gesundheitsniveau der Gesamtbevölkerung korreliert, nicht aber mit der gesundheitlichen Ungleichheit.[43]

Vielleicht hat sich der Sozialstaat in gewisser Weise auch bereits zu Tode gesiegt. So hat ein renommierter Epidemiologe kürzlich die Überlegung vorgetragen, der irritierende Umstand, dass die sozialen Gesundheitsungleichheiten trotz aller wohlfahrtsstaatlichen Bemühungen fortbestehen oder sich sogar ausweiten, sei dadurch zu erklären, dass die sozialen Schichten aufgrund der Durchlässigkeit moderner sozialer Ordnungen immer homogener geworden seien und zudem nun auch den unteren sozialen Schichten ein Überfluss – etwa an Nahrungsmitteln – zur Verfügung stehe, der der Gesundheit nicht förderlich sei.[44] Andere behaupten, dass eine zentralistische Umverteilungspolitik die „salutogenetischen Selbststeuerungskompetenzen" in unteren sozialen Schichten vielleicht gerade beschädige; es komme nun für die Bekämpfung der Gesundheitsungleichheiten zunehmend auf die „postmaterialistischen Bedingungen der sinnerfüllten und aktiv hergestellten Lebensgestaltung" an.[45] Man ahnt, welche sozio-kulturellen Lebensformen sich hinter diesen Formeln verstecken – und weiß gleichzeitig, dass es in einer freiheitlichen Ordnung nicht einfach sein wird, darauf positiven Einfluss zu nehmen.

Insgesamt stellen sich die sozialen Gesundheitsungleichheiten als unbeabsichtigte und nicht einmal vorhergesehene, aber inzwischen (zum Teil) bekannte komplexe Nebenfolgen der gesellschaftlichen Organisation und der sozialen Ungleichheiten dar.[46] Sie sind emergente Eigenschaften der gesellschaftlichen Organisation.[47] Anders als im System der Gesundheitsversorgung hat hier niemand bewusst entschieden, dass bestimmte Leistungen nicht jedermann zur Verfügung stehen und die Gesundheit dadurch möglicherweise beeinträchtigt wird, soweit ein privater Zukauf nicht möglich ist; vielmehr dürften die gesundheitlichen

---

43 Vgl. dazu nur *Hurrelmann/Richter/Rathmann*, Das Gesundheitswesen 73 (2011), 335, 339 ff.

44 *Mackenbach*, Soc. Science & Medicine 75 (2012), 761, 766 ff.

45 Vgl. *Hurrelmann/Richter/Rathmann*, Das Gesundheitswesen 73 (2011), 335, 341 f.

46 Ähnlich *Geyer*, Manifestation, Erklärung und Reduzierung gesundheitlicher Ungleichheiten, in: Buyx/Huster (Hrsg.), Ethische Aspekte von Public Health, Ethik in der Medizin 22 (2010), 249, 250: „Gesundheitliche Ungleichheiten sind ungeplante Nebeneffekte der Art und Weise, wie das soziale Leben und das Wirtschaften organisiert sind und wie Lebensweisen und individuelle Präferenzen (willentlich oder unwillentlich) ausgestaltet sind."

47 Zum Emergenzbegriff, der aus anderen philosophischen Diskussionen bekannt ist und hier weiterhelfen könnte, vgl. *Stephan*, Emergenz: Von der Unvorhersagbarkeit zur Selbstorganisation, 2005.

Auswirkungen der meisten Entscheidungen zur Organisation des Zusammenlebens überhaupt nicht bewusst sein. Wenn es sich bei den sozialen Gesundheitsungleichheiten um Ungerechtigkeiten handeln sollte, dann sind diese allenfalls struktureller Natur. Sie ähneln damit den sozialen Unterschieden, die wir im (deutschen) Bildungssystem finden: Auch hier hat niemand verfügt oder durch prohibitive Schulgebühren dafür gesorgt, dass Arbeiterkinder seltener das Gymnasium besuchen oder studieren; die sozialen Selektionsprozesse beruhen vielmehr auf einem vielgestaltigen Ursachenbündel – was ihre Einschätzung als Ungerechtigkeiten aber vielfach nicht hindert.[48]

Nun ist der „strukturelle" Charakter derartiger Ungleichheiten und ihrer Ursachen kein Grund, sie von vornherein für normativ unerheblich zu halten. Sobald wir wissen, dass eine bestimmte Form der Organisation des sozialen Zusammenlebens zu derartigen Ungleichheiten führt, kann sie deshalb kritisiert werden. Zur Modernität einer politischen Ordnung gehört es, dass kein soziales Arrangement dem Zwang zur Rechtfertigung entzogen ist. Nicht so klar ist dagegen, dass die besagten Ungleichheiten selbst dann, wenn man sie letztlich nach Art oder Ausmaß für problematisch hält, in spezifischer Weise eine Ungerechtigkeit darstellen.

b) Direkte oder indirekte Bewertung?

Der verschlungene Weg, auf dem gesundheitliche Ungleichheiten aus dem sozialen Zusammenleben heraustreten, führt zu einer weiteren schwierigen Frage, die *Fabienne Peter* in einem scharfsinnigen Aufsatz herausgearbeitet hat: Sind soziale Gesundheitsungleichheiten als solche Gegenstand der normativen Betrachtung oder sind sie nur zu kritisieren, wenn ihre Ursachen ungerecht sind? Können sie also direkt oder nur indirekt als Problem der Gerechtigkeit aufgefasst werden?[49] Beide Perspektiven haben ihre Berechtigung, aber auch ihre problematischen Seiten.

Angesichts der hohen Bedeutung der Gesundheit und ihres erheblichen Ausmaßes sind die sozialen Gesundheitsungleichheiten auf den ersten Blick bereits als solche ein Missstand, dem es abzuhelfen gilt; dies entspricht auch der weithin geteilten Überzeugung der *Public Health*-Protagonisten. Bei näherem Hinsehen ergeben sich aber Zweifel, ob dieser direkte Zugang stimmig ist. Immerhin gibt es Gesundheitsunterschiede, die wir keineswegs als problematisch ansehen: Es beunruhigt uns nicht, wenn (einige wenige) Krankheiten – etwa bestimmte Allergien – häufiger in höheren sozialen Schichten auftreten. Auch wissen wir, dass in allen modernen Gesellschaften Frauen im Durchschnitt länger als Männer leben.[50] Auf

48 Zur Diskussion vgl. jetzt *Segall*, Equality and Opportunity, 2013, S. 133 ff.; und die Beiträge bei *Meyer* (Hrsg.), Education, Justice and the Human Good, 2014.

49 *Peter*, Health Equity and Social Justice, in: Anand/Peter/Sen (Hrsg.), Public Health, Ethics, and Equity, 2004, S. 93, 97 ff.

50 Zu den neuesten Erkenntnissen dazu vgl. *Beltrán-Sánchez/CFinch/Crimmins*, Twentieth Century Surge of Excess Adult Male Mortality, Proceedings of the National Academy of Sciences of the United States of America, 5. Juli 2015, doi: 10.1073/

rein biologische Ursachen kann dies wohl nicht zurückgeführt werden; es hängt auch mit der – riskanteren – Lebensweise von Männern zusammen, die ihrerseits wiederum von sozialen Faktoren – vom männlichen Selbstbild bis hin zu gesellschaftlich eingespielten Rollenverteilungen – mitbestimmt wird.[51] Trotzdem haben wir es hier schwerlich mit einer Ungerechtigkeit zu tun: Wir mögen den Männern raten, besser auf sich Acht zu geben und ihren Lebenswandel zu überdenken, aber dies hat den Charakter einer Empfehlung, nicht einer moralischen Kritik der bestehenden Ungleichheit.[52] Schließlich sind die Männer in keinem Sinne Opfer einer gesellschaftlichen Benachteiligung oder Unterdrückung; es liegt allein an ihnen, ihr Verhalten und ihre Einstellung zu verändern – so schwierig das aus der Sicht des Einzelnen auch sein mag.

Dass wir Gesundheitsungleichheiten differenziert beurteilen, indem wir ihre Ursachen in Augenschein nehmen, scheint nun für einen indirekten Ansatz zu sprechen: Diese Ungleichheiten sind nur dann problematisch, wenn ihre Ursachen ungerecht sind. Für die sozialen Gesundheitsungleichheiten hieße dies, dass sie nur dann als „Inequities" angesehen werden können, wenn und soweit sie auf sozialen Ungerechtigkeiten beruhen. Damit handelt man sich allerdings zwei andere Probleme ein. Zum einen sind die Maßstäbe sozialer Gerechtigkeit alles andere als unumstritten; dies gilt insbesondere für die Verteilung von Einkommen und Vermögen, die auf die Gesundheitsverhältnisse durchaus Einfluss haben mag. Die Frage nach der Gerechtigkeit der Gesundheitsungleichheiten geriete damit in die Untiefen der allgemeinen Diskussion über soziale Verteilungsgerechtigkeit. Vielleicht muss man das hinnehmen, aber es macht es gewiss nicht einfacher, eine zustimmungsfähige Antwort auf die Frage zu finden, wie es sich mit den Gesundheitsungleichheiten verhält. Zum anderen erfasst der indirekte Ansatz nicht das Unbehagen, das viele Beobachter angesichts der erheblichen Gesundheitsungleichheiten empfinden: Sind die erwähnten zehn Jahre Unterschied in der Lebenserwartung nicht ein eigenständiger Grund zur Beunruhigung? Und sollten sie nicht ihrerseits ein Maßstab zur – kritischen – Beurteilung der gesellschaftlichen Verhältnisse sein, die sie hervorbringen? So könnte man denken, dass mit einer Gesellschaft, die derartig große Unterschiede in den Gesundheitschancen verursacht, irgendetwas nicht stimmen kann. Zumindest könnten die

---

pnas.1421942112. Für die Situation in Deutschland vgl. *Lampert/Knoll*, Soziale Unterschiede in der Mortalität und Lebenserwartung, Robert Koch-Institut (GBE kompakt 2/2014), S. 3; danach beträgt der Unterschied in der durchschnittlichen Lebenserwartung immerhin sechs Jahre.

51 Zur Datenlage vgl. *Robert Koch-Institut* (Hrsg.), Gesundheitliche Lage der Männer in Deutschland. Beiträge zur Gesundheitsberichterstattung des Bundes, 2014.

52 Ähnlich *Powers/Faden*, Health Inequities and Social Justice, Bundesgesundheitsblatt 51 (2008), 151, 155. Glücksegalitaristische Theorien mögen das anders sehen müssen (vgl. *Segall*, Luck Prioritarian Justice in Health, in: Knight/Stemplowska (Hrsg.), Responsibility and Distributive Justice, 2011, S. 246, 256 ff.), was allerdings schwerlich zu ihrer Plausibilität beiträgt.

Gesundheitsungleichheiten als Indizien für Ungerechtigkeiten aufgefasst werden, die ein Anlass sein sollten, noch einmal genauer zu schauen, ob mit den Verhältnissen, die sie verursacht haben, tatsächlich alles in Ordnung ist.

c) Gesundheitsungleichheiten in den Theorien der sozialen Gerechtigkeit

Ganz ähnliche Unklarheiten sind zu konstatieren, wenn man analysiert, wie die unterschiedlichen Theorien der sozialen Gerechtigkeit die gesundheitlichen Ungleichheiten einordnen. Lange Zeit ganz vorherrschend waren *egalitaristische* Theorien der Verteilungsgerechtigkeit, die aus einem – unstreitigen[53] – fundamentalen Grundsatz der gleichen Berücksichtigung – in *Ronald Dworkins* Worten: der Behandlung „als Gleicher"[54] – auch auf ein Gebot der Gleichverteilung materieller Güter schließen – jedenfalls im Sinne der Rechtfertigungsbedürftigkeit von gesellschaftlichen Arrangements, die zu einer differenzierten Güterausstattung führen.[55] Standardbeispiel ist hier die Aufteilung einer Torte bei einem Kindergeburtstag: Solange nicht gute Gründe für ein anderes Ergebnis sprechen, ist es gerecht, dass jedes Kind ein gleich großes Stück bekommt.[56] Nun liegt es auf der Hand, dass in freiheitlichen Gesellschaften unweigerlich materielle Ungleichheiten entstehen, weil sich die unterschiedlichen individuellen Ambitionen, Präferenzen und Talente auf die Güterausstattung auswirken. Das ist aus zwei Gründen auch gar nicht zu kritisieren: Zum einen ist die Freiheit der Lebensgestaltung ohne die Verantwortung für die – auch materiellen – Folgen nicht zu haben; wer etwa viel arbeitet und dadurch gut verdient, muss sich von dem Müßiggänger seine materiellen Vorteile nicht vorhalten lassen. Selbst egalitaristisch gesonnene Theorien der Gerechtigkeit vertreten daher die Ansicht, eine gerechte Güterverteilung sei zwar „endowment-insensitive", aber „ambition-sensitive": Sie müsse die unverdienten Vor- und Nachteile ausgleichen, die sich aus den unterschiedlichen Startbedingungen und individuell nicht beeinflussbaren Umweltbedingungen ergeben, nicht

---

53 Zum Verständnis moderner politischer Theorien als Versuche, dieses fundamentale Gleichheitsgebot zu explizieren, vgl. *Kymlicka*, Contemporary Political Philosophy, 1990, S. 4 f.

54 Vgl. *Dworkin*, Bürgerrechte ernstgenommen, 1984, S. 370.

55 Vgl. nur *Hinsch*, Gerechtfertigte Ungleichheiten, 2002, S. 169 f. Unterschiede zwischen diesen Theorien bestehen bekanntlich hinsichtlich der Frage, worauf – Ressourcen, Grundgüter, Funktionsfähigkeit - sich die Forderung der Gleichverteilung genau bezieht; vgl. dazu nur *Cohen*, Equality of What? On Welfare, Goods, and Capabilities, in: Nussbaum/Sen (Hrsg.), The Quality of Life, 1993, S. 9 ff. Auch der in Diskussionen über Gesundheitsungleichheit prominent vertretene „Capabilities Approach" (vgl. nur *Prah Ruger*, Health and Social Justice, 2010; *Venkatapuram*, Health Justice, 2011; und – allerdings mit primärem Fokus auf das Versorgungssystem – *Dabrock*, Befähigungsgerechtigkeit, 2012, S. 219 ff.) zählt letztlich – was hier nicht weiter begründet werden kann – zu dieser Theoriefamilie.

56 Vgl. nur *Tugendhat*, Vorlesungen über Ethik, 1993, S. 373 f.

aber die differenzierten Folgen der autonomen Entscheidungen.[57] Selbst wenn man der Ansicht ist, dass wir es hier nur selten mit autonomen Entscheidungen und meistens mit den Konsequenzen der „natürlichen Lotterie" zu tun haben, ist zum anderen zu bedenken, dass sich auch dann noch Ungleichverteilungen rechtfertigen lassen – nämlich genau dann, wenn sie auf Produktivitätsanreizen beruhen, die den gesellschaftlichen Wohlstand mehren und daher letztlich auch den am schlechtesten Gestellten zugutekommen. Dies ist bekanntlich die Grundidee des Differenzprinzips von *John Rawls*, dem es auf diese Weise gelingt, eine egalitaristische Ausgangsposition mit notwendigen, jedenfalls rechtfertigungsfähigen materiellen Ungleichheiten zu versöhnen und dadurch einer unplausiblen Position des *Levelling down* – also der Herstellung von Gleichheit durch die Schlechterstellung aller – zu entkommen.[58]

Was bedeutet das nun für die Beurteilung der gesundheitlichen Ungleichheiten?[59] Wenn es stimmt, dass ungleiche gesellschaftliche Verhältnisse – von einer ungleichen Güterausstattung bis zu Hierarchien am Arbeitsplatz – die gesundheitlichen Ungleichheiten verursachen, führt eine Verteilung, die in dem Sinne egalitär ist, dass materielle Ungleichheiten nur gerechtfertigt sind, wenn sie den am schlechtesten Gestellten zum Vorteil gereichen, zu einer Abflachung des sozialen Gesundheitsgradienten. In diesem Sinne trägt das Differenzprinzip – wenn auch nur mittelbar und zufällig, weil für *Rawls* die Gesundheit selbst nicht zu den Grundgütern zählt, die es zu verteilen gilt – zu einer Verringerung der Gesundheitsungleichheit bei. Allerdings bleibt damit eine wichtige Frage offen: Wenn auch die durch das Differenzprinzip zugelassenen – und in diesem Sinne als gerecht unterstellten – materiellen Ungleichheiten Auswirkungen auf die Gesundheit haben – was hier *for the sake of argument* angenommen werden soll –, verpflichten uns diese Auswirkungen dann, die sozialen Ungleichheiten noch weiter einzuebnen, als es das Differenzprinzip vorgibt?[60] Anders gefragt: Müssen die materiellen Vorteile, die aus bestimmten Anreizstrukturen zu erwarten sind und die zugunsten der am schlechtesten Gestellten verwendet werden können, mit den *Residual Health Inequalities*, die sie verursachen, abgewogen werden? Und nach welchem Maßstab sollte das geschehen? Die egalitaristischen Verteilungstheorien haben darauf keine rechte Antwort. Man könnte in die Richtung denken, dass die materiellen Vorteile uns erlauben, in für Gesundheit und größere Gesundheitschancengleichheit förderliche Strukturen – etwa in der medizinischen Versorgung oder

57 Vgl. *Dworkin*, Was ist Gleichheit, 2011, S. 106 ff. Zur Bedeutung des Verantwortungsbegriffs für Theorien der Gerechtigkeit vgl. jetzt die Beiträge bei *Knight/Stemplowska* (Hrsg.), Responsibility and Distributive Justice, 2011.

58 Vgl. *Rawls*, Eine Theorie der Gerechtigkeit, 1975, S. 81 ff. und passim.

59 Die folgenden Ausführungen beziehen sich insbesondere auf *Daniels*, Just Health. Meeting Health Needs Fairly, 2008, S. 79 ff., der an *Rawls*' Gerechtigkeitstheorie anknüpft.

60 Vgl. dazu auch *Sreenivasan*, Public Health Ethics 2 (2009), 244 ff.; ferner *Preda/Voigt*, The American Journal of Bioethics (15) 2015, 25, 30 f.

im Bildungssystem – zu investieren, und dann zu erheben ist, ob dies letztlich zu einer Abflachung des sozialen Gradienten und zu einer Verbesserung der Gesundheit – insbesondere in den unteren sozialen Schichten – führt. Aber es ist nicht klar, warum es hier nur auf die Gesundheit ankommen soll; schließlich stellen wir auch sonst die gesundheitlichen Belange gegenüber anderen Gütern gelegentlich zurück.[61] Für diese Abwägung zwischen Gesundheit und Gesundheitsgerechtigkeit einerseits, materiellen Vorteilen andererseits scheint in den egalitaristischen Theorien kein Kriterium mehr zur Verfügung zu stehen; man kann sich dann nur noch mit dem pragmatischen Verweis auf einen möglichst offenen politischen Prozess behelfen, in dem diese Abwägung vorgenommen wird[62] – was nun gerade den Verzicht auf eine nähere gerechtigkeitstheoretische Auskunft bedeutet. Insgesamt zeigt sich jedenfalls, welche Schwierigkeiten es den egalitaristischen Gerechtigkeitstheorien bereitet, die gesundheitlichen Ungleichheiten als emergente Eigenschaften der sozialen Ordnung sinnvoll zu erfassen.

Nun mag man mit guten Gründen der Ansicht sein, dass der Egalitarismus von vornherein keine besonders plausible Theorie der Verteilungsgerechtigkeit für moderne freiheitliche Gesellschaften darstellt. So gibt es etwa in der *Rawlsschen* Theorie ein unaufgelöstes Spannungsverhältnis zwischen dem Grundsatz der Freiheit der Gestaltung des eigenen Lebens und der „Vergemeinschaftung" der individuellen Talente und Fähigkeiten:[63] Wenn diese Fähigkeiten und Talente keinen Anspruch auf die Früchte der eigenen Tätigkeit verschaffen, sondern dieser nur mittelbar daraus folgt, dass Anreize gesetzt werden müssen, um im Interesse der Gemeinschaft die Leistungsbereitschaft zu fördern, bleibt unklar, warum die Gemeinschaft nicht auch bereits die Ausbildung und Pflege dieser Fähigkeiten und Talente verlangen und ihre Vernachlässigung unterbinden kann. Dieser Aspekt weist darauf hin, dass egalitaristische Verteilungstheorien ein sehr anspruchsvolles Solidaritätsverständnis voraussetzen, das nicht recht zu freiheitlichen Gesellschaften passen will: Wir sind hier nämlich – anders als in dem unterkomplexen Beispiel der Verteilung des Kuchens auf einem Kindergeburtstag – nicht Mitglieder einer umfassenden (Um-)Verteilungsgemeinschaft, sondern jeder ist zunächst einmal selbst für sein Leben und sein Fortkommen verantwortlich; nur soweit dies dazu führt, dass Einzelne oder Gruppen von Bürgern keine sinnvolle und grundsätzlich gleichberechtigte Existenz in unserer Gesellschaft führen können, sind wir zur Unterstützung verpflichtet. Egalitaristische Theorien verwechseln an dieser

---

61 Dies sieht auch *Daniels*, Just Health. Meeting Health Needs Fairly, 2008, S. 98.

62 Vgl. *Daniels*, Just Health. Meeting Health Needs Fairly, 2008, S. 99 f.

63 Vgl. *Rawls*, Eine Theorie der Gerechtigkeit, 1975, S. 122: „Das Unterschiedsprinzip bedeutet faktisch, daß man die Verteilung der natürlichen Gaben in gewisser Hinsicht als Gemeinschaftssache betrachtet (...). Wer von der Natur begünstigt ist (...), der darf sich der Früchte nur so weit erfreuen, wie das auch die Lage der Benachteiligten verbessert." Zur Diskussion dieses Punkts vgl. *Nagel*, Rawls and Liberalism, in: Freeman (Hrsg.), The Cambridge Companion to Rawls, 2003, S. 62, 78 ff.

Stelle Allgemeinheit und Gleichheit: Maßgeblich ist, dass *jedem* die für ein anständiges Leben erforderlichen Güter zur Verfügung stehen – nicht dagegen, dass die Güterverteilung (darüber hinaus) *gleich* ist.

Plausibler sind daher Theorien der sozialen Gerechtigkeit, die nicht von einer Präsumtion der materiellen Gleichheit ausgehen, sondern von vornherein auf diesen Aspekt der sozialen Inklusion abstellen und die Verpflichtungen der sozialen Gerechtigkeit auf einen Mindeststandard der Güterausstattung beziehen, der eine nicht ausgegrenzte Existenz in unserem Gemeinwesen ermöglicht.[64] Derartige Suffizienztheorien stimmen jedenfalls sehr viel besser mit der Vorstellung von Sozialstaatlichkeit überein, die etwa in der Verfassungsrechtsprechung vertreten wird und die das grundlegende Sicherungsziel auf ein menschenwürdiges Existenzminimum bezieht.[65] Auch die prominente Überlegung, dass soziale Rechte inzwischen neben Freiheitsrechte und politische Rechte getreten sind, um einen vollwertigen Status als Bürger eines Gemeinwesens zu konstituieren,[66] passt eher mit Suffizienz- als mit egalitaristischen Theorien der sozialen Gerechtigkeit zusammen.

Strukturell haben Suffizienztheorien den Vorteil, dass sie nicht auf relationale oder komparative Gerechtigkeitserwägungen angewiesen sind.[67] Sie müssen sich nicht auf die aussichtlose Suche nach der Antwort auf die Frage begeben, welche Unterschiede in Einkommen und Vermögen gerecht und ungerecht sind; es reicht aus, dass für jedermann der für die soziale Inklusion erforderliche Mindeststandard gewährleistet ist. Dabei ist dieser Standard zweifellos durch einen Vergleich mit den gesellschaftlich üblichen Lebensverhältnissen zu ermitteln; die Begriffe der Suffizienz und der sozialen Inklusion werden in Deutschland auf eine andere Weise konkretisiert werden als in Rumänien oder gar in Äthiopien.[68] Ist dieser Standard aber ermittelt und gewährleistet, kommt es auf relationale Überlegungen nicht mehr an.

Auch diese Theorien haben aber mit der Analyse sozialer Gesundheitsungleichheiten einige Probleme. Zum einen findet sich hier kein Maßstab für das Ausmaß

---

64 Vgl. *Anderson*, Warum eigentlich Gleichheit?, in: Krebs (Hrsg.), Gleichheit oder Gerechtigkeit, 2000, S. 117 ff.; *Frankfurt*, Gleichheit und Achtung, ebd., S. 38 ff.; *ders.*, Equality as a Moral Ideal, in: ders., The Importance of What We Care About, 1988, S. 134 ff.; *Schramme*, Gerechtigkeit und soziale Praxis, 2006, S. 183 ff.

65 Vgl. *BVerfGE* 125, 175, 222.

66 Vgl. *Marshall*, Staatsbürgerrechte und soziale Klassen (orig. *Citizenship and Social Class*, 1949), in: ders., Bürgerrechte und soziale Klassen. Zur Soziologie des Wohlfahrtsstaates, 1992, 33 ff.

67 Zur Unterscheidung von „comparative" und „noncomparative justice" vgl. bereits *Feinberg*, Social Philosophy, 1973, S. 98 ff.; *ders.*, Philosophical Review 83 (1974), 297 ff.

68 Dies gilt auch für die medizinische „Grundversorgung; vgl. dazu *Huster*, Hat das Leben keinen Preis? Absolute und relative Ansprüche im System der Gesundheitsversorgung, in: Hruschka/Joerden (Hrsg.), Jahrbuch für Recht und Ethik/Annual Review of Law and Ethics, Bd. 22, 2014, S. 251, 263 ff.

an gesundheitlicher Ungleichheit, das nicht mehr akzeptabel ist. Man mag sagen, der Umstand, dass eine soziale Schicht deutlich hinter der durchschnittlichen Lebenserwartung zurückbleibt, sei ein Indiz dafür, dass sie an dem üblichen Existenzniveau eines Gemeinwesens nicht mehr teilhat; wo diese Grenze verläuft, ist aber aus den Prämissen der Theorie kaum mehr abzuleiten. Noch schwerer wiegt ein zweites Problem: Es gibt Anzeichen dafür, dass die soziale Ungleichheit und ihr Ausmaß einen Einfluss auf Gesundheit und Gesundheitsverteilung haben: Eine größere soziale Ungleichheit könnte – unabhängig von den absoluten Standards der Lebensbedingungen – die Gesundheitsungleichheiten verstärken.[69] Nach dieser – umstrittenen, aber nicht unplausiblen – *Relative Income Thesis* wirken sich soziale Ungleichheiten auch dann, wenn für jedermann ein Lebensstandard gewährleistet ist, der ein „normales" Leben in seinem Gemeinwesen ermöglicht, auf die Verteilung des wichtigen Guts der Gesundheit aus. Da sich dieser „überschießende" Effekt kaum als belanglos zur Seite schieben ließe, hätte das für die Suffizienztheorien die unerfreuliche Konsequenz, dass relationale Erwägungen der sozialen Gerechtigkeit doch wieder ins Spiel kommen.

3 Gerechtigkeit oder Solidarität?

Soziale Gesundheitsungleichheiten sind ein faszinierendes Phänomen, weil sie zeigen, wie selbst ein höchstpersönliches Gut wie die Gesundheit von gesellschaftlichen Strukturen maßgeblich beeinflusst wird.[70] Insbesondere die Statusunterschiede in unserem Gemeinwesen scheinen tiefer zu reichen, als man gedacht hat: Ungerechte Entlohnung, Arbeitslosigkeit, Fremdbestimmung am Arbeitsplatz oder wirtschaftliche und politische Krisen[71] sind nicht nur aufgrund ihrer Unannehmlichkeiten und finanziellen Folgen ein Problem, sondern gehen auch „unter die Haut".

Ungerecht sind diese gesundheitlichen Auswirkungen sicherlich dann, wenn sie auf entwürdigende und demütigende Verhältnisse zurückgehen. Die Gesundheitsfolgen bieten damit einen weiteren Grund, gegen Ausbeutung oder Dauerstress am Arbeitsplatz vorzugehen. Wer etwa erfolglos nach einem Verfassungsgut sucht, auf dessen Grundlage sich der Eingriff in die Koalitionsfreiheit durch die gesetzliche Festlegung eines Mindestlohns rechtfertigen lässt,[72] könnte überlegen, ob insoweit nicht mindestens die Gesundheit der Beschäftigten einschlägig wäre,

---

69 Vgl. dazu etwa *Daniels*, Just Health. Meeting Health Needs Fairly, 2008, S. 85 ff.; *Sreenivsan*, Public Health Ethics 2 (2009), 45 ff.; und die Textsammlung bei *Kawachi/Kennedy/Wilkinson* (Hrsg.), The Society and Population Health Reader. Vol. I: Income Inequality and Health, 1999.

70 Irritierend ist etwa, wie stark das unmittelbare Wohnumfeld – unabhängig vom eigenen Sozialstatus – auf die Gesundheit einwirkt; vgl. dazu *Voigtländer/Mielck/Razum*, Das Gesundheitswesen 74 (2012), 602 ff.

71 Vgl. dazu insbesondere *Basu/Stuckler*, Sparprogramme töten, 2014.

72 Vgl. etwa *Fischer*, ZRP 2007, 20, 21 f.

weil inzwischen sogar experimentell nachgewiesen werden konnte, dass und wie sich eine ungerechte Bezahlung als „Gratifikationskrise" negativ auf die Gesundheit auswirkt.[73]

Wie steht es aber um die gesundheitlichen Auswirkungen, die auf Lebensverhältnisse und insbesondere soziale Ungleichheiten zurückgehen, die wir nicht ohne Weiteres als ungerecht bezeichnen können und die sich – wie die ungleiche Verteilung von Positionsgütern[74] – in einer komplexen und freiheitlichen Gesellschaft gar nicht vermeiden lassen? Hier fällt ein Urteil sehr viel schwerer, zumal man auch gar nicht weiß, ab welchem Ausmaß der Gesundheitsunterschiede das moralische Problem beginnt: Sind zehn Jahre zwischen oberstem und unterstem Einkommensfünftel zu viel? Wie wäre es bei sieben oder fünf oder nur zwei Jahren? Es hat etwas Tragisches, dass die gar nicht vermeidbaren Hierarchien und Ungleichheiten in modernen Gesellschaften zu Gesundheitsungleichheiten führen, und eine politische Gemeinschaft mag es als einen Akt der spezifischen Solidarität ansehen, den unvermeidlichen „Wettbewerbsverlierern" an dieser Stelle beizustehen; ebenso kann man insbesondere mit Blick auf die unteren sozialen Schichten fragen, ob nicht allein der Umstand, dass dort so viele Lebensjahre „verlorengehen", ein guter Grund für sozialpolitische Maßnahmen ist – unabhängig von allen Gleichheitsüberlegungen.[75] Aber der Vorwurf, es handele sich bei den sozialen Gesundheitsungleichheiten um einen moralischen Skandal und um eine handfeste Ungerechtigkeit, lässt sich insoweit schwerlich aufrechterhalten.[76]

Trotzdem können die Gesundheitsungleichheiten Anzeichen dafür sein, dass in einer Gesellschaft etwas falsch läuft und die Solidarität gestärkt werden sollte. Das ist zum einen der Fall, wenn die sozialen Gesundheitsungleichheiten im internationalen Vergleich besonders groß sind. Dann liegt zumindest der Verdacht nahe, dass die Organisation des sozialen Zusammenlebens den Schlechtergestellten übermäßige und unnötige Bürden auflastet. Zum anderen ist es ein Alarmsignal,

---

73 Vgl. *Falk u.a.*, Cardiovascular Consequences of Unfair Pay (SOEPpapers on Multidisciniplary Panel Data Research 380), 2011; ferner etwa *Schunck/Sauer/Valet*, Macht Ungerechtigkeit krank? Gesundheitliche Folgen von Einkommens(un)gerechtigkeit, WSI-Mitteilungen 8/2013, S. 553 ff.

74 Zu Positionsgütern vgl. grundlegend *Hirsch*, Die sozialen Grenzen des Wachstums, 1980. Zu ihrer gerechtigkeitstheoretischen Bedeutung vgl. *Brighouse/Swift*, Ethics 116 (2006), 471 ff.

75 So etwa *Hausman*, Egalitarian Critiques of Health Inequalities, in: Eyal u.a. (Hrsg.), Inequalities in Health. Concepts, Measures, and Ethics, 2013, S. 95, 110. Allerdings sind gerade diese Schichten für Maßnahmen der Gesundheitsförderung gelegentlich nicht gut zu erreichen, so dass die Public Health-Politik auch noch eine Abwägung zwischen der Verringerung von Ungleichheiten und der Verbesserung der Gesundheit der gesamten Bevölkerung vornehmen muss; vgl. dazu etwa *Daniels*, Reducing Health Disparities, in: Eyal u.a. (Hrsg.), Inequalities in Health. Concepts, Measures, and Ethics, 2013, S. 178 ff.; *Norheim*, Public Heath Ethics 2 (2008), S. 53 ff.

76 Ähnliche Einschätzung bei *Mackenbach*, Soc. Science & Medicine 75 (2012), 761, 767.

wenn die sozialen Gesundheitsungleichheiten zunehmen.[77] Dies könnte ebenfalls ein Hinweis darauf sein, dass der soziale Zusammenhalt brüchig wird. Allerdings wird man hier unterscheiden müssen: Dramatisch ist die Situation, wenn am oberen Ende der Gesellschaft Lebenserwartung und Gesundheitschancen ansteigen, während die unteren sozialen Schichten in immer prekärere gesundheitliche Verhältnisse geraten; dies würde nämlich bedeuten, dass ganze Schichten von einer positiven Entwicklung abgehängt werden. Selbst dort, wo die gesundheitlichen Ungleichheiten zunehmen, scheint dies aber nicht der Fall zu sein; vielmehr erklärt sich dieser Trend dadurch, dass sich in den oberen Schichten der gesundheitliche Zustand in größerem Ausmaß verbessert als in den unteren Schichten. Hier gibt es also eine positive Entwicklung, von der alle profitieren, wenn auch nicht in gleicher Weise. Dies mag man immer noch unschön finden, aber wiederum drängt sich der Vorwurf einer echten Ungerechtigkeit nicht auf.

Vermutlich hat die Solidarität hier ihren Ort mit Blick auf die Gesundheit der Bevölkerung und deren Verteilung: Sie bezieht sich auf dieses diffuse Handlungsfeld, in dem es nicht um evidente Ungerechtigkeiten, sondern um die positiven Auswirkungen eines gesellschaftlichen Zusammenhalts geht, der nur in einem konkreten Gemeinwesen nach dessen partikularen Vorstellungen hergestellt werden kann und dann dessen spezifische Solidarität ausmacht.[78]

IV Fazit

Dass gesellschaftliche Solidarität im Sinne eines nicht rein selbstinteressierten Verhaltens sowohl für die Sicherstellung der Gesundheitsversorgung als auch für unsere Bemühungen um Zustand und Verteilung der Bevölkerungsgesundheit erforderlich ist, sagt weder etwas über ihren näheren Gehalt noch über ihre Grundlage aus. Wie solidarisch ein Gemeinwesen insoweit ist, wird politisch ausgehandelt. Insofern steht die Solidarität nicht als ein Begründungselement am Anfang der Überlegungen und Verfahren, sondern an deren Ende: als Ergebnis der Selbstverständigung einer spezifischen sozialen Gruppe, in welchem Umfang ihre Mitglieder Verantwortung füreinander übernehmen.

Aber warum ist Solidarität – wie immer sie dann genau aussieht – mit Blick auf die Gesundheit überhaupt geboten? Für eine egalitäre sozialstaatliche Erzählung

---

77 Dass dies in den letzten 20 Jahren in Deutschland der Fall war, behaupten etwa *Lampert u.a.*, Gesundheitliche Ungleichheit, in: Statistisches Bundesamt u.a. (Hrsg.), Datenreport 2013. Ein Sozialbericht für die Bundesrepublik Deutschland, 2013, S. 259, 270 f. Vgl. ferner dazu *Maron u.a.*, Bundesgesundheitsblatt 57 (2014), 431 ff.

78 Zum konstitutiven Bezug der Solidarität auf eine konkrete Gemeinschaft – insbesondere im Unterschied zu universellen Gerechtigkeitsprinzipien – vgl. *Bayertz*, Begriff und Problem der Solidarität, in: ders. (Hrsg.), Solidarität, 1998, S. 11, 13. Besonders deutlich wird die Kontingenz der Solidarität auch betont bei *Rorty*, Solidarität oder Objektivität?, 1988.

liegt das auf der Hand: In einer politischen Gemeinschaft der Freien und Gleichen gebietet es die grundlegende Achtung, die wir einander schulden, dass wir auch Verantwortung für die elementaren Lebensgüter und Freiheitsvoraussetzungen haben. Es geht also um soziale Gleichheit und das materielle Wohl der Mitbürger. Bei näherem Hinsehen kann man Zweifel bekommen, ob diese Rekonstruktion zutrifft. Blickt man etwa auf die Solidarität, die im Rahmen der Corona-Pandemie eingefordert wurde, ging es nicht primär um Leib und Leben der Mitbürger, sondern um die Verhinderung einer Überlastung der intensivmedizinischen Ressourcen, die dazu geführt hätte, dass wir äußerst unangenehme Triage-Entscheidungen zu treffen gehabt hätten und einen Teil der Erkrankten nicht mehr hätten behandeln können.

Vielleicht sind es eher derartige Umstände, dass wir über Leben und Tod unserer Mitbürger entscheiden müssen und ihnen in existenziellen Situationen nicht mehr helfen können, und die sich daraus ergebenden Bilder, die wir vermeiden wollen und die deshalb unsere Solidarität mobilisieren.[79] Der Deutsche Ethikrat hat in seiner Stellungnahme „Solidarität und Verantwortung in der Corona-Krise" im Zusammenhang mit der Triage von den „Fundamenten der Rechtsordnung" gesprochen und vor deren „Erosion" gewarnt.[80] Diese „Fundamente" sind aber nicht sozialstaatliche Prinzipien der Verteilungsgerechtigkeit, sondern elementare Normen der gegenseitigen Achtung. Es könnte gut sein, dass wir gerade im Handlungsfeld der Gesundheit eher rechts- als sozialstaatliche Prinzipien verteidigen wollen, wenn wir zur Solidarität aufrufen.[81]

79 Vgl. dazu auch bereits *Huster*, Grenzen der Solidarität, *VerfBlog*, 2020/3/22, https://verfassungsblog.de/grenzen-der-solidaritaet/.

80 *Deutscher Ethikrat*, Solidarität und Verantwortung in der Corona-Krise, 2020, S. 4.

81 Diesen Gedanken hat *Hartmut Kliemt* wiederholt formuliert; vgl. z. B. *Kliemt*, Gesundheitsversorgung bei Ressourcenknappheit, in: Nagel/Fuchs (Hrsg.), Rationalisierung und Rationierung im deutschen Gesundheitswesen, 1998, S. 109, 113.

Stefanie Börner

Solidaritätspraktiken und -diskurse in der Gesetzlichen Krankenversicherung: Wohlfahrtsstaatstheoretische Perspektiven und wohlfahrtsstaatliche Selbstbeschreibungen

I Einleitung

Wider Erwarten wurde das Jahr 2020 gesundheitspolitisch zum Jahr der Solidarität. Die komplexen Herausforderungen, vor denen nationale Gesundheitssysteme und die internationale Gemeinschaft angesichts der globalen Covid-19-Pandemie standen und stehen, beziehen sich nicht nur auf die unmittelbare medizinische Versorgung, Materialbeschaffung und grenzübergreifende Hilfen. Sie betreffen vor allem auch das angemessene Maß an Solidarität, das einerseits die staatlichen Akteure von den Bürger:innen untereinander verlangen können und andererseits die Bevölkerung selbst wiederum vom Staat erwarten kann, und damit immer auch die Solidaritätskonflikte zwischen unterschiedlichen privaten und öffentlichen Akteuren.[1] Welches Ausmaß institutionalisierter Solidarität ist erforderlich? Wie stark kann selbstverantwortliches Verhalten als Akt der Solidarität – sei es durch Tragen von Alltagsmasken oder *Social Distancing* – eingefordert werden? Und ist es legitim, bestimmte Bevölkerungsgruppen bevorzugt zu behandeln?

Wie unter einem Brennglas zeigen diese Fragen die solidarischen Konfliktlinien, die auch sonst das sozial- und gesundheitspolitische Tagesgeschäft prägen. Sie betreffen die politischen und gesamtgesellschaftlichen Aushandlungsprozesse bezüglich der Frage der an Solidarität beteiligten Parteien (*Solidarität zwischen wem bzw. wem gegenüber?*), Fragen der Beweggründe für und Legitimation von Solidarität (*Zu welchem Zweck?*) sowie Fragen des Ausmaßes und der Intensität von Solidarität (*Wieviel und in welcher Form?*).[2] Bei der Beantwortung dieser Fragen durch den Sozialstaat kommt der Gesetzlichen Krankenversicherung (GKV) ein besonderer Stellenwert zu. Mit 73,1 Millionen Versicherten im Jahr 2019[3] und

---

1 Vgl. dazu aktuell Tietze, N. et al. (2021): The scalar arrangements of three European public health systems facing the Covid-19 pandemic: Comparing France, Germany and Italy. *Culture, Practice & Europeanization* 6, 1 im Erscheinen.

2 Fehmel spricht von drei ähnlichen aber nicht deckungsgleichen Dimensionen. Fehmel, T. (2020): Konflikt und Solidarität als Verhältnis dynamischer Vergesellschaftung. *Berliner Journal für Soziologie* 30, S. 23–48.

3 Darunter sind 33,9 Mio. Pflichtversicherte, 6,1 Mio. freiwillig Versicherte, 16,1 Mio. familienversicherte Personen sowie 16,9 Mio. Rentner:innen (Bundesministerium

einem Ausgabenvolumen von rund 250 Millionen Euro pro Jahr[4] handelt es sich nicht nur um den größten Sozialversicherungszweig neben der Rentenversicherung, sondern auch um den einzigen, der das Solidaritätsprinzip gesetzlich verankert hat. Zugleich war die GKV angesichts steigender Ausgabenniveaus und einer sich verändernden Struktur des Versichertenklientels seit den 1980er Jahren Gegenstand zahlreicher Leistungskürzungen und Strukturreformen. Dieses Reformgeschehen ließ nicht selten Zweifel laut werden, ob man überhaupt noch von Solidarität sprechen könne. Dieser Beitrag fragt aus zwei unterschiedlichen Perspektiven danach, wie es um die Solidarität der GKV bestellt ist: Erstens werden aus einer wohlfahrtsstaatstheoretischen Perspektive das Solidaritätsverständnis der GKV und der historische Wandel ihrer Solidarpraktiken und Konflikte um Solidarität herausgestellt (II.). Im zweiten Schritt wird die im Sozialgesetzbuch verankerte Selbstbeschreibung der GKV als Solidargemeinschaft betrachtet (III.) und der dritte Teil untersucht aus einer wissenssoziologischen Beobachtungsperspektive den expliziten wohlfahrtsstaatlichen Solidaritätsdiskurs, der im Rahmen parlamentarischer Reformdebatten geführt wird (IV.). Hierzu werden neben einzelnen Gesetzentwürfen auch die Plenarprotokolle ausgewählter parlamentarischer Debatten hinzugezogen.

Solidarität in der GKV, so wird deutlich, ist gleichermaßen eine Kategorie der Selbstbeschreibung wie der Zuschreibung, vereinfachende Formel und parteipolitische Konfliktlinie. Damit ist sie ebenso anfällig für normative Zuschreibungen seitens politischer, medialer und wissenschaftlicher Akteure wie für rhetorische Strategien. Als rhetorisches Instrument oder politische Forderung gerät Solidarität so zur politischen Machtressource und zum ideologisierten Kampfbegriff, die vage auf ihren positiv konnotierten Bedeutungsinhalt abzielen.

II Solidarität und Wohlfahrtsstaat

1 Der Wohlfahrtsstaat als institutionalisierte Solidarität

Das Konzept der Solidarität hat als sozialstaatliche Idee und gestalterische Norm Sozialpolitik maßgeblich mitgeprägt und von da aus die sozialwissenschaftliche Beobachtungsperspektive erreicht. Mit Solidarität im sozialstaatlichen Kontext sind meist die abstrakten Solidarprinzipien, die wohlfahrtsstaatliches Handeln anleiten, angesprochen. Diese auf einen sozialen Ausgleich zwischen unterschiedlichen sozialen Gruppen abhebende abstrakte Idee muss in konkrete Handlungskategorien

für Gesundheit 2020, GKV-Statistik, https://www.bundesgesundheitsministerium.de/fileadmin/Dateien/3_Downloads/Statistiken/GKV/Mitglieder_Versicherte/KM1_JD_2019_bf.pdf). Zum Vergleich: 2018 waren 8,7 Mio. Personen Mitglied in einer privaten Krankenversicherung.

4 BMAS (2019): Sozialbudget 2019. Bundesministerium für Arbeit und Soziales: Bonn. https://www.bmas.de/SharedDocs/Downloads/DE/PDF-Publikationen/a230-19-sozialbudget-2019.pdf?__blob=publicationFile&v=1

und Praktiken übersetzt werden.[5] Für viele Autor:innen stellt der Sozialstaat „die moderne Verkörperung von Solidarität“[6] und damit „organisierte Solidarität“[7] dar. „Er konstituiert – wie in einer (über)großen Familie – einen gegenseitigen Risiko-, Schadens- und Bedarfsausgleich unter den Mitgliedern der (gesellschaftlichen) Gemeinschaft“[8]. In seinem rationalitätstheoretischen Ansatz geht Michael Hechter davon aus, dass die Erbringung von Solidarität unter Unbekannten nur durch kollektive Zwangsmechanismen erreicht werden kann.[9] Kritiker hingegen hat die Tatsache, dass Solidarität zum Gegenstand politischer Steuerungsbemühungen und Versprechungen geworden ist, dazu veranlasst, die Möglichkeit, Solidarität institutionell zu erzwingen, infrage zu stellen. Zwang und Solidarität vertragen sich nicht, so das Argument. Der Zwang schwäche nicht nur die individuelle Freiheit,[10] sondern auch die Selbsthilfepotenziale einer Gesellschaft.[11]

Der analytische Mehrwert der Lesart des Sozialstaats als institutionalisierte Solidarität besteht darin, romantisierende Lesarten öffentlichen sozialpolitischen Handelns zu vermeiden. Sie dient zur Einordnung der sozialpolitischen Praxis moderner Gesellschaften in Abgrenzung von anderen Steuerungsmechanismen wie der ökonomischen oder der machtgesteuerten politischen Steuerungslogik.[12] Als hochgradig umkämpfte und immerfort politisierte Ressource steht Solidarität zumeist im Spannungsfeld zwischen ökonomischer und politischer Handlungslogik. Zur Machtressource wird Solidarität, wenn sie als rhetorisches Instrument oder politische Strategie den Diskurs betritt. Wirtschaftliche Logiken werden immer dann relevant, wenn Solidarität zum Gegenstand von Verteilungskonflikten und ökonomischen Erwägungen wird. Soziologisch stellt Solidarität also eine

---

5 Vgl. dazu Börner, S. (2020): Solidaritätsdynamiken. Praktiken der Solidarität in der Gesetzlichen Krankenversicherung und ihren Vorläuferorganisationen. *Archiv für Sozialgeschichte* 60, 75–94.

6 Manfred P. (2003): Solidarität. Der vielschichtige Kitt gesellschaftlichen Zusammenlebens, in: *Stephan Lessenich* (Hrsg.), *Wohlfahrtsstaatliche Grundbegriffe: Historische und aktuelle Diskurse.* Frankfurt am Main: Suhrkamp, S. 157–190, hier: S. 157.

7 Ursula D. (2009): *Die Solidarität der modernen Gesellschaft. Der Diskurs um rationale oder normative Ordnung in Sozialtheorie und Soziologie des Wohlfahrtsstaats.* Wiesbaden: VS Verlag für Sozialwissenschaften, S. 214.

8 Lessenich, S. (2008): *Die Neuerfindung des Sozialen. Der Sozialstaat im flexiblen Kapitalismus.* Bielefeld: transcript, S. 33.

9 Hechter, M. (1987): *Principles of Group Solidarity.* Berkeley: University of California Press.

10 Habermas, J. (1981 [1997]): *Theorie des kommunikativen Handelns. Band 2.* Frankfurt am Main: Suhrkamp, S. 531 f.

11 Vgl. dazu Leisering, L. (2001): Wirklich die beste aller Welten? Die soziologische Kritik am Wohlfahrtsstaat. In K. U. Mayer (Hrsg.), *Die beste aller Welten? Marktliberalismus versus Wohlfahrtsstaat. Eine Kontroverse zwischen Jens Alber, Jens Beckert, Johannes Berger, Lutz Leisering und Wolfgang Streeck.* Frankfurt/Main, New York: Campus, 113–133.

12 Kaufmann, F.-X. (2015): *Sozialstaat als Kultur.* Wiesbaden: Springer VS, S. 337.

spezifische Form der Handlungskoordination dar, die „eine Nachrangigkeit der Verfolgung von Eigeninteressen mit Bezug auf kollektive Interessen bewirkt".[13] Die für Sozialpolitik typische Orientierung an kollektiven Interessen (wie Armutslinderung, Pazifizierung, Gemeinwohl) schließt jedoch keineswegs eigennützige individuelle oder politische Motive aus. Gerade im Rahmen der Sozialversicherung hat sich diese janusköpfige Moral von Solidarität bewährt, weshalb es sinnvoll ist, zwischen den Motiven, Solidarbeziehungen zu begründen oder einzuhalten, und dem kollektiven Nutzen, der aus ihnen erwächst, zu unterscheiden.

Entsprechend bestehen gesamtgesellschaftliche Solidaritätsbeziehungen nicht nur innerhalb des Spannungsfelds unterschiedlicher Steuerungs- bzw. Handlungslogiken, sondern auch im Spannungsfeld individueller und kollektiver Interessen. Solidarisch geprägte soziale Beziehungen sind zudem durch Reziprozität, d. h. durch einen wechselseitig „organisierte[n] Risikoausgleich", gekennzeichnet.[14] In modernen Gesellschaften ist die Erwartung der gegenseitigen Hilfe jedoch nicht an konkrete Solidaritätsgeber geknüpft, sondern in Bezug auf das „anonyme Kollektiv" verallgemeinert.[15] *Generalisierte* Reziprozität meint also die regelmäßigen gegenseitigen Unterstützungsbeziehungen zwischen einander unbekannten Mitgliedern einer Gesellschaft.[16]

Als Handlungsmotiv, so hat die Wohlfahrtsstaatsforschung deutlich gemacht, spielte Solidarität historisch kaum eine Rolle.[17] Die Entstehungsphase des Wohlfahrtsstaates beschreibt de Swaan vielmehr als Durchsetzung kollektiver und politischer Interessen, die keineswegs nur den sozialpolitischen Adressatenkreis begünstigte, sondern auch die Sicherheitsbedürfnisse und Interessen der jeweils bessergestellten gesellschaftlichen Schichten bediente und damit einen gesamtgesellschaftlichen Nutzen erfüllte. Hinter der Beschreibung des Sozialstaats als institutionalisierte Solidarität verbergen sich also häufig Strategien des Machterhalts und der Machtmobilisierung, der Klassenkoalition und Kollektivierung von Risiken.

Fiel die Aufgabe der sozialen Sicherung traditionell in den gemeinschaftlichen Bereich und war kleinräumig organisiert (familial, nachbarschaftlich, kirchlich, berufsständisch), wurde sie seit Ende des 19. Jahrhunderts zusehends zur Staatsaufgabe, die Solidarität nationalstaatlich einhegte und Individuen über die sozialpolitischen Institutionen an den Staat und die Nation band, umdefiniert. Dieser Nationalisierungsprozess und die Herausbildung des nationalen Wohlfahrtstaates

---

13 Kaufmann, F.-X. (2009): *Sozialpolitik und Sozialstaat: Soziologische Analysen, 3., erw. Auflage*, Wiesbaden: VS Verlag für Sozialwissenschaften, S. 366.

14 Hengsbach, F. (1999): Demokratische Verteilungsgerechtigkeit. *Gewerkschaftliche Monatshefte* 50, 34–42, hier: S. 36; vgl auch Fehmel 2020, Konflikt und Solidarität.

15 Dallinger 2009, Solidarität, S. 160.

16 Etwa Putnam, R. D. (2000): *Bowling Alone: The Collapse and Revival of American Community.* New York: Simon & Schuster, S. 21.

17 de Swaan, A. (1993): *Der sorgende Staat. Wohlfahrt, Gesundheit und Bildung in Europa und den USA der Neuzeit.* Frankfurt am Main/New York: Campus.

stellten die erste große Welle der Ausweitung von Solidarpraktiken über den sozialen Nahbereich hinaus dar.[18] Im historischen Verlauf hat sich Solidarität damit als äußerst elastisch erwiesen, sodass es wenig sinnvoll scheint, ihr einen festen Ort oder Radius zuzuweisen. Mit Hauke Brunkhorst lässt sich dieser Prozess als ein Übergang der Solidarität unter Freunden zu einer Solidarität unter Fremden interpretieren.[19] Damit stellt die staatlich organisierte Solidarität der GKV eine spezifisch moderne Form abstrakter Solidarität dar, weil sie auf einer imaginierten, institutionell abgesicherten und rechtlich konstruierten Solidargemeinschaft beruht.

„Gemeinschaftliche Institutionen der Risikobewältigung mögen angesichts des Ausmaßes der sozialen Frage in der Moderne wirtschaftlich überfordert sein und historisch obsolet scheinen, die von ihnen produzierte Möglichkeit einer affektiven Bindung und Einbettung des Einzelnen in seinen sozialen Nahbereich und damit in die Gesellschaft sind jedoch in der Lage, einen anderen, ebenso wichtigen Typus von Sozialintegration zu erzeugen, als die Inklusion in wirtschaftliche Prozesse von Produktion und Konsum."[20]

Dass dieses inkludierende und wechselseitige Band heute wie selbstverständlich als Solidarität bezeichnet wird, ist auf Emile Durkheims differenzierungstheoretische Studie zur sozialen Arbeitsteilung zurückzuführen, in der er den qualitativen Unterschied zwischen einer auf Gemeinsamkeiten und sozialer Nähe beruhenden engen Form der Solidarität und einer abstrakteren Solidarität, die auf menschlichen Interdependenzerfahrungen fußt, herausstellte. Indem er die Inklusion der Gesellschaftsmitglieder in die einzelnen Teilsysteme gewährleistet,[21] ist der moderne Wohlfahrtsstaat ein Kind funktionaler Differenzierung par excellence: „Statt Abläufe überwiegend per Religion, Magie oder Verschwörung zu deuten, wurde man sich der wechselseitigen Abhängigkeit bewußt – und erkannte, daß Defizite und Risiken einer Gruppe indirekt andere mitbedrohen".[22]

Infolge dieses ersten bedeutsamen Gestaltwandels von Solidarität im Kontext der Etablierung öffentlicher Programme sozialer Sicherheit hat sich seit der Nachkriegszeit Solidarität zu einer zentralen wohlfahrtsstaatstheoretischen Beschreibungs- und Analysekategorie entwickelt.

---

18 Börner, S. (2013): *Belonging, Solidarity and Expansion in Social Policy.* Basingstoke: Palgrave Macmillan.

19 Brunkhorst, H. (1997): *Solidarität unter Fremden.* Frankfurt am Main: Fischer.

20 Zapfel, S./Promberger, M. (2011): Gemeinschaft, Gesellschaft und soziale Sicherung: Überlegungen zu Genese und Wandel des modernen Wohlfahrtsstaats. *IAB Discussion Paper,* Nürnberg, S. 21.

21 Luhmann, N. (1981): *Politische Theorie im Wohlfahrtsstaat.* München: Olzog, S. 23–25.

22 de Swaan 1993, Der sorgende Staat, S. 250.

2 Die Solidarpraktiken der GKV

Bei dem Instrument der Sozialversicherung ist die Idee der Solidarität insbesondere in dem Wortbaustein ‚sozial-' beheimatet, wo sie einerseits als abstrakte Idee der Vergemeinschaftung von Folgekosten individuell auftretender aber kollektiv verursachter Risiken,[23] andererseits in der Bedeutung der Umverteilung zwischen unterschiedlichen Risikostrukturen und Einkommensklassen ihren Niederschlag findet.[24] Dadurch bricht die Sozialversicherung das dem Versicherungsgedanken zugrundeliegende Poolen von Risiken, welches auch marktförmigen Versicherungen zu eigen ist, auf und ergänzt die symmetrische Reziprozität durch politisierbare Umverteilungsmechanismen. Im Vergleich zu anderen Sozialversicherungen wie der Gesetzlichen Renten- oder Arbeitslosenversicherung sind in der GKV vergleichsweise viele solcher Umverteilungsmechanismen institutionalisiert.[25] Die gesetzgeberische Selbstbeschreibung als Solidargemeinschaft aufgreifende Darstellungen der GKV wie die folgende, sind daher weit verbreitet:

> „In der Gesetzlichen Krankenversicherung (GKV) in Deutschland ist traditionell das Solidarprinzip besonders stark verankert, da sich einerseits die Beiträge am Prinzip der finanziellen Leistungsfähigkeit orientieren, sich die Sachleistungen der GKV hingegen nach dem Bedarf richten. Das Äquivalenzprinzip, also der Grundsatz der Gleichwertigkeit von Leistung und Gegenleistung, findet lediglich für das Krankengeld Anwendung."[26]

Damit ist der Kern der Solidaritätsidee der GKV beschrieben. Im Unterschied zum Äquivalenzprinzip, das in den anderen Sozialversicherungszweigen stärker betont wird, prägt das Solidarprinzip die GKV, demzufolge jede versicherte Person unabhängig von der Höhe der eingezahlten Beiträge bedarfsgerechte medizinische Leistungen beanspruchen kann.[27] Interpersonelle Umverteilung findet dadurch insbesondere zwischen kranken und gesunden Mitgliedern der GKV, älteren und

---

23 Ewald, F. (1993): *Der Vorsorgestaat.* Frankfurt am Main: Suhrkamp; Moses, J. (2018): *The First Modern Risk. Workplace Accidents and the Origins of European Social States.* Cambridge: Cambridge University Press.

24 Ullrich, C. G. (2000): *Solidarität im Sozialversicherungsstaat: Die Akzeptanz des Solidarprinzips in der gesetzlichen Krankenkasse.* Frankfurt am Main: Campus; Börner 2013, Belonging.

25 Leitner, S./Lessenich, S. (2003): Assessing Welfare State Change: The German Social Insurance State between Reciprocity and Solidarity. *Journal of Public Policy* 23 (3), 325–347, hier S. 331.

26 Aust, J./Bothfeld, S./Leiber,S. (2006): Eigenverantwortung – Eine sozialpolitische Illusion? *WSI Mitteilungen* 59 (4), 186–193, hier S. 191.

27 Etwa Bäcker, G./Naegele, G./Bispinck, R./Hofemann, K./Neubauer, J. (2017): *Sozialpolitik und soziale Lage in Deutschland. Band 2: Gesundheit, Familie, Alter und Soziale Dienste.* 5., durchgesehene Auflage. Wiesbaden: VS Verlag für Sozialwissenschaften, S. 125; Ullrich 2000, Sozialversicherungsstaat, S. 11.

jüngeren Versicherten, gut und weniger gut Verdienenden sowie Kinderlosen und Familien mit Kindern (sogenannter Familienlastenausgleich) statt.[28] Es besteht weitestgehend Einigkeit, dass der GKV innerhalb des deutschen Wohlfahrtsstaates ein zentraler und symbolischer Stellenwert als Verkörperung sozialstaatlicher Solidarität zukommt. Angesichts ihrer „vielfachen Umverteilungseffekte" übt sie im besonderen Maße Solidarität und stellt zugleich hohe „Anforderungen an die Solidaritätsbereitschaft der Versicherten".[29]

Im Laufe der Herausbildung und des Ausbaus der modernen Krankenversicherung in Deutschland seit deren Einführung durch Bismarck 1883 haben sich nicht nur die Praktiken der Solidarität, sondern auch die zugrundeliegenden Solidaritätsdynamiken und Konfliktlinien verändert. Waren die selbstorganisierten Solidarpraktiken der Arbeiterschaft in den Anfängen noch exklusive, auf die eigene Gruppe bezogene Veranstaltungen, entwickelte sich die GKV im Laufe des 21. Jahrhunderts zu einer hochprofessionalisierten, verrechtlichten und inklusiven Form der Solidarität, deren Adressatenkreis weit über den ursprünglich von Bismarck ins Auge gefassten Kreis der Industriearbeiterschaft hinausging.[30] Damit haben sich auch die im Rahmen der GKV auftretenden Solidaritätskonflikte von der Ebene der Zugehörigkeitsfragen auf die Ebene der Umverteilungsfragen verlagert.[31] Während bis in die 1970er Jahre hinein Zugehörigkeitsfragen die gesundheitspolitische Tagesordnung bestimmten, war seit den 1980er Jahren insbesondere die Dimension der Intensität angesprochen. Hier deutet sich an, dass mit zunehmender Heterogenität des Versichertenkollektives die Solidaritätsanforderungen steigen.[32] Wie diese Konflikte im Einzelnen aussahen, wird im Folgenden beispielhaft dargestellt.

III Die Solidargemeinschaft der GKV unter wechselnden Vorzeichen

1 Vom Ausbau der „Solidargemeinschaft" zum SGB V

Die modernen Solidarbeziehungen haben sich im Übergang vom freien Hilfskassenwesen, dem Vorläufer der GKV, zur Gesetzlichen Krankenversicherung als äußerst elastisch erwiesen, sodass es zu einer zunehmenden Ausweitung der exklusiven Solidarität der Arbeiterunterstützungskassen des 19. Jahrhunderts kam und zu einer Inklusion mehr und mehr sozialer Gruppen. Jens Alber hat diese

28 Bäcker et al. 2017, Sozialpolitik, S. 140 f.

29 Ullrich 2000, Sozialversicherungsstaat, S. 11.

30 Alber, J. (1992): *Das Gesundheitswesen in der Bundesrepublik Deutschland. Entwicklung, Struktur und Funktionsweise*, Frankfurt am Main: Campus, S. 25 f.; Baldwin, P. (1990): *The Politics of Social Solidarity. Class Bases of the European Welfare State 1875–1975*, Cambridge: Cambridge University Press.

31 Börner 2020, Solidaritätsdynamiken.

32 Ullrich 2000, Sozialversicherungsstaat, 40 ff.

bis in die 1970er Jahre hineinreichende Entwicklung als „doppelten Inklusionsprozess“ bezeichnet.[33] Einerseits wurden weitere Arbeitnehmergruppen aber auch Personen in Rente (1956)[34] sowie Familienmitglieder in die Pflichtversicherung miteinbezogen, andererseits kam es zum Ausbau der Geld- und Sachleistungen. Erreichte der Versicherungsschutz gegen Ende des 19. Jahrhunderts gerade mal 10 % der Bevölkerung, genossen 1960 bereits 84 % einen Versicherungsschutz. Ihren historischen Höchststand erreichte die Quote der gesetzlich Krankenversicherten 1975 mit 91,6 % und ist seither auf diesem Niveau geblieben.[35] Der bedeutendste Schritt in der Nachkriegszeit in Bezug auf die Einbeziehung weiterer Personenkreise wurde im Rahmen des Zweiten Krankenversicherungsänderungsgesetzes von 1970 unternommen. Das Gesetz öffnete die GKV auch für nichtversicherungspflichtige Angestellte und dynamisierte deren Versicherungspflichtgrenze.[36] Zuvor war die Gruppe der Angestellten aufgrund der hohen Versicherungspflichtgrenze de facto von der Versicherungspflicht befreit.[37] 1972 und 1975 wurde die Versicherungspflicht auf Personen mit Behinderung und Studierende übertragen und 1981 schließlich die Künstlersozialversicherung eingeführt. Mit der Integration von Familienmitgliedern, Studierenden und Rentner:innen kann zu Recht von einem qualitativen Wandel des Solidaritätsverständnisses gesprochen werden, da nun auch Personengruppen zu Leistungsberechtigten wurden, die nicht in die Kategorie der Erwerbstätigen fielen. Damit war die „Phase der Öffnung der gesetzlichen Krankenversicherung für zusätzliche Bevölkerungsgruppen beendet“, ohne dass ein einheitliches System eingeführt worden wäre.[38]

Parallel dazu wurde der Leistungskatalog während der Nachkriegszeit stetig erweitert. So wurde bspw. die kostenfreie Mitversicherung von abhängigen Familienmitgliedern, die bereits seit den 1930er Jahren eine Regelleistung darstellte, in

---

33 Alber 1992, Gesundheitswesen, S. 25.

34 Die Mittel für die „Krankenversicherung der Rentner“ (KVdR) wurden anfänglich noch zu einem Großteil durch die Rentenversicherung aufgebracht. 1977 wurde die KVdR dann endgültig zu einer Leistung der GKV (Vincenti, A./Behringer, A./ Igl, G. (2006): Gesundheitswesen und Sicherung bei Krankheit und im Pflegefall. In: BMAS (Hrsg.): *Geschichte der Sozialpolitik in Deutschland seit 1945. Band 5: 1966–1974*. Baden-Baden: Nomos, S. 483–511, hier S. 493).

35 Alber 1992, Gesundheitswesen, S. 27. Zum Vergleich: im Jahr 2018 waren 87,7 % der Bevölkerung gesetzlich krankenversichert (10,5 % gehörten der ebenfalls gesetzlich geregelten Privaten Krankenversicherung an) (vgl. VDEK, Daten zum Gesundheitswesen, https://www.vdek.com/presse/daten/b_versicherte.html.

36 Frerich, J./ Frey, M. (1993): *Handbuch der Geschichte der Sozialpolitik in Deutschland. Band 3*. München: Oldenbourg, S. 70 f.

37 Kott, S. (2014): *Sozialstaat und Gesellschaft. Das deutsche Kaiserreich in Europa*. Göttingen: Vandenhoeck & Ruprecht, S. 30; *Zöllner*, D. (1981): Landesbericht Deutschland, in: Peter A. Köhler/Hans F. Zacher (Hrsg.), *Ein Jahrhundert Sozialversicherung*. Berlin: Duncker & Humblot, S. 45–180, hier S. 107.

38 Vincenti et al. 2006, Gesundheitswesen, S. 504 f.

den 1970er Jahren weiter ausgebaut[39] und im Rahmen des Leistungsverbesserungsgesetzes (1973) die Krankengeldzahlung bei Erkrankung des Kindes eingeführt. Während dieses Zeitraumes erfolgte auch die Umstellung des Sicherungszieles der Sozialversicherungen von der Subsistenz- hin zur Lebensstandsicherung.

Im Zuge dieses bis 1977 anhaltenden wohlfahrtsstaatlichen Ausbaus wurden die modernen Sozialverwaltungen, die Sozialversicherung und das Sozialrecht zunehmend von der abstrakten Idee der Solidarität geprägt.[40] Auch die durch die Reichsversicherungsordnung 1911 begonnene Kodifizierung der Sozialgesetze in Sozialgesetzbüchern wurde fortgeführt. Entsprechend ist im 1989 in Kraft getretenen Fünften Sozialgesetzbuch (SGB V) erstmalig von der „Krankenversicherung als Solidargemeinschaft" die Rede. Der Solidargemeinschaft kommt die Aufgabe zu, „die Gesundheit der Versicherten zu erhalten, wiederherzustellen oder ihren Gesundheitszustand zu verbessern" unabhängig von der finanziellen Leistungsfähigkeit des Versicherten.[41] Allerdings schränkt der mit „Solidarität und Eigenverantwortung" überschriebene Paragraph durch die Betonung, dass jede/r Versicherte für seine Gesundheit mit verantwortlich ist, die Alleingültigkeit des Solidarprinzips sogleich wieder ein. Dieses Nebeneinander macht deutlich, dass die Gestaltungsprinzipien der GKV als Gegenstand eines anhaltenden Reformprozesses betrachtet werden, und verschafft den Verantwortlichen ausreichend politischen und rechtlichen Gestaltungsspielraum, ein als jeweils angemessen empfundenes Mischverhältnis beider Prinzipien auszuhandeln und zu realisieren. Eigenverantwortung meint zum einen die monetäre Beteiligung nicht nur durch Beitragszahlungen, sondern auch durch finanzielle Eigenanteile an Arznei- und Heilmitteln sowie Behandlungskosten. Zum anderen umfasst die Idee der Eigenverantwortung auch einstellungs- und verhaltensbezogene Aspekte wie die „gesundheitlichen Eigenkompetenzen", eine „gesundheitsbewusste Lebensführung" (§ 1 S. 3 SGB V), die auf die Verhinderung von Krankheit und Wiederherstellung von Gesundheit abzielen.

2 Finanzierung, Organisation und Grenzen der Solidarität

Ihren konkreten Niederschlag findet die Idee der Solidarität in der in § 3 SGB V verankerten „solidarischen Finanzierung". Sie ergibt sich insbesondere durch das Bedarfsprinzip in der Leistungserbringung, wodurch es zu einem Bruch mit der Äquivalenz zwischen Beitragshöhe und Leistungshöhe kommt.[42] Lediglich das

39 Alber 1992, Gesundheitswesen, S. 28.

40 Metz, KJ. H. (1998): Solidarität und Geschichte. Institution und sozialer Begriff der Solidarität in Westeuropa im 19. Jahrhundert, in: Kurt Bayertz (Hrsg.), *Solidarität. Begriff und Problem.* Frankfurt am Main. Suhrkamp, S. 172–194, hier S. 192.

41 § 1 S. 1 SGB V.

42 Die Höhe der Beiträge richtet sich nach dem Entgelt der versicherungspflichtig Beschäftigten und wird jeweils zur Hälfte von Arbeitnehmenden und Arbeitgebenden entrichtet. Die paritätische Finanzierung wurde erstmals im Rahmen des *GKV-Modernisierungsgesetzes* teilweise aufgehoben (s.u.) und mit der Einführung

Krankengeld bemisst sich an den gezahlten Beiträgen und damit dem zugrundeliegenden Einkommen. Zudem ist für mitversicherte Familienmitglieder die Mitgliedschaft beitragsfrei. Dieses Solidarprinzip weist jedoch Grenzen auf, die in Form von Sollbruchstellen in die vertikalen Solidarpraktiken der Gesetzlichen Krankenversicherung eingebaut sind. Zum einen wird die Umverteilungswirkung durch die Beitragsbemessungsgrenze eingeschränkt, da bei über diesem Wert liegenden Einkommen die relative Belastung durch die Beiträge abnimmt. Dieser Mechanismus führt dazu, dass Personen in höheren Einkommensklassen prozentual gesehen einen geringeren Einkommensanteil an der solidarischen Finanzierung haben als mittlere und niedrigere Einkommensklassen. Versicherte mit einem Einkommen oberhalb der Versicherungspflichtgrenze sind nicht mehr sozialversicherungspflichtig und können ins benachbarte System der Privaten Krankenversicherung (PKV) migrieren. Für verbeamtete Personen existiert zudem die Beihilfe als gesondertes System der sozialen Sicherung. Es ist kein Zufall, dass diese beiden Exit-Optionen in den gesellschaftspolitischen Debatten als Solidaritätsbrüche wahrgenommen werden – ein Begriff, der einen Solidaritätsanspruch seitens der gesetzlich versicherten Personengruppen dokumentiert. Das heutige Nebeneinander von PKV, GKV und Beamtenversorgung spiegelt die historisch gewachsene statusbezogene Trennung zwischen Angestellten- und Arbeiterkassen wider. Unter dem Stichwort der Bürgerversicherung, die zugleich auf Kostenersparnis und auf ein Mehr an Solidarität abzielt, indem alle Einkommensgruppen einbezogen werden, ist diese Diskussion während der vergangenen zwei Jahrzehnte wieder aufgeflammt und hat Hoffnungen auf eine „Verbesserung des Solidaritätstransfers zwischen PKV und GKV" aufkommen lassen.[43] Die anhaltende Debatte verdeutlicht nicht nur die Pfadabhängigkeit des bundesdeutschen Kassensystems, sondern gibt auch den Blick auf vorhandene Solidarisierungspotentiale im Gesundheitswesen frei.

Neben dem statusbezogenen Nebeneinander von PKV, GKV und Beamtenversorgung begrenzt schließlich auch die historisch gewachsene GKV-interne Vielzahl der Krankenkassen und Kassenformen die Umverteilungswirkung der GKV, auch wenn die Kassenzahl über die Jahre stetig abgenommen hat. Gab es 1991 noch mehr als 1200 Krankenkassen, waren es 2021 nur noch 103 gesetzliche Kassen. Statt die einzelnen Kassenarten (Orts-, Betriebs-, Innungs- und Ersatzkassen) organisatorisch zusammenzuschließen, einigte sich die CDU 1994 koalitionsübergreifend mit der SPD auf die Einführung der Kassenwahlfreiheit und des Risikostrukturausgleiches (§ 266 SGB V) getreu dem Motto „gemeinsam aber nicht zusammen". Er verfolgte das Ziel, einen Ausgleichmechanismus zwischen den einzelnen unabhängigen Krankenkassenarten und deren traditionell ungleichen Risikostrukturen zu etablieren, sodass sich die unterschiedlich hohen Beitragssätze wieder angleichen

eines Zusatzbeitrags 2014 weiter eingeschränkt. Seit 2019 wird der Zusatzbeitrag paritätisch von Arbeitgeber- und Arbeitnehmerseite gezahlt.

43 Aust et al. 2006, Eigenverantwortung, S. 191.

konnten.[44] Neben Reformdebatten, die den Leistungsumfang betreffen, haben sich im bundesdeutschen Modell und Diskurs solche Fragen der Neuorganisation der Krankenkassenstruktur stets als solidaritätsrelevant erwiesen, da an sie unmittelbar Fragen der Umverteilung und Größe der Solidargemeinschaft geknüpft sind. Diese werden im folgenden Abschnitt genauer beleuchtet.

IV Der wohlfahrtsstaatliche Solidaritätsdiskurs über das Ausmaß an Solidarität

Das in § 1 und § 3 SGB V verankerte Solidarprinzip als Leitidee und Finanzierungsprinzip der Krankenversicherung besteht seit der Gründung der GKV, der Begriff der Solidarität spielte aber in den Debatten um die Sozialversicherung Ende des 19. und auch zu Beginn des 20. Jahrhunderts keine Rolle.[45] Solidaritätssemantiken gewinnen jedoch ab dem Moment als legitimationsstiftende Semantiken in der politischen Rhetorik an Bedeutung, ab dem Solidarität unter Druck gerät. Dieser Abschnitt beleuchtet diese These und untersucht dabei anhand der parlamentarischen Debatten im Rahmen der großen Kostendämpfungs- und Reformgesetze zwischen 1977 und 1994 und den rot-grünen Modernisierungsbemühungen Anfang der 2000er Jahre die Bedeutung und den Wandel dieses wohlfahrtsstaatlichen Solidaritätsdiskurses. Mitte der 1970er Jahre kam es seitens der gesundheitspolitischen Akteure zu einer Reinterpretation der bis dahin „notwendigen Leistungsexpansion" zu einer fortan „unerwünschten Kostenexplosion".[46] Diese diskursive Neubewertung führte mit dem nachhaltigen Fokus auf Kostendämpfungspolitik einen folgenschweren gesundheitspolitischen Paradigmenwechsel herbei, der den „doppelten Inklusionsprozess"[47] des goldenen Zeitalters jäh beendete. Das Krankenversicherungs-Kostendämpfungsgesetz (KVKG) von 1977 läutete die Phase der Kostendämpfungspolitik ein. Die Reformversuche zielten darauf ab, die Strukturprobleme der GKV zu lösen und bestanden in einer Mischung aus Maßnahmen zur Ausgabenverringerung durch Leistungskürzungen, zur Einnahmenerhöhung etwa durch eine Selbstbeteiligung der Versicherte an Arzneikosten sowie strukturellen Maßnahmen mit dem Ziel die Wirtschaftlichkeit der GKV zu erhöhen.[48]

44 Wasem, J. (1993): Der kassenartenübergreifende Risikostrukturausgleich. Chancen für eine neue Wettbewerbsordnung in der GKV. *Sozialer Fortschritt* 42 (2), 32–38.

45 Metz 1998, Solidarität und Geschichte, S. 188.

46 Vincenti, A./Igl, G. (2008): Gesundheitswesen und Sicherung bei Krankheit und im Pflegefall. In: BMAS (Hrsg.), *Geschichte der Sozialpolitik in Deutschland seit 1945. Band 6: 1974–1982.* Baden-Baden. Nomos, S. 515–564, hier S. 521.

47 Alber 1992, Gesundheitswesen, S. 25.

48 Vincenti/Igl 2008, Gesundheitswesen, S. 525 ff.

In der ersten Beratung vom 17. März 1977 warb der Bundesminister für Arbeit und Sozialordnung Herbert Ehrenberg (SPD) in seiner Regierungserklärung für das KVKG:

> „Es gilt, das Fundament unseres Systems der sozialen Sicherung zu erhalten und zu festigen, nämlich die Solidarität zwischen Beitragszahlern und Leistungsempfängern. Dieses Prinzip verträgt keine Einbahnstraße im politischen Denken. Solidarität muss nach beiden Seiten hin gelten: Solidarität der Beitragszahler mit denjenigen, die Sozialleistungen empfangen, aber auch Solidarität der Leistungsempfänger mit denen, die diese Leistungen erarbeiten müssen. Diese Solidarität besteht in unserem Land, sie hat sich bewährt, und es ist unsere Aufgabe, sie auch weiterhin zu erhalten. Deshalb konnten unsere Entscheidungen nur so und nicht anders sein."[49]

Dieses für Parlamentsdebatten typische rhetorische Muster, das die Solidaritätslast umkehrt, deutet darauf hin, dass sich das wohlfahrtsstaatliche Solidaritätsverständnis langsam in Richtung Eigenverantwortung und eine stärkere Selbstbeteiligung verschoben hat. Denn, in den Worten des Abgeordneten und kleinen Koalitionspartners Hölschers, „[e]s ist nicht Sinn der Solidargemeinschaft der Versicherten, alles und jedes aus der Verantwortung des einzelnen auf die der Gemeinschaft zu übernehmen. Wir betrachten es als heilsam, in diesem beschränkten Bereich auch dem einzelnen Patienten wieder den Sinn der Selbstverantwortung und der Wirtschaftlichkeit beizubringen, soweit er nicht vorhanden ist."[50] Damit kündigte sich ein schleichender Paradigmenwechsel an, der in einer „Neubestimmung der Solidarität" und „Stärkung der Eigenverantwortung"[51] bestand und 1989 schließlich im mit „Solidarität und Eigenverantwortung" überschriebenen § 1 des Fünften Sozialgesetzbuches kodifiziert wurde (s.o.). Die Neukodifikation war Bestandteil einer Sachreform, dem Gesundheits-Reformgesetz, die weitere Kosteneinsparungen u. a. durch die Einführung der Individualprophylaxe anstrebte.[52] Angesichts der zunehmenden Heterogenität der gesetzlichen Versichertengemeinschaft gewannen Fragen der Solidarität in den parlamentarischen Verhandlungen an Bedeutung. Sie betreffen insbesondere die Frage des Ausmaßes von Solidarität anhand konkreter sozialpolitischer Stellschrauben wie die Beitragshöhe, der Höhe der Beitragsbemessungsgrenze oder der Intensivierung von Elementen der Eigenverantwortung in Form von Kostenbeteiligung.

49 Deutscher Bundestag (1977a): Stenographischer Bericht 18. Sitzung Bonn, Donnerstag, den 17. März 1977, S. 1002.

50 Deutscher Bundestag (1977b): Stenographischer Bericht 27. Sitzung Bonn, Freitag, den 13. Mai 1977. S. 1952.

51 Deutscher Bundestag (1988): Beschlußempfehlung des Ausschusses für Arbeit und Sozialordnung (11. Ausschuß). Bonn, BT-Drucks. 11/2237, S. 157.

52 Wasem, J./Greß, S./Vincenti, A./Behringer/A./Igl, G. (2005): Gesundheitswesen und Sicherung bei Krankheit und im Pflegefall. In: Schmidt, Manfred G. (Hrsg.): *Geschichte der Sozialpolitik in Deutschland seit 1945. Bd. 7: 1983–1989*, 389–440. Baden-Baden: Nomos.

Die Debattenbeträge und Reformbausteine verdeutlichen, dass die neue Eigenverantwortungssemantik neben der schon immer in der Idee der Beitragsparität enthaltenen finanziellen Selbstbeteiligung auch die Dimension der verantwortungsvollen Inanspruchnahme von Gesundheitsleistungen und einer gesundheitsbewussten Lebensführung umfasst. Die Ausdehnung beider Dimensionen während der 1980er und 90er Jahre veränderte den Grundgedanken des Sozialversicherungsinstrumentariums: Sie implementierte die systemfremde „Vorstellung von Gesellschaft, die Krankheit allein als das Ergebnis individuellen Fehlverhaltens sieht“[53] und ließ dabei die sozialen Rahmenbedingungen völlig außer Acht, was langfristig nicht nur Diskursverschiebungen, sondern auch Verhaltens- und Einstellungsänderungen in der Bevölkerung bewirkte.

Nur vier Jahre nach dem Gesundheits-Reformgesetz brachte die Regierung mit dem Gesundheits-Strukturgesetz eine Organisationsreform auf den Weg, die die Kassenwahlfreiheit für Arbeitende und einen Risikostrukturausgleich einführte, um die aus der Vielzahl der Kassenformen entstandene adverse Risikoselektion aufzuheben und die Kosten gleichmäßiger zu verteilen.[54] Neben der Reform der Kassenorganisation standen weiterhin die Ausgabeneinsparungen im Mittelpunkt. Hierbei wurde unter anderem eine „Neuabgrenzung der Aufgaben einer Solidargemeinschaft, die in einem ersten Schritt beim Zahnersatz durch eine Unterscheidung zwischen Regel- und Wahlleistung vollzogen wurde“, vorgenommen.[55] In Anbetracht der verhaltenen organisatorischen Neuordnung und der neuerlichen Erhöhung der finanziellen Beteiligung der Patient:innen fiel die Kritik der Opposition vernichtend aus:

> „Sie verabschieden sich damit von der Idee der Solidarität in der Krankenversicherung. Sie greifen denen in die Tasche, die als Pflichtmitglieder in der gesetzlichen Krankenversicherung keine Wahlmöglichkeit haben. Schlimmer noch: Sie muten die größten Opfer denen zu, die auf unsere Solidarität am meisten angewiesen sind.“ (Horst Schmidbauer, SPD)[56]

Angesichts der zunehmenden Heterogenität der gesetzlichen Versichertengemeinschaft und der damit einhergehenden „Entkoppelung der Beitragshöhe von der eigenen Leistungsentnahme“[57] gewann der Begriff der Solidarität im parlamentarischen Diskurs also ab dem Moment an Bedeutung, ab dem die bis dahin

---

53 Bechmann, S. (2007): *Gesundheitssemantiken der Moderne: Eine Diskursanalyse der Debatten über die Reform der Krankenversicherung*. Baden-Baden: Nomos, S. 111.

54 Wasem, J./Greß, S./Hessel, F./Vincenti, A./Igl, G. (2017): Gesundheitswesen und Sicherung bei Krankheit und im Pflegefall. In: Ritter, G. A. (Hrsg.): *Geschichte der Sozialpolitik in Deutschland seit 1945. Bd. 11: 1989–1994*. Baden-Baden: Nomos, 649–717.

55 Bruno Menzel, FDP; Deutscher Bundestag (1992): Stenographischer Bericht 94. Sitzung. Bonn, Mittwoch, den 3. Juni 1992. Plenarprotokoll 12/94, S. 7719.

56 Plenarprotokoll 12/94, S. 7721.

57 Bechmann 2007, Gesundheitssemantiken, S. 106.

unhinterfragten Solidarprinzipien unter Druck gerieten. Sie betreffen vor allem Fragen des Ausmaßes an Solidarität, die über die konkrete Ausgestaltung der GKV verhandelt werden, beispielsweise die Höhe der Beiträge oder Beitragsbemessungsgrenze und Elemente der Selbstbeteiligung.

Zum einen diente die Solidaritätssemantik in den Reformdebatten dieser Jahre dazu, den eingeschlagenen Reformkurs zu legitimieren und einen neuen Solidaritätsbegriff zu etablieren. Indem die neuen kostenorientierten Deutungsmuster offensichtlich problemlos in das semantische Feld ‚Solidarität' eingehegt wurden, verschob sich dadurch das der GKV zugrundeliegende Verständnis von Solidarität selbst. Anders als im öffentlichen Diskurs ist Kostensenkungspolitik aber nicht per se mit Entsolidarisierung gleichbedeutend. Während die Kostendämpfungs- und Strukturgesetze seit Ende der 1970er Jahres immer wieder inkrementelle Einschränkungen des Leistungskatalogs und eine vermehrte Eigenbeteiligung vorsahen, bestanden zwischen den einzelnen Versichertengruppen durchaus weitere Solidarisierungspotentiale. Ein Beispiel hierfür ist das gemeinsam mit dem KVKG verabschiedete *Zwanzigste Rentenanpassungsgesetz* (1977), welches die Krankenversicherung der Rentner (KVdR) auch finanziell in „die Solidargemeinschaft der erwerbstätig Versicherten" integrierte, um so die steigenden Kosten der KVdR aufzufangen.

Zum anderen formierte sich auf Seiten der Opposition und vieler Expert:innen ein Gegendiskurs, in dem sich die Solidaritätssemantik gegen ökonomische Handlungsmaximen wie Wettbewerb, Kostendämpfung und Effizienz behaupten musste. Denn anders als im ersten Deutungsmuster besteht zwischen der ökonomischen und der solidarischen Handlungslogik weiterhin ein Widerspruch.[58] So betonen die zu einer Einschätzung einer Reform der Organisationsstruktur angehaltenen Mitglieder der Enquetekommission „Strukturreform der gesetzlichen Krankenversicherung" in ihrem im Frühjahr 1990 veröffentlichten Bericht wiederholt, dass „der grundsätzliche Erhalt des Solidaritätsprinzips in der gesetzlichen Krankenversicherung als bewußte Erweiterung und Durchbrechung des versicherungstechnischen Äquivalenzprinzips unstrittig" sei.[59]

Die rot-grüne Koalition strebte nach dem Regierungswechsel 1998 an, das Solidarprinzip in der GKV wieder zu stärken und verabschiedete unmittelbar nach dem Regierungsantritt das *Solidaritätsstärkungsgesetz*, das einen Teil der zuvor verabschiedeten Reformen zurücknahm. Der Kurswechsel bestand im Wesentlichen darin, die Einsparpotentiale von der Seite der Leistungsbeziehenden auf die Seite der Leistungserbringenden zu verlagern. Mit dem gemeinsam von der Regierung

58 Dieser besteht nicht darin, dass Solidarität mit Kostenabwägungen und Effizienz unvereinbar ist, sondern dass das Prinzip der Nachrangigkeit des Eigeninteresses, das Umverteilungszumutungen zugrunde legt, in der solidarischen Handlungslogik Vorrang hat.

59 Endbericht der Enquete-Kommission des Deutschen Bundestages „Strukturreform der gesetzlichen Krankenversicherung", Bonn 1990, Drucksache 11/6380, S. 151.

und der CDU/CSU verabschiedeten *Gesetz zur Modernisierung der gesetzlichen Krankenversicherung*, das am 1. Januar 2004 in Kraft trat, wurde die Idee einer Stärkung der Solidarität jedoch erneut verabschiedet. Die Einhelligkeit zeugt davon, wie sehr das Gesetz als Bestandteil der Agenda 2010 Kind des Zeitgeistes der Eigenverantwortung war, für den die zeitgleich verabschiedeten Hartz-Reformen zum Symbol geworden sind. „Keine der bisherigen Krankenversicherungsreformen der Nachkriegsgeschichte enthält derart einseitige und umfängliche Lastenverschiebungen."[60] Entsprechend hat das GKV-Modernisierungsgesetz die normativen Deutungsmuster insgesamt und das Solidaritätsverständnis insbesondere weiter in Richtung Eigenverantwortung und Wettbewerb verschoben. Dieser Wandel bestand u. a. in der Streichung versicherungsfremder Leistungen wie dem Sterbegeld aus dem Leistungskatalog, der Einführung eines Selbstkostenanteils von 2 % des Bruttojahreseinkommens, der Implementierung der sogenannten Praxisgebühr von 10 Euro pro Quartal, einer Erhöhung der Zuzahlungssumme bei Medikamenten und der Abschaffung der Beitragsparität bei Zahnersatzleistungen und dem Krankengeld.[61] In Richtung Privatisierung der Sozialversicherung und Wettbewerbserhöhung wiesen zudem neue, von den Krankenkassen einzuführende Elemente wie Kostenerstattung, Wahltarife und Bonusregelungen, welche Anreizstrukturen für ein effizienz- und präventionsorientiertes Gesundheitsverhalten setzen sollten (§ 65a). In seiner Regierungserklärung anlässlich der ersten Lesung des Gesetzentwurfes am 18. Juni 2003 rahmte Franz Müntefering die Verschlankung des Leistungskatalogs als mutigen und alternativlosen Schritt in eine neue Ära, dem eine „Erneuerung der Mentalitäten" vorausgehen muss.[62] Ähnlich betonen das auch andere Verfechter des Paradigmenwechsels:

> „Die Solidarität ist in unserem System auch nach der Reform ein ganz wesentlicher Punkt; sie wird allerdings durch mehr Eigenverantwortung flankiert. Lassen Sie mich auch an dieser Stelle klarstellen: Eigenverantwortung bedeutet wesentlich mehr als nur erhöhte Zuzahlungen." (Wolfgang Zöller, CDU/CSU) [63]

Hiermit ist die bereits erwähnte doppelte Dimension von Eigenverantwortung angesprochen, die auch verhaltensbezogene Aspekte beinhaltet. Das macht auch die parallel geführte Missbrauchsdebatte deutlich: Um missbräuchliche oder übermäßige Inanspruchnahme von Kassenleistungen zu unterbinden, erhalten „die Krankenkassen [...] das Recht, Anreize für kosten- und gesundheitsbewusstes

---

60 Schmacke, N./Schneider, W. (2003): Die Reform der Reformen. Zur ordnungspolitischen Neujustierung des Gesundheitssektors. *Blätter für deutsche und internationale Politik* Heft 9/2003, 1081–1090, S. 1081.

61 Vgl. ebd.

62 Deutscher Bundestag (2003): Stenographischer Bericht 51. Sitzung. Bonn, Mittwoch, den 18. Juni 2003. Plenarprotokoll 15/51, S. 4202.

63 Deutscher Bundestag (2003): Stenographischer Bericht 64. Sitzung. Bonn, Freitag, den 26. September 2003. Plenarprotokoll 15/64, S. 5460.

Verhalten der einzelnen Versicherten zu setzen".[64] Dadurch wird die im sozialstaatlichen Rahmen institutionalisierte Solidarität verstärkt zu einer Frage des selbstverantwortlichen privaten Handelns und die Last der Verantwortung, solidarisch zu handeln, regelrecht umgekehrt. Nur wer gemeinwohlorientiert – und das meint effizient und im Sinne der Versichertengemeinschaft handelt – handelt solidarisch.[65]

Auf Seiten der Opposition griffen die Linken diese Strategie scharf als Entsolidarisierung an und betonten die gesamtgesellschaftliche Bedeutung von sozial ausgleichenden Mechanismen in der Sozialpolitik:

> „Mit dem vorliegenden Gesetz greifen Sie nicht nur die Gesundheit der Menschen – insbesondere die derjenigen, die arm sind – an, sondern auch ein Grundprinzip: das solidarische Gesundheitssystem. Solidarität ist – noch – ein konstituierendes Moment in dieser Gesellschaft. Wer dies infrage stellt, greift die Gesellschaft als Ganzes an." (Gesine Lötzsch, fraktionslos) [66]

Einen anderen Gegendiskurs führten Abgeordnete der Grünen, die – obgleich kleiner Koalitionspartner – die Stabilisierung der Einnahmenseite durch den Umbau der Kassenorganisation in eine Bürgerversicherung und damit eine Ausweitung der Solidargemeinschaft auf privat Versicherte, in der Beihilfe versicherte Beamt:innen usw. verfolgten:

> „Ein Gesamtkonzept in der Gesundheitsreform verlangt auch eine Finanzreform. Wir haben jetzt viel auf der Ausgabenseite getan. Aber wir wissen auch, dass der demographische Wandel, der medizinisch-technische Fortschritt und die sinkende Lohnquote eine Schwächung der Finanzierungsbasis herbeiführen. [...] Daher ist es nur konsequent, wenn man alle Einkunftsarten in die Beitragsbemessung des Solidarsystems einbezieht. Deswegen treten wir Grünen für die Weiterentwicklung der gesetzlichen Krankenversicherung zur Bürgerversicherung – eine Versicherung, in der alle Bürger und Bürgerinnen mit allen Einkommensquellen versichert sind und in der die gleichen Spielregeln für alle gelten – ein." (Brigitte Bender, Bündnis 90/Grüne)[67]

Dieser Abschnitt hat deutlich gemacht, dass im Rahmen der parlamentarischen Reformdebatten ein wohlfahrtstaatlicher Solidaritätsdiskurs stattfindet, der für die Aufrechterhaltung und Weiterentwicklung der sozialstaatlichen Solidarpraktiken von zentraler Bedeutung ist. Die explizite Nennung und der wiederholte, nahezu ritualisierte Hinweis auf die Solidargemeinschaft dienen nicht nur der Rückversicherung und der „Aktualisierung von Affekten" der anonymen sozialstaatlichen

---

64 Gesundheitsministerin Ulla Schmidt, Plenarprotokoll 15/58, S. 4906.

65 Lessenich, S. (2008): *Die Neuerfindung des Sozialen*. Bielefeld: transcript, S. 73–85.

66 Deutscher Bundestag (2003): Stenographischer Bericht 58. Sitzung. Bonn, Dienstag, den 9. September 2003. Plenarprotokoll 15/58, S. 4923.

67 Plenarprotokoll 15/64, S. 5462 f.

Solidargemeinschaft,[68] sondern auch der stetigen Neuauslotung der geltenden Gestaltungsprinzipien.

V Fazit

Im bundesdeutschen System sozialer Sicherung kommt Solidarität als handlungsleitender und politikgestaltender Idee zweifellos ein hoher symbolischer Wert zu. Dieser Konstante ist es zu verdanken, dass Solidarität im wohlfahrtsstaatlichen Diskurs als gleichermaßen tradiertes und zukunftsweisendes Leitprinzip, das „die finanziellen Lasten weiter so verteilt [...], dass Gesunde für Kranke, Junge für Alte, Stärkere für Schwächere einstehen“ nahezu unumstritten ist.[69] Die Partnerschaft, die Solidarität und Sozialpolitik im modernen Wohlfahrtsstaat eingegangen sind und die sich besonders in der GKV zeigt, hat die Entwicklung der Industriegesellschaften im 20. Jahrhundert maßgeblich mitgeprägt. Solidarität, die fortan Solidarität unter Fremden bedeutete, wurde aus dem sozialen Nahbereich herausgelöst und entwickelte sich zu einer die Gesellschaft mitgestaltenden Kategorie. Anders als viele Beobachter:innen vermutlich noch vor 20 Jahren vermutet hätten, leitet sie auch zu Beginn des 21. Jahrhunderts weiterhin sozial- und gesundheitspolitisches Handeln unter gänzlich veränderten Bedingungen an. Die Karriere des Konzeptes macht aber auch deutlich, dass es sich um eine elastische und wandelbare Idee handelt, die Moden und Interessen unterliegt und im Lichte finanzieller und verteilungspolitischer Herausforderungen zum Gegenstand sach- oder parteipolitischer Kontroverser wird.

Nachdem die Solidarisierungspotentiale der Nachkriegszeit im Zuge der doppelten Inklusion, die eine Umstellung von der reziproken, auf gleichen Risiken basierenden Versicherungslogik hin zum Modus der Umverteilung zwischen unterschiedlichen Risiken herbeiführte,[70] wesentlich ausgeschöpft waren, entstand im Gewand der Modernisierung ein Entsolidarisierungsdiskurs. Denn im Zuge der anhaltenden Heterogenisierung der versicherungstechnischen Solidargemeinschaft und der in den 1970er Jahren einsetzenden Kostenexplosionsrhetorik wurde auch das Solidaritätsprinzip der GKV zunehmend problematisiert.

Das Reformgeschehen der vergangenen Jahrzehnte zeigt, dass es sich bei dem Begriff der Solidargemeinschaft um eine sozialpolitisch auszugestaltende Handlungskategorie handelt, über die die jeweilige Reichweite und Intensität der Solidarität erst definiert werden muss. Deutlich wird aber auch, dass Kostensenkung

---

68 Kaufmann, F.-X. (2004): Sozialstaatliche Solidarität und Umverteilung im internationalen Wettbewerb. In J. Beckert, J. Eckert, M. Kohli und W. Streeck (Hrsg.), *Transnationale Solidarität: Chancen und Grenzen.* Frankfurt am Main: Campus, S. 51–70, hier S. 56.

69 Merkel, A. (2009): Regierungserklärung von Bundeskanzlerin Merkel im Wortlaut, 10. November 2009. Berlin.

70 Vgl. auch Bechmann, Gesundheitssemantiken, S. 105.

nicht mit Entsolidarisierung gleichzusetzen ist. Während die Kostendämpfungs- und Strukturgesetze seit Ende der 1970er Jahres zwar Leistungskürzungen und eine vermehrte Eigenbeteiligung vorsahen, bestanden auf der Zugehörigkeitsdimension durchaus Solidarisierungspotentiale, die bis heute nicht ausgeschöpft aber schwerer zu mobilisieren sind, wie der Diskurs über die Bürgerversicherung zeigt. Unter dem Stichwort der Bürgerversicherung, die zugleich auf Kostenersparnis und auf ein Mehr an Solidarität abzielt, indem alle Einkommensgruppen einbezogen werden, ist diese Diskussion während der vergangenen zwei Jahrzehnte wieder aufgeflammt und alles andere als abgeschlossen.

Felix Welti

Solidarität zwischen Krankenkassen

I Einführung

Solidarität im Sinne sozialen Rechts wird hier verstanden als verbindliche und geteilte Verantwortung für ein gemeinsames Interesse, als verbindliches Einstehen füreinander.[1] Solidarität zwischen Pflichtversicherten muss nicht auf geteilten Gefühlen beruhen, Solidarität zwischen Pflichtversicherungen kann es nicht, denn öffentlich-rechtliche Körperschaften haben keine Gefühle und, anders als juristische Personen des Privatrechts (vgl. Art. 19 Abs. 3 GG), auch keine unmittelbare Stellvertreterfunktion für die Gefühle und Grundrechte ihrer natürlichen Mitgliedspersonen. Krankenkassen dienen den Voraussetzungen der Grundrechte ihrer Mitglieder, sie selbst haben keine.

Was für das verbindliche Miteinander und Füreinander der Krankenversicherung als Solidargemeinschaft gilt, gilt auch für das verbindliche Gegeneinander der Krankenkassen in einem verordneten Wettbewerb: Es geht nicht um Gefühle, sondern um eine gesetzliche Ordnung. Im Folgenden soll näher betrachtet werden, wie Solidarität und Wettbewerb in der Ordnung der deutschen gesetzlichen Krankenversicherung zueinander gestellt sind.

§ 1 Satz 1 SGB V lautet *„Die Krankenversicherung als Solidargemeinschaft hat die Aufgabe, die Gesundheit der Versicherten zu erhalten, wiederherzustellen oder ihren Gesundheitszustand zu bessern."* Näheres zu den Aufgaben dieser im Singular beschriebenen Solidargemeinschaft folgt in den allgemeinen Vorschriften unter dem Plural *„die Krankenkassen"*. Nach § 4 Abs. 1 SGB V (und § 29 Abs. 1 SGB IV) sind die Krankenkassen rechtsfähige Körperschaften des öffentlichen Rechts mit Selbstverwaltung, die nach § 4 Abs. 2 SGB V in sechs Kassenarten (§§ 143–148 SGB V) gegliedert sind. Nach § 4 Abs. 3 Satz 1 SGB V (und § 86 SGB X) arbeiten die Krankenkassen und ihre Verbände eng miteinander zusammen, was sich auch schon aus Art. 35 Abs. 1 GG (Amtshilfe) ergeben könnte. Erst § 4a SGB V weist darauf hin, dass die Solidarität zwischen den Krankenkassen Grenzen haben könnte: Die Regelung nimmt auf den Wettbewerb zwischen den Kassen Bezug, der lange Zeit ganz unscheinbar durch die Regelung des Wahlrechts der Versicherten

1 Vgl. grundsätzlich: *Brunkhorst*, Solidarität – Von der Bürgerfreundschaft zur globalen Rechtsgenossenschaft, Frankfurt am Main 2002; *Welti*, Solidarität im Recht in: Ganner/Voithofer (Hrsg.), Recht & Solidarität, Innsbruck 2018, S. 15–40; *Ottmann*, Solidarität und Recht im Sozialstaat in: Druschel/Goldbach/Paulmann/Vestena (Hrsg.), Interdisziplinäre Perspektiven auf Soziale Menschenrechte, Baden-Baden 2020, S. 415–428.

zwischen den Krankenkassen in § 173 SGB V zum 1. Januar 1996 begründet worden ist.

Die Grundsatzvorschrift wurde erst 2020 mit dem Fairer-Kassenwettbewerb-Gesetz[2] nachgetragen: Der Wettbewerb dient nach § 4a Abs. 1 Satz 2 SGB V dem Ziel, das Leistungsangebot und die Qualität der Leistungen zu verbessern sowie die Wirtschaftlichkeit der Versorgung zu verbessern. Nach § 4a Abs. 1 Satz 2 SGB V muss dieser Wettbewerb unter Berücksichtigung der Finanzierung durch Beiträge und des sozialen Auftrags der Krankenkassen angemessen sein. Maßnahmen, die der Risikoselektion dienen oder diese unmittelbar oder mittelbar fördern, sind nach § 4a Abs. 1 Satz 3 SGB V unzulässig. Die folgenden Absätze konkretisieren dies durch ein Verbot unlauterer geschäftlicher Handlungen (Abs. 2), eine Begrenzung von Werbung (Abs. 3–6) und einen wechselseitigen Unterlassungsanspruch mit Klagemöglichkeit bei den Sozialgerichten (Abs. 7).

Dass der Gesetzgeber sich veranlasst gesehen hat, den Kassenwettbewerb nach 25 Jahren so zu regeln, dass er als „fair" gelten kann und den sozialen Auftrag der Krankenkassen nicht unangemessen beeinträchtigt, wirft die Frage auf, wieweit die gesetzliche Krankenversicherung als Ganzes eine Solidargemeinschaft ist.

II Grundlagen

1 Geschichtliche Entwicklung

Schon das Gesetz betreffend die Krankenversicherung der Arbeiter[3] errichtete „die Krankenversicherung" im Singular durch viele Krankenkassen im Plural. Bereits in diesem Gesetz waren mit den Trägern der Gemeinde-Krankenversicherung, Orts-Krankenkasse, Betriebs-Krankenkasse, Bau-Krankenkasse, Innungs-Krankenkasse, Knappschaftskasse und eingeschriebenen oder landesrechtlich errichteten Hülfskassen mehrere Kassenarten vorgesehen. Zumindest die letzteren standen untereinander und mit den anderen Kassen in einem Wettbewerb um Mitglieder. Bei Schließung einer Kasse mussten andere Kassen ihre Mitglieder aufnehmen. Für ihre Verbindlichkeiten haftete nur das Vermögen der Kasse, bei Betriebs-Krankenkassen der Unternehmer. Die Wahlmöglichkeit zwischen Hülfskassen und anderen Kassen wurde bald eingeschränkt und verblieb bis 1996 vor allem zwischen diesen bzw. den späteren Ersatzkassen.[4] Schon bei der Einführung der gesetzlichen Krankenversicherung wurde also ein Spannungsfeld zwischen bereits bestehenden Solidargemeinschaften zur Sicherung im Krankheitsfall und dem neuen Ansatz

2 Gesetz für einen fairen Kassenwettbewerb in der gesetzlichen Krankenversicherung (Fairer-Kassenwettbewerb-Gesetz – GKV-FKG) vom 22. März 2020, BGBl. I, 604. Zur Begründung vgl. den Gesetzentwurf der Bundesregierung, BT-Drs. 19/15662 vom 3.12.2019 und die Beschlussempfehlung und den Bericht des Ausschusses für Gesundheit, BT-Drs. 19/17155 vom 12.2.2020.

3 Gesetz, betreffend die Krankenversicherung der Arbeiter vom 15.6.1883, RGBl. 73.

4 Vgl. *Wallrabenstein*, Versicherung im Sozialstaat, Tübingen 2009, S. 72 ff.

einer – jedenfalls für die Arbeiterschaft – universellen solidarischen Sicherung deutlich. Eine uneingeschränkte Solidarität aller Kassen füreinander war nicht vorgesehen, wohl aber eine gestufte Solidargemeinschaft zur Aufnahme der Versicherten im Falle ihrer Schließung.

Die gesetzliche Krankenversicherung zeigte sich von Anfang an politisch und rechtlich als kompromisshafter Versuch, in Gemeinde, Betrieb, Beruf und Selbstorganisation wurzelnde gemeinschaftliche Solidarität mit rechtlich verbindlicher und vom Staat gesicherter Solidarität unter Fremden zu verbinden und damit die dialektische Entwicklung von der mechanischen Solidarität der Ähnlichkeiten zur organischen Solidarität der arbeitsteiligen Gesellschaft[5] zu institutionalisieren. Es könnte dieser Kompromiss gewesen sein, der die deutsche Sozialversicherung für konservative, liberale und sozialistische Sozialpolitik anschlussfähig und damit zum institutionellen sozial- und gesundheitspolitischen Pfad durch die Moderne gemacht hat.[6]

2 Verfassungsrechtliche Grundlagen

a) Sozialstaatlicher Auftrag

Das Grundgesetz bestimmt die Bundesrepublik Deutschland als sozialen Rechtsstaat und Bundesstaat (Artt. 20 Abs. 1, 28 Abs. 1 GG). In diesem Staatsprinzip findet sich auch die Sozialversicherung als 1949 vorgefundene Gestaltungsform des Sozialen. Ein sozialer Staat gestaltet die Gesellschaft, er ersetzt sie nicht. In diesem Sinne sind sozialstaatliche Organisationsformen solche, in denen die Gestaltung und Realisierung sozialen Schutzes und sozialer Rechte mit der Einbeziehung gesellschaftlicher Kräfte und Selbstorganisation verbunden werden kann. Der Sozialstaat ist insofern weder prinzipiell subsidiär zu privaten und gemeinschaftlichen Solidargemeinschaften noch muss er universelle Ziele mit universellen und staatlichen Organisationen zu erreichen suchen.[7] Die komplexe Organisationsform des Schutzes bei Krankheit in der Bundesrepublik Deutschland bestätigt das.

---

5 Vgl. *Durkheim*, Über soziale Arbeitsteilung – Studie über die Organisation höherer Gesellschaften (1893), Frankfurt am Main, 1992, S. 263 ff.

6 Vgl. *Wallrabenstein*, S. 86 ff.

7 Vgl. BVerfG vom 18.7.1967, 2 BvF 3/62 u.a., BVerfGE 22, 180 (Jugendhilfe, Sozialhilfe); zur Diskussion für die Krankenversicherung vgl. einerseits *Zacher/Friedrich-Marczyk*, Krankenkassen oder nationaler Gesundheitsdienst – Die Eigenbetriebe der Versicherungsträger und die gewerblichen und freien Berufe im Gesundheitswesen der Bundesrepublik Deutschland – dargestellt am Beispiel der Versorgung mit Brillen, Heidelberg 1980, andererseits *Leibfried/Tennstedt*, Verfehlte Optik? Gezielte Rezeptur? – Einiges über Eigenbetriebe der Krankenkassen und ein privatisierendes Rechtsgutachten, ZSR 1980, S. 695–714.

b) *Grundrechte und Pflichtversicherung*

Die gesetzliche Krankenversicherung ist von Anfang an Pflichtversicherung. Die in ihr verwirklichte Solidarität beruht nicht auf freiwillig gebildeten Solidargemeinschaften. Der damit verbundene Eingriff in die Handlungsfreiheit wird gerechtfertigt durch einen hinreichenden und zuverlässigen Schutz im Krankheitsfall. Diese vom Bundesverfassungsgericht (BVerfG) in der „Nikolaus"-Entscheidung zum notwendigen Leistungsumfang der gesetzlichen Krankenversicherung[8] entfaltete Argumentation bedeutet auch, dass Menschen nicht gezwungen werden können, Mitglied einer unnötig unsicheren Solidargemeinschaft zu werden. Das bietet mindestens eine Rechtfertigung des Gesetzgebers, in gewissem Maße auch seine Verpflichtung, die von ihm geschaffenen Solidargemeinschaften gleichen Ziels auch untereinander solidarisch auszugestalten, um Reibungsverluste zu vermeiden und eine Rückversicherung zu schaffen. Auch für private Pflichtversicherungen ist ein Mindestmaß an solidarischer Haftung vorgeschrieben (§§ 221, 223 VAG).

Dies gilt umso mehr, als nur die Versicherten Grundrechtsträger sind, nicht aber die öffentlich-rechtlichen Versicherungsträger. Sie sind vom Gesetzgeber geschaffen, um legitime sozialstaatliche Ziele zu erreichen und soziale Rechte Einzelner zu realisieren, nicht als Selbstzweck.[9]. Auch ihre Entfaltung im Rahmen der Selbstverwaltung ist zweckgebunden. Die einzigen Körperschaften, denen in der Verfassung eigene Schutzrechte zuerkannt und die potenziell allzuständig sind, sind die Gemeinden und Gemeindeverbände (Art. 28 Abs. 2 GG). Den Krankenkassen können Rechte auch gegeneinander durch einfaches Recht verliehen werden wie in § 4a SGB V. Doch dabei muss der Gesetzgeber im Auge behalten, dass nicht mit den Geldern der Pflichtversicherten Reklameschlachten, unlauterer Wettbewerb und vermeidbare Rechtsstreitigkeiten gegeneinander geführt werden. Die Norm zeigt, dass dieses Spannungsverhältnis bekannt ist. Ob es richtig gelöst worden ist, hängt davon ab, ob der Kassenwettbewerb in seiner jetzigen Form geeignet und erforderlich ist, die ihm zugeschriebenen Ziele zu erreichen, denn wäre er das nicht, könnte er auch nicht angemessen sein.

c) *Gesetzgebungskompetenz*

Seit der Föderalismusreform 2006 ist klargestellt, dass die Gesetzgebung für die Sozialversicherung zwar weiterhin konkurrierend von Bund und Ländern ausgeübt wird, ein Bedürfnis für eine bundeseinheitliche Regelung jedoch unterstellt wird (Art. 74 Abs. 1 Nr. 12 GG mit Art. 72 Abs. 1 und 2 GG). Damit ist im

---

8 BVerfG vom 6.12.2005, 1 BvR 347/98, BVerfGE 115, 25; vgl. *Welti*, Rechtliche Grundlagen für Gleichheit in der Gesundheitsversorgung in: Brudermüller/Seelmann (Hrsg.), Zweiklassenmedizin? Würzburg 20212, S. 85–106, 92 f.

9 Vgl. BVerfG vom 9.4.1975, 2 BvR 879/73, BVerfGE 39, 302 (AOK-Zwangsvereinigungen in Baden-Württemberg); dazu z. B. *Axer*, Selbstverwaltung in der Gesetzlichen Krankenversicherung, Die Verwaltung 2020, S. 377–397.

Grundgesetz deutlich geregelt, was das BVerfG in der Entscheidung zum Risikostrukturausgleich 2005[10] entschieden hat: Die Sozialversicherung ist ein legitimes Instrument der Solidarität und Umverteilung innerhalb des sozialen Bundesstaates. Reichere Länder – in jenem Falle waren es Bayern, Baden-Württemberg und Hessen – können dagegen nicht mit Erfolg vorbringen, dass die Solidarität zwischen Versicherten und Versicherungsträgern in Deutschland über die Grenzen ihrer Länder hinaus gegen die Gesetzgebungskompetenzen und die Finanzverfassung verstoße. Das BVerfG hat dabei auch unter dem historischen Eindruck entschieden, dass gerade diese Solidarität zwischen Regionen unterschiedlicher Arbeitslosigkeit, Morbidität und Demografie einen Beitrag zur deutschen Einheit nach 1990 geleistet hatte. Indem die Bestimmung des Maßes der Solidarität zwischen Krankenversicherten und zwischen Krankenkassen allein dem Bundesgesetzgeber überlassen ist – wenn er dies abschließend regeln will – kann diese umfassender ausgestaltet werden als es bei einer wettbewerblichen Föderalisierung der Krankenversicherungsordnung[11] zu erwarten wäre.

d) Verwaltungskompetenz

Die Verwaltungs- und damit Aufsichtskompetenz für die Krankenkassen liegt nach Art. 87 Abs. 2 GG beim Bund, soweit die Krankenkassen bundesweit oder in mehr als drei Ländern tätig sind, ansonsten bei den Ländern. Das Grundgesetz hatte die schon seinerzeit überwiegend bundesweiten Ersatzkassen und die ganz oder überwiegend regionalen anderen Kassen vorgefunden. Mit der Zentralisierung und Dynamisierung der Kassenorganisation im Kassenwettbewerb wird die zwischen Bund und Ländern geteilte Aufsicht über die Krankenkassen als Problem des fairen Wettbewerbs und damit auch der angemessenen Solidarität und ihrer Durchsetzung wahrgenommen. Mit der Neuordnung in § 90 Abs. 5 SGB IV soll – auch mit Mehrheitsentscheidungen – eine striktere Abstimmung der Aufsichtsbehörden der Krankenkassen erreicht werden, um deren wettbewerbsföderaler Entsolidarisierung entgegenzuwirken.

e) Finanzkompetenz

Von Anfang an war die deutsche Sozialversicherung auf eine gemischte Finanzierung durch Beitrags- und Steuermittel angelegt. Nach Art. 120 Abs. 1 Satz 4 GG liegt die Verantwortung für Zuschüsse zu den Lasten der Sozialversicherung allein beim Bund und wird mittlerweile über den Gesundheitsfonds auch von diesem wahrgenommen (§ 221 SGB V). Damit ist klar, dass sowohl die Regelung der

---

10 BVerfG vom 18.7.2005, 2 BvF 2/01, BVerfGE 113, 167.

11 Vgl. *Stamm/Merkl*, Kompetitiver Föderalismus, ZRP 1998, S. 467–475; *Schlegel*, Wettbewerbsföderalismus oder die Einheitlichkeit der Lebensverhältnisse in: Gröhe/Krings/Borchard/Baus (Hrsg.), Föderalismusreform in Deutschland – Wege zur Stärkung des Parlamentarismus, St. Augustin 2009, S. 55–86.

Beitragserhebung und Beitragsverteilung als auch die Ergänzung der Beitragsmittel durch Steuermittel beim Bund liegt. Zwar bestimmt Art. 120 GG nicht, dass der Bund für Krankenkassen haften müsste, die ihre Zahlungspflichten nicht erfüllen können. Wohl aber verdeutlicht die Norm die sozialstaatliche und sozialpolitische Verantwortung des Bundes für die Solidargemeinschaft der Krankenkassen als Ganzes.

III Ausformungen und Grenzen der Solidarität zwischen Krankenkassen

1 Soziale Gerechtigkeit und soziale Sicherheit

Der in § 4a SGB V in Bezug genommene soziale Auftrag der Krankenkassen ergibt sich allgemein aus § 1 SGB I. Nach § 1 Abs. 1 SGB I soll das Recht der Sozialgesetzbuchs Sozialleistungen zur Verwirklichung sozialer Gerechtigkeit und sozialer Sicherheit gestalten, konkretisiert durch die Aufträge, ein menschenwürdiges Dasein zu sichern, gleiche Voraussetzungen für die freie Entfaltung der Persönlichkeit zu schaffen, die Familie zu schützen und zu fördern, den Erwerb des Lebensunterhalts durch eine frei gewählte Tätigkeit zu ermöglichen und besondere Belastungen des Lebens abzuwenden oder auszugleichen. Die Leistungen der Krankenkassen werden in dreifacher Solidarität von ärmeren und reicheren, gesünderen und kränkeren und mehr oder weniger Kindern zum Unterhalt verpflichteten Personen finanziert, was die soziale Gerechtigkeit ausgestaltet. Mit dem Krankengeld, den notwendigen Leistungen der Krankenbehandlung, zur Mutterschaft, zur Prävention und Rehabilitation leisten die Krankenkassen einen wichtigen Beitrag zur sozialen Sicherheit, zur Sicherung des menschenwürdigen Existenzminimums[12] und zur freien Entfaltung der Persönlichkeit sowie zum Erhalt der Arbeitsfähigkeit. Die Versicherten sind darauf angewiesen, dass diese Leistungen von jeder Kasse, auch im Falle eines freiwilligen oder unfreiwilligen Wechsels, erbracht werden.

2 Gesundheit der Versicherten und der Bevölkerung

Als ein wichtiges Ziel der Krankenkassen wird in § 1 Satz 1 SGB V beschrieben, die Gesundheit der Versicherten zu erhalten, wiederherzustellen oder ihren Gesundheitszustand zu bessern. Dieses neben sozialer Gerechtigkeit und Sicherheit genuin gesundheitspolitische Ziel zeigt, dass die Krankenkassen ein wichtiger Akteur der Gesundheitspolitik sind, wie an ihren Aufgaben zur Sicherung und Planung der Infrastruktur des Gesundheitswesens und zur Prävention deutlich wird. Hier

12 Vgl. BVerfG v. 13.2.2008, 2 BvL 1/06, BVerfGE 120, 125.

können – bei mehr als 80 % Versicherten in der Bevölkerung – versicherten- und bevölkerungsbezogene Ziele nicht getrennt werden.[13]

Erst recht können diese Ziele nicht isoliert auf verschiedene Versichertengemeinschaften verschiedener Kassen bezogen verfolgt werden. Da es mittlerweile von wenigen Ausnahmen abgesehen an der sozialen und regionalen Gruppierung im Sinne von „Ein Betrieb – eine Kasse" oder „Eine Gemeinde – eine Kasse" fehlt, kann Betriebliche Gesundheitsförderung (§ 20b SGB V) oder Prävention in örtlich definierten Lebenswelten (§ 20a Abs. 2 und 3 SGB V) praktisch nicht auf der Basis des Versichertenkollektivs einer Einzelkasse geplant werden. Die Prävention von Krankheiten benötigt zwar den gezielten Einsatz knapper Mittel. Die Corona-Pandemie hat aber am besonders klaren Beispiel der epidemischen ansteckenden Krankheit gezeigt, dass die Gesundheit eines Menschen Voraussetzung der Gesundheit anderer Menschen sein kann. Für gesunde Lebens- und Arbeitsbedingungen gilt oft nichts Anderes.

Entsprechend konkurrieren Versichertenkollektive nicht um bestmögliche Gesundheit, sondern müssen kooperieren, um dieses Ziel zu erreichen. Diese Erkenntnis darf nicht verdecken, dass Gesundheitschancen ungleich verteilt sind. Den Krankenkassen ist aber aus guten Gründen aufgegeben, dieser Ungleichheit entgegenzuwirken (§ 20 Abs. 1 Satz 2 SGB V). Das aber können sie nur, solange ihr Wettbewerb nicht zur Entsolidarisierung der Finanzbeiträge und des Verhaltens führt. Soziale und gesundheitliche Chancengleichheit stehen in einem positiven Wechselverhältnis, das durch eine unsolidarisch organisierte Gesundheitsversorgung zu Lasten (fast) aller gefährdet würde.[14]

3 Soziale Dienste und Einrichtungen

Nach § 1 Abs. 2 SGB I soll das Recht des Sozialgesetzbuchs dazu beitragen, dass die zur Erfüllung seiner Aufgaben erforderlichen sozialen Dienste und Einrichtungen rechtzeitig und ausreichend zur Verfügung stehen. Diese in § 17 SGB I konkretisierte Norm verweist auf die Erkenntnis, dass die Dienste und Einrichtungen notwendige Voraussetzung dafür sind, die Ansprüche erfüllen zu können. Die Gesetzliche Krankenversicherung stellt in Deutschland große Teile der Normen und Institutionen des öffentlichen Sozial-Wirtschaftsrechts des durch Plan und Markt gesteuerten Gesundheitssystems bereit.[15]

---

13 Vgl. *Welti*, Gesundheitsförderung und Prävention im System der Sozialversicherung seit Inkrafttreten des Präventionsgesetzes, VSSAR 2019, S. 313–327.

14 *Pickett/Wilkinson*, Gleichheit ist Glück – Warum gerechte Gesellschaften für alle besser sind, Berlin 2009.

15 Vgl. *Igl*, Benötigt das Sozialrecht Regelungen zum Sozial-Wirtschaftsrecht? In: Ruland/Papier/von Maydell (Hrsg.), Verfassung, Theorie und Praxis des Sozialstaats, Festschrift für Hans F.- Zacher zum 70. Geburtstag, München 1998, S. 281–296; *Hänlein*, Sozialrecht als Wirtschaftsrecht, NZS 2003, S. 617–624; *Rixen*, Sozialrecht als öffentliches Wirtschaftsrecht, Tübingen 2005;

Der allgemeine soziale Auftrag der Krankenkassen nach § 1 SGB I ist für alle Versicherten zu erfüllen, unabhängig von ihrer konkreten Krankenkasse. Die Existenz der Dienste und Einrichtungen des Gesundheitswesens ist Voraussetzung dafür, dass alle Krankenkassen diesen Auftrag erfüllen können. Daher haben alle Krankenkassen ein Interesse, dass alle anderen Krankenkassen ihrem Auftrag gerecht werden können. Dies materialisiert sich etwa darin, dass die Kassen solidarisch Gesamtverträge mit den Kassenärztlichen Vereinigungen (§ 83 SGB V) und mit den Krankenhäusern (§ 109 SGB V) schließen, die darauf aufbauen, dass alle Kassen ihre Vertragspflichten erfüllen können. Ihrer gemeinsamen Verantwortung kommen die Kassen insbesondere durch viele Funktionen nach, die ihr Spitzenverband (§ 217a SGB V) innerhalb des Gemeinsamen Bundesausschusses (§ 91 SGB V) oder durch Rahmenverträge auf Bundesebene und ihre Verbände gemeinsam auf Landesebene durch Verträge erfüllen. Auch diese Einbindung in gemeinsame Strukturen setzt voraus, dass die Krankenkassen diese solidarisch tragen. Die kollektiven und solidarischen Strukturen der Krankenkassen zur Organisation der Leistungserbringung sind im Übrigen nach dem EU-Recht nur zulässig, weil es sich bei ihnen nicht um Unternehmen handelt, sondern sie eine rein soziale Aufgabe ohne Gewinnerzielungsabsicht wahrnehmen.[16]

4 Leistungsangebot, Qualität der Leistungen und Wirtschaftlichkeit der Versorgung

Die Einführung des Kassenwettbewerbs war im Wesentlichen in den Kontext der rechtlich[17] und politisch problematischen regionalen und kassenartbezogenen Beitragssatzunterschiede gestellt worden. Es sollten eine Angleichung der Beitragssätze und eine Neuordnung der Verwaltungsstrukturen durch Kassenzusammenschlüsse erreicht werden.[18] Mit weiteren Zielen und Erwartungen wurde der Kassenwettbewerb in der sozial- und gesundheitspolitischen Diskussion aufgeladen. So wurde das GKV-Wettbewerbsstärkungsgesetz 2006 mit der Erwartung von Anreizen für die wirtschaftliche Verwendung der Einnahmen sowie für mehr innovative Angebote der Kassen begründet.[19] Angesichts des Zeitgeistes, der sich durch das Europäische Unionsrecht bestärkt sah, wurde die Frage nach dem „ob“ des Wettbewerbs als sinnvolles Steuerungsinstrument für die Verteilung

---

16 EuGH, Urt. v. 16.3.2004, C-264/01 (AOK Bundesverband); vgl. *Welti*, Rechtliche Aspekte der Gesundheitsdienstleistungen im europäischen Binnenmarkt in: Gerlinger/Mosebach/Schmucker (Hrsg.), Gesundheitsdienstleistungen im europäischen Binnenmarkt, Frankfurt am Main 2010, S. 85–100; *Welti*, Der Einfluss des Europäischen Wettbewerbsrechts auf die Organisation des deutschen Gesundheitswesens in: Rock/Steinke (Hrsg.), Die Zukunft des Sozialen – in Europa?, Baden-Baden 2019, S. 65–82.

17 BVerfG vom 8.2.1994, 1 BvR 1237/85, BVerfGE 89, 365

18 BT-Drs. 12/3608, 74 f.

19 BT-Drs. 16/3100 vom 24.10.2006, 2.

von Gesundheitsgütern im Sozialversicherungssystem von vielen lange Zeit gar nicht mehr gestellt oder zurückgewiesen.[20] Konsequent wurde dann festgestellt, dass ein Wettbewerb zwischen Krankenkassen besser zwischen privatrechtlichen Versicherungsvereinen auf Gegenseitigkeit organisiert werden könnte, wie sie die Hilfs- und Ersatzkassen einmal gewesen waren.[21] Global, in der EU und in Deutschland ist die Begeisterung für Wettbewerb und Markt als umfassendes Steuerungsprinzip und für die Privatisierung öffentlicher Daseinsvorsorge angesichts von Finanzkrise, Nachhaltigkeitskrise und dem Wunsch nach mehr sozialem Zusammenhalt in den letzten Jahren zurückgegangen.[22] Mittlerweile heißt es zur Antwort „Wettbewerb" wieder öfter „Was war die Frage?" Entsprechend erkennt nun das Faire-Kassenwahl-Gesetz die Wettbewerbselemente in der solidarischen Krankenversicherung wieder als begründungsbedürftige Ausnahme.

Der durch das Faire-Kassenwahlgesetz eingeführte § 4a SGB V benennt nun als heutigen Grund des Kassenwettbewerbs und damit auch gegeneinander gerichteten Verhaltens, etwa der Abwerbung von Mitgliedern in den Grenzen lauteren Verhaltens, die Verbesserung des Leistungsangebots und der Qualität der Leistungen und die Erhöhung der Wirtschaftlichkeit der Versorgung. Fraglich ist, welche Instrumente den Krankenkassen dafür zur Verfügung stehen und ob und wie diese die notwenige Solidarität der Kassen beeinträchtigen müssen.

Alle notwendigen Leistungen der gesundheitlichen Versorgung müssen von allen Kassen geleistet werden. In Bezug auf diese können die Krankenkassen sich nur in der Wirtschaftlichkeit gleichartiger Leistungen unterscheiden. Hierzu müsste es ihnen möglich sein, die Vertragsbedingungen mit den Leistungserbringern selbst zu beeinflussen. Dies ist bei den Vertragsärztlichen Leistungen und bei den Krankenhausleistungen sowie den Leistungen der Vorsorge- und Rehabilitationseinrichtungen (§ 111 Abs. 2 SGB V) und Erbringern von Heilmitteln (§ 125 SGB V) im Regelfall dem Grunde nach nicht vorgesehen. Einzelne Verträge zwischen den Kassen und den Leistungserbringern sind hingegen z.B. bei den vertraglichen Regelungen über hausarztzentrierte Versorgung (§ 73b SGB V), Hilfsmittel (§ 127 SGB V) und Arzneimittel sowie eine Reihe weiterer Leistungen (etwa Haushaltshilfe, Häusliche Krankenpflege, Soziotherapie) vorgesehen. Auch soweit sie selektiv kontrahieren können, hängen die Kassen aber voneinander ab, weil die Leistungserbringer insgesamt von ihnen nicht selektiv, sondern kollektiv zugelassen und in Anspruch genommen werden. Es gibt daher ein gemeinsames

20 So *Becker/Schweitzer*, Wettbewerb im Gesundheitswesen – Welche gesetzlichen Regelungen empfehlen sich zur Verbesserung eines Wettbewerbs der Versicherer und Leistungserbringer im Gesundheitswesen? Gutachten B zum 69. Deutschen Juristentag, München 2012, B 12.

21 So *Kingreen/Kühling*, Monistische Einwohnerversicherung, Baden-Baden 2013, S. 87 ff.

22 Vgl. *Sandel*, Was man für Geld nicht kaufen kann – Die moralischen Grenzen des Marktes, Berlin 2012.

Interesse der Kassen an angemessenen und nachhaltigen Vergütungen der Leistungserbringer. Eine Kasse, die dies unterliefe und unterböte, handelte unsolidarisch und würde im Ergebnis sogar Wirtschaftlichkeit und Qualität der Versorgung untergraben.

In den Leistungssektoren sind die Krankenkassen spezifisch zur Kooperation miteinander sowie insbesondere in der Prävention (§§ 20d-f SGB V) und der Rehabilitation (§§ 25, 26 SGB IX) mit anderen Sozialleistungsträgern verpflichtet. Es wird beobachtet, dass diese Kooperationspflichten suboptimal erfüllt werden, weil durch den Kassenwettbewerb Konkurrenz und die Orientierung an der eigenen Organisation im Vordergrund stehen.[23]

Weitere Möglichkeiten zu Selektivverträgen bestehen im Rahmen der Besonderen Versorgung (§ 140a SGB V), die bis 2015 als Integrierte Versorgung bezeichnet worden war. In diesem Rahmen können einzelne Kassen Verträge mit einzelnen Leistungserbringern schließen und damit die Versorgung ihrer Versicherten – bei gleichbleibenden Ansprüchen – abweichend ausgestalten. Dabei müssen sie Qualität, Wirksamkeit und Wirtschaftlichkeit der Versorgung verbessern, um von kollektiven Regelungen abweichen zu können (§ 140a Abs. 2 Satz 3 SGB V). Auf die Integrierte Versorgung hatten sich bei ihrer erstmaligen Einführung im Jahr 2000 erhebliche Hoffnungen gerichtet.[24] Zum Teil wurde eine schrittweise Ablösung des bisherigen Kollektivvertragssystems mit den Leistungserbringern durch Selektivverträge erwartet. Solche Prognosen haben sich nicht erfüllt. Anreize für Versicherte, Leistungen der Integrierten bzw. Besonderen Versorgung in Anspruch zu nehmen, blieben überschaubar. Außerhalb von Ballungsräumen waren und sind die Spielräume für Abweichungen von der Regelversorgung gering. Die Krankenkassen müssen sich bei der Besonderen Versorgung im Rahmen des Vergabe- und Wettbewerbsrechts halten.[25]

Insgesamt ist nicht undenkbar, dass die Regelungen zur Besonderen Versorgung einen Wettbewerb zwischen den Krankenkassen um bestmögliche wirksame und wirtschaftliche Leistungserbringung in einigen Bereichen, etwa im Zusammenhang mit strukturierten Behandlungsprogrammen bei chronischen Krankheiten (§ 137 f SGB V), ermöglichen. Dies wäre nicht unsolidarisch, sondern könnte Innovationen befördern, die im Laufe der Zeit Teil der Regelversorgung werden. Ob die Regelungen entsprechend genutzt werden, ist aber auch nach 20 Jahren noch skeptisch zu beurteilen. Insbesondere setzt es voraus, dass die Regelungen des

---

23 Vgl. *Braun*, Die Rehabilitation im System des Sozialleistungsrechts aus sozialpolitischer Sicht unter besonderer Berücksichtigung der Probleme der trägerübergreifenden Kooperation in: Welti (Hrsg.), Das Rehabilitationsrecht in der Praxis der Sozialleistungsträger, Berlin 2009, S. 33–45; *Fuchs*, Vernetzung und Integration im Gesundheitswesen am Beispiel der medizinischen Rehabilitation, St. Augustin 2008, S. 318 ff.

24 Vgl. Ulrich Becker, Rechtliche Rahmenbedingungen der integrierten Versorgung, NZS 2001, S. 505–514.

25 Vgl. EuGH vom 11.6.2009, C-300/07 (Oymanns).

Risikostrukturausgleichs dazu führen, dass Krankenkassen wirklich in einen Wettbewerb um die bestmögliche Versorgung chronisch kranker Versicherter eintreten. Das explizite Verbot der Risikoselektion wird nur wirken, wenn es nicht durch die Finanzierung und Steuerung der Kassen dementiert wird. Problematisch ist zudem, ob Besondere Versorgung wirklich ein für die Wahl der Versicherten relevanter Wettbewerbsfaktor sein kann, auch wenn ihre positiven Wirkungen sich erst nach längerer Zeit zeigen und mit ihr die Wahlfreiheit zwischen Leistungserbringern eingeschränkt wird.[26] Der Sonderbericht des Bundesversicherungsamts zum Kassenwettbewerb bewertet die Transparenz, Rechtstreue und Erkennbarkeit von Verbesserungen in der Versorgung durch Selektivverträge sehr kritisch.[27]

Ein weiteres Wettbewerbsfeld können zusätzliche Leistungen sein, die durch Satzung der Krankenkasse vorgesehen werden (§ 11 Abs. 6 SGB V, § 37 Abs. 2 Satz 5 SGB V; § 38 Abs. 2 SGB V), möglich sind auch Wahltarife (§ 53 SGB V). Zusätzliche Satzungsleistungen sind seit Beginn der gesetzlichen Krankenversicherung möglich und können ein Instrument sein, erkennbar gewordene zusätzliche Bedarfe zu versichern. Dadurch können auch die Revision und Erweiterung des gesetzlichen Leistungsanspruchs vorbereitet werden. Die Möglichkeit zusätzlicher Satzungsleistungen kann so interpretiert werden, dass sie die Zahlungsbereitschaft der Versicherten für zusätzliche Leistungen testet und so allen Krankenkassen nutzt. Kritischer sind sie zu betrachten, wenn sie zu einer Entmischung von zahlungsfähigen und weniger zahlungsfähigen Versicherten führen.[28] Als Problem kann auch gesehen werden, wenn Satzungsleistungen unter Wettbewerbsgesichtspunkten allein auf Nachfrage und nicht auf Wirksamkeit gestützt werden, so dass auch nachweislich unwirksame (und damit für gutgläubige Menschen schädliche) Leistungen wie Homöopathie[29] durch Beitragsmittel finanziert werden.[30]

5 Selbstverwaltung und Verwaltungsstruktur

Die Krankenkassen sind Körperschaften des öffentlichen Rechts mit Selbstverwaltung. Fraglich ist, wieweit diese Strukturentscheidung für das Verhältnis von Solidarität und Wettbewerb zwischen den Krankenkassen bedeutsam ist. Entscheidend

---

26 Vgl. *Hajen*, Wettbewerb der Krankenkassen untereinander in: Felix (Hrsg.), Auswirkungen des GKV-WSG auf Versorgungsstruktur und Wettbewerbsordnung, Berlin 2008, S. 9–50.

27 Bundesversicherungsamt, Sonderbericht zum Wettbewerb in der gesetzlichen Krankenversicherung, Bonn 2018, S. 43 ff.

28 Vgl. *Greß/Heinemann*, Solidarität im deutschen Krankenversicherungssystem nach der Bundestagswahl 2009, Sozialer Fortschritt 2011, S. 91–97.

29 Vgl. LSG Bayern vom 8.2.2017, L 12 KA 132/14 – juris.

30 Zu empirischen Erkenntnissen insgesamt: Bundesversicherungsamt, Sonderbericht zum Wettbewerb in der gesetzlichen Krankenversicherung, Bonn 2018, S. 28 ff.

ist, was das „selbst“ der Selbstverwaltung meint. Hier sind verschiedene Deutungen möglich und im Denken der Akteure anzutreffen.[31]

Wird das „selbst“ vor allem auf die Autonomie der juristischen Person Krankenkasse und der für sie handelnden Organe bezogen, kann sich aus dem Grundsatz der Selbstverwaltung eine gewisse Freiheit zur Entfaltung – auch ohne eigene Grundrechte – ergeben. Auch innerhalb dieser Position kann der Fokus stärker auf dem „selbst“ der Verwaltung liegen, also der Entfaltung des eigenen Vorstands und Verwaltungsrats im Verhältnis zu Aufsichtsbehörden, Spitzen- und Dachverbänden sowie einengenden gesetzlichen Vorgaben, die mehr Kooperation und weniger Wettbewerb fordern. Die Organmitglieder – vor allem der hauptamtliche Vorstand – und die Beschäftigten der Kasse haben durchaus ein exklusives Interesse an deren Bestand, Erfolg und Größe, auch zu Lasten anderer Kassen. Sehr fraglich ist jedoch, ob Selbstverwaltung (und Wettbewerb) gerade dieses Interesse der Organisation an sich selbst stärken sollen.

Wird das „selbst“ auf das jeweilige Versichertenkollektiv der einzelnen Kasse bezogen, betont der Grundsatz der Selbstverwaltung stärker das partizipative Element der Mitwirkung Betroffener an ihren Angelegenheiten. Dies verweist auf die Rückbindung des Verwaltungshandelns an die Versicherten und Arbeitgeber. Den Versicherten und noch mehr den Arbeitgebern, deren Beschäftigte fast immer bei vielen Kassen versichert sind, fehlt es an einem kassenexklusiven Interesse, sieht man von einem niedrigen Beitrag ab. Würde dieser durch Risikoselektion zu Lasten anderer Kassen und ihrer Kollektive verwirklicht, wäre dies eine vom Recht und zu Recht nicht unterstützte Entsolidarisierung. Selbstverwaltung und Wettbewerb würden in diesem Sinne nur zusammenpassen, wenn von beiden zusammen ein steter Druck ausginge, legitime Wirtschaftlichkeitsgewinne zu realisieren. Doch bleibt dabei das Problem, dass Kassenwahlentscheidungen sich weniger an langfristigen und nachhaltigen Effizienzgewinnen und stärker an kurzfristigen Beitragsunterschieden orientieren.

Selbstverwaltung kann jedoch auch, wie es schon die Kaiserliche Botschaft von 1881 formulierte, das Ziel verfolgen, die realen Kräfte des Volkslebens einzubinden, um die rechten Mittel und Wege zur Lösung sozialer Aufgaben zu finden. Ein solches sozial- und gesundheitspolitisches Mandat der Selbstverwaltung bezieht sich aber weniger auf die einzelne Krankenkasse – noch weniger, wenn sie keine konkrete betriebliche oder örtliche Bindung mehr hat – und stärker auf die ganze gesetzliche Krankenversicherung als Solidargemeinschaft oder auch die Gesamtheit der in der Sozialversicherung und im Sozialgesetzbuch erfassten sozialen Institutionen. Entsprechend sind gesellschaftlich und politisch relevante

31 Vgl. *Welti*, Soziale Selbstverwaltung und Bürgerbeteiligung im sozialen Gesundheitswesen in: Mehde/Ramsauer/Sekelmann (Hrsg.), Staat, Verwaltung, Information – Festschrift für Hans Peter Bull zum 75. Geburtstag, Berlin 2011, 903–921; *Welti*, Gibt es noch eine Selbstverwaltung in der gesetzlichen Krankenversicherung? VSSR 2006, S. 133–156.

Gewerkschaften, Arbeitgeberverbände und Arbeitnehmervereinigungen das Leitbild der zwischen den Versicherten und Arbeitgebern vermittelnden Organisationen nach §§ 48, 48a SGB IV. Kassenpartikulare und sozialpolitisch inaktive Listen, teils mit personellen Verbindungen zu den Bediensteten der Sozialversicherungsträger, gehören nicht dazu.[32] Sieht man die soziale Selbstverwaltung vom Ziel der Einbindung sozialpolitisch relevanter Kräfte aus, so geht es ihr um eine Stärkung des solidarischen und kassenübergreifenden Elements gegen die möglichen Eigeninteressen der Kassenverwaltung.

Im Zusammenwirken der Selbstverwaltung der Kassen mit der Selbstverwaltung und Interessenvertretung der Leistungserbringer in der „gemeinsamen Selbstverwaltung", namentlich im Gemeinsamen Bundesausschuss, besteht die wesentliche Aufgabe und Legitimation heute in der Konkretisierung gesetzlicher durch untergesetzliche Normen auf der Basis eines spezifischen Interessenausgleichs und einer Ordnung wissenschaftlicher und praktischer Wissensbestände.[33] Diese Aufgabe wird für die Kassen gemeinsam und solidarisch wahrgenommen, die Folgen guter wie schlechter Regelungen müssen alle gemeinsam tragen, was ihnen eine maßvolle Aufsicht auch nicht abnehmen kann.[34]

6 Finanzierung und Haftung

Der harte Kern der Solidarität ist die Gemeinschaft der Risiken bei Einnahmen, Ausgaben und Haftung. Seit der Reform von 2007 erheben die Kassen zwar noch die Beiträge. Ihre Verteilung erfolgt jedoch nach den Kriterien des Risikostrukturausgleichs durch den Gesundheitsfonds (§§ 266–270a SGB V). Damit ist auch symbolisch deutlich gemacht, dass sich die Krankenkassen nicht aus eigenem Recht finanzieren, sondern Pflichtbeiträge für öffentliche Aufgaben auf Grund gesetzlicher Ermächtigung erheben. Die Aufteilung der Beiträge folgt typisiert den Aufgaben, die sich insbesondere aus der Krankheitslast der Versicherten ergeben. Die Verwaltungskosten werden nur standardisiert ausgeglichen.

Damit ist das heutige Finanzierungssystem weit entfernt davon, dass jede Krankenkasse sich aus ihren „eigenen" Beiträgen finanziert. Dieses Prinzip hatte auf Grund regional sehr unterschiedlicher Arbeitslosigkeit und Wirtschaftskraft zu sehr erheblichen Beitragsunterschieden bei gleichen Leistungsansprüchen

---

32 Vgl. *Braun/Klenk/Kluth/Nullmeier/Welti*, Modernisierung der Sozialversicherungswahlen, Baden-Baden 2008, S. 105 ff.

33 Vgl. *Hase*, Der Strukturwandel des Gesundheitsrechts und die Herausbildung einer neuen Dimension der Selbstverwaltung in der gesetzlichen Krankenversicherung, in: Welti/Fuchs/Fuchsloch/Naegele/Udsching (Hrsg.), Gesundheit, Alter, Pflege, Rehabilitation – Recht und Praxis im interdisziplinären Dialog – Festschrift für Gerhard Igl, Baden-Baden 2017, S. 102–113.

34 Vgl. *Axer*, Etatisierung der sozialen und gemeinsamen Selbstverwaltung? – Zugleich zum Grundsatz der maßvollen Ausübung der Rechtsaufsicht nach dem GKV-Selbstverwaltungsstärkungsgesetz, NZS 2017, 601–608.

geführt. Von diesem Problem waren vor allem die Ortskrankenkassen betroffen. Diese Ungleichbehandlung nach Wohnort und dem Status in der Arbeiterkasse gegenüber den bundesweit ausgleichenden Angestelltenkassen war für das BVerfG gleichheitsrechtlich bedenklich,[35] gefährdete die Akzeptanz des Systems und war auch ökonomisch dysfunktional, indem es Standortnachteile für Betriebe noch vertiefte. Hier lag der eigentliche Handlungsbedarf, dem mit dem Risikostrukturausgleich seit 1994 und der freien Kassenwahl ab 1996 entsprochen werden sollte. In der Finanzierung war dies also ein Schritt zu mehr Solidarität zwischen den Versicherten und zwischen den Kassen. Zugleich wurden in großem Umfang Zusammenschlüsse von Krankenkassen angeregt, wodurch größere und überregionale Einheiten gebildet wurden. Die stärksten und belegbarsten Wirkungen des Kassenwettbewerbs sind also eine Angleichung der Beiträge und eine Verminderung der Zahl der Kassen. Dies sind auch die Ziele, in deren Kontext der Gesetzgeber die Kassenwahlfreiheit gestellt hat.[36] Der Gesetzgeber hätte dieses Ziel allerdings auch durch eine gesetzliche Organisationsreform erreichen können. Welche Energien und Ressourcen Verwaltung und Selbstverwaltung der Krankenkassen auf Anbahnung und Vermeidung sowie Administration von Fusionen verwendet haben ist ebenso wenig evaluiert wie die Höhe der für das Gesundheitswesen unproduktiven Kosten für Reklame und die Nachteile und Aufwände wechselseitiger Übervorteilung zwischen Krankenkassen z. B. im Risikostrukturausgleich.[37]

Seit Beginn der Krankenversicherungsgesetzgebung konnten Krankenkassen bei mangelnder Zahlungsfähigkeit durch die Aufsichtsbehörden geschlossen werden. Die Versicherten mussten von anderen Kassen aufgenommen werden. Dieses Instrumentarium besteht bis heute. Nur schwer erklärbar und einzuordnen ist, warum 2009 zusätzlich die Anwendung der Insolvenzordnung auf die Krankenkassen im Gesetz verankert worden ist (§§ 160–162 SGB V). Das Insolvenzrecht ordnet vor allem das Risiko der Vertragspartner eines insolventen Unternehmens. Bei den Krankenkassen sind dies nicht die Mitglieder. Für sie bleibt es im Insolvenzfall dabei, dass andere Kassen sie aufnehmen müssen. Insoweit würde eine echte Anwendung des Insolvenzrechts Risiken für Leistungserbringer, die selektiv mit einer Kasse kontrahieren, für die Lieferanten von Büromaterial sowie von Fähnchen und Ballons für den Kassenwettbewerb schaffen. Doch wurden auch diese Risiken ausgeschlossen, indem die Kassen der gleichen Kassenart, seit dem Faire-Kassenwahl-Gesetz alle anderen Kassen, für die Verbindlichkeiten der insolventen Kassen haften (§ 167 SGB V). Ein spezielles Risiko einer Insolvenz tragen also allein die Vorstände und Beschäftigten der insolventen Krankenkasse, auch letztere sollen aber von anderen Krankenkassen aufgenommen werden (§ 168 SGB V).

Vernünftigerweise haben jedoch ohnehin die Sanierung, auch durch Zusammenschluss, und notfalls Schließung der Kasse Vorrang vor ihrer Insolvenz (§§ 163,

35 BVerfG vom 8.2.1994, 1 BvR 1237/85, BVerfGE 89, 365.
36 BT-Drs. 12/3608, 74 f.
37 Adressiert im Faire-Kassenwahl-Gesetz: §§ 266 Abs. 5, Abs. 10, 273 Abs. 2.

164 SGB V). Es scheint rückblickend, dass die Zielrichtung des Verweises auf das Insolvenzrecht weniger dessen Anwendung war als vielmehr die Abschreckung der Kassenvorstände zur Beschleunigung von Fusionen und Organisationsreformen.[38]

IV Schluss

Die Corona-Epidemie hat gezeigt, wie stark eine echte gesundheitspolitische Herausforderung in Richtung einer Vereinheitlichung, institutionellen und finanziellen Solidarität des systemrelevanten Gesundheitswesens wirkt.[39] Nicht vorstellbar wäre in dieser Situation, dass eine von der Pandemie regional besonders stark betroffene Kasse eine echte Insolvenz anmelden müsste und die mit ihr vertraglich verbundenen Krankenhäuser und Ärzte der Region mit in die Pleite zöge. Ein solches Szenario „echten" Wettbewerbs war nie gesetzlich vorgesehen, und das aus gutem Grund. Auch die Abwicklung einer Kasseninsolvenz unter den bestehenden gesetzlichen Rahmenbedingungen würde wohl vor allem als zu vermeidender Aufwand angesehen. Schließlich stelle man sich in der Pandemie vor, einzelne Krankenkassen böten im Rahmen von Selektivverträgen exklusiven Zugang zu Beatmungsplätzen auf Intensivstationen oder vorgezogene Impfungen als Wahlleistungen an. Wäre das eine gewünschte Organisation des Gesundheitswesens?

Der Kassenwettbewerb der letzten 25 Jahre zeigt sich in der Rückschau vor allem als eine indirekte Organisationsreform der Krankenkassen. Im internationalen Vergleich zwischen öffentlichen Krankenversicherungssystemen ist er in dieser Form eher ungewöhnlich. Österreich etwa verzichtet darauf, ohne etwas zu vermissen, und hat zugleich die Kassen stärker zentralisiert als Deutschland.[40] Mit einem Privatversicherungen einschließenden Wettbewerb wie in den Niederlanden ist der deutsche Kassenwettbewerb schwer zu vergleichen, und auch dessen Erfolge sind bescheiden.[41]

§ 4a SGB V ist der Versuch, dem Kassenwettbewerb eine Rationalität zuzuweisen, deren Geeignetheit und Erforderlichkeit noch zu belegen wäre, während die finanzielle Solidarität im Sinne des finanziellen Ausgleichs der Einnahmen zwischen den Krankenkassen stark angestiegen, die Gemeinschaftlichkeit der

38 Vgl. kritisch: *Heberlein*, Die Insolvenz von Krankenkassen aus der Sicht von Versicherten – ein verfehltes Paradigma, GesR 2009, 141–146.

39 Vgl. *Welti*, Sozial- und Gesundheitspolitik – Lernen aus Erfahrungen – Das deutsche Gesundheitswesen im Lichte der Corona-Krise, SozSich 2020, S. 124–128.

40 Vgl. *Mosler*, Gesetzliche Krankenversicherung und Wettbewerb – unterschiedliche Wege in Deutschland und Österreich in: Marhold/Becker/Eichenhofer/Igl/Prosperetti (Hrsg.), Arbeits- und Sozialrecht in Europa – Festschrift für Maximilian Fuchs, Baden-Baden 2020, S. 607–624.

41 Vgl. *Greß*, Krankenversicherung und Wettbewerb – Das Beispiel Niederlande, Frankfurt am Main, 2002; *Greß*, Sackgasse oder Königsweg? Gesundheit und Gesellschaft 4/2019, S. 21–25.

zentralen Leistungsausgaben nicht zurückgegangen und zuletzt die Solidarhaftung aller Kassen füreinander gestärkt worden. Für die Zukunft der gesetzlichen Krankenversicherung als Solidargemeinschaft wird nun Evidenz benötigt, für welche Verbesserungen der Gesundheitsversorgung die jetzige Form des Wettbewerbs überhaupt geeignet und erforderlich ist.

Wanda Spahl und Barbara Prainsack

Konkretisieren, erweitern, gestalten: Gelebte Solidarität im österreichischen Gesundheitssystem

I Einleitung. Was ist Solidarität?

Solidarität ist gerade in Zeiten der Coronakrise ein strapazierter Begriff. Von globaler Zusammenarbeit bei der Entwicklung eines Impfstoffes bis hin zum Einkaufen für Nachbar*innen und Freund*innen wurde insbesondere zu Beginn der Krise eine weite Bandbreite von Praktiken als Solidarität gefeiert. Je länger die Krise dauert, desto klarer wird es, dass Menschen nicht nur zusammenrücken, sondern dass auch die Bruchlinien zwischen Menschen verstärkt spürbar werden (siehe dazu Prainsack 2020). Auch aus diesem Grund ist es wichtig, genau zu definieren, was wir meinen, wenn wir von Solidarität sprechen. Dies tun wir im ersten Teil dieses Beitrages. Danach argumentieren wir, dass Praktiker*innen im österreichischen Gesundheitssystem durch ihr Handeln Bruchlinien ausgleichen – wie sie leider teilweise zwischen migrantischen und nicht-migrantischen Patient*innen bestehen – und dadurch in mehrfacher Hinsicht solidarisch handeln. Wir schließen unseren Beitrag mit der Aufforderung, die Solidaritätsarbeit der Gesundheitsberufe auch durch monetäre Anerkennung – wie etwa einer Aufwertung der sprechenden Medizin – mehr wertzuschätzen. Wichtig wäre zudem die institutionelle Verankerung jener Praktiken und Regeln, die entsprechend dem Erfahrungswissen der Gesundheitsberufe notwendig sind, um Ausschluss und Diskriminierung bereits marginalisierter Gruppen zu verhindern.

1 Solidarität als Praxis

Wir arbeiten mit einem Solidaritätsverständnis, von dem wir meinen, dass es sowohl analytische Schärfe als auch die Möglichkeit bietet, konkrete Anleitungen für die Gestaltung von Institutionen und Politikinstrumenten zu bieten. Aufbauend auf die Solidaritätsliteratur insbesondere im englischsprachigen Raum[1] hat eine von uns (BP, in Kollaboration mit Alena Buyx) ein Solidaritätsverständnis ausgearbeitet, das Solidarität in erster Linie als Praxis versteht: Und zwar als Praxis, die die Bereitschaft von Menschen ausdrückt, andere zu unterstützen, mit denen

---

1 Wesentliche Werke in anderen Sprachen, die besonders einflussreich schienen (insbes. in deutscher und niederländischer Sprache) wurden ebenfalls berücksichtigt; strukturiert und systematisch gesucht und ausgewertet wurde nur jene Literatur, die in englischer Sprache vorhanden war.

sie Ähnlichkeiten bzw. Gemeinsamkeiten in einer relevanten Hinsicht erkennen (Prainsack & Buyx 2011; 2016; 2017). Dabei bietet die konkrete Praxis jeweils den Referenzpunkt dafür, was als relevante Gemeinsamkeit erkannt wird und werden kann: Wenn jemand etwa einen Aufruf sieht, Blut, Knochenmark oder gar eine Niere zu spenden, dann wird die Bereitschaft dieser Person, auf diesen Aufruf zu antworten, häufig davon beeinflusst sein, ob sie eine persönliche Verbindung zu dem Thema hat. Wenn die Person etwa ein Familienmitglied oder einen Freund hat, dem eine Blut-, Knochenmarks- oder Organspende das Leben gerettet hat, dann wird sie in der Regel eher bereit sein, dem Aufruf nachzukommen, als wenn sie überhaupt keinen Bezug zum Thema hat. Zudem praktizieren wir Solidarität immer in spezifischen Situationen und Kontexten. So sind wir als Frauen nicht automatisch solidarisch mit allen anderen Frauen. Wenn wir einer Frau helfen, die zum Ziel sexistischer Belästigung oder Diskriminierung wird, dann tun wir dies vielleicht deshalb, weil wir selbst Erfahrung mit solchen Situationen haben oder dies auch aus unserem Verwandten- und Freund*innenkreis kennen. Wir wären allerdings mit dieser selben Person vielleicht nicht solidarisch, wenn sie uns um Unterstützung in einer politischen Kampagne bittet, die nicht unseren Überzeugungen entspricht. Der konkrete Handlungskontext gibt hier jeweils an, welche Gemeinsamkeiten oder Unterschiede handlungsleitend werden: Niemand ist *abstrakt* solidarisch mit anderen Menschen oder Gruppen. Wenn wir Diskriminierung beobachten, dann üben wir Solidarität mit den Diskriminierten trotz all der anderen Unterschiede, die zwischen uns bestehen: So können die Personen, die wir hier unterstützen, andere politische Ziele, spirituelle Überzeugungen oder Lebensmodelle haben.

Das „Erkennen" von Ähnlichkeiten und Gemeinsamkeiten in einem relevanten Kontext, auf das unsere Solidaritätsdefinition beruht, ist kein bloßes Feststellen „objektiv" bestehender Gemeinsamkeiten, die womöglich essenzialistischer oder nativistischer Natur sind – dass also Menschen nur mit anderen solidarisch sind oder sein können, die dasselbe Geschlecht, dieselbe Religion, oder dieselbe politische Überzeugung haben. So kann im oben genannten Beispiel selbstverständlich auch ein Mann solidarisch mit der Frau sein, die zur Zielscheibe misogyner Aggression wird: wenn er etwa eine Partnerin, eine Freundin, eine Schwester, eine Tochter oder eine Mutter hat, zu deren Lebenswelt solche Erfahrungen gehören, oder auch wenn er selbst Diskriminierungserfahrungen gemacht hat, die nicht unbedingt in seinem Geschlecht, sondern auch in einer anderen Eigenschaft begründet sein können. Solidarität bedeutet nämlich nicht, Unterschiede zu ignorieren und so zu tun, als gäbe es sie nicht: Es bedeutet vielmehr, trotz der Unterschiede, die es zwischen Menschen gibt, die Ähnlichkeiten und Gemeinsamkeiten zum Ursprung unseres Handelns werden zu lassen – gerade auch dann, wenn diese Ähnlichkeiten oder Gemeinsamkeiten nicht „auf der Hand" liegen.

Wie sich Solidarität auf der interpersonellen Ebene ausdrücken kann, haben wir eben dargestellt: Ein Mensch erkennt ein Stück von sich in (einem) anderen Menschen und tut etwas, um diese(n) anderen Menschen zu unterstützen, auch wenn es ihn selbst etwas „kostet" (das muss nicht nur Geld, sondern es kann auch Zeit, Komfort oder physisches Wohlbefinden sein – wie dies etwa beim Beispiel

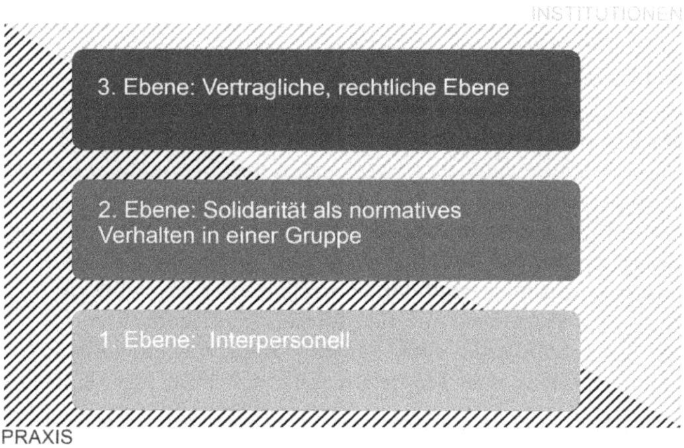

Abbildung 1: Drei Ebenen der Solidarität [Quelle: Autorinnen]

der Blut- oder Organspende der Fall ist). Diese interpersonelle, Mensch-zu-Mensch-Solidarität, in der es vor allem um die konkrete Praxis von Einzelnen geht, bezeichnen wir als Solidarität auf erster Ebene. Aber natürlich kann Solidarität auch andere Formen annehmen; wenn sie etwa innerhalb eines Kollektivs – einer Gruppe, einer Gemeinde, eines Vereins – so „normal" wird, dass sie zur gemeinsamen, erwarteten Praxis wird. In diesem Fall sprechen wir von Solidarität auf zweiter Ebene. Um Solidarität auf dritter Ebene handelt es sich dann, wenn solidarische Praxis in administrative, bürokratische oder andere Normen „gerinnt" – wenn sie sich also in Institutionen und Politikinhalten widerspiegelt (Abbildung 1). Ein progressives Steuersystem ist ein Beispiel oder ein solidarisches Gesundheitssystem, in das Menschen nicht proportional zu den Kosten einzahlen, die sie nach versicherungsmathematischen Kalkulationen verursachen werden, sondern nach ihren finanziellen Möglichkeiten. Und von dem jeder Mensch nicht nur die Leistungen bekommt, die er bezahlen kann oder könnte, sondern die, die er braucht.

Diese unterschiedlichen Ebenen der Solidarität sind nicht nur hilfreich, um „weichere" (fragile, sich häufig verändernde) und „härtere" (stabile) Formen der Solidarität voneinander zu unterscheiden, je nachdem, wie schnell und leicht sie sich verändern können. Die Unterscheidung der drei Ebenen bietet auch die Möglichkeit einer präziseren Analyse unterschiedlicher Formen und Institutionen der Solidarität, anstatt einfach zu sagen, dass in einer Gesellschaft die Solidarität zu- oder abnimmt. So war etwa in der Coronakrise in manchen Ländern zu beobachten, dass es auf der ersten Ebene – also der Solidarität von Mensch zu Mensch – große Fluktuationen gab. In Österreich gab es beispielsweise am Anfang der Krise ein großes Zusammengehörigkeitsgefühl, das sich in Nachbarschaftshilfe oder im Unterstützen lokaler Geschäfte ausgedrückt hat. Diese Praktiken sind mit

Fortschreiten der Krise und allgemeiner Ermüdung in den Hintergrund getreten. Mit der Zuspitzung der Situation durch die Verknappung von Intensivbetten vor dem zweiten Lockdown im November sind solidarische Handlungen aber wieder präsenter geworden – so sagten zahlreiche Teilnehmer*innen unserer Studie zum Leben in der Coronakrise, dass sie Maßnahmen wie das Tragen von Masken, oder die Einschränkung der eigenen Bewegungsfreiheit, in erster Linie zum Schutz anderer Menschen einhalten (SolPan 2020). Auf der Ebene der institutionalisierten Solidarität hingegen gab es in fast allen Ländern der Welt eine Aufwertung solidarischer Institutionen wie öffentlich finanzierter Programme und Einrichtungen für Public-Health, gut ausgestatteter und öffentlich bzw. solidarisch finanzierter Gesundheitssysteme und sogar sozialen Wohnbau zu beobachten.

Natürlich kann Solidarität auch ausschließend wirken: Jedes innen hat ein außen. Es ist vorstellbar, dass Menschen innerhalb ihrer eigenen Gruppe solidarisch sind und jene Menschen, die als anders wahrgenommen werden (weil sie nicht zum Verein gehören, weil sie nicht aus derselben Stadt oder demselben Land kommen oder auch weil sie anders aussehen) ausgrenzen. Dabei ist nicht jeder Ausschluss problematisch: Wenn etwa ein Carpool in einer bestimmten Nachbarschaft nur Mitglieder aus dieser Nachbarschaft aufnimmt und Leute aus anderen Gegenden ausschließt, dann betrifft dies weder wichtige Grundbedürfnisse von Menschen (sofern es funktionierenden öffentlichen Nahverkehr als Alternative gibt), noch beruht der Ausschluss der anderen auf rassistischen, sexistischen oder anderweitig fragwürdigen Motiven. Wenn allerdings Menschen trotz ihrer aufrechten Krankenversicherung erschwerten oder sogar keinen Zugang zum öffentlichen Gesundheitssystem haben, etwa weil ihnen Sprachkenntnisse fehlen oder sie anderweitig diskriminiert werden, dann ist dieser Ausschluss selbstverständlich problematisch; für viele hat er existenzielle Folgen (mehr dazu im nächsten Abschnitt). Zusammenfassend bleibt festzuhalten: Insofern Solidarität eine bestimmte Dynamik der Entstehung und Übung gegenseitiger Unterstützung beschreibt, dient sie nicht automatisch auch der Gerechtigkeit oder Fairness; um dies zu tun braucht die Solidarität Bezugnahme auf andere Werte (Prainsack & Buyx 2017).

2 Solidarität und Gerechtigkeit

Unser Bestehen darauf, dass Solidarität nicht *an sich* größerer Gerechtigkeit Vorschub leistet, bedeutet keinen Agnostizismus hinsichtlich der Frage der Bedeutung von Gerechtigkeit, und was ihr dient. Erstens bedeutet solidarische Praxis, so wie wir sie beschreiben, nämlich dass Menschen sich für und mit andere(n) Menschen einsetzen, und dass sie damit ihre Verbindung zu anderen Menschen stärken; das allein ist nicht moralisch neutral. Zweitens ist Solidarität natürlich eng mit Gerechtigkeit verbunden. Habermas' Aussage, Solidarität sei „die andere Seite der Gerechtigkeit" (Habermas 1991: 70), kann man einerseits so interpretieren, dass Solidarität der Mörtel ist, der die Bausteine der Gerechtigkeit zusammenhält: die Gerechtigkeit gibt vor, wie man Gleiches gleich behandelt – und anhand welcher

Kriterien man definiert, was gleich ist. Diese Vorgaben werden häufig durch rechtliche Normen umgesetzt. Die Solidarität führt die Ergebnisse dieser Debatten in jene Bereiche über, in die das Recht nicht hineinreicht (Prainsack & Buyx 2016; 2017): weil es um freiwillige Hilfe- und Unterstützungsleistungen geht oder weil es um andere Aspekte des täglichen Lebens geht, die die Rechtsordnung nicht regelt. Gleich sind beispielsweise alle Versicherten in einem öffentlich bzw. solidarisch finanzierten Gesundheitssystem. Wie wir aber zeigen werden, braucht es manchmal solidarische Handlungen von Ärzt*innen, um gleiche Behandlung auch in der Praxis zu sicherzustellen.

Der Gerechtigkeitsbegriff hat aber auch eine andere Form als jene der Solidarität. Gerechtigkeit ist ein abstrakter, theoretischer Begriff; er lädt dazu ein, sich aus einer vermeintlich neutralen Vogelperspektive – etwa sprichwörtlich hinter einem Schleier des Nichtwissens (Rawls 2006 [original EN 1971]) – mit der Frage zu beschäftigen, wie etwa Güter, Pflichten und Rechte in einer Gesellschaft verteilt werden sollen. Im Gegenteil zur Gerechtigkeit handelt die Solidarität, bevor sie denkt: Das Erkennen der relevanten Ähnlichkeiten bzw. Gemeinsamkeiten, das für unsere Definition so wichtig ist, enthält oft in seinem Kern ein Gefühl: Solidarität existiert dort, wo Menschen fühlen, dass sie mit anderen Menschen verbunden sind, und darauf Taten folgen lassen.

II Gelebte Solidarität im österreichischen Gesundheitssystem

Österreichs Gesundheitssystem ist solidarisch in dem Sinne, dass Versicherte gestaffelte Beiträge entsprechend ihren finanziellen Möglichkeiten einzahlen und Leistungen nach ihren medizinischen Bedürfnissen beziehen – unabhängig davon, wieviel sie einbezahlt haben. Versicherungsbeiträge richten sich nach dem Einkommen und werden vom monatlichen Gehalt abgezogen. Zusätzlich dazu übernimmt ein steuerfinanziertes Unterstützungssystem die Beiträge von Menschen, die auf Grund von fehlender Erwerbstätigkeit nichts einzahlen können, wie beispielsweise Arbeitslose oder Asylwerber*innen. Neben diesem solidarisch organisierten „öffentlichen" Gesundheitssystem existiert ein relativ großer Bereich der privaten „Zusatzversicherungen", die über die von den gesetzlichen Krankenversicherungen übernommenen Leistungen weiterführende Leistungen bezahlen, wie z. B. Behandlungen durch Privatärzt*innen, Einzelzimmer im Krankenhaus oder besondere Heilbehelfe.

Während das solidarisch organisierte Gesundheitssystem ein illustratives Beispiel der institutionellen Solidarität (Abbildung 1, Ebene 3) darstellt, wenden wir uns in diesem Beitrag der Frage zu, wie es um Solidarität auf den anderen beiden Ebenen, nämlich der Solidarität von Mensch zu Mensch (Ebene 1) und innerhalb von Gruppen wie etwa Ärzt*innen (Ebene 2) bestellt ist. Wir kommen zum Schluss, dass es neben der institutionell verankerten Solidarität auch praktizierte Solidarität auf fragileren Ebenen braucht, um das Versprechen der Gerechtigkeit einzulösen.

Eine der Autorinnen dieses Beitrags (WS) hat im Rahmen ihrer ethnographischen Forschung 2018–2022 ärztliche Behandlungen in Wien begleitet und mit Gesundheitsarbeiter*innen, wie beispielsweise Ärzt*innen, Apotheker*innen oder Optiker*innen, gesprochen.[2] Dabei wird schnell klar, dass diese Menschen einen wesentlichen Einfluss darauf haben, ob die Gesundheitsbedürfnisse aller Menschen erfüllt werden. Wir haben in unseren Daten drei unterschiedliche Arten solidarischer Praxis gefunden: In der ersten (*konkretisierenden* Solidarität) werden Gesundheitsarbeiter*innen als Mund, Ohr und Arm eines solidarisch organisierten Gesundheitssystems tätig. Sie gestalten solidarische Institutionen durch ihre alltägliche Praxis aus. In der zweiten Form solidarischer Praxis (die *erweiternde* Solidarität) füllen sie Lücken, die die institutionalisierte Solidarität im Gesundheitssystem offenlässt. Nicht überraschend haben es insbesondere migrantische Patient*innen[3] – u. a. auf Grund von sprachlichen und kulturellen Barrieren – oft schwerer, medizinisch notwendige Leistungen zu bekommen. Manche Gesundheitsarbeiter*innen gleichen diese strukturellen Defizite in ihrem Arbeitsalltag aus, indem sie über das vorgesehene Maß an Leistung und Zuwendung hinausgehen oder sogar Regeln brechen, um das zu tun, was ihnen selbst als richtig und gerecht scheint. Eine dritte Form der gelebten Solidarität (die *gestaltende* Solidarität) geht noch einen Schritt weiter, indem sie versucht, neue Regeln zu schaffen, die die geltenden Normen und Instrumente der verändern (z. B. neue Gesetze, aber auch neue Kriterien für die Allokation von Ressourcen etc.).

Gelebte Solidarität von Gesundheitsarbeiter*innen bedeutet also konkretisierend, erweiternd und gestaltend zu handeln (Abbildung 2). Handlungen spielen sich dabei auf interpersoneller und kollektiver Ebene ab (Abbildung 1). So tragen Gesundheitsarbeiter*innen dazu bei, dass institutionelle Solidarität kein Lippenbekenntnis bleibt (Abbildung 3). Gelebte Solidarität löst das abstrakte Versprechen der Gerechtigkeit ein. Es verspricht Gleichen (Versicherte im solidarisch organisierten Gesundheitssystem) Gleiches (Leistungen entsprechend ihren medizinischen Bedürfnissen).

---

2 Die diesem Beitrag zu Grunde liegenden Interviews wurden im Rahmen des Dissertationsprojektes von Wanda Spahl geführt. Dafür begleitete sie auch ärztliche Behandlungen in der österreichischen Hauptstadt und sprach mit Vertreter*innen aus der Politik und relevanten Institutionen. So untersucht sie Gesundheitsbedürfnisse speziell von geflüchteten Menschen.

3 Speziell bei den Interviews mit Gesundheitsarbeiter*innen, die Wanda Spahl führte, stellte sich heraus, dass viele Themen nicht nur für geflüchtete Menschen, sondern auch für andere Migrant*innen gelten, und dabei im Speziellen für weder Deutsch- noch Englischsprachige, Nicht EU-Bürger*innen und Muslim*innen. Entsprechend beziehen wir unsere Ergebnisse im Folgenden auf „migrantische Patient*innen".

	*Was tut die Gesundheitsarbeiter*in?*	*Konkretes Beispiel*
Praxis 1: Konkretisierende Solidarität	Gesundheitseidienstleister*in konkretisiert institutionelle Solidarität	Facharzt erkundigt sich neben medizinischem Zustand auch nach anderen Lebensbereichen, z. B. Sprachkurs bei Geflüchteten
Praxis 2: Erweiternde Solidarität	Gesundheitseidienstleister*in erweitert institutionelle Solidarität	Allgemeinärztin übernimmt gynäkologische Untersuchungen wegen Mangel an Farsi sprechenden Frauenärzt*innen, und stellt – entgegen den Vorgaben der Ärztekammer – als verständnisvolle Mutter kostenfreie Bestätigungen für Eltern aus
Praxis 3: Gestaltende Solidarität	Gesundheitseidienstleister*in versucht neue Regeln und Praktiken zu schaffen	Einsatz für mehr Kassenplätze für Ärzt*innen mit nicht-deutschen Sprachkenntnissen und Kultursensibilität

Abbildung 2: Formen solidarischer Praxis von Gesundheitsarbeiter*innen im österreichischen Gesundheitssystem

1 Beispiele konkretisierender, erweiternder und gestaltender Solidarität

Eine der Autorinnen des Beitrags (WS) begleitet eine syrische Frau mit ihrem Kind zu einem arabischsprechenden Facharzt. Dieser stellt während der Behandlung über eine Mischung aus Humor und Autorität Vertrauen her. Schon fast paternalistisch erkundigt er sich neben dem medizinischen Anliegen auch nach anderen Lebensbereichen wie dem Sprachkurs oder den schulischen Leistungen des Kindes. Sogar ringt er der Mutter das Versprechen ab, ihr Deutsch zu verbessern und dem Kind, gut zu lernen. Am Ende der Behandlung wendet sich der Arzt der begleitenden Autorin (WS) zu. Die syrische Frau merkt an, dass diese aus Nürnberg kommt. Er freut sich sichtlich und erklärt, dass er in Deutschland studiert hat und dann nach Wien gezogen ist. Daraufhin zögert er kurz und fügt dann lachend hinzu „als Flüchtling". Dabei ist nicht klar, ob er sich als Flüchtling aus dem Land seiner Geburt sieht oder als Flüchtling aus Deutschland in Wien. Geschäftig verlässt er daraufhin den Behandlungsraum. Der Facharzt konkretisiert institutionelle Solidarität, indem er sich aktiv auch nach anderen Lebensbereichen neben dem medizinischen Bedürfnis im engeren Sinn erkundigt. Für geflüchtete Menschen ist das Erlernen von Deutsch wesentlich. Der Arzt nimmt sich die Zeit, seine Patient*innen ganzheitlich zu behandeln.

Während der kommunikative Facharzt als Mund, Ohr und Arm des Gesundheitssystems Solidarität ausgestaltet, braucht es darüber hinausgehend auch das aktive Schließen von strukturellen Lücken. Ein Beispiel dafür, wie dies in der Praxis geschieht, stellt die folgende Schilderung einer Farsi sprechenden Allgemeinärztin dar, die gynäkologische Untersuchungen übernimmt, weil es zu wenige Frauenärzt*innen mit entsprechenden Sprachkenntnissen in Wien gibt:

> „Ärztin: Es gibt Medikamente, die zum Beispiel nur ein Gynäkologe verschreiben darf, ja? Ich bewillige es immer und schreibe dazu: wegen Sprachschwierigkeiten; oder, dass der Termin beim Gynäkologen, wenn sie einen Pilz hat, drei Monate dauern würde." (Allgemeinärztin)

Die Ärztin erklärt weiter, dass viele Patientinnen mit begrenzten finanziellen Mitteln private Gynäkolog*innen mit entsprechenden Sprachkenntnissen aufsuchen, obwohl sie aus eigener Tasche zahlen müssen, da deren Leistungen nicht von der Versicherung übernommen werden. Auf der zwischenmenschlichen Ebene setzt sich diese Ärztin mit ihren Patient*innen auseinander (Abbildung 1, Ebene 1). Auch wenn es sie Zeit und Mühe kostet, bezieht sie die Lebensumstände ihrer Patient*innen mit ein und übernimmt Mehrarbeit. Aber auch auf einer kollektiven Ebene hat sie ihr berufliches Handeln der Gesundheit Anderer verschrieben. Unterlassene gynäkologische Behandlungen schmerzen dann als Versagen des eigenen Berufsstands (Abbildung 1, Ebene 2).

Neben der gerade beschriebenen konkretisierenden und erweiternden solidarischen Praxis versuchen manche Gesundheitsarbeiter*innen neue Regeln und Normen zu etablieren (Abbildung 2, Praxis 3). Beispielsweise setzen sich Mitglieder der Ärztekammer dafür ein, dass mehr Ärzt*innen mit nicht-deutschen Sprachkenntnissen und erhöhter Kultursensibilität Kassenplätze bekommen, um teils mangelhafte Versorgung migrantischer Patient*innen zu gewährleisten. Oben haben wir gehört, wie eine Farsi sprechende Allgemeinärztin gynäkologische Untersuchungen übernimmt: Menschen zahlen sonst für eine wahl- oder privatärztliche Behandlung in ihrer Muttersprache, obwohl sie die finanziellen Möglichkeiten nicht haben bzw. konsultieren diese fachärztlichen Bereiche schlichtweg nicht. Die Allgemeinärztin im obigen Zitat zeigt sich somit als Teil eines Gesundheitssystems, das zwar der Solidarität und Gerechtigkeit verpflichtet ist, diese Versprechen jedoch aufgrund knapper Ressourcen und struktureller Ungleichheiten nicht immer einhalten kann.

Es wird schnell klar, dass solidarische Praxis häufig gleichzeitig auf der interpersonellen Ebene und auf der Ebene eines Kollektivs (Abbildung 1, Ebene 1 & 2) stattfindet. Die Ärzt*innen unserer Studie handeln solidarisch sowohl von Mensch-zu-Mensch, als auch als Teil der Ärzt*innenschaft. Folgendes Zitat illustriert diese Simultanität nochmal sehr deutlich: Mit zitternder Stimme erzählt ein Arzt von einem Kind, das an einer Lungenentzündung starb. Die Mutter wurde in der Notaufnahme mit Schmerztabletten für das Kind nach Hause geschickt. Beim bald darauf folgenden Kontrolltermin mussten die beiden stundenlang im Wartebereich sitzen; kurz darauf starb das Kind auf der Intensivstation. „Da haben wir uns", erzählt er, „...ich habe mich damals mit diesem Fall so schuldig gefühlt, weil ich halt Teil des Systems bin. [...] Das darf, sowas darf bei uns nicht passieren, ja?" (Facharzt in Wien)

Der Arzt hält Tränen zurück. Er ist sichtlich bewegt und persönlich betroffen (Abbildung 1, Ebene 1). Nach Einschätzung des Arztes kam es zur tragischen Konsequenz, weil das medizinische Personal die Bedürfnisse der beiden nicht richtig gedeutet hat. Die Mutter des Kindes trägt ein Kopftuch und spricht gebrochen Deutsch. Sie ist auf Grund von vorangegangenen diskriminierenden Erlebnissen, wie viele Migrant*innen, unsicher und in sich gekehrt. So erklärt der Arzt die Fehlbehandlung. Er versteht sich als Teil dieses versagenden Systems und möchte dieses verbessern: Er erzählt vom tragischen Tod des Kindes als einen der ausschlaggebenden Momente für sein Engagement. Gemeinsam mit Kolleg*innen setzt er sich für adäquate medizinische Versorgung durch bessere Vernetzung ein. So verweisen er und die anderen Mitglieder des Netzwerkes ihre Patient*innen oft an andere Ärzt*innen, von denen sie kultur- und religionssensible Behandlung erwarten, und organisieren gut besuchte Informationsveranstaltungen zu kultur- und religionssensibler Behandlung über die österreichische Ärztekammer, die auch von österreichische Ärzt*innen gut angenommen werden (Abbildung 1, Ebene 2).

Gelebte Solidarität – in unserer Studie im Fall konkretisierender, erweiternder und gestaltender Solidarität – kann zur besseren Versorgung insbesondere benachteiligter Gruppen beitragen. Es braucht neben entsprechend geregelten Ansprüchen und entsprechend finanzierten und ausgestatteten Institutionen, die zur Leistungserbringung auch in der Lage sind, auch gelebte Solidarität seitens der Gesundheitsarbeiter*innen, um das Versprechen einer gerechten, d. h. einer gleichen, Behandlung für alle Menschen in Österreich zu erfüllen. Nun könnten wir schlussfolgern, dass so Probleme des Gesundheitssystems erfolgreich ausgeglichen werden. In der Form der konkretisierenden (Abbildung 2, Praxis 1) und erweiternden (Abbildung 2, Praxis 2) Solidarität wird gelebte Solidarität zum systeminhärenten Korrektiv.

3 Warum handeln Gesundheitsarbeiter*innen solidarisch?

Die meisten Gesundheitsarbeiter*innen im Fokus dieses Beitrags sind selbst nach Österreich immigriert. Dies ist aber häufig gar nicht die einzige (oder die wichtigste) Ähnlichkeit, die ihre konkrete solidarische Praxis formt. Stattdessen sind es andere Gemeinsamkeiten – dass man etwa auch Mutter oder Vater ist – die handlungsleitend werden. Das sehen wir auch im folgenden Beispiel: Bestimmte ärztliche Bestätigungen sind, entsprechend Empfehlungen der Ärztekammer, kostenpflichtig. Dazu gehören medizinische Gutachten für rechtliche Verfahren, aber auch Bestätigungen, dass Kinder auf Grund von Krankheit nicht in die Schule können. Eine Allgemeinärztin führt aus, dass sie das letzte Erfordernis bei manchen Kindern, nämlich jenen von Asylwerber*innen, als „ungerecht“ empfindet. Sie vergleicht betroffene Eltern mit sich selbst:

> „Ich bin selber Mutter – und wenn ich (Anm. bei der Schule) anrufe und sage ‚mein Kind ist krank‘ heißt das, mein Kind ist krank. Bis zu drei Tage können Eltern ihre

> Kinder selbst entschuldigen (Anm. Ärztliche Bestätigungen werden bei Eltern im Asylverfahren aber verstärkt auch innerhalb dieser drei Tage angefragt). Keine Eltern würden anrufen, wenn ihr Kind nicht krank ist. Ich meine, was soll das, ja? Manchmal ist das wirklich ärgerlich, ja, weil es ist ungerecht, finde ich." (Allgemeinärztin, die als Kind aus einem Farsi sprechenden Land nach Österreich gekommen ist)

Neben dem Muttersein legt die Ärztin ihrem Handeln also einen Gerechtigkeitsanspruch zu Grunde. Weil sie die Ungleichbehandlung als ungerecht empfindet, handelt sie solidarisch: Sie ruft bei der Schule an, um nachzufragen, warum das für dieses spezielle Kind verlangt wird. Sie nimmt sich Zeit und scheut nicht den emotionalen Aufwand, sich mit dem Problem auseinanderzusetzen. Wenn es sich nicht vermeiden lässt, stellt sie entsprechende Bestätigungen sogar kostenfrei aus, entgegen der Vorgabe der Ärztekammer. Ihr ist es wichtig, adäquate Versorgung zu gewährleisten und somit ihre Arbeit gut zu machen. Dabei spielt neben der Gemeinsamkeit im Muttersein auch Differenz, im Sinne von Vulnerabilität, eine zentrale Rolle für die Ärztin (Pot, in Arbeit). Bestimmte soziale Gruppen – auf Grund von sprachlichen Barrieren, bestimmten Vorerfahrungen wie traumatischen Erlebnissen, kulturellen Differenzen, geringer Durchsetzungskraft, oder finanziellen Einschränkungen – brauchen mehr Zuwendung, damit ihre gesundheitlichen Bedürfnisse erfüllt werden. Die solidarischen Praktiken der Gesundheitsarbeiter*innen stellen Gerechtigkeit, im Sinne adäquater medizinischer Versorgung für alle Versicherten, her.

Als Motivation der Menschen im Gesundheitsbereich spielt außerdem das Verantwortungsbewusstsein der Einzelnen eine Rolle. Die interviewten Personen in diesem Beitrag entscheiden sich dazu, Verantwortung zu übernehmen, um von ihnen als ungerecht oder schlichtweg falsch empfundene Begebenheiten aufzulösen. Ein anderes Beispiel ist eine wütende Fachärztin. Sie grämt sich darüber, dass manche Menschen nicht gut versorgt werden, und nimmt entsprechend Mehrarbeit auf sich, um dem entgegenzuwirken.

> „Und ich sehe das bei diesen Menschen, von den Kriegstraumata, von jugoslawischen-, vom Jugoslawienkrieg, von Terroranschlägen in Madrid wie gesagt die eine, und systematisch durch die Bank von Kopftuchträgerinnen, egal, auch wenn sie sich ab einem Alter mit ihrem Schicksal abfinden, weil das ihre Kultur ist oder es auch [suchen], die einfach irgendwann den Ganzkörperschmerz aufziehen, weil sie einfach scheiße behandelt werden; und das ist ein kultureller Aspekt und deswegen noch lange nicht okay." (Fachärztin)

Daraus folgt, dass sich die Beweggründe solidarischen Handelns auf verschiedenen Ebenen finden. Als einzelne Menschen, unter anderem als Mütter, möchten Gesundheitsarbeiter*innen die Gesundheit ihrer Mitmenschen fördern (Abbildung 1, Ebene 1). Als Teil eines Berufsstands finden sie schlechte Behandlung nicht in Ordnung und möchten dieser entgegenwirken (Abbildung 1, Ebene 2). Sie gleichen durch ihre Praxis bestehende Ungerechtigkeiten aus.

III Was tun?

Wir haben gezeigt, dass Gesundheitsarbeiter*innen wichtige Akteure solidarischen Handelns im Gesundheitssystem sind. Wir haben dabei drei Formen solidarischer Praxis unterschieden, nämlich konkretisierende, erweiternde und gestaltende Solidarität. Die gelebte Solidarität der Menschen in Gesundheitsberufen ist von essenzieller Bedeutung, um sicherzustellen, dass das Versprechen der Gerechtigkeit für Menschen mit bestehendem Versicherungsschutz – nämlich die gleiche gute medizinische Behandlung zu erfahren – gegenüber allen Patient*innen eingelöst wird. Dabei wird klar, dass viele dieser solidarischen Praktiken institutionelles Versagen ausgleichen. Manche Menschen, nämlich benachteiligte Bevölkerungsgruppen, sind in der Imagination derer, die das Gesundheitssystem gemacht haben, nicht sichtbar. Ein Blick auf Solidarität in der Praxis lenkt unsere Aufmerksamkeit auf diese Unsichtbarkeiten. Die von uns besprochenen Formen gelebter Solidarität (Abbildung 2, Praxis 1–3) machen aber auch klar, dass Gesundheitsarbeiter*innen hohe emotionelle, zeitliche und andere Kosten für ihr Handeln übernehmen.

Trotz der bedeutsamen Rolle, die die Praxis der Gesundheitsarbeiter*innen innerhalb solidarisch organisierter Gesundheitssysteme spielt, kommt dem Erfahrungswissen dieser Menschen in der Forschung und in der Politikgestaltung praktisch keine Bedeutung zu. Dies muss sich ändern: Wir müssen zum einen sicherstellen, dass gelebte Solidarität im Gesundheitswesen weiterhin jene Lücken schließen kann, die ein formales institutionalisiertes Regelwerk notwendigerweise offen lässt. Dies trägt zu besseren und gerechteren *health outcomes* insbesondere für benachteiligte Bevölkerungsgruppen bei, und nimmt aber auch Druck von den betroffenen Gesundheitsarbeiter*innen. Zum anderen können wir von der solidarischen Praxis der Gesundheitsarbeiter*innen lernen, welche weiteren Lücken der Solidarität im Gesundheitssystem durch neue Regeln und Normen formal geschlossen werden sollten.

Verbesserungen im von uns intendierten Sinne können insbesondere auf folgende Weise erzielt werden: Als erster Schritt muss die Solidaritätsarbeit der Gesundheitsberufe stärker in den Blick der (wissenschaftlichen und angewandten) Forschung rücken. Eine systematische Erfassung und Auswertung des Erfahrungswissens verschiedener Gesundheitsberufe gibt Aufschluss darüber, wo es institutionelle und strukturelle Probleme gibt, bzw. wo Benachteiligungen vorkommen. So können wir feststellen, welche Handlungen von Gesundheitsarbeiter*innen durch Anreize gefördert werden sollten, die es momentan nicht sind. Außerdem ist es so möglich zu erfahren, wo es mehr oder andere Ressourcen braucht – sei es durch Anpassungen der vergütbaren Leistungen bei den Krankenkassen zum Beispiel im Bereich der sprechenden Medizin, monetäre Entlohnungen oder den Ausbau bestimmter Funktionen wie beispielsweise Gesundheitslots*innen. Eine erhöhte Aufmerksamkeit auf gelebte Solidarität bringt uns in die Lage, aktiv zu entschieden, welche Formen institutionalisiert (gestaltende Praxis) bzw. vom System stärker wertgeschätzt werden sollten (konkretisierende und erweiternde Praxis).

Gerade jetzt könnte die in der Coronakrise erfolgte Aufwertung solidarischer Institutionen wie etwa Einrichtungen für Public-Health helfen, Solidarität als Basis des Gesundheitssystems neu zu denken und nachhaltig zu verankern. Dazu ist es wichtig, die Solidaritätsarbeit der Gesundheitsberufe anzuerkennen und durch konkrete Maßnahmen wertzuschätzen: Dies ist notwendig, um das Gerechtigkeitsversprechen eines solidarischen Gesundheitssystems gegenüber allen versicherten Menschen einzuhalten.

Literaturverzeichnis

Habermas, J. 1991. Erläuterungen zur Diskursethik. Frankfurt am Main: Suhrkamp.

Pot, M., in Arbeit. Epistemic solidarity in healthcare (Working title).

Prainsack, B., 2020. Solidarity in Times of Pandemics. Democratic Theory, 7(2), pp. 124–133.

Prainsack, B., und Buyx, A. 2017. Solidarity in Biomedicine and Beyond. Cambridge, UK: Cambridge University Press.

Prainsack, B. and Buyx, A., 2016. Das Solidaritätsprinzip: Ein Plädoyer für eine Renaissance in Medizin und Bioethik. Campus Verlag.

Prainsack, B. and Buyx, A., 2011. Solidarity: Reflections on an emerging concept in bioethics (p. 63). London: Nuffield Council on Bioethics.

Rawls, J. and Vetter, H., 2006. Eine Theorie der Gerechtigkeit. Frankfurt: Suhrkamp.

SolPan, 2020. Solidarity in times of a pandemic. What do people do and why? https://digigov.univie.ac.at/solidarity-in-times-of-a-pandemic-solpan/.

Laura Münkler

Wirtschaftlichkeit als Solidargrenze? Kontingenz und Ironie von Kosten-Nutzen-Bewertungen als Allokationsmaßstab

I Einführendes: Solidarität und Wirtschaftlichkeit

Sucht man nach Beispielen für Solidarität im Recht, findet man die Gesundheitsversorgung, insbesondere die gesetzliche Krankenversicherung (GKV), mit als Erstes angeführt.[1] Der Egalitarismus in der Gesundheitsversorgung, der Versuch der Herstellung sozialer Gesundheitsgerechtigkeit zumindest in Bezug auf den Anspruch auf Krankenbehandlung[2] und die insoweit geübte Solidarität im Krankheitsfall werden gerne als Gegenstück zum sonst weitläufig vorzufindenden „Konkurrenzsystem" konzeptualisiert.[3] Die GKV steht daher heute paradigmatisch für Solidarität.

Doch ist sie tatsächlich in jederlei Hinsicht solidarisch ausgestaltet, oder kennt Solidarität auch hier Grenzen? Lässt sich Solidarität im Recht selbst in Gesundheitsfragen womöglich überhaupt nur von ihren Grenzen her denken,[4] weil die durch Solidarität erfolgende Inklusion, der Zusammenschluss zu einer Gemeinschaft, zwingend zugleich auf Exklusion beruht?[5] Ist Solidarität demnach nicht universell, sondern relativ – mit den entsprechenden Folgen für die mit Solidarität einhergehenden Verpflichtungen?[6] Sind Solidarität, Kontingenz und Ironie, wie *Richard Rorty* nahelegt, insofern gar kein Widerspruch?[7]

---

1 Siehe etwa *Steinvorth*, in: Bayertz (Hrsg.), Solidarität: Begriff und Problem, 3. Aufl., 2019, S. 54 ff. (75 ff.).

2 Vgl. *Huster*, Soziale Gesundheitsgerechtigkeit, 2011, S. 9 ff.

3 Vgl. *Singer*, in: Veatch/Branson (Hrsg.), Ethics and health policy, 1976, S. 175 ff. (191 f.); *Kersting*, in: Gutmann/Schmidt (Hrsg.), Rationierung und Allokation im Gesundheitswesen, 2004, S. 41 ff. (42 ff.); *Birnbacher*, in: Gutmann/Schmidt (Hrsg.), Rationierung und Allokation im Gesundheitswesen, 2004, S. 91 ff. (102).

4 Vgl. *Göbel/Pankoke*, in: Bayertz (Hrsg.), Solidarität: Begriff und Problem, 3. Aufl., 2019, S. 463 ff. (463).

5 Vgl. *Bayertz*, in: ders. (Hrsg.), Solidarität: Begriff und Problem, 3. Aufl., 2019, S. 11 ff. (20); *Rorty*, Kontingenz, Ironie und Solidarität, 12. Aufl., 2018, S. 309; *Bude*, Solidarität, 2019, S. 9 f.

6 Vgl. *Bayertz*, in: ders. (Hrsg.), Solidarität: Begriff und Problem, 3. Aufl., 2019, S. 11 ff. (21).

7 *Rorty*, Kontingenz, Ironie und Solidarität, 12. Aufl., 2018, S. 305 ff., insb. S. 309.

Wirft man einen Blick auf die Diskussion über Rationierung und somit die Bestimmung des zu gewährleistenden Leistungsumfangs der gesetzlichen Krankenversicherung sowie den hiermit einhergehenden Finanzbedarf, drängt sich zumindest dieser Eindruck auf. Denn selbst wenn die Forderung nach sozialer Gesundheitsgerechtigkeit und somit Solidarität in Gesundheitsfragen in den Vordergrund gestellt wird, dreht sich die Diskussion doch schnell hauptsächlich um die Finanzierbarkeit dieses Anliegens.[8] Verteilungsgerechtigkeit und Knappheit werden mit Blick auf das Gesundheitswesen grundsätzlich gemeinsam gedacht.[9] Solidarität scheint demnach unter einem Wirtschaftlichkeits- respektive Finanzierbarkeitsvorbehalt zu stehen.[10] Dementsprechend könnten Solidarität und Wirtschaftlichkeit enger miteinander zusammenhängen, als man dies angesichts der „Hartherzigkeit" finanzieller Nutzenerwägungen auf den ersten Blick annehmen würde, die in Widerspruch zur eher mit Freigiebigkeit assoziierten Solidarität zu stehen scheinen.[11]

Lassen sich die in § 12 SGB V geforderte Wirtschaftlichkeit der im Rahmen der gesetzlichen Krankenversicherung zu erbringenden Leistungen sowie die Verweise auf die Eigenverantwortung der Versicherten folglich als Aspekte von Solidarität denken?[12] Oder schränken diese Maßgaben die im Rahmen der gesetzlichen Krankenversicherung geübte Solidarität nicht vielmehr ein? Besteht ein irgendwie gearteter Zusammenhang zwischen Solidarität, Eigenverantwortung und Wirtschaftlichkeit?[13] Oder existiert gar eine Verbindung zwischen Solidarität und Nutzen,[14] sodass Solidarität und Kosten-Nutzen-Erwägungen womöglich gar

---

8 Dies zeigen die Ausführungen von *Huster*, Soziale Gesundheitsgerechtigkeit, 2011, S. 9 ff., 18 ff., passim, besonders deutlich.

9 Grundlegend hierzu *Lege*, VVDStRL 70 (2011), S. 112 ff. (114 ff.); *Kingreen*, VVDStRL 70 (2011), S. 152 ff. Wobei hier indes Solidarität als eine Folge von Knappheit gedacht wird, nicht hingegen wirtschaftliche Knappheit und Solidarität zueinander in Beziehung gesetzt werden.

10 Dies schlägt sich im Übrigen in der zugehörigen Grundrechtsdogmatik der Schutzpflichten und Leistungsrechte ebenfalls nieder, vgl. *Münkler*, Kosten-Nutzen-Bewertungen in der gesetzlichen Krankenversicherung, 2015, S. 273 ff. Näher hierzu ferner *Wischmeyer*, Die Kosten der Freiheit, 2015, S. 6 f., 44 ff.

11 Zum Widerspruch und der Verankerung des Denkens in Solidargrenzen als der solidarischen Beschränkung der Reichweite von Solidarität vgl. *Göbel/Pankoke*, in: Bayertz (Hrsg.), Solidarität: Begriff und Problem, 3. Aufl., 2019, S. 463 ff. (474).

12 Diese Frage zumindest implizit aufwerfend *Kersting*, in: Gutmann/Schmidt (Hrsg.), Rationierung und Allokation im Gesundheitswesen, 2004, S. 41 ff. (45 Fn. 4, 49 ff., 62); *Neugebauer*, Das Wirtschaftlichkeitsgebot in der gesetzlichen Krankenversicherung, 1996, S. 71; *Huster*, Soziale Gesundheitsgerechtigkeit, 2011, S. 12 ff.

13 Selbst *Heinig*, NVwZ 2006, S. 771 ff. (771) sieht in seiner beißenden Kritik an der „Nikolaus-Entscheidung" des BVerfG insoweit „solidarisch finanzierte Leistungen" und Eigenverantwortung als Gegensatz an.

14 Dass das Vorliegen eines Nutzens von Relevanz ist, erscheint insoweit naheliegend, als die breite Kritik an der sog. Nikolaus-Entscheidung andernfalls kaum zu erklären ist. Wie kann es sonst – ketzerisch gesprochen – sein, dass es mit Blick auf eine

nicht konträr zueinander sind, sondern sich gegenseitig bedingen? Ist es dementsprechend möglich, Erwägungen der Nutzenproduktivität als Teil von Solidarität zu begreifen? Oder läuft eine Fokussierung hierauf nicht doch der Idee von Solidarität zuwider?

Hiermit zusammenhängend fragt sich des Weiteren, ob sich die geforderte Solidarität zwischen den gesetzlich Krankenversicherten allein auf den Krankheitsfall beschränken lässt oder ob sie nicht, gerade sofern Solidarität und Wirtschaftlichkeitserwägungen miteinander verbunden sein sollten, ebenfalls fordert, dass die Wahrscheinlichkeit des Bedürfnisses von Krankenversicherungsleistungen durch jeden gesetzlich Krankenversicherten möglichst gering gehalten wird?[15] Muss also aus Gründen der Solidarität Prävention betrieben, insbesondere gesundheitsschädliches Verhalten unterlassen werden?[16] Letztere Frage drängt sich aktuell vor dem Hintergrund der COVID-19-Pandemie gleich in zweierlei Hinsicht auf: Sowohl angesichts der durch die Pandemie entstehenden erheblichen Kosten für das Gesundheitssystem,[17] als auch, weil die mittels Tragens von Masken betreibbare Prävention auf Wechselseitigkeit beruht – zumindest im Falle von Alltagsmasken, durch welche vornehmlich andere geschützt werden, hängt die Präventionswirkung von dem wechselseitig durch das Tragen einer Maske gewährleisteten Schutz ab. Ist solcherlei Prävention aus Gründen der Solidarität, sowohl angesichts

---

Solidargemeinschaft, die explizit dazu dient, im Krankheitsfall Leistungen zu erbringen, teils als höchstproblematisch angesehen wird, ein Recht auf Gewährung von Leistungen im Falle einer lebensbedrohlichen oder regelmäßig tödlichen Erkrankung anzunehmen, weil nur eine fernliegende Aussicht auf Verbesserung besteht? Kritisch dazu, dass hierdurch die individuelle Bedürftigkeit einseitig betont und die finanziellen Auswirkungen ausgeblendet würden, etwa *Huster*, JZ 61 (2006), S. 466 ff. (468).

15 Dies implizierend *Kersting*, in: Gutmann/Schmidt (Hrsg.), Rationierung und Allokation im Gesundheitswesen, 2004, S. 41 ff. (58). Ebenfalls fordernd, den Fokus stärker auf Prävention zu legen, *Huster*, Selbstbestimmung, Gerechtigkeit und Gesundheit. Normative Aspekte von Public Health, 2015, S. 12 f.

16 Das Tragen einer Maske ist als Beispiel für die Frage, inwieweit Solidarität die Berücksichtigbarkeit von Vorverhalten ermöglicht, auch deshalb besonders geeignet, weil diese Form der Prävention mit deutlich geringeren Kosten sowie Einschränkungen der Freiheit jedes Einzelnen verbunden ist, als dies bei Prävention sonst zumeist der Fall ist. Auf die Problematik, dass der Wert der Freiheit und die Disziplinierungskosten von Präventionsmaßnahmen nicht berücksichtigt werde, hinweisend *Birnbacher*, in: Gutmann/Schmidt (Hrsg.), Rationierung und Allokation im Gesundheitswesen, 2004, S. 91 ff. (101). Die Schwierigkeiten des Verhältnisses von Präventions- und Behandlungskosten hervorhebend *Schmidt/Stock/Voigt*, in: Huster/Schramme (Hrsg.), Normative Aspekte von Public Health: Interdisziplinäre Perspektiven, 2016, S. 179 ff. (183).

17 Vgl. hierzu etwa die Meldung des Spiegel, Milliardenloch wegen Coronavirus. Gesetzlich Versicherten droht Verdoppelung des Zusatzbeitrags, abrufbar unter: https://www.spiegel.de/wirtschaft/soziales/corona-krankenkassen-warnen-vor-beitragsschock-a-897a116a-8bcc-4877-88fe-98e13c1c9302.

der im Krankheitsfall erzeugten Kosten als auch angesichts des nur im Wege der Gegenseitigkeit erreichbaren Schutzes, einforderbar? Und kann die Gewährleistung von solidarisch finanzierten Leistungen unter Verweis auf unsolidarisches Vorverhalten abgelehnt werden? Oder verpflichtet uns der Gedanke der Solidarität etwa dazu, auch die Krankenbehandlungskosten von Versicherten zu tragen, selbst wenn sie sich nachweislich auf einer sogenannten „Anti-Corona-Demo" mit COVID-19 angesteckt haben, weil sie den Schutzauflagen nicht nachgekommen sind?

Die gemeinsame Nennung von Solidarität, Eigenverantwortung und Prävention in § 1 SGB V scheint einen Hinweis darauf darzustellen, dass diese drei Komponenten miteinander verbunden sind. Eigenverantwortung, Prävention und Wirtschaftlichkeit könnten demnach womöglich nicht als Grenze, sondern als Aspekt von Solidarität anzusehen sein, wodurch der Bestimmung qua Kosten-Nutzen-Bewertungen, ob gewisse Leistungen solidarisch finanziert oder der Eigenverantwortung überantwortet werden sollen, der Anschein des Unsolidarischen und der reinen Wirtschaftlichkeitsorientierung genommen würde.[18] Ist die Verteilung begrenzter Mittel anhand von Kosten-Nutzen-Erwägungen unter diesen Umständen dann sogar gerechter und somit zugleich auch solidarischer als jede andere Form der Allokation, weil mit ihrer Hilfe für alle ein möglichst hoher Nutzen gestiftet werden kann?

Um diesen Fragen näher nachgehen zu können, ist zunächst die Bedeutung des Begriffs Solidarität zu präzisieren. Sodann wird skizziert, wie sich der Solidaritätsgedanke im SGB V bislang niedergeschlagen hat, um hierauf aufbauend bewerten zu können, ob Solidarität, sofern die finanziellen Folgen unberücksichtigt bleiben, unsolidarische Wirkungen zu zeitigen vermag. Hiermit soll gezeigt werden, in welcher Hinsicht Wirtschaftlichkeit, Kosten-Nutzen-Bewertungen und Solidarität gemeinsam gedacht werden können und inwieweit doch ein Konflikt zwischen ihnen besteht.

II Was heißt Solidarität?

Der Begriff „Solidarität" steht je nach Kontext als Chiffre für Verantwortung, Gemeinschaft, Gesellschaft, Gemeinwesen, Gemeinsinn, Gemeinsamkeit, Brüderlichkeit, Gegenseitigkeit, Kooperation, Sittlichkeit, Ethik und/oder Gerechtigkeit.[19] Als Kern von Solidarität wird dabei generell die Gegenseitigkeit der Verpflichtung

---

18 So der Ansatz von *Kersting*, in: Gutmann/Schmidt (Hrsg.), Rationierung und Allokation im Gesundheitswesen, 2004, S. 41 ff. (50 ff.), der die Beschränkung des Selbstbestimmungsrechts der Individuen mit Blick auf die solidarische Finanzierung von Gesundheitsleistungen hervorhebt.

19 Der Begriff Solidarität ist aus diesem Grund sehr weit, weshalb er leicht zu einem bloßen Schlagwort mutiert, so *Wildt*, in: Ritter/Gründer/Gabriel/Wildt (Hrsg.), Historisches Wörterbuch der Philosophie, 1995, Sp. 1008.

ausgemacht, wodurch Solidarität von Wohlfahrt unterschieden wird.[20] Solidarität bedeutet demnach, wechselseitig füreinander einzustehen und beinhaltet folglich den Gedanken eines reziproken Verhältnisses. Angesichts dieser Wechselseitigkeit der Verpflichtung enthält Solidarität demnach zwar eine Ausrichtung auf Gemeinwohlaspekte, fokussiert dabei jedoch gleichzeitig auf hiermit verbundene Individualinteressen.[21] Im Begriff der Solidarität verbinden sich somit Individual- mit Gemeinwohlinteressen – eine Eigenschaft, die ansonsten insbesondere der Idee der Demokratie,[22] indes ebenfalls in gewisser Hinsicht dem Utilitarismus eigen ist.[23]

Solidarisch zu handeln heißt demnach nicht, dass lediglich Fremdinteressen gedient wird; vielmehr werden hiermit zugleich Eigeninteressen verfolgt. Grund hierfür ist, dass innerhalb von Solidargemeinschaften ein zumindest partieller Interessengleichlauf vorliegt.[24] Solidarisch mit anderen zu sein, trägt insoweit auch der eigenen Interessenslage Rechnung.[25] Weil Eigen- und Gemeinwohlinteressen indes zumeist nicht gänzlich ineinander aufgehen, ist Voraussetzung, um trotz der gleichzeitigen Verfolgung von Eigeninteressen von Solidarität sprechen zu können, dass diese nicht dominant sind.[26] Dies ist mit Blick auf Gemeinschaften insbesondere dann der Fall, sofern die zur Solidargemeinschaft individuell zu leistenden

---

20 *Bayertz*, in: ders. (Hrsg.), Solidarität: Begriff und Problem, 3. Aufl., 2019, S. 11 ff. (11 f., 14); *Steinvorth*, in: Bayertz (Hrsg.), Solidarität: Begriff und Problem, 3. Aufl., 2019, S. 54 ff. (55 f.); *Denninger*, in: Bayertz (Hrsg.), Solidarität: Begriff und Problem, 3. Aufl., 2019, S. 319 ff. (327 f.); *Brunkhorst*, Solidarität, 2. Aufl., 2016, S. 12; *Kaufmann*, in: Münkler/Fischer (Hrsg.), Gemeinwohl und Gemeinsinn: Rhetoriken und Perspektiven sozial-moralischer Orientierung, 2002, S. 19 ff. (21 ff.); *Wildt*, in: Bayertz (Hrsg.), Solidarität: Begriff und Problem, 3. Aufl., 2019, S. 202 ff. (208). Zum insoweitigen Zusammenhang zwischen dem Hegelschen „System der Bedürfnisse", der bürgerlichen Gesellschaft, dem Staat, wechselseitigen Vorteilhaftigkeit und Freiheit jedes Einzelnen siehe *Kaufmann*, in: Münkler/Fischer (Hrsg.), Gemeinwohl und Gemeinsinn: Rhetoriken und Perspektiven sozial-moralischer Orientierung, 2002, S. 19 ff (19 ff.). Selbst Rorty, der Solidarität als Form des Menschlichen eigentlich ablehnt, betont die Wechselseitigkeit im Rahmen des Begriffes, *Rorty*, Kontingenz, Ironie und Solidarität, 12. Aufl., 2018, S. 306.

21 Vgl. *Kaufmann*, in: Münkler/Fischer (Hrsg.), Gemeinwohl und Gemeinsinn: Rhetoriken und Perspektiven sozial-moralischer Orientierung, 2002, S. 19 ff. (25, 28 ff.).

22 So auch *Brunkhorst*, Solidarität, 2. Aufl., 2016, S. 12 f.

23 Vgl. *Höffe*, in: ders. (Hrsg.), Einführung in die utilitaristische Ethik, 5. Aufl., 2013, S. 7 ff. (13); *Bayertz*, in: ders. (Hrsg.), Solidarität: Begriff und Problem, 3. Aufl., 2019, S. 11 ff (16).

24 *Wildt*, in: Ritter/Gründer/Gabriel/Wildt (Hrsg.), Historisches Wörterbuch der Philosophie, 1995, Sp. 1007, der insoweit die Gleichheit der Interessen und Interdepenz ihrer Befriedigung als Aspekt von Solidarität hervorhebt.

25 *Bayertz*, in: ders. (Hrsg.), Solidarität: Begriff und Problem, 3. Aufl., 2019, S. 11 ff (12).

26 *Baurmann*, in: Bayertz (Hrsg.), Solidarität: Begriff und Problem, 3. Aufl., 2019, S. 345 ff. (346 ff.).

Beiträge von den einforderbaren Gegenleistungen unabhängig gestellt werden.[27] Denn unter diesen Umständen werden mit der Vergemeinschaftung durch jeden Einzelnen nicht vornehmlich Eigeninteressen verfolgt, vielmehr enthält sie auch altruistische Momente. Rechtlich auf die Finanzierungsmodi einer Solidargemeinschaft übertragen bedeutet dies, dass eine Beitragsfinanzierung generell Solidarität indiziert, weil hier – anders als im Falle von Gebühren oder Steuern – die Möglichkeit eines Anspruchs auf Gegenleistung besteht.[28]

1 Wechselseitigkeit statt Freiwilligkeit

Des Weiteren ist zu bemerken, dass Solidarität, obgleich sie einen stärker individualistischen Zuschnitt aufweist als etwa der Begriff des Gemeinwohls,[29] nicht zwangsläufig auf Freiwilligkeit basieren muss bzw. mit Freiheit in dem Sinne einhergeht, dass die Entscheidung, Teil einer Solidargemeinschaft zu sein, sowie die Bestimmung des Ausmaßes geübter Solidarität auf dem freiem Willen jedes einzelnen Individuums beruhen muss.[30] Die Rede von einer rechtlichen Verpflichtung zu Solidarität stellt demnach kein Oxymoron dar. Stattdessen lassen sich Solidarität und Wohltätigkeit gerade dadurch voneinander unterscheiden, dass Solidarität anders als Wohltätigkeit grundsätzlich mit Rechten und Pflichten einhergeht.[31] Sähe man dies anders, würde man die Verwobenheit von Gemeinwohl- und Individualinteressen im Begriff der Solidarität sowie die hiermit einhergehende Pflicht zur wechselseitigen Leistungsgewährung ignorieren. Der insoweit insbesondere von *Hauke Brunkhorst* herausgearbeitete Zusammenhang zwischen Solidarität und

---

27 *Baurmann*, in: Bayertz (Hrsg.), Solidarität: Begriff und Problem, 3. Aufl., 2019, S. 345 ff. (350).

28 *Tappe*, Öffentliches Finanzrecht, 2. Aufl., 2018, Rn. 269 ff.

29 Vgl. *Kaufmann*, in: Münkler/Fischer (Hrsg.), Gemeinwohl und Gemeinsinn: Rhetoriken und Perspektiven sozial-moralischer Orientierung, 2002, S. 19 ff. (23 ff.); *Brunkhorst*, Solidarität, 2. Aufl., 2016, S. 12 f.

30 Den Zusammenhang zwischen der Staatsidee und Solidarität gegenüber grenzenloser Freiheit bereits betonend *Lassalle*, in: Bernstein (Hrsg.), Gesammelte Reden und Schriften: Die Verfassungsreden. Das Arbeiterprogramm und die anschließenden Verteidigungsreden, 1919, S. 147 ff. (195 ff.). Ebenfalls auf die autoritative Einforderbarkeit von Solidarität hinweisend *Wildt*, in: Ritter/Gründer/Gabriel/Wildt (Hrsg.), Historisches Wörterbuch der Philosophie, 1995, Sp. 1007; *Bayertz*, in: Bayertz (Hrsg.), Solidarität: Begriff und Problem, 3. Aufl., 2019, S. 11 ff (14); *Steinvorth*, in: Bayertz (Hrsg.), Solidarität: Begriff und Problem, 3. Aufl., 2019, S. 54 ff. (54 f.). A.A. demgegenüber *Baurmann*, in: Bayertz (Hrsg.), Solidarität: Begriff und Problem, 3. Aufl., 2019, S. 345 ff. (345), der die Freiwilligkeit und Bedingungslosigkeit für einen Kernaspekt von Solidarität erachtet.

31 Vgl. *Steinvorth*, in: Bayertz (Hrsg.), Solidarität: Begriff und Problem, 3. Aufl., 2019, S. 54 ff. (58); *Brunkhorst*, Solidarität, 2. Aufl., 2016, S. 12 f.; *Preuß*, in: Sachße/Engelhardt (Hrsg.), Sicherheit und Freiheit. Zur Ethik des Wohlfahrtsstaates, 1990, S. 116 ff. (129).

Demokratie,[32] der bereits in *Nicolai Hartmanns* Erwägungen zu Recht und Solidarität ebenfalls aufscheint,[33] würde außer Acht gelassen.

Solange demokratisch entschieden wurde, zu welchen Leistungen eine Pflicht besteht, hindert dies folglich nicht, diese Verpflichtung als Ausdruck von Solidarität zu begreifen. Solidarität fällt insoweit „mit der demokratischen Legitimation normativ bindender Entscheidungen" zusammen.[34] Im Übrigen ist die Idee der Solidarität auch begriffsgeschichtlich mit rechtlichen Verpflichtungen aufs Engste verbunden. Erste Erwähnung findet Solidarität nämlich im Kontext der Frage, ob aus der Verbindung von Personen zu einer (familiären) Gemeinschaft rechtlich ein wechselseitiges Eintreten füreinander im Sinne einer Gesamtschuld abgeleitet werden kann.[35] Dass eine Gemeinschaft aufgrund rechtlicher Vorgabe entsteht bzw. die wechselseitige Verpflichtung rechtlich angeordnet wird, hindert demzufolge nicht anzunehmen, es handele sich um eine Solidargemeinschaft. Die Festschreibung des § 1 SGB V, nach welcher die gesetzlich Krankenversicherten eine Solidargemeinschaft darstellen, scheitert folglich nicht daran, dass eine Vielzahl der Mitglieder der GKV in ihr gemäß § 5 SGB V zwangsversichert sind und der Leistungskatalog gesetzlich vorgezeichnet wird.

2 Solidarität als Verfolgung aufgeklärter, sittlicher Eigeninteressen

Mit Blick auf die Frage nach Solidarität im Rahmen der Gesundheitsversorgung, ihrem Niederschlag im Recht der gesetzlichen Krankenversicherung sowie einer möglichen Verbindungslinie zu Wirtschaftlichkeitserwägungen, insbesondere Kosten-Nutzen-Bewertungen, sind indes noch weitere die Idee der Solidarität prägende Aspekte maßgeblich:

Zum einen ist festzustellen, dass Solidarität grundsätzlich auf dem Gedanken der Zugehörigkeit zu einer Gemeinschaft aufgrund des Vorliegens einer ähnlichen Gesinnung bzw. zumindest ähnlicher Interessen beruht.[36] Andernfalls könnte die Reziprozität schließlich nicht zum individuellen Vorteil gereichen, und es läge keine Interdependenz der Bedürfnisbefriedigung vor.[37] Ein gemeinsames Interesse

---

32 Siehe hierzu *Brunkhorst*, Solidarität, 2. Aufl., 2016, S. 9 ff.

33 *Hartmann*, Ethik, 4. Aufl., 1962, S. 424 f.

34 *Brunkhorst*, Solidarität, 2. Aufl., 2016, S. 13.

35 *Bayertz*, in: ders. (Hrsg.), Solidarität: Begriff und Problem, 3. Aufl., 2019, S. 11 ff. (11); *Wildt*, in: Bayertz (Hrsg.), Solidarität: Begriff und Problem, 3. Aufl., 2019, S. 202 ff. (203); *Wildt*, in: Ritter/Gründer/Gabriel/Wildt (Hrsg.), Historisches Wörterbuch der Philosophie, 1995, Sp. 1004 f.

36 Vgl. *Kaufmann*, in: Münkler/Fischer (Hrsg.), Gemeinwohl und Gemeinsinn: Rhetoriken und Perspektiven sozial-moralischer Orientierung, 2002, S. 19 ff. (30); *Hartmann*, Ethik, 4. Aufl., 1962, S. 241 ff.

37 Vgl. *Wildt*, in: Ritter/Gründer/Gabriel/Wildt (Hrsg.), Historisches Wörterbuch der Philosophie, 1995, Sp. 1007.

der Versicherten ist trotz gewisser individueller wie auch situationsbedingter Interessenwidersprüche zwischen den gesetzlich Krankenversicherten prinzipiell gegeben; es besteht ein übereinstimmendes Interesse an einem finanziell für jeden Einzelnen tragbaren und sämtliche notwendige Leistungen gewährleistenden Gesundheitssystem.[38] Selbst die bestehenden Ungereimtheiten in der Zuordnung der Versicherten zur gesetzlichen und privaten Krankenversicherung und der insofern mögliche anderweitige Zuschnitt der Versichertengemeinschaft hindern das Vorliegen der Annahme eines Gemeinschaftsinteresses nicht,[39] weil Solidarität begrifflich nicht zu einer bestimmten Grenzziehung mit Blick auf die Inklusion oder Exklusion in eine Solidargemeinschaft zwingt.[40]

Noch maßgeblicher mit Blick auf die Frage danach, ob Wirtschaftlichkeit und Solidarität gemeinsam gedacht werden können, erscheint indes zum anderen, dass im Begriff der Solidarität die in einer Gemeinschaft trotz gemeinsamer Interessensausgangslage bestehenden Interessensdivergenzen dialektisch miteinander zu vereinigen gesucht werden.[41] Hieraus folgt nämlich, dass gerade die Auflösung des im Rahmen der GKV zwischen Beitragszahlern und Patienten bestehenden Interessenwiderspruchs als Aspekt von Solidarität zu begreifen ist. Das Erfordernis der dialektischen Vereinigung von Interessenswidersprüchen im Begriff der Solidarität stellt somit einen ersten Hinweis darauf dar, dass gerade das Wirtschaftlichkeitsgebot, welches einerseits die Forderung nach ausreichenden, zweckmäßigen und notwendigen Leistungen, andererseits aber eine Beschränkung auf wirtschaftliche Leistungen beinhaltet, als Teil von Solidarität zu begreifen ist. Schließlich wird dem der Solidarität immanenten Gedanken der dialektischen Interessensvereinigung erst dadurch Rechnung getragen, dass sowohl der Bedarf der Patienten- als auch das Interesse der Beitragszahler an geringen Beiträgen bei der Leistungsumfangsbestimmung berücksichtigt werden muss.

Ferner ist mit Blick auf den Begriff der Solidarität bemerkenswert, dass er von Beginn an mit einer Orientierung an wissenschaftlichem Wissen und hiermit zusammenhängend dem Glauben an die rationale Ermittelbarkeit „aufgeklärter" Individualinteressen verbunden war.[42] Solidarität beruht insofern nicht

38 *Münkler*, Kosten-Nutzen-Bewertungen in der gesetzlichen Krankenversicherung, 2015, S. 326.

39 Kritisch zur Zuordnung *Kingreen*, in: Kühling/Zimmer (Hrsg.), Neue Gemeinwohlherausforderungen - Konsequenzen für Wettbewerbsrecht und Regulierung: Tagung der Wissenschaftlichen Vereinigung für das gesamte Regulierungsrecht in Regensburg am 11./12. September 2018, 2020, S. 223 ff. (232 ff.).

40 Vgl. *Rorty*, Kontingenz, Ironie und Solidarität, 12. Aufl., 2018, S. 316 ff.

41 Vgl. *Brunkhorst*, Solidarität, 2. Aufl., 2016, S. 15.

42 Vgl. *Kaufmann*, in: Münkler/Fischer (Hrsg.), Gemeinwohl und Gemeinsinn: Rhetoriken und Perspektiven sozial-moralischer Orientierung, 2002, S. 19 ff. (26 ff.) unter Bezugnahme unter anderem auf Schmoller und Durkheim. Dies kommt auch zum Ausdruck bei *Bourgeois*, Solidarité, 2015, S. 23 ff. Hierauf ebenfalls hinweisend *Wildt*, in: Ritter/Gründer/Gabriel/Wildt (Hrsg.), Historisches Wörterbuch der Philosophie, 1995, Sp. 1007.

nur auf dem Vorliegen eines gemeinsamen Interesses, das zweckmäßigerweise durch Zusammenschluss und gegenseitige Leistungsgewährung verfolgt wird. Vielmehr basiert die Forderung nach Solidarität ebenfalls auf der Annahme, dass solidarisches Handeln auf längere Sicht betrachtet rational ist und den individuellen Interessen zum Vorteil gereicht; zumindest solange jeder Einzelne sich mit Blick auf seine eigenen Interessen als verständig erweist.[43] Dies ist letztlich auch der Grund, warum Solidarität teils als Aspekt von Vernunft und Ethik begriffen wird.[44] Diese Konzeptualisierung von Solidarität führt dazu, dass eine weitläufige Verbindung zwischen Solidarität und Utilitarismus sowie hiermit einhergehend Kosten-Nutzen-Bewertungen hergestellt werden kann,[45] die auf den ersten Blick an sich kontraintuitiv erscheint. Grund hierfür ist, dass sowohl Solidarität als auch Kosten-Nutzen-Bewertungen in gewisser Hinsicht auf der Vorstellung zu beruhen scheinen, dass bestimmbar sei, welche subjektiven Interessen einer Entscheidung aus sowohl rationalen als auch ethischen Gründen zugrunde zu legen bzw. wie sie zueinander zu gewichten sind. Für alle „Gutes" erscheint als gemeinsam erreichbar, sofern die übereinstimmenden Präferenzen im Wege aufgeklärter Präferenzbeurteilung ermittelt werden.

Die insoweit vorhandenen Ähnlichkeiten zwischen Solidarität und Utilitarismus sind letzten Endes allerdings weniger ihrem tatsächlichen Gleichlauf geschuldet als vielmehr dadurch bedingt, dass beide Begriffe aufgrund ihres Bezugs zu Gerechtigkeitsvorstellungen, dem christlichen Sozialprinzip und wissenschaftlichem Wissen einen gemeinsamen Ursprung[46] aufweisen und zudem über einen derart weiten Begriffshof[47] verfügen, dass zwischen ihnen trotz fundamentaler Differenzen einige Gemeinsamkeiten bestehen.[48] Dies soll mit Blick auf das Recht

---

43 Vgl. *Wildt*, in: Ritter/Gründer/Gabriel/Wildt (Hrsg.), Historisches Wörterbuch der Philosophie, 1995, Sp. 1009.

44 *Rorty*, Kontingenz, Ironie und Solidarität, 12. Aufl., 2018, S. 313 f.

45 Auf die Bedeutung des Solidaritätsbegriffs für die liberale Ökonomie hinweisend *Wildt*, in: Bayertz (Hrsg.), Solidarität: Begriff und Problem, 3. Aufl., 2019, S. 202 ff. (204); *Baurmann*, in: Bayertz (Hrsg.), Solidarität: Begriff und Problem, 3. Aufl., 2019, S. 345 ff. (362 ff.). Das Sozialprinzip wiederum als Element des Utiltarismus kennzeichnend *Höffe*, in: ders. (Hrsg.), Einführung in die utilitaristische Ethik, 5. Aufl., 2013, S. 7 ff. (13).

46 Vgl. *Bayertz*, in: ders. (Hrsg.), Solidarität: Begriff und Problem, 3. Aufl., 2019, S. 11 ff. (16 f.).

47 Vgl. zu den Termini Begriffskern und Begriffshof etwa *Busse*, Juristische Semantik, 2. Aufl., 2010, S. 46 ff. Darauf hinweisend, der Utilitarismus habe sich derart ausdifferenziert, dass kaum eine sämtliche seiner Varianten zusammenfassende Definition möglich sei, *Schroth*, in: ders., Texte zum Utilitarismus, 2016, S. 8. Ähnliches hinsichtlich des Solidaritätsbegriffes konstatierend *Bayertz*, in: ders. (Hrsg.), Solidarität: Begriff und Problem, 3. Aufl., 2019, S. 11 ff. (48); *Wildt*, in: Ritter/Gründer/Gabriel/Wildt (Hrsg.), Historisches Wörterbuch der Philosophie1995, Sp. 1008.

48 Vgl. bereits im Ansatz *Münkler*, Kosten-Nutzen-Bewertungen in der gesetzlichen Krankenversicherung, 2015, S. 36.

der GKV im Folgenden näher herausgearbeitet werden. Auf diesen Erwägungen zur Bedeutung von Solidarität aufbauend kann zum einen konkretisiert werden,[49] welche Vorgaben des Rechts der GKV ihre in § 1 SGB V vorgenommene Einordnung als Solidargemeinschaft tragen und welche dem womöglich zuwiderlaufen. Zum anderen lässt sich auf dieser Grundlage erörtern, welche Konsequenzen hieraus mit Blick auf die Ausgestaltung des Leistungskataloges, insbesondere das Verständnis des Wirtschaftlichkeitsgebots, zu ziehen sind.

III Solidarität im Krankenversicherungsrecht

Obgleich, wie bereits herausgearbeitet, die gemeinsame, wechselseitige Finanzierung von Leistungen im Krankheitsfall den Kerngesichtspunkt der zwischen den gesetzlich Krankenversicherten angeordneten Solidarität bildet,[50] trägt dies für sich betrachtet noch nicht die Einordnung der GKV als Solidargemeinschaft. Erst die hinzukommende Einräumung eines Anspruchs auf einheitlich geregelte Leistungen im Bedarfsfall, dessen Entstehung unabhängig von der Höhe der entrichteten Beiträge ist,[51] rechtfertigt es, von der Solidargemeinschaft der gesetzlich

---

49 Die Hoffnung hegend mittels Klarstellung zentraler Begriffe des Krankenversicherungsrechts zu mehr Gerechtigkeit zu gelangen, *Lege*, VVDStRL 70 (2011), S. 112 ff. (139).

50 Inwieweit der im Rahmen der Finanzierung angeordnete solidarische Ausgleich dabei als weitere Komponente des Solidaritätsprinzips der GKV anzusehen ist oder eher den Gedanken der Wohlfahrt bzw. Fürsorge anstatt Solidarität zuzuordnen ist, kann dabei dahinstehen, vgl. hierzu *Kingreen*, Das Sozialstaatsprinzip im europäischen Verfassungsverbund, 2003, S. 178 ff., der insoweit den Solidargedanken zwar betont, gleichzeitig indes herausarbeitet, weshalb die Mitglieder der gesetzlichen Krankenversicherung hierdurch dennoch nicht zu „Fürsorgeempfänger[n] [werden], sondern Nutznießer eigener Beiträge" bleiben. Insoweit Solidarität und Fürsorge ebenfalls unterscheidend, *Lege*, VVDStRL 70 (2011), S. 112 ff. (139 f.), der allerdings hervorhebt, dass, sofern zumindest irgendein Beitrag geleistet wird, von Solidarität gesprochen werden könne. Zu einer solidarischen Umverteilung kommt es, weil die Beiträge einem einheitlichen Beitragssatz folgend erhoben werden, dessen konkrete Höhe von der jeweiligen finanziellen Leistungsfähigkeit abhängt (§ 3 iVm §§ 223 ff. SGB V). Überdies wird die Familie mitversichert (§ 10 SGB V), wodurch ebenfalls in gewisser Hinsicht ein sozialer Ausgleich vorgenommen wird.

Obgleich es naheliegt, die gemäß § 249 Abs. 1 SGB V hälftige Tragung der Versicherungsbeiträge der Beschäftigten durch ihre Arbeitsgeber als Teil des Solidargedankens einzuordnen, zumal ein gemeinsames Interesse an baldiger Genesung besteht, scheitert dies an dem Mangel an Wechselseitigkeit. A.A. demgegenüber *Kingreen*, Das Sozialstaatsprinzip im europäischen Verfassungsverbund, 2003, S. 180, der den Begriff der Solidarität insoweit weiter fasst und stärker mit dem Sozialstaatsgedanken koppelt.

51 Dies ebenfalls als Aspekt von Solidarität im Krankenversicherungswesen hervorhebend *Kingreen*, in: Kühling/Zimmer (Hrsg.), Neue Gemeinwohlherausforderungen – Konsequenzen für Wettbewerbsrecht und Regulierung, 2020, S. 223 ff. (227);

Krankenversicherten zu sprechen. Über die Voraussetzungen und den Umfang der wechselseitig zu finanzierenden Krankenversicherungsleistungen ist hiermit indes noch nichts gesagt.

Wie weit der Anspruch auf Gesundheitsleistungen zu reichen hat und inwieweit dem Solidargedanken bei der Bestimmung, welche Leistungen im Krankheitsfall zu tragen sind, ebenfalls Bedeutung zukommt, ist – obgleich dies sogar bereits als Argument gegen die Berücksichtigbarkeit von Wirtschaftlichkeitserwägungen vorgebracht wurde – bislang kaum näher untersucht worden.[52] Sowohl die Aussagen zur Bedeutung des Begriffes Solidarität als auch die Maßgaben des SGB V erscheinen in dieser Hinsicht, obwohl Solidarität an sich prinzipiell von der Situation, die Solidarität erfordert, – also vom Bedarfsfall –[53] ausgehend gedacht wird, eigentümlich zurückgenommen. Während zwar ein gemeinsamer Zweck als notwendig erachtet und insoweit in § 1 SGB V festgeschrieben wird, dass Ziel der Solidargemeinschaft sei, die Gesundheit der Versicherten zu erhalten, wiederherzustellen oder ihren Gesundheitszustand zu verbessern, bleibt die Frage, wie weit die Zweckverfolgung aus Gründen der Solidarität zu gehen hat und zu welchem Preis sie betrieben werden muss, mit Blick auf den Begriff der Solidarität merkwürdig unterbelichtet.

Betont wird hinsichtlich der eingeforderten Solidarität stattdessen hauptsächlich, dass den gesetzlich Krankenversicherten in § 27 SGB V prinzipiell ein Anspruch auf sämtliche Leistungen zugesprochen wird, die notwendig sind, um eine Krankheit zu erkennen, zu heilen, eine Verschlimmerung zu verhüten oder Krankheitsbeschwerden zu lindern. Das Bedarfsprinzip wird insoweit als Aspekt von Solidarität im Krankenversicherungsrecht besonders hervorgehoben,[54] da es dem Solidargedanken der „Hilfe im Bedarfsfall" entspricht.[55] Auch dass die Bedürftigkeit im Sinne fehlender eigener Finanzierbarkeit der begehrten Leistung keine Voraussetzung für die Möglichkeit der Inanspruchnahme von Leistungen bildet, stimmt, obgleich mit Blick hierauf bereits die Kritik erhoben wurde, Solidarität würde insoweit durch das Krankenversicherungsrecht pervertiert,[56] mit dem Grundgedanken von Solidarität überein. Denn anders als bei Wohltätigkeit stellt die individuelle Bedürftigkeit keine Bedingung von Solidarität dar.[57] Die Frage, ob sich die Forderung nach Wirtschaftlichkeit ebenfalls als Teil des die GKV

Lege, VVDStRL 70 (2011), S. 112 ff. (140). Vgl. ebenfalls *Huster*, Soziale Gesundheitsgerechtigkeit, 2011, S. 18.

52 Eine Ausnahme bildet insoweit *Neugebauer*, Das Wirtschaftlichkeitsgebot in der gesetzlichen Krankenversicherung, 1996, S. 71, die aus dem Solidargedanken eine weitgehende Beschränkung von Wirtschaftlichkeitserwägungen herleitet.

53 *Bayertz*, in: ders. (Hrsg.), Solidarität: Begriff und Problem, 3. Aufl., 2019, S. 11 ff. (12).

54 *Kingreen*, VVDStRL 70 (2011), S. 152 ff. (155).

55 *Bayertz*, in: ders. (Hrsg.), Solidarität: Begriff und Problem, 3. Aufl., 2019, S. 11 ff. (12).

56 *Ballstaedt*, Deutsches Ärzteblatt 100, A 2271.

57 *Lege*, VVDStRL 70 (2011), S. 112 ff. (141).

prägenden Solidaritätsprinzips konzeptionieren lässt oder ihm zuwiderläuft,[58] wird demgegenüber kaum erörtert.

Grund hierfür dürfte sein, dass vor dem Hintergrund des Bedarfsprinzips weder die individuelle noch die kollektive Finanzierbarkeit der Leistung ausschlaggebend für die Entstehung eines Anspruchs auf Krankenversicherungsleistung sein soll.[59] Obgleich die zu gewährenden Behandlungen prinzipiell am Bedarf ausgerichtet werden, wird jedoch in § 2 Abs. 1 iVm § 12 Abs. 1 SGB V zugleich die Beachtung des Wirtschaftlichkeitsgebots gefordert. Überdies bestimmt § 2 Abs. 1 S. 1 2. Halbs. SGB V, dass von der GKV nur Leistungen erbracht werden, wenn der Eigenverantwortungsgrundsatz nicht greift. Die von den Krankenkassen zur Verfügung zu stellenden, von den Mitgliedern der gesetzlichen Krankenversicherung solidarisch finanzierten Leistungen werden demnach von vornherein auf Leistungen beschränkt, die zum einen notwendig und wirtschaftlich sowie zum anderen nicht der Eigenverantwortung der Versicherten zu überantworten sind. Gemeinsamer Hintergrund dieser Beschränkungen ist, dass die gesetzliche Krankenversicherung finanzierbar bleiben muss.

Was dabei unter Notwendigkeit und Wirtschaftlichkeit konkret zu verstehen ist, wie weit die Eigenverantwortung der Versicherten reicht und wie sich diese Grundsätze zum Solidargedanken verhalten, bleibt indes angesichts der weiten Formulierung von § 2 Abs. 1 S. 1 sowie § 12 Abs. 1 SGB V letzten Endes offen. Ihnen lässt sich weder unmittelbar entnehmen, ob dem Maximal- oder Minimalprinzip hinsichtlich der Leistungsgewährung gefolgt werden soll,[60] noch wie sich die Festschreibung des Solidarprinzips und die Statuierung des Wirtschaftlichkeitsgebots sowie des Eigenverantwortungsgrundsatzes systematisch zueinander verhalten.[61]

Lässt sich trotz des Ausschlusses von Leistungen aus Wirtschaftlichkeitsgründen sowie des Verweises auf die Eigenverantwortung der Krankenversicherten das gesamte Leistungsrecht der GKV dennoch als Ausfluss des Solidargedankens konzeptionieren, wie § 1 SGB V dies nahelegt? Inwieweit dies möglich ist, hängt insbesondere davon ab, wie eng die Bestimmung des individuellen Bedarfs mit wissenschaftlichen Erkenntnissen verknüpft wird, wie stark die Eigenverantwortung der Versicherten akzentuiert wird und als wie weitreichend die Forderung nach Beachtung der Wirtschaftlichkeit zu verstehen ist.

---

58 So *Neugebauer*, Das Wirtschaftlichkeitsgebot in der gesetzlichen Krankenversicherung, 1996, S. 71.

59 *Kingreen*, VVDStRL 70 (2011), S. 152 ff. (155).

60 Näher hierzu *Münkler*, Kosten-Nutzen-Bewertungen in der gesetzlichen Krankenversicherung, 2015, S. 166 ff.

61 Vgl. bereits *Münkler*, Kosten-Nutzen-Bewertungen in der gesetzlichen Krankenversicherung, 2015, S. 177 f.

1 Konkretisierung des Bedarfsfalls

Inwieweit ein Anspruch auf Krankenversicherungsleistungen vorliegt, wird im Rahmen des SGB V nicht allein der individuellen Bedürfnisbestimmung anheimgestellt, sondern im Wege einer Kombination aus individueller, ärztlicher, wissenschaftlicher und interindividueller Einschätzung bestimmt.[62] Dies gilt sowohl mit Blick auf das Vorliegen einer behandlungsbedürftigen Krankheit als auch hinsichtlich deren Behandlungsfähigkeit.

a) Behandlungsbedürftige Krankheit

Ob ein Zustand als behandlungsbedürftige Krankheit anerkannt wird, hängt davon ab, welche Formen des Unwohlseins nach allgemeinen gesellschaftlichen und wissenschaftlichen Vorstellungen der Eigenverantwortung anheimgestellt und deshalb nicht als Krankheit eingeordnet werden.[63] Obgleich § 27 Abs. 1 SGB V dies insinuiert, ist die Frage des Vorliegens einer Krankheit und die Notwendigkeit ihrer Behandlung nicht objektiv beantwortbar, weshalb den Vorgaben des SGB V nicht eindeutig entnommen werden kann, wann das solidarisch ausgestaltete Krankenversicherungssystem eigentlich greift. Selbst mit Blick auf den Begriff der „behandlungsbedürftigen Krankheit" muss deshalb implizit laufend neu verhandelt werden, unter welchen Umständen eigentlich solidarisch Hilfe geleistet werden soll.[64] Unter welchen Voraussetzungen die Solidargemeinschaft eintritt, wann überhaupt ein Bedarfsfall vorliegt, wird somit kontingent im Wege eines sowohl interindividuellen als auch wissenschaftlichen Aushandlungsprozesses bestimmt. Dies überrascht auf den ersten Blick, ist indes mit der Idee der Solidarität insofern kongruent, als Solidarität ja gerade mit wissenschaftlichem Wissen wie auch einer demokratischen Entscheidungsfindung verbunden ist.[65]

b) Wissenschaftlich nachgewiesener Nutzen als Voraussetzung von Solidarität?

Mit Blick auf die Beurteilung, ob eine Krankheit behandlungsfähig ist, ist gemäß § 2 Abs. 1 S. 3 SGB V der Stand der medizinischen Erkenntnis entscheidend,

62 Der individuelle Bedarf spielt insofern eine Rolle, als der Krankheitswert häufig von der individuellen Beurteilung abhängt. Die ärztliche Komponente ist insoweit maßgebend, als Ärzte als Leistungserbringer darüber entscheiden, ob ein Bedarf auch aus ihrer Sicht besteht. Eine wissenschaftliche sowie interindividuelle Komponente erlangt die Bedarfsbestimmung aufgrund der Konkretisierung des Leistungskatalogs mittels § 2 Abs. 1 S. 3 SGB V sowie der Konkretisierung durch den Gemeinsamen Bundesausschuss gem. § 92 SGB V.

63 *Kingreen*, VVDStRL 70 (2011), S. 152 ff. (161 ff.).

64 *Kingreen*, VVDStRL 70 (2011), S. 152 ff. (157, 162 f.).

65 Siehe hierzu unter II. 2.

wobei der medizinische Fortschritt zwar berücksichtigt werden soll, jedoch erst, sofern er hinreichend wissenschaftlich belegt ist.[66] Dies hat zur Folge, dass sämtliche Behandlungen, deren Wirksamkeit bisher nicht entsprechend nachgewiesen werden konnten, im Prinzip vom Leistungsumfang ausgeschlossen werden. Dies entspricht dem Solidargedanken angesichts dessen Verbindung mit wissenschaftlichem Wissen im Grundsatz ebenfalls.[67] Wie sich die verfassungsgerichtlich aus Art. 2 Abs. 1 GG i.V.m. dem Sozialstaatsprinzip sowie Art. 2 Abs. 2 GG hergeleitete und in § 2 Abs. 1a SGB V gesetzlich umgesetzte Ausnahme von der Orientierung an wissenschaftlich validiertem Wissen hierzu verhält, bedarf vor diesem Hintergrund allerdings einer näheren Betrachtung.

Während aus utilitaristischer Sicht die Gewährung von Leistungen, auf deren Nutzen lediglich eine entfernt liegende Aussicht besteht, offenkundig abzulehnen ist,[68] ist die aus der Perspektive des Solidargedankens hierauf zu gebende Antwort nicht gleichermaßen eindeutig. Schließlich beruht die Idee der Solidarität nicht nur darauf, einen wissenschaftlich nachweisbaren individuellen Nutzen zu stiften, sondern beinhaltet – zumindest *Richard Rorty* zufolge – in Anbetracht der mit Solidarität prinzipiell einhergehenden Selbstzweifel ebenso eine „Sensibilität für die Schmerzen und Demütigungen anderer".[69] Sofern Solidarität die Eigenschaft zugeschrieben wird, sich gegenseitig als Menschen zu achten, Anteil zu nehmen[70] und die Bedürfnisse anderer zu respektieren, könnte im Falle einer existenzbedrohlichen Lage folglich gerade auch die menschliche Hoffnung auf den individuellen Nutzen einer Heilungsmethode trotz mangelnder wissenschaftlicher Belegbarkeit ihres generellen Nutzens vom Solidargedanken erfasst sein. Die an der sogenannten Nikolaus-Entscheidung insoweit kritisierte reine Orientierung am individuellen Interesse der Bedürftigen unter Ausblendung der hiermit verbundenen wirtschaftlichen Konsequenzen[71] ließe sich insofern als Teil der im Krankheitsfall zu übenden Solidarität einordnen. Zumindest lassen sich die mit Blick hierauf gerichtlich entschiedenen Konstellationen dergestalt interpretieren, dass, sofern eine Solidargemeinschaft mittels Zwang erschaffen und ihr der Zweck zugeschrieben wird, Krankenversorgung zu betreiben, in Fällen existenzieller Not zumindest so lange die Vermutung für ihr solidarisches Eintreten besteht, wie zumindest eine entfernt begründete Hoffnung existiert, im individuellen Fall doch Hilfe leisten zu können.[72] Dies harmoniert sogar in gewisser Weise mit der Ausrichtung von

---

66 Siehe hierzu *S. Augsberg*, GesR 2012, S. 595 ff.

67 Diese Ausrichtung auf die Stiftung eines Nutzens ist des Weiteren ebenfalls mit der Grundannahme des Utilitarismus konform.

68 Besonders deutlich insoweit *Birnbacher*, in: Gutmann/Schmidt (Hrsg.), Rationierung und Allokation im Gesundheitswesen, 2004, S. 91 ff. (105 f.).

69 *Rorty*, Kontingenz, Ironie und Solidarität, 12. Aufl., 2018, S. 320.

70 Vgl. *Bude*, Solidarität, 2019, S. 91.

71 So deutlich *Huster*, JZ 61 (2006), S. 466 ff. (468).

72 Dies steht auch in Einklang damit, dass Solidarität angesichts der funktionalen Ausdifferenzierung der Gesellschaft zugeschrieben wird, an die Stelle des Zusammenhalts

Solidarität an wissenschaftlichem Wissen, ist Teil dessen doch ebenfalls die Einsicht, dass der wissenschaftliche Erkenntnisprozess laufend voranschreitet.

Hiermit soll die mit dieser Entscheidung einhergehende Problematik nicht geleugnet werden, dass weder gerichtlicher- noch wissenschaftlicherseits qua Solidaritätsverweis ein normatives Urteil über politische Entscheidungen gefällt werden kann.[73] Die Einbeziehung von Erwägungen zu Solidarität machen indes eines plausibel: dass, sofern eine Gemeinschaft und deren Eintreten im Bedarfsfall der Solidargedanke prägen soll, einforderbar ist, demokratisch explizit über den Umgang mit derartigen Notsituationen zu entscheiden, anstatt bloß generell auf den Stand der wissenschaftlichen Erkenntnisse zu verweisen. Die Verschränkung von Individual- und Gemeinschaftsinteressen im Begriff der Solidarität sowie deren Ausrichtung auf den Bedarfsfall bewirken somit, sich der Frage des Umgangs mit existenziellen Bedürfnissen im Rahmen einer demokratischen Entscheidung explizit stellen zu müssen. Diese Erwägung lässt zumindest das Ergebnis der „Nikolaus-Entscheidung“ als tragfähig erscheinen.

2 Zum Verhältnis von Solidarität und Eigenverantwortung im SGB V

Doch lässt sich die in § 1 S. 2 und § 2 Abs. 1 S. 1 SGB V geforderte Eigenverantwortung der Versicherten in gleicher Weise als Ausfluss des Solidargedankens deuten, obgleich vor ihrem Hintergrund bestimmte Leistungen aus dem Leistungskatalog der gesetzlichen Krankenversicherung ausgeschlossen und der Eigenbeschaffung überlassen werden? Ist es noch als solidarisch anzusehen, wenn Leistungen für Bagatellerkrankungen, nicht verschreibungspflichtigen Arzneimittel, Sehhilfen sowie sog. Lifestyle-Präparate nicht vom Leistungskatalog der GKV erfasst, sondern der Eigenverantwortung überantwortet werden?[74] Dies ist meines Erachtens nur der Fall, solange dies lediglich geringfügige Beeinträchtigungen betrifft, weil insoweit keine Bedarfslage besteht, die ein solidarisches Einschreiten erfordert.

Obgleich man hierüber mit Blick auf die einzelnen genannten Beispiele im Detail streiten mag, zeigen sie im Grundsatz, dass der Aspekt der Eigenverantwortung, obwohl er gleich eingangs betont wird, im Krankenversicherungsrecht von untergeordneter Bedeutung ist. Dies hat zur Folge, dass Leistungen prinzipiell auch dann solidarisch finanziert werden, wenn sie vermeidbar gewesen wären. Eine Ausnahme hiervon bildet lediglich § 52 SGB V, der laut Überschrift eine

---

der Familie zu treten, vgl. *Kingreen*, Das Sozialstaatsprinzip im europäischen Verfassungsverbund, 2003, S. 209 ff. unter Verweis auf Hegel. Denn insoweit erscheint es wenig überzeugend, Solidarität eine reine Nutzenorientierung zuzuschreiben.

73 Kritisch hierzu *Rorty*, Kontingenz, Ironie und Solidarität, 12. Aufl., 2018, S. 317, der insoweit seinen Gedanken des Vorrangs der Demokratie vor der Philosophie, vgl. *Rorty*, in: ders., Solidarität oder Objektivität?, 1988, S. 82 ff., aufgreift.

74 *Kingreen*, VVDStRL 70 (2011), S. 152 ff. (164).

Leistungsbeschränkung bei Selbstverschulden vorsieht. Der enge Anwendungsbereich dieser Norm auf vornehmlich die vorsätzliche Zuziehung einer Krankheit macht indes deutlich, dass eine besonders gesundheitsförderliche Lebensführung von den Versicherten gerade nicht eingefordert wird. Das SGB V verlangt somit nicht, sein Möglichstes zu tun, um den Eintritt des Bedarfsfalls zu verhindern. Obgleich § 1 S. 2 SGB V andeutet, dass Solidarität auch beinhaltet, die Inanspruchnahme von Leistungen der Gemeinschaft so gering wie möglich zu halten, wird diese Forderung in der Folge nicht rechtlich umgesetzt, sondern das Ausmaß der Eigenverantwortung anheimgestellt. Gesundheitsförderliches Verhalten wird auf der Grundlage von § 65a SGB V zwar teils prämiert, im Übrigen jedoch nicht eingefordert.

Der GKV liegt demzufolge derzeit das Leitbild solidarischer Risikoabsicherung bei beschränkter Eigenverantwortung zugrunde.[75] Haupthintergrund der geringen Ausprägung des Aspekts der Eigenverantwortung dürfte dabei sein, dass Krankheit häufig als schicksalhaftes, nicht selbst verschuldetes Ereignis betrachtet wird. Obgleich diese Annahme angesichts der Erkenntnis, dass der Lebensstil erheblichen Einfluss auf die Gesundheit hat, in gewisser Hinsicht erodiert und die der Eigenverantwortung zugeschriebene Bedeutung einhergehend mit der Fokussierung auf Prävention prinzipiell zuzunehmen scheint, erweist sich die Zurückhaltung in Fragen der Forderungen nach Eigenverantwortung schlussendlich als Form der Solidarität.

Denn angesichts der sozialen Bedingungen, welche auf das Maß der übbaren Eigenverantwortung in Gesundheitsfragen erhebliche Auswirkungen haben, ist nicht nur fraglich, ob ein Verweis auf die Eigenverantwortung wirklich überzeugt.[76] Vielmehr basiert der Gedanke der Solidarität auch darauf, dass diese weder durch besonderes Verhalten – mit Ausnahme des für den möglichen Erhalt von Gegenleistungen zu erbringenden Beitrags – verdient werden muss, noch durch bloße menschliche Nachlässigkeit verwirkt werden.[77] Andernfalls verlöre die in Solidarität angelegte Mitverantwortung füreinander selbst für den Fall, dass der Einzelne auf Abwege gerät und das gemeinsame Interesse verletzt,[78] an Bedeutung.[79]

---

75 Dieser Gedanke ist dem Versicherungsprinzip zwar selbst bereits insofern eingeschrieben, als Versicherungen gerade dazu eingesetzt werden, individuell nicht kalkulierbare Kosten auf die Gemeinschaft der Versicherten zu verlagern und hierüber abstrakt berechenbar zu machen, vgl. *Hase*, Versicherungsprinzip und sozialer Ausgleich, 2000, S. 396. Hieraus folgt jedoch nicht zwangsläufig, dass die Eigenverantwortung eine untergeordnete Rolle zu spielen hat.

76 Dies aus utilitaristischer Sicht kritisierend *Birnbacher*, in: Gutmann/Schmidt (Hrsg.), Rationierung und Allokation im Gesundheitswesen, 2004, S. 91 ff. (107 f). Hieran vor dem Hintergrund sozialer Gesundheitsgerechtigkeit zweifelnd *Huster*, Soziale Gesundheitsgerechtigkeit, 2011, S. 62 ff.

77 Denn Solidarität setzt lediglich voraus, menschlich zu sein.

78 Vgl. *Hartmann*, Ethik, 4. Aufl., 1962, S. 425 f.

79 Dass in der Solidargemeinschaft der gesetzlich Krankenversicherten nicht auf schädliches Vorverhalten verwiesen und mit dieser Begründung eine Leistungspflicht

Solidarität bedingt demnach kein besonderes Ausmaß an eigenverantwortlichem Verhalten. Prävention und Solidarität stehen, obgleich mangelnde Prävention nachteilige wirtschaftliche Folgen für die Solidargemeinschaft zu zeitigen vermag, daher nicht in einem rechtlich zwingenden Zusammenhang. Dies hindert nicht, Prävention rechtlich einzufordern und dies mit dem Solidargedanken zu begründen. Aus der Bildung einer Solidargemeinschaft können jedoch keine über die Leistung eines finanziellen Beitrags und die Gewährung einer Gegenleistung im Bedarfsfall hinausgehenden unmittelbaren rechtlichen Pflichten abgeleitet werden. Solidarität bedeutet auch insoweit nur, demokratisch über die Auferlegung derartiger Pflichten zu entscheiden. Dabei kann im Falle von Prävention – insbesondere mit Blick auf das Beispiel einer Reduktion der Ansteckungsgefahr mittels Tragens einer Maske – selbstverständlich aus guten Gründen mit Solidarität argumentiert werden. Solidarität erweist sich insoweit indes lediglich als ethischer Argumentationstopos, nicht hingegen als rechtliche Pflicht.

3 Wirtschaftlichkeit als Voraussetzung oder Grenze von Solidarität?

Inwieweit das in § 12 SGB V statuierte Wirtschaftlichkeitsgebot ebenfalls als Ausdruck von Solidarität gedeutet werden kann, hängt davon ab, wie die in ihm enthaltenen Voraussetzungen, dass die von der GKV erbrachten Leistungen ausreichend, zweckmäßig, notwendig und wirtschaftlich sein müssen, zueinander ins Verhältnis zu setzen sind. Denn von der dem Wirtschaftlichkeitskriterium im engeren Sinne zugeschriebenen Bedeutung hängt ab, wie der Interessenkonflikt zwischen dem schier unendlich erscheinenden finanziellen Bedarf des Gesundheitssystems zur Gewährleistungen einer möglichst umfassenden Gesundheitsversorgung und dem Beitragszahlerinteresse an möglichst geringen Beiträgen aufgelöst wird.

Sofern Solidarität, wie im Rahmen der gesetzlichen Krankenversicherung, rechtlich durchgesetzt wird, unterliegt sie zwangsläufig Beschränkungen, die sich gerade in der Forderung nach Wirtschaftlichkeit niederschlagen. Denn rechtlich erzwungene Solidarität reduziert trotz des hierdurch aufgrund der Wechselseitigkeit erlangten Anspruchs auf Leistungen im Bedarfsfall die Freiheit jedes Einzelnen. Dies gilt zumal in der GKV kein Wahlrecht mit Blick auf den Umfang der gewährten Leistungen besteht und folglich auch keine Beitragsstaffelung hiernach existiert. Die Pflicht zur Solidarität im Krankheitsfall findet rechtlich daher

---

ausgeschlossen wird, ist überdies auch insoweit konsequent, als der deutschen Rechtsordnung neben der Einforderung von Verantwortung an verschiedenen Stellen ebenfalls der Gedanke zu entnehmen ist, die Konsequenzen von zu einem bestimmten Zeitpunkt getroffenen Lebensentscheidungen zu beschränken und hierdurch die Möglichkeit zu eröffnen, seinen Lebensentwurf neu auszurichten. Demgegenüber stärker den Aspekt der Verantwortung betonend *Huster*, Selbstbestimmung, Gerechtigkeit und Gesundheit. Normative Aspekte von Public Health, 2015, S. 17.

grundsätzlich ihre Grenze an der Rechtfertigbarkeit der zu ihrem Zweck erfolgenden Beschränkung der Rechte jedes Einzelnen.

Dies klingt zunächst einmal profan, ist indes für das Verhältnis von Solidarität und Wirtschaftlichkeit entscheidend. Denn wenn Solidarität rechtlich nur durchgesetzt werden kann, sofern hierbei gewisse aus den Freiheitsrechten jedes Einzelnen abzuleitende Solidaritätsgrenzen gewahrt werden, hat dies nicht nur zur Folge, dass die eingenommenen Mittel von den Krankenkassen sparsam verwendet werden müssen. Vielmehr folgt hieraus terminologisch zugleich, dass von Solidarität überhaupt nur gesprochen werden kann, solange zumindest gewisse Wirtschaftlichkeitserwägungen angestellt werden. Schließlich ist jede über diese rechtlich anordnenbare Solidarität hinausgehende freiwillig, aus altruistischen Gründen geleistete Hilfe rechtlich zum einen nur bedingt einforderbar; zum anderen beruht sie nicht auf Wechselseitigkeit. Hieraus folgt, dass derartige freiwillige, altruistische Hilfeleistung zwangsläufig Wohlfahrt darstellt, was wiederum zur Konsequenz hat, dass Wirtschaftlichkeitserwägungen – zumindest in gewisser Hinsicht – einen immanenten Bestandteil von Solidarität bilden.

Wirtschaftlichkeit ist insoweit als eine Solidargrenze im eigentlichen Sinne anzusehen, da von Solidarität überhaupt nur gesprochen werden kann, wenn im Rahmen der Konkretisierung ihrer Reichweite Wirtschaftlichkeitsgesichtspunkte Beachtung finden. Dies hat, wie bereits hervorgehoben, zwar der Gedanke der dialektischen Aufhebung von Interessenwidersprüchen im Rahmen des Begriffs „Solidarität" schon in gewisser Hinsicht nahegelegt, findet sich insoweit aber auch mit Blick auf die rechtliche Begriffsverwendung bestätigt.

Doch welche Konsequenzen lassen sich hieraus mit Blick auf die Frage, welche Relevanz Wirtschaftlichkeitserwägungen im Rahmen einer Solidargemeinschaft zuzuschreiben sind, ziehen? Rechtlich gesehen, sind die aus der Begriffsbestimmung von Solidarität herrührenden immanenten Solidargrenzen angesichts der mit der Zwangsvergemeinschaftung sowie Beitragserhebung verbundenen Grundrechtsbeschränkungen prinzipiell mittels des Verhältnismäßigkeitsprinzips zu ermitteln. Dessen Operationalisierung bereitet aufgrund des Solidarausgleichs sowie des potenziellen Anspruchs auf Krankenversicherungsleistungen im Bedarfsfall jedoch erhebliche Schwierigkeiten,[80] weshalb unmittelbar hieraus nur sehr beschränkte Aussagen zur Reichweite von Wirtschaftlichkeitserwägungen abgeleitet werden können. Die dem Verhältnismäßigkeitsprinzip entnehmbaren Beschränkungen mit Blick auf die Frage nach dem Verhältnis von Solidarität und Wirtschaftlichkeit formuliert, lässt sich indes eines festhalten: dass, während

80 Vgl. *Münkler*, Kosten-Nutzen-Bewertungen in der gesetzlichen Krankenversicherung, 2015, S. 183 ff.

Dies gilt unabhängig davon, ob man den Gesundheitsschutz der Gemeinschaft als weiteren Zweck begreift, oder wie etwa *Hase*, Versicherungsprinzip und sozialer Ausgleich, 2000, S. 65, 397 f., die Versicherungspflicht und das Beitragserhebungsrecht allein auf die Rechte des Einzelnen stützt.

es dem Solidargedanken zweifellos keinen Abbruch tut, wenn Leistungen nicht erbracht werden, die unzweckmäßig bzw. unnötig sind, weil günstigere und bessere Behandlungsmethoden gewährt werden, der Gedanke, dass nur wirtschaftliche Leistungen im engeren Sinne,[81] also solche mit guter Kosten-Nutzen-Bilanz, beansprucht werden dürfen, mit Blick auf das Solidaritätsprinzip zumindest als begründungsbedürftig erscheint.

Eine entsprechende Begründbarkeit ist nach meiner Auffassung allenfalls unter zwei Bedingungen gegeben: Erstens, sofern eine andere kostengünstigere Leistung existiert, die vergleichbar wirksam und nützlich ist, weil in diesem Fall der Bedarf vor dem Hintergrund der Eigenverantwortlichkeit auf die günstigere Leistung beschränkt werden kann, ohne dass hierdurch der Solidargedanke angetastet wird.[82] Zweitens lässt sich, falls eine absolute Knappheit bestehen sollte, die für Gesundheitsleistungen einsetzbaren Mittel folglich ohne Ausweitungsmöglichkeit beschränkt sind, zumindest darüber diskutieren, ob es dem Gedanken der Solidarität entspricht, die von vornherein begrenzten Mittel so einzusetzen, dass sie zum größtmöglichen Nutzen aller gereichen. Denn sollten die einsetzbaren Ressourcen einer absoluten Grenze unterliegen, ist es zumindest denkbar, dass eine gerechte und somit auch solidarische Verteilung womöglich mit Hilfe von Kosten-Nutzen-Bewertungen erreicht werden kann. Unter diesen Umständen ließe sich der Gedanke der Solidarität potenziell utilitaristisch deuten.[83] Solange dies indes nicht der Fall ist, kann nicht im Wege von Kosten-Nutzen-Bewertungen konkretisiert werden, was Solidarität bedeutet. Hiermit würde Solidarität stattdessen ad absurdum geführt.

Wenngleich durch die unendlichen an die Gesundheitsversorgung herangetragenen Bedürfnisse im Krankenversicherungssystem prinzipiell Knappheit entsteht, ist diese Knappheit nur in sehr wenigen Konstellationen absolut, etwa der Situation der Triage bei akuten Kapazitätsengpässen. Im Übrigen ist Knappheit innerhalb der gesetzlichen Krankenversicherung hingegen relativ, denn Entscheidungen über deren Finanzierbarkeit mögen zwar einer gewissen denklogischen absoluten Grenze unterliegen, deren objektive Bestimmung bereitet jedoch nicht nur erhebliche Probleme, vielmehr steht diese überhaupt nicht in Rede. Wirkliche Mittelknappheit müsste daher im Wege politischer Entscheidung zunächst einmal erzeugt werden. Eine politische Entscheidung dergestalt, dass die zu gewährenden Leistungen auf die eingenommenen Beiträge beschränkt sind, ist bislang jedoch

---

81 Vgl. zu den Begriffen *Scholz,* in: Becker/Kingreen, SGB V, § 12 Rn. 7 ff.

82 Näher zum hierzu *Münkler*, Kosten-Nutzen-Bewertungen in der gesetzlichen Krankenversicherung, 2015, S. 166 ff, 204 ff.

83 Sofern Kosten-Nutzen-Bewertungen hauptsächlich mit Wirtschaftlichkeitserwägungen gerechtfertigt werden, müssen sie sich mit Blick auf den Aufwand ihrer Durchführung sowie die Informationsbeschaffungskosten indes selbst der Wirtschaftlichkeitsfrage stellen, was ihren potenziellen Anwendungsbereich ebenfalls einschränken dürfte.

nicht getroffen worden. Zwar wird Knappheit in der GKV durch die Regulierung der Beiträge, die Krankenhausplanung, die Vergütung ärztlicher Leistungen sowie die Ausformung des Leistungskatalogs usw. durchaus bewirkt. Gleichzeitig gilt aber weiterhin prinzipiell das Bedarfsprinzip, was bedeutet, dass der Umfang der zu erbringenden Leistungen vorrangig am Bedarf zu orientieren ist, nicht hingegen an den beschränkten vorhandenen Mitteln.[84] Dies hat jedoch zur Folge, dass kein Grenzwert existiert, der rechnerisch vorgäbe, bis zu welchem Wert ein ausreichend günstiges Kosten-Nutzen-Verhältnis besteht. Mit der Festlegung der Höhe des Beitragssatzes ist keine dahingehende demokratische Entscheidung getroffen worden, dass keine hierüber hinausgehenden Mittel eingesetzt werden sollen, um Leistungen im Bedarfsfall zu gewähren. Die Einnahmen- und Ausgabenseite der gesetzlichen Krankenversicherung ist, selbst wenn dies haushaltsrechtlich naheläge, nicht derart miteinander verkoppelt worden.

Schon aus diesem Grund können die Grenzen rechtlich einforderbarer Solidarität nicht mit Hilfe von Kosten-Nutzen-Bewertungen zumindest annähernd objektiv bestimmt werden. Auch lassen sich, mit Ausnahme einer Ausrichtung am Pareto-Optimum, welches vorliegt, sofern ein möglichst hoher Nutzen erzeugt wird, ohne dass hierdurch individuelle Nachteile bewirkt werden, die divergierenden Interessen zwischen Beitragszahlern und Versicherten nicht im Wege einer Kosten-Nutzen-Bewertung dialektisch auflösen.[85] Im Rahmen einer mittels Kosten-Nutzen-Bewertungen getroffenen Entscheidung darüber, ob die Kosten mit Blick auf den erreichbaren Nutzen angemessen sind, werden weder das Beitragszahler- noch das Versicherteninteresse auf eine höhere Ebene gehoben und dort dialektisch miteinander vereinigt, wie der Begriff Solidarität dies intendiert. Vielmehr wird letzten Endes ein Interesse dem anderen vorgezogen, ohne dass ein zwingendes Kriterium dafür bestünde, wie die Interessen zueinander ins Verhältnis zu setzen sind.

Der Versuch zu bestimmen, wie solidarisch wir uns zeigen wollen, indem wir zu berechnen suchen, wann die hierzu eingesetzten Mittel noch in einem objektiv sinnvollen Verhältnis zu ihrem Nutzen stehen, ist daher letztlich ironisch. Schließlich muss hierzu einem Menschen bzw. seinen wissenschaftlich gereinigten Präferenzen ein Zahlenwert zugeordnet werden, was schlussendlich bewirkt, dass er gerade nicht als autonomer Mensch, sondern stattdessen als aufgeklärte Ziffer wahrgenommen wird. Wenn Solidarität jedoch bedeutet, einander als Menschen zu begreifen, erscheint dies als zutiefst widersprüchlich. Aus diesen Gründen kann

84 Insoweit besteht ein relativer Nutzenvorrang, der insbesondere bewirkt, dass weitergehende Leistungsbeschränkungen vom Gesetzgeber explizit vorgenommen werden vgl. *Münkler*, Kosten-Nutzen-Bewertungen in der gesetzlichen Krankenversicherung, 2015, S. 218 ff., 236.

85 Zum Verhältnis von Kosten-Nutzen-Bewertungen zum Pareto-Prinzip sowie Kaldor-Hicks-Kriterium siehe *Martini*, Der Markt als Instrument hoheitlicher Verteilungslenkung, S. 192 ff.

Wirtschaftlichkeit mit Blick auf die bestehende Rechtslage nur dann als Teil von Solidarität interpretiert werden, wenn Wirtschaftlichkeitserwägungen darauf beschränkt bleiben, Leistungen auszuschließen, deren zusätzlicher Nutzen gegenüber anderen zu erbringenden Leistungen marginal ist, die indes deutlich teurer als die Vergleichsmethode sind. Mit Blick auf diese Konstellation lassen sich der Verfassung sowie dem SGB V rechtliche Wertungen entnehmen. Unter diesen Umständen bedarf die Bestimmung, ob eine Leistung wirtschaftlich ist und deshalb solidarisch finanziert werden sollte, jedoch keiner Zuhilfenahme von Kosten-Nutzen-Bewertung im ökonomischen Sinne.

Zu glauben, die aus Wirtschaftlichkeitsgründen erwachsenden Solidargrenzen mittels Kosten-Nutzen-Bewertungen „neutral" bzw. „objektiv" bestimmen zu können, geht demnach fehl. Dies allerdings nicht, weil Solidarität und ökonomische Erwägungen generell als konträr zueinander anzusehen sind. Grund hierfür ist vielmehr, dass im Rahmen von Kosten-Nutzen-Bewertungen weitreichende Entscheidungen getroffen werden müssten, die sich nicht dadurch verobjektivieren lassen, dass man subjektive Rechtsgüter durch Zahlen ersetzt, um hierdurch der Problematik bzw. der Dramatik des Einzelfalls zu entrinnen. Die Grenzen von Solidarität mittels ökonomischer Erwägungen bestimmen zu wollen, ist letztlich ironisch, weil hierdurch gerade die Schwierigkeit, dass wir gemeinsam entscheiden müssen, was wir unter Solidarität verstehen wollen und wie die verschiedenen Interessen untereinander ausgeglichen werden sollen, zu umgehen versucht wird. Das heißt nicht, dass Kosten-Nutzen-Bewertungen prinzipiell im Rahmen der gesetzlichen Krankenversicherung nicht einsetzbar wären; unter das der GKV in § 1 SGB V zugrunde gelegte Leitmotiv der Solidarität können sie nach der aktuellen Gesetzeslage jedoch nicht gefasst werden.

IV Solidargrenzen solidarisch bestimmen

Um die Solidargrenzen solidarisch zu bestimmen, bedarf es demnach eines anderen Entscheidungsmodus. Denn derart komplexe Fragen der Verteilungsgerechtigkeit können jedenfalls so lange eindeutig nicht mit Hilfe von Kosten-Nutzen-Bewertungen angegangen werden, wie keine weiteren rechtlichen Vorgaben dazu bestehen, wie hoch der Anteil unserer Ressourcen sein soll, den wir in die Krankenbehandlung investieren wollen, und welche Präferenzen wir für wie maßgeblich erachten. Sofern diese Fragen – wie bisher – rechtlich nicht hinreichend determiniert sind, können sie nicht mit Kosten-Nutzen-Bewertungen beantwortet, sondern müssen vielmehr als Entscheidungen politisch verantwortet werden. Die politische Entscheidungsnotwendigkeit zu umgehen zu suchen, indem suggeriert wird, mittels Kosten-Nutzen-Bewertungen ließe sich eine effiziente Mittelallokation betreiben, wodurch Wirtschaftlichkeitserwägungen zu Gesetzmäßigkeiten hochstilisiert werden, ist angesichts der Problematik, demokratisch über derartige Fragen zu entscheiden, verständlich, rechtlich jedoch nicht tragbar. Demokratisch zu entscheiden, stellt sich folglich als einzig solidarischer Ausweg dar. Denn nur im Rahmen der demokratischen Entscheidungsfindung lassen sich die innerhalb einer Gemeinschaft vorhanden Interessenwidersprüche zumindest kontingent dialektisch miteinander vereinen.

V Vom Nutzen der hinter Solidarität und Utilitarismus stehenden Topoi für das Recht

Folgt hieraus, dass Kosten-Nutzen-Bewertungen mit Blick auf die Frage, ob für einen bestimmten medizinischen Nutzen wirklich Ressourcen eingesetzt werden sollen, derzeit generell unnütz sind? Unterliegt die Kosten-Nutzen-Bewertung folglich selbst einer schlechten Nutzenbilanz im Recht? Meines Erachtens nicht, denn Kosten-Nutzen-Bewertungen können herangezogen werden, um den Diskurs über Knappheit in Gesundheitsfragen zu rationalisieren und von Einzelfragen zu abstrahieren, wodurch der Blick über die Krankenbehandlung hinausgehend auf weitere Bedingungen gerichtet zu werden vermag, die ebenfalls von Einfluss auf die Gesundheit sind. Ein Bewusstsein hierfür sollte dringend geschaffen werden. Es bleibt letzten Endes jedoch bei der Feststellung, dass Kosten-Nutzen-Bewertungen uns die Entscheidung darüber, ob wir Ressourcen einsetzen wollen, um einen bestimmten Nutzen zu erreichen, nicht abnehmen. Insoweit haben die hinter Solidarität und Utilitarismus stehenden Topoi letztlich doch einiges gemein: Denn beide Begriffe vermögen zu beantworten, welchen Anteil unserer Ressourcen wir worin und wofür investieren sollen. Sie können daher zwar als Chiffren in einem Diskurs – auch einem rechtlichen – dienen, ersparen tun sie uns diesen jedoch nicht. Was dies mit Blick auf eine Kosten-Nutzen-Bewertung der Verwendung des Begriffs Solidarität im rechtlichen Diskus bedeutet, kann hierbei offenbleiben.

Stephan Rixen

Zwischen Solidarität und Diskriminierung: Impfpflicht und Immunitäts- bzw. Impfnachweis

I Einleitung

Die durch die COVID-19-Pandemie[1] ausgelöste Krise, die medial schnell als „Corona-Krise" bekannt war,[2] ist auch eine Krise der Normalitätsvorstellungen. Der Umgang mit den Folgen des Virus verlangte nach Bewältigungsstrategien und -instrumenten, die in der präpandemischen Zeit, also vor März 2020, als völlig anormal gegolten hätten. Wer hätte Maskentragepflichten, Ausgangssperren, Besuchsverbote, innerdeutsche Reisebeschränkungen (im Jahr 30 der Wiedervereinigung Deutschlands!), das Verbot von Demonstrationen, Gottesdiensten, Kultur- und Freizeitveranstaltungen, die Notversorgung im Erziehungs- und Bildungswesen, das Herunterfahren der gewerblichen Wirtschaft und ihre kompensatorische Stützung durch eine gigantische Staatsschuldenfinanzierung je für möglich gehalten? Wer hätte gedacht, dass eine ganze Gesellschaft bis auf die Mikroebene engster Sozialbeziehungen so schnell und so lange dem Klammergriff ubiquitärer Pandemieregulierung ausgesetzt werden kann? Wer hätte ein solches Ausmaß an Biosicherheits-Gouvernementalität[3] nicht für eine irre Dystopie gehalten, ein epidemiologisches Gesellschaftsregulierungsexperiment unter Livebedingungen, das die viral bedrohte Freiheit beschränkt, um ihren unbeschränkten Gebrauch *à la longue* zu ermöglichen?[4]

So sehr die Corona-Krise bisherige Normalitätsbilder in Frage stellt, so lässt sie zugleich den brisanten Gehalt von Normalitätsvorstellungen besser erkennen, die ganz und gar nicht neu sind, sondern schon vor „Corona" bekannt waren und es danach bleiben werden.[5] Das zeigt sich etwa an der öffentlichen Debatte über die

---

1 Vgl. § 6 Abs. 1 Satz 1 Nr. 1 Buchst. t) IfSG: „Coronavirus-Krankheit-2019 (COVID-19)".

2 *Kersten/Rixen*, Der Verfassungsstaat in der Corona-Krise, 2020.

3 Einerseits eine Anspielung auf *Michel Foucaults* Begriff der Gouvernementalität, andererseits eine Anspielung auf die in Australien auf den Biosecurity Act 2015 gestützten Maßnahmen zur Pandemiebewältigung.

4 Zu diesem Zusammenhang *Nullmeier*, Covid-19-Pandemie und soziale Freiheit, Online-Vorab-Publikation aus der Zeitschrift für politische Theorie (ZPTh), www.theorieblog.de/wp-content/uploads/2020/11/Nullmeier_Corona_und_soziale_Freiheit_ZfPT_2020.pdf (zuletzt abgerufen am 6.1.2021).

5 Am Beispiel der sozialen Ungleichheit *Vogel*, Soziologische Überlegungen zur kollektiven Erfahrung und Wirklichkeit gesellschaftlicher Ungleichheit, in: Kersten/

Aspekte, die mit der Coronavirus- bzw. der COVID-19-Impfung[6] zusammenhängen. Das ist offensichtlich ein weites Feld, das hier nicht zur Gänze kartiert werden kann. Einige Orientierungspunkte seien aber markiert, wohlwissend, dass damit nicht alles gesagt ist, aber immerhin klarwerden kann, in welche Richtung weiter zu denken ist, ohne dass der Kompass ins Trudeln gerät.

II Orientierungen

1 Solidarität und Diskriminierung

Die Diskussion über die unterschiedlichen Aspekte der COVID-19-Impfung ist in einem semantischen Feld situiert, das um die Begriffe „Solidarität" und „Diskriminierung" angeordnet ist.[7] Hinter diesen Begriffen verbergen sich kontroverse ethische und rechtliche Vorstellungen darüber, wie sehr sich das Individuum für das Allgemeinwohl in die Pflicht nehmen lassen muss, ob es also im Interesse der auf die Gesamtpopulation bezogenen öffentlichen Gesundheit („Public Health"), ein kollektives Gut, Verantwortung für andere zu übernehmen hat. Zugleich geht es um die Frage, ob die ggf. mittels einer Gesetzespflicht abgesicherte Erwartung, qua Impfung solidarisch, sozusagen impfsolidarisch, zu sein, Menschen diskriminieren könnte, was als Synonym für eine nicht rechtfertigbare Ungleichbehandlung bzw. Benachteiligung zu verstehen wäre.

Solidarität und Diskriminierung gehören, mit *Reinhart Koselleck*, dem großen Begriffshistoriker, gesprochen, zu den unersetzbaren und deshalb strittigen „Grundbegriffen, ohne die keine politische und keine Sprachgemeinschaft auskommt."[8] Im Klartext bedeutet das: Was die Begriffe meinen, hängt stark von mehr oder weniger reflektierten Vorverständnissen ab, die historisches Begriffserbe, aktuellere akademische Deutungsdiskurse und fachsprachliche (etwa juristische) sowie umgangssprachliche (etwa politisch-mediale) Wortgebrauchsweisen unterschiedlich mischen, akzentuieren, im Ungefähren lassen oder präzise benennen. Anders formuliert: Es herrscht die Beliebigkeit – oder positiver: die Pluralität – der Standpunkte, die nicht richtig oder falsch, sondern mehr oder weniger plausibel

---

Rixen/Vogel (Hrsg.), Ambivalenzen der Gleichheit – Zwischen Diversität, sozialer Ungleichheit und Repräsentation, 2021, S. 35 ff.

6 Ständige Impfkommission, STIKO-Empfehlung zur COVID-19-Impfung, Epidemiologisches Bulletin 2/2021, www.rki.de (zuletzt abgerufen am 6.1.2021).

7 S. hierzu nur *Deutscher Ethikrat*, Solidarität und Verantwortung in der Corona-Krise – Ad-hoc-Empfehlung; 2020; *Deutscher Ethikrat*, Immunitätsbescheinigungen in der Covid-19-Pandemie – Stellungnahme, 2020; *Deutscher Ethikrat*, Mindestmaß an sozialen Kontakten in der Langzeitpflege während der Covid-19-Pandemie – Ad-hoc-Empfehlung, 2020, unter www.ethikrat.org (zuletzt abgerufen am 6.1.2021).

8 *Koselleck*, Begriffsgeschichten, 2006, S. 99 (nicht bezogen auf die beiden hier interessierenden Begriffe).

sind, also im Rahmen eines bestimmten plausibilitätserzeugenden Denkrahmens Zustimmung überzeugen können. Weil die allermeisten real existierenden Denkrahmen sich in der gegebenen Gesellschaft überlappen dürften, wird zumindest im Wesentlichen klar sein, was die Begriffe in etwa meinen. Genaueres ist keine Frage der „richtigen" philosophisch-ethischen Positionierung, sondern der politischen Dezision, die sich auf vertretbare, (hoffentlich) gute Gründe stützt, die Glaubwürdigkeit erzeugen. So gesehen, sind „Solidarität" und „Diskriminierung" problemsensibilisierende normative „Warnschilder", die reichlich approximativ den Weg weisen, der politisch vereindeutigt werden muss. Insofern sind philosophisch-ethische Diskurse für die Klärung der Argumente bedeutsam, aber diese Argumente, wie immer mehr oder weniger (un)plausibel sie sein mögen, müssen immer noch durch die Filter des Verfassungsrechts hindurch, das vor allem Verfahren und Institutionen bereithält, vermittels derer sich normative Eindeutigkeit auf Zeit herstellen lässt.

Das geschieht in einem verfassungsrechtlich gerahmten politischen Prozess, der das, was Einzelnen als Inpflichtnahme (nicht) zugemutet werden darf, wesentlich vom Verhältnismäßigkeitsprinzip abhängig macht. Eine genuin verfassungsrechtliche Betrachtung muss das Verhältnismäßigkeitsprinzip bereichsspezifisch entfalten und hierbei auch die Bedingungen und Grenzen gesetzgeberischer Gestaltungsverantwortung benennen. „Die" eine verfassungsrechtliche „Wahrheit" gibt es folglich nicht, da das Grundgesetz als Rahmenordnung des Politischen in aller Regel Raum für die unterschiedlich akzentuierte Koordinierung von Grundrechtspositionen und öffentlichen Interessen lässt. Das Parlamentsgesetz wird so zum Instrument, das die Pluralität politisch-weltanschaulicher Positionen in einem bestimmten Verfahren mit der vorläufigen Endgültigkeit, die positivem Recht eigen ist, auf Zeit auflöst und so bewältigbar macht.

2 Impfskepsis und Impfpflichtskepsis

Im Zusammenhang mit der COVID-19-Impfung ist einer größeren Öffentlichkeit das seit spätestens seit dem 19. Jahrhundert bekannte Phänomen der Impfgegnerschaft bzw. der Impfskepsis bekannt geworden.[9] Hierbei geht es letztlich um eine Art „Kampf" der Wirklichkeitskonstruktionen oder, weniger martialisch ausgedrückt, um eine spannungsreiche „Konkurrenz von Wirklichkeitskonstruktionen"[10]. Die ansonsten wenig problematisierte naturwissenschaftlich aufgeklärte Grundierung des sozialen Lebens wird in einem bestimmten medizinischen Kontext in Frage gestellt. Hierbei geht es nicht selten um Menschen, die ihre Handys benutzen, um mittels bestimmter Messenger-Dienste ihre anti-naturwissenschaftlichen

9 *Meyer/Reiter*, Impfgegner und Impfskeptiker. Geschichte, Hintergründe, Thesen, Umgang, Bundesgesundheitsblatt 2004, 1182 ff.

10 *Rixen*, AöR 142 (2017), 471 (473) – bezogen auf religiös motivierte Impfverweigerer in den Niederlanden.

Thesen zu verbreiten, ohne den performativen Widerspruch zu erkennen, der darin begründet liegt, dass, wer Mobilfunk nutzt, stillschweigend die Plausibilität naturwissenschaftlicher Wirkungszusammenhänge beispielhaft mit Blick auf elektromagnetische Wellen, aber damit implizit auch generell anerkennt. Die Motive für die selektive Ablehnung naturwissenschaftlicher Zusammenhänge, wenn es um Impfungen geht, sind nicht leicht nachzuvollziehen. Oft dürfte es um ein rational schwer nachvollziehbares diffuses Unbehagen gehen, hinter dem sich z.B. eine allgemeine anti-medizinische Skepsis verbirgt, die nur eine Variante der Technikskepsis ist. Persönliche Erfahrungen (etwa mit Impfkomplikationen, also unerwünschten Arzneimittelmittelwirkungen [UAW], die von den üblichen Impfreaktionen zu unterscheiden sind) oder andere negative Erlebnisse, die sich auf das Gesundheitswesen beziehen, können den anti-naturwissenschaftlichen Affekt ebenfalls schüren. Zuweilen tragen auch bestimmte weltanschauliche Vorannahmen (erinnert sei etwa an die Anthroposophie) dazu bei, sich selektiv aus der naturwissenschaftlichen Welt zu verabschieden.[11]

Wer die Wirksamkeit des Impfens prinzipiell leugnet („Impfgegner", „Impfskeptiker"), stellt die naturwissenschaftsfreundliche Wirklichkeitskonstruktion in Frage, die dem Grundgesetz zugrunde liegt. Wer den Gesetzgebungskatalog sichtet, trifft auf viele Lebensbereiche, die ohne bestimmte naturwissenschaftlich-technische Annahmen gar nicht sinnvoll zu regeln sind.[12] Aus dem Gesamtzusammenhang des Grundgesetzes lässt sich schließen, dass das Grundgesetz die naturwissenschaftlichen Wirkungszusammenhänge dem Grunde nach anerkennt. Wer z.B. den Flugverkehr regelt, sollte an der Schwerkraft nicht zweifeln. Ein Gesetz, das anordnet „Die Schwerkraft ist verboten", wäre in etwa so sinnvoll wie ein Gesetz, das der Sonne verbietet, Licht zu spenden. Diese natürlichen bzw. naturwissenschaftlich erklärbaren Vorgegebenheiten einer Rechtsordnung werden selten thematisiert, weil sie so selbstverständlich erscheinen, aber die Debatte über das Impfen zeigt, dass Selbstverständliches so selbstverständlich nicht ist.

Zweifelsohne ist Kritik an der naturwissenschaftlichen Qualität bestimmter Studien gerade zum Impfen zulässig, sei es als spezifisch wissenschaftliche Kritik, die sich an den Kriterien der Wissenschaftsfreiheit messen lassen muss (Art. 5

---

11 *Ellsäßer*, Impfprävention im Kindes- und Jugendalter, Bundesgesundheitsblatt 2004, 1196 (1199).

12 S. etwa Art. 73 Abs. 1 Nr. 6 GG (Luftverkehr), Art. 73 Abs. 1 Nr. 6a (Verkehr von Eisenbahnen), Art. 73 Abs. 1 Nr. 12 GG (Waffen- und Sprengstoffrecht), Art. 73 Abs. 1 Nr. 14 GG (Erzeugung und Nutzung der Kernenergie zu friedlichen Zwecken ... und die Beseitigung radioaktiver Stoffe), Art. 74 Abs. 1 Nr. 19 GG (Maßnahmen gegen gemeingefährliche oder übertragbare Krankheiten), Art. 74 Abs. 1 Nr. 20 GG (Schutz der Pflanzen gegen Krankheiten und Schädlinge), Art. 74 Abs. 1 Nr. 24 GG (Luftreinhaltung und ... Lärmbekämpfung), Art. 74 Abs. 1 Nr. 26 GG (die medizinisch unterstützte Erzeugung menschlichen Lebens, die Untersuchung und die künstliche Veränderung von Erbinformationen sowie Regelungen zur Transplantation von Organen, Geweben und Zellen).

Abs. 3 Satz 1 GG), sei es als Meinungsäußerung (Art. 5 Abs. 1 Satz 1 GG) eingedenk der Einsicht, dass eine Meinung zu haben, nicht voraussetzt, Ahnung zu haben. Niemandem kann z.B. verboten werden zu glauben, die Erde sei eine Scheibe. Allerdings gibt es auch keinen grundrechtlichen Anspruch darauf, dass der Staat oder die Gesellschaft den manchmal sehr speziellen Blick auf die Welt teilen. Der Gesetzgeber darf bei der Regulierung der menschlichen Verhältnisse auf ein naturwissenschaftlich grundiertes Realitätsverständnis setzen, denn es gehört zu den stillschweigend mitgeschriebenen Voraussetzungen insbesondere der Gesetzgebungskompetenznormen des Grundgesetzes. Ob und inwieweit dem grundrechtlichen Schutz realitätskonstruktiver Nonkonformisten unter dem Aspekt grundrechtlichen Minderheitenschutzes Rechnung zu tragen ist, ist eine bereichsspezifisch zu klärende Folgefrage.

3 Freiwillige Impfungen und Impfpflichten

Es ist zu unterscheiden: Wer die Geeignetheit, Erforderlichkeit oder Angemessenheit einer Impf*pflicht* bezweifelt („Impf*pflicht*skeptiker“, „Impf*pflicht*kritiker“), fragt, ob eine Pflicht zur Impfung den mit der Impfung intendierten Schutz konterkariert. Erinnert sei an die impf*pflicht*kritischen Äußerungen des RKI-Präsidenten.[13] Dahinter steht die wissenschaftlich untermauerte Sorge, dass Pflichtimpfungen dazu führen können, dass Menschen sich ihre (vermeintlich bedrohte) Freiheit an anderer Stelle gleichsam „zurückholen“, indem sie Angebote zur freiwilligen Impfung bewusst ablehnen.[14]

„Schutzimpfungen“, also die Gabe eines Impfstoffs (§ 4 Abs. 4 AMG) mit dem Ziel, vor einer übertragbaren Krankheit zu schützen (§ 2 Nr. 9 IfSG), werden in aller Regel freiwillig ohne einen offenen oder verdeckten staatlich sanktionierten

13 *Wieler*, Eher kontraproduktiv: Impfpflicht würde Masernproblem nicht lösen, www.aerztezeitung.de/Medizin/Impfpflicht-wuerde-Masernproblem-nicht-loesen-299573.html.

14 S. hierzu auch *Betsch/Böhm*, Detrimental effects of introducing partial compulsory vaccination: experimental evidence, The European Journal of Public Health, Vol. 26, No. 3, 2015, 378–381, https://academic.oup.com/eurpub/article/26/3/378/2467110; *Omer/Betsch/Leask*, Mandante vaccination with care, Nature vol. 571, Juli 2019, 469 ff., https://www.nature.com/articles/d41586-019-02232-0?utm_source=fbk_nnc&utm_medium=social&utm_campaign=naturenews&sf216086848=1; *Betsch/Schmid/Korn/Steinmeyer et. al.*, Impfverhalten psychologisch erklären, messen und verändern, Bundesgesundheitsblatt 2019, 400 ff.; *Akademie der Wissenschaften Hamburg/ Leopoldina – Nationale Akademie der Wissenschaften*, Gemeinsam Schutz aufbauen. Verhaltenswissenschaftliche Optionen zur stärkeren Inanspruchnahme von Schutzimpfungen, Vorabdruck Juni 2019, (Autorinnen und Autoren: Cornelia Betsch/Constanze Breuer/Jörg Hacker/Kathrin Happe/Michael Hecker), www.leopoldina.org/uploads/tx_leopublication/2019_Diskussionspapier_Schutzimpfungen_Web.pdf, alle Beiträge zuletzt abgerufen am 6.1.2021.

Zwang in Anspruch genommen.[15] Es dominiert das Instrument der parastaatlichen (STIKO, § 20 Abs. 2 IfSG) bzw. der staatlichen (§ 20 Abs. 3, § 60 Abs. 1 S. 1 Nr. 1 IfSG) Empfehlung, die durch Kostenübernahmen ergänzt wird (insbesondere § 20i SGB V). Impfpflichten sind, auch historisch, die Ausnahme. Erinnert sei an das (die Pocken betreffende) (Reichs-)Impfgesetz von 1874[16] und das Gesetz über die Pockenschutzimpfung, aufgehoben seit 1.7.1983,[17] die DDR-Anordnung über Schutzimpfungen im Kindes- und Jugendalter von 1970/1984[18] und das – auch Teile des Arbeitslebens erfassende – Masernschutzgesetz (insbesondere § 20 Abs. 8 ff. IfSG seit 1.3.2020).[19] Das allgemeine Arbeitsschutzrecht kennt keine Impfpflicht,[20] wohl aber das Soldatenrecht (§ 17a SG). Die Option, auf Bevölkerungsgruppen bezogene Ad-hoc-Impfpflichten bei übertragbaren Krankheiten mit schweren Verlaufsformen und epidemischer Verbreitung zu schaffen (§ 20 Abs. 6, 7 IfSG), ist bislang noch nicht genutzt worden.

Hinter der Zurückhaltung, Impfpflichten zu schaffen, verbirgt sich eine risikoethische Beurteilung, die der großen Bedeutung des *informed consent* im medizinischen Bereich Rechnung trägt. Die Entscheidung für eine Impfung wird umso eher freiwillig getroffen, je erheblicher die wahrscheinlichen (Langzeit-)Schäden der unterbliebenen Impfung und je unwahrscheinlicher die Schäden sind, die durch die Impfung aufgrund sog. unerwünschter Arzneimittelwirkungen (UAW; Impfkomplikationen im Unterschied zu üblichen Impfreaktionen) eintreten können. Die Wirksamkeit des (ggf. unter hohem Zeitdruck entwickelten) Impfstoffes spielt hierbei eine entscheidende Rolle. Eine Impfpflicht, bei der Impfstoffe zum Einsatz kommen, über deren Langzeitwirkungen wenig oder gar nichts bekannt ist, kommt einem flächendeckenden Heilversuch gleich, der nur in einer Situation höchster Gefahr vertretbar erscheint, wenn andere Optionen, sich zu schützen, weniger oder gar nicht wirksam sind. Mit Blick auf die in Rede stehenden Grundrechte, insbesondere das Recht auf Leben und körperliche Gesundheit (Art. 2 Abs. 1 Satz 1 GG), sind an die Verhältnismäßigkeit einer Pflicht zum Impf-Heilversuch strenge Anforderungen zu stellen.[21]

Die Einführung einer Impfpflicht kann sich dann aufdrängen, wenn auch mit informierter und vielfältig incentivierter Freiwilligkeit die Durchimpfungsrate

---

15 *Rixen*, Impfschutzrecht, in: Huster/Kingreen (Hrsg.), Handbuch Infektionsschutzrecht, 2021, Kap. 5 Rn. 6 ff.

16 RGBl 1874, 31.

17 Gesetz über die Pockenschutzimpfung vom 18.5.1976 (BGBl. I S. 1216), aufgehoben durch Gesetz vom 24.11.1982 (BGBl. I S. 1529) mit Wirkung ab 1.7.1983.

18 GBl. DDR 1970, 49; GBl. DDR 1984, 296.

19 Gesetz für den Schutz vor Masern und zur Stärkung der Impfprävention (Masernschutzgesetz) vom 10.2.2020 (BGBl. I S. 148).

20 § 6 Abs. 2 S. 3, 4 ArbMedVV i.V.m. Nr. 4.2. Abs. 3 Satz 1 AMR (Arbeitsmedizinische Regel) 6.5, www.baua.de (zuletzt abgerufen am 6.1.2021).

21 Allg. zum Heilversuch *Lipp*, in: Laufs/Katzenmeier/Lipp, Arztrecht, 8. Aufl. 2021, Kap. XIII, Rn. 1 ff.

nicht auf ein Niveau gebracht werden kann, das gewährleistet, dass sowohl die zu impfende Person selbst als auch alle Personen, die durch eine ungeimpfte Person infiziert werden könnten, geschützt sind („Gemeinschaftsschutz“[22] durch „Herdenimmunität“). Die Gefahrenbeurteilung hängt von infektionsbiologischen und epidemiologischen Fakten und Einschätzungen ab, aber auch – wenn es um die Impfung nicht-einwilligungsfähiger Minderjähriger geht – vom Wissen über die (elterliche) Impf-Compliance einschließlich der eventuell kontraproduktiven Effekte einer Impfpflicht.

Davon hängt auch ab, wieviel Minderheitenschutz zumutbar ist. „Erfahrungen eines Jahrhunderts haben gezeigt, daß es [...] wenig sinnvoll ist, diese zum Teil weltanschaulich gebundenen Leute mit rechtlichen Zwangsmitteln zur Erfüllung ihrer Impfpflicht anzuhalten. Hier ist wohl Toleranz am Platze [...].“[23] Anderer Länder wählen hier nicht den Weg der offenen, negativen Sanktion, sondern begeben sich in einen komplexen Aushandlungsprozess, zu dem auch vergleichsweise milde Nachteile für Impfverweigerer gehören, womit letztlich die Hoffnung auf deren Einsicht und Verantwortungsgefühl verbunden ist.[24] Hierbei sollte auch bedacht werden, dass die offen-repressive Sanktionierung von Impfverweigerung, praktisch umso schwieriger wird, je größer die Gruppe der betroffenen Menschen ist, je mehr eine Gesellschaft auf die von ihr erbrachten beruflichen Tätigkeiten angewiesen ist (erinnert sei an Impfverweigerer bei medizinischen Berufen) und je anfälliger das Geschehen für massive mediale Skandalisierung und differenzierte gerichtliche Kontrolle ist.

Der Einschätzungs- und Prognosespielraum des Gesetzgebers ist schließlich keine „Blankovollmacht“ für tatsächliche Annahmen ins Blaue hinein, sondern verpflichtet zu einer seriösen Ermittlung der relevanten Realitäts- bzw. Wirkungsannahmen. Sie ist umso ernster zu nehmen, je intensiver in Grundrechte eingegriffen wird (insbesondere Art. 2 Abs. 2 S. 1, Art. 6 Abs. 2 S. 1, Art. 12 Abs. 1 GG) und je weniger folgerichtig regulatorische Unterscheidungen getroffen werden (Art. 3 Abs. 1 GG).

4 Immunitäts- und Impfnachweise – „faktische“ oder „indirekte Impfpflicht“

a) Begriffliche Unklarheiten

Die Debatte darüber, ob die Vorteile, die mit der Vorlage eines Immunitäts- bzw. Impfnachweise verbunden sein könnten (nämlich die Befreiung von den in der COVID-19-Pandemie verhängten Freiheitsbeschränkungen), leidet unter

22 So etwa die Begründung zum Masernschutzgesetz, BT-Drucks. 19/13452, 1.

23 *Schumacher/Meyn*, BSeuchG, Kommentar, 4. Aufl. 1992, S. 61 (zu § 14).

24 Zur Situation in den Niederlanden *Rixen*, AöR 142 (2017), 471 (473); s. auch *Rixen*, NJW-aktuell 40/2013, 12.

empirischer Unsicherheit. Es steht bisher zwar fest, dass die COVID-19-Impfung die geimpfte Person vor einer Erkrankung schützt (wobei die Dauer des Schutzes offenbar noch unklar ist). Unsicher ist aber einstweilen noch, ob die Impfung auch garantiert (und wenn ja, wie lange), dass die geimpfte Person andere anstecken kann. Unterstellt, dies ist so, dann entsteht die Situation, für die verschiedene Begriffe im Umlauf sind: „indirekte Impfpflicht", „indirekter" bzw. „mittelbarer Impfzwang", „faktischer Impfzwang" bzw. „faktische Impfpflicht". Manche beziehen die Formulierung „indirekte Impfpflicht" nur auf materiell Private, etwa Unternehmen, die Impfnachweise verlangen. In der Literatur wird auch mit Blick auf Arbeitgeber, die eine Impfung erwarten/verlangen – vgl. § 23a IfSG – von einer „indirekten Impfpflicht" gesprochen.[25] Andere lehnen mit Blick auf § 23a IfSG die Rede von einer Impfpflicht ab und betonen die Freiwilligkeit.[26] Es geht *nicht*, das soll offenbar zum Ausdruck gebracht werden, um die staatlich angeordnete, sanktionsbewehrte Pflicht, sich impfen zu lassen, wie sie etwa im früheren Gesetz zur Pockenschutzimpfung vorgesehen war, die somit eine direkte Impfpflicht war.[27] Aber auch insoweit ist zu unterscheiden: Wo der Staat wie im Masernschutzgesetz diese Sanktionen weniger direkt einsetzt, ließe sich durchaus auch von einer „indirekten Impfpflicht" sprechen.[28] Konstellationen, die kein direkt dem Staat zurechenbares Gebot schaffen, sich impfen zu lassen, sondern die auf private Initiative zurückgehen und Menschen abverlangen abzuwägen, welche Nachteile sie in Kauf nehmen wollen, wenn sie die Vorlage eines Impfausweises verweigern, könnten auch unter dem Label „Quasi-Impfpflicht" zusammengefasst werden. Alles in allem erscheint aber die Formulierung „indirekter Impfzwang" vertretbar, sofern bedacht wird, dass es hier nicht um unmittelbaren, körperlichen Zwang geht, sondern „Zwang" ein Synonym für „Pflicht" ist.

b) Zumutbarer Anreiz oder unzumutbarer Zwang?

Der Sache nach geht es beim „mittelbaren Impfzwang" um einen subtil wirkenden Zwang: Durch bestimmte Anreize wird eine Art Angebot zum freiwilligen Selbstzwang unterbreitet.[29] Das macht insbesondere das Arbeitsleben deutlich, wo es, wie sich aus § 23a IfSG ergibt, dem Arbeitgeber in bestimmten Bereichen der Medizin und Pflege u.a. gestattet ist, soweit erforderlich, die Vorlage eines Impfnachweises zu verlangen. Wie „freiwillig" kann die arbeitsuchende Person die Begründung eines Arbeitsverhältnisses ablehnen, das sie nur geimpft aufnehmen kann, aber wegen der Lebensunterhaltssicherung ggf. aufnehmen muss? Wie wird die persönliche Abwägung zwischen Vor- und Nachteilen hier ausgehen? Wie frei ist eine

25 *Kersten/Rixen*, Der Verfassungsstaat in der Corona-Krise, 2020, S. 89.

26 *Harney*, in: Kießling (Hrsg.), IfSG, Kommentar, 2020, § 23a Rn. 8.

27 Gesetz über die Pockenschutzimpfung vom 18.5.1976 (BGBl. I S. 1216), aufgehoben durch Gesetz vom 24.11.1982 (BGBl. I S. 1529).

28 *Rixen*, Impfschutzrecht, in: Huster/Kingreen (Hrsg.), Handbuch Infektionsschutzrecht, 2021, Kap. 5 Rn. 63 ff., insb. Rn. 70, s. auch Rn. 103 ff., insb. Rn. 105.

29 *Kersten/Rixen*, Der Verfassungsstaat in der Corona-Krise, 2020, S. 92 f.

solche Entscheidung? Anders gefragt: Wieviel reduzierte Freiheit zur Hinnahme gravierenderer Nachteile ist je nach Arbeitskontext und persönlicher Lebenslage noch zumutbar bzw. noch zumutbarer Zwang der Verhältnisse? Der Arbeitgeber sagt bzw. fragt: „Wenn Sie diese Stelle haben möchten, dann müssen Sie geimpft sein, weil es andere, gleich wirksame Schutzmaßnahmen nicht gibt. Sind Sie geimpft?“ Wer auch nur anfängt nachzufragen, ob es vielleicht noch andere, gleich wirksame Schutzmaßmaßnahmen gibt, wird die Stelle eher nicht bekommen. Wie sehr wird dadurch die Selbstbestimmungsfreiheit unzumutbar reduziert?

Was hier inwieweit verhältnismäßig ist, hängt davon ab, wer – Staat oder Private – an den fehlenden Impfnachweis welche Nachteile knüpft und wie zumutbar es ist, sie hinzunehmen. Eine Gastronomin oder ein Hotelier, die nur Personen mit Impfnachweis als Gäste zulassen, dürfen das tun. So etwas nennt man Vertragsfreiheit. Insbesondere das Allgemeine Gleichbehandlungsgesetz (AGG) verbietet das nicht, weil es Benachteiligungen allein wegen des Gesundheitszustands nicht erfasst. Die Lage ist aber anders zu bewerten, wenn es um lebensnotwendige Güter und Dienstleistungen, wenn es um den Zugang zu „essential facilities“ geht und es keine zumutbaren Ausweichmöglichkeiten gibt. Insoweit wäre es gut, wenn der Gesetzgeber seiner grundrechtlichen Schutzpflicht zugunsten (noch) nicht geimpfter Personen durch klarstellende Regelungen, z.B. im AGG, genügen würde, also auch zugunsten derer, die zwar impfbereit sind, aber nach den bestehenden Priorisierungsregeln keine Chance auf eine zeitnahe Impfung haben. Gerade vor dem Hintergrund sollte deutlich werden: Die Impfung ist kein Grundrechtsjoker, der alle Freiheitsbeschränkungen verfassungswidrig macht. Andererseits kann es auch verhältnismäßig, insbesondere zumutbar sein, Ungleichheiten auszuhalten, wenn sie sich insbesondere mit Blick auf die unterschiedliche Schutzbedürftigkeit und das unterschiedliche Infektionspotential von Geimpften und Ungeimpften rechtfertigen lassen. Dieselben Gründe, die die Impf-Priorisierung rechtfertigen (vgl. § 20i Abs. 3 Satz 2 Nr. 1 Buchst. a SGB V, Coronavirus-Impfverordnung)[30], rechtfertigen im Ansatz auch den verzögerten Freiheitsrückgewinn, sofern der Staat seiner Pflicht nachkommt (Art. 2 Abs. 2 Satz 1 GG i.V.m. dem Sozialstaatsprinzip und Art. 3 Abs. 1 GG), die Verfügbarkeit von Impfstoffen möglichst effektiv und zugangschancenoptimierend zu gewährleisten.[31]

Immunitätsnachweise (die am Anfang der Pandemie diskutiert wurden)[32] bzw. Impfnachweise (die sich auf die durch Impfung bewirkte Immunität beziehen, um sie ging es insbesondere seit Beginn des Jahres 2021) sollten differenziert zum Einsatz kommen. Ein Totalverbot ist nicht geboten, weil sich durch schützende

30 Verordnung zum Anspruch auf Schutzimpfung gegen das Coronavirus SARS-CoV-2 (Coronavirus-Impfverordnung – CoronaImpfV) vom 18.12.2020 (BAnz AT 21.12.2020 V).

31 *Rixen*, Impfschutzrecht, in: Huster/Kingreen (Hrsg.), Handbuch Infektionsschutzrecht, 2021, Kap. 5 Rn. 91.

32 *Deutscher Ethikrat*, Immunitätsbescheinigungen in der Covid-19-Pandemie – Stellungnahme, 2020 (zuletzt abgerufen am 6.1.2021).

Regulierung illegitimem (subtilem) Druck effektiv entgegenwirken lässt.[33] Außerdem kann es Lebenssituationen geben, die die Befreiung von bestimmten Freiheitsbeschränkungen geboten erscheinen lassen. Das kann besonders wichtige Beziehungssituationen, sozusagen „essential relationships", betreffen (etwa Beziehungen zu Angehörigen, die in einem Alten- bzw. Pflegeheim leben). Zu denken ist beispielsweise auch an den Besuch eines im Sterben liegenden, weit entfernt wohnenden engen Familienangehörigen per Flugzeug, das eigentlich nur mit einem Impfnachweis genutzt werden darf. Aber es gibt auch ökonomisch veranlasste Nöte, wenn etwa das pandemiebedingt ins Trudeln geratene kleine Unternehmen, z.B. eine Gaststätte, vor der Insolvenz gerettet werden soll, indem es für nachweislich geimpfte Kunden (und nachweislich geimpftes Personal) geöffnet wird. Auch der Wunsch nach Geselligkeit durch gemeinschaftliche Freizeitgestaltung kann relevant sein. Hier steht sozusagen das „soziale Überleben" zur Debatte, nicht nur eine Herausforderung für Ein-Personen-Haushalte („Singles"), die in vielen Großstädten inzwischen in der Mehrzahl sind.

Nach vertretbarer Abwägung des Normgebers bzw. der zuständigen Behörde können Immunitäts- und insbesondere Impfnachweise – sofern die Impfung die Ansteckung anderer verhindert – ein im Lichte des Verhältnismäßigkeitsprinzips naheliegendes Instrument des Freiheitsrückgewinns *und* des Schutzes anderer sein. Bei der Koordinierung der in unterschiedlicher Weise grundrechtlich geschützten multipolaren Interessenlage muss der Staat einen relativ großen Einschätzungs- und Gestaltungsspielraum haben. Hierbei darf er auch im Blick behalten, welche Anwendungsprobleme entstehen könnten, würde der Impfnachweis – zumal, solange der Zugang zur Impfung noch höchst ungleich möglich ist – automatisch zur Freiheitsrückgewähr führen. Welche Folgen hätte das für die Normbefolgungsbereitschaft nicht geimpfter Personen hinsichtlich weiterhin angeordneter Schutzmaßnahmen? Könnte die selektive Freiheitsrückgewähr qua Impfnachweis die Effektivität von Schutzkonzepten insgesamt gefährden, so dass bis auf Weiteres Freiheit nur punktuell zurückgewährt werden sollte? Je mehr geimpft wird, desto eher drängt sich die großzügige Rückgewähr von Freiheit auf. Die Effektivität des Infektionsschutzes muss hierbei die entscheidende Überlegung sein.

c) Ein Regelungsvorschlag

Es kommt also auf die Schutzbedarfe und Freiheits(rückgewinnungs)wünsche im jeweiligen Kontext unter Beachtung der Effektivität des Infektionsschutzes und der Zumutbarkeit an. Insoweit kann die Bedeutung der Impfung als Grund, von Freiheitsbeschränkungen entlastet zu werden, unterschiedlich groß sein. Genau

---

33 So folgende Mitglieder des *Deutschen Ethikrats*: *Steffen Augsberg, Petra Bahr, Alena Buyx, Carl Friedrich Gethmann, Julian, Nida-Rümelin, Stephan Rixen, Susanne Schreiber*, in: *Deutscher Ethikrat*, Immunitätsbescheinigungen in der Covid-19-Pandemie – Stellungnahme, 2020, S. 33.

dieser Sichtweise war auch der nicht Gesetz gewordene Regelungsvorschlag für einen neuen § 28 Abs. 1 Satz 4 und 5 IfSG gefolgt, wonach der Impfschutz eben nicht automatisch zu einem Freiheitsrückgewinn geführt hätte.[34] Der Vorschlag, der sich auf die Fassung des § 28 IfSG vor Inkrafttreten des Dritten Gesetzes zum Schutz der Bevölkerung bei einer epidemischen Lage von nationaler Tragweite[35] bezog, lautete:

> „Bei der Anordnung und Durchführung von Schutzmaßnahmen nach den Sätzen 1 und 2 ist in angemessener Weise zu berücksichtigen, ob und inwieweit eine Person, die eine bestimmte übertragbare Krankheit, derentwegen die Schutzmaßnahmen getroffen werden, nach dem Stand der medizinischen Wissenschaft wegen eines bestehenden Impfschutzes oder einer bestehenden Immunität nicht oder nicht mehr übertragen kann, von der Maßnahme ganz oder teilweise ausgenommen werden kann, *ohne dass der Zweck der Maßnahme gefährdet wird.* Soweit von individualbezogenen Maßnahmen abgesehen werden soll oder Ausnahmen allgemein vorgesehen werden, hat die betroffene Person durch eine Impf- oder Immunitätsdokumentation nach § 22 oder ein ärztliches Zeugnis nachzuweisen, dass sie die bestimmte übertragbare Krankheit nicht oder nicht mehr übertragen kann."

Die Begründung führte dazu aus:

> „Es wird eine klarstellende Regelung aufgenommen, dass bei der Anordnung und Durchführung von Schutzmaßnahmen nach Absatz 1 Satz 1 und Satz 2 *in angemessener Weise* zu berücksichtigen ist, ob und inwieweit nicht (mehr) ansteckungsfähige Personen, von den Schutzmaßnahmen ganz oder teilweise ausgenommen werden können, falls dies möglich ist, *ohne den Schutzzweck der Maßnahme zu gefährden* (Satz 4). Eine solche fehlende Ansteckungsfähigkeit kann sich aus einem ausreichenden Impfschutz oder aus einer Immunität (etwas wegen einer Vorerkrankung) ergeben. Zwar können sich Schutzmaßnahmen nach Satz 1 und Satz 2 grundsätzlich auch gegen Personen richten, die nicht selbst ansteckungsverdächtig sind. Soweit dies praktikabel ist, sind jedoch Ausnahmereglungen für Personen in Erwägung zu ziehen, bei denen eine Ansteckungsfähigkeit wegen Impfschutz oder Immunität ausgeschlossen ist. *Maßnahmen gegen die Allgemeinheit sind dadurch nicht ausgeschlossen,* etwaige Ausnahmeregelungen sind im Rahmen der Praktikabilität jedoch zu prüfen (also z.B. zunächst völlige Absperrung eines Ortes; wenn dies gelungen und die Lage beherrschbarer geworden ist, Wiederzulassung nachweislich nicht ansteckungsfähiger Personen; auch die Schließung von Einrichtungen und Betrieben kann weiterhin zulässig sein, auch wenn der Inhaber einen entsprechenden Impfschutz oder eine entsprechende Immunität aufweist).

34 Formulierungshilfe des Bundesministeriums für Gesundheit vom 29.4.2020, S. 21 (mit Begründung S. 68 f.); kursive Hervorhebungen hinzugefügt.

35 Gesetz vom 18.11.2020 (BGBl. I S. 2397).

> So könnten z.B. bei Vorliegen eines Impfschutzes oder wissenschaftlicher Beweise für den Aufbau einer Immunität nach einer Infektion mit SARS-CoV-2 und gleichzeitiger Feststellung fehlender Ansteckungsfähigkeit daraus weitreichende Schlüsse für den weiteren Umgang mit Schutzmaßnahmen und vulnerablen Personengruppen gezogen werden (Kontakte können insoweit eher ermöglicht werden). Soweit entsprechende Ausnahmen vorgesehen werden, ist der entsprechende Impfschutz oder die entsprechende Immunität durch die betroffene Person durch eine Impf- oder Immunitätsdokumentation nach § 22 oder ein ärztliches Zeugnis nachzuweisen (Satz 5)."

Dieser Regelungsvorschlag zeigt: Effektiver Infektionsschutz und Schutz vor unverhältnismäßigen Freiheitsbeschränkungen lassen sich gesetzlich vereinbaren.

III Schlussbemerkung

Die zwischen Solidarität und Diskriminierung angesiedelte Diskussion über das Impfen in der COVID-19-Pandemie operiert mit semantisch unscharfen Container-Begriffen, die als Platzhalter für Unbehagen, Befürchtungen und denkbare Gefahren fungieren. Das trägt zu einer „moralischen Aufrüstung des Rechts"[36] bei.[37] Hier ist Vorsicht geboten, sofern unterstellt wird, der Schutz anderer durch verantwortungsvollen Freiheitsgebrauch sei nicht möglich. Wie meistens im Rechtsleben sind es nicht die einfachen, sondern die differenzierten Lösungen, denen die Balance aus Prinzipiensicherheit und Praktikabilität überzeugend gelingt.

---

36 Formulierung aus dem Einladungstext zur Tagung „Solidarität im Gesundheitswesen", Goethe-Universität Frankfurt am Main, 15.9.2020.

37 Zur aktuellen Debatte *Neuhäuser/Seidel* (Hrsg.), Kritik des Moralismus, 2020.

Jenny Krutzinna

Medizinische Datenspenden: Ein Aufruf zur Solidarität zwischen den Generationen*

I Einleitung

Die Gesundheit der Bevölkerung zu gewährleisten, gehört zu den bedeutendsten und verantwortungsvollsten Aufgaben des modernen Sozialstaates. Während der Erhalt von Gesundheit und die Prävention von Krankheit vorrangig auch im Verantwortungsbereich des Einzelnen liegen, so liegt die Bekämpfung von Krankheiten klar innerhalb der staatlichen Verantwortung und zählt zu den klaren Prioritäten des öffentlichen Gesundheitswesens. Dies betrifft nicht nur sog. Volkskrankheiten wie Diabetes, Adipositas und Herz-Kreislauf-Erkrankungen, Krebs und psychische Leiden, sondern auch epidemisch auftretende Krankheiten, sowie seltene Krankheiten (‚*orphan diseases*'), für die der Staat eine besondere Verantwortung hat (Marckmann, 2008).

Im Folgenden soll diese Verantwortung aus ethischer Perspektive genauer beleuchtet und anhand des Beispiels medizinischer Datenspenden veranschaulicht werden. Es wird die These vertreten, dass es im Verantwortungsbereich des Sozialstaates liegt, die solidarische Grundhaltung der Bevölkerung zu fördern und entsprechende Handlungsmöglichkeiten zu schaffen, um vorhandene Ressourcen zur Förderung der Gesundheit als ‚*common good*' (Hussain, 2018) zu nutzen. Auf dem Konzept der Solidarität aufbauend soll dargestellt werden, wie medizinische Datenspenden als Solidaritätsakt im Sozialstaat zu verstehen und zu ermöglichen sind. Es wird aufgezeigt welche Grundvoraussetzungen bestehen und inwieweit der Staat seiner Verantwortung aktuell gerecht wird.

Ausgangspunkt für die Diskussion ist das Verständnis medizinischer Daten als wichtige Ressource für den medizinischen Fortschritt. Diese Daten beinhalten ein enormes Potenzial für eine niedrigschwellige Wissenserweiterung hinsichtlich obengenannter (und weiterer) Krankheiten und für die darauf aufbauende Erforschung neuer Behandlungs- und Präventionsstrategien. Die Dringlichkeit der Nutzung medizinischer Daten findet Bestätigung in der aktuellen COVID-19-Pandemie. Gleichwohl geht die Verwendung dieser Daten mit erheblichen Risiken sowohl auf individueller als auch auf kollektiver Ebene einher, sofern sie ohne ausreichende

---

* Diese Arbeit wurde vom Europäischen Forschungsrat (ERC) im Rahmen des Forschungs- und Innovationsprogramms Horizon 2020 der Europäischen Union (Fördervereinbarung Nr. 724460) gefördert. Veröffentlichungen aus dem Projekt geben nur die Ansichten der AutorInnen wieder und die Förderstelle ist nicht verantwortlich für die Verwendung der darin enthaltenen Informationen.

Berücksichtigung ethischer Grundprinzipien geschieht. Jenseits moralischer Betrachtungen bedingen rechtliche Rahmenbedingungen größtenteils die aktive und freiwillige Partizipation der Bürger, mit der unglücklichen Konsequenz des individuellen Nichthandels aufgrund mangelnder rechtlich abgesicherter Möglichkeiten. Vertrauen in die staatliche Instanz und die Akteure im Gesundheitswesen sowie Akzeptanz der vorgegebenen Maßnahmen sind essenzielle Grundvoraussetzungen für eine erfolgreiche Verwendung bereits vorhandener und zukünftiger medizinischer Daten. Medizinische Datenspenden bieten eine effektive und effiziente Möglichkeit der Zurverfügungstellung relevanter Datensätze unter Wahrung ethischer und rechtlicher Prinzipien. Dabei kann sich ein verstärktes Verständnis der Gemeinschaftlichkeit im gesundheitlichen Kontext bereitschaftserhöhend auswirken. Hier bietet das Konzept der Solidarität einen vielversprechenden Ansatz, um Akzeptanz und Partizipation zu verstehen und zu fördern. Der intergenerationalen Solidarität wohnt besondere Bedeutung inne, da aufgrund oftmals langwieriger Prozesse der Forschung und Entwicklung der gesundheitliche Nutzen nicht immer unmittelbar erfahrbar ist.

Dieser Beitrag beginnt mit einer Betrachtung der Rolle der Solidarität im modernen Sozialstaat. Neben einer kurzen historischen Beschreibung des Solidaritätsbegriffs wird hierbei vor allem die staatliche Verantwortung beschrieben, auf die sich die Grundthese dieses Beitrags stützt, nämlich dass der Staat medizinische Datenspenden aus ethischer Perspektive zu ermöglichen hat. Im darauffolgenden Abschnitt wird der Begriff der medizinischen Datenspenden und seine Bedeutung erklärt. Beginnend mit dem Potenzial medizinischer Daten in Form von ‚Big Data' werden die Grundlagen medizinscher Datenspenden einschließlich ihrer Risiken erläutert und im Anschluss ethische Kernargumente aufgezeigt, die für eine Implementierung eines Datenspendesystems sprechen. Im letzten Teil werden die Ausführungen der ersten beiden Abschnitte verknüpft und das Konzept medizinischer Datenspenden als Solidaritätsakt im Detail ausgeführt. Es wird dabei auch auf die Voraussetzungen verwiesen, die der Staat erfüllen muss, um den Erfolg medizinischer Datenspenden zu sichern und seiner Verantwortung als solidarischer Sozialstaat gerecht zu werden.

II Solidarität im modernen Sozialstaat

Dem Solidaritätsbegriff haftet eine lange Geschichte in Europa an. Über die Zeit hat sich nicht nur seine Definition verändert, sondern er hat sich auch verschiedenen kulturellen und politischen Kontexten angepasst (Stjernø, 2009). Bis vor wenigen Monaten die COVID-19-Pandemie ausbrach, schien der gesellschaftliche Stellenwert des Begriffs weitgehend rückläufig zu sein (Prainsack, 2020). Mit Blick auf das Gesundheitssystem beschrieben bereits vor 20 Jahren Houtepen und Ter Meulen, dass die Solidarität in der Nachkriegszeit eine zentrale Rolle bei der ideologischen und rhetorischen Verteidigung der Wohlfahrtsstaatsregelungen spielte, das Konzept in den letzten Jahrzehnten des letzten Jahrhunderts jedoch an Attraktivität verloren zu haben schien (2000: 330). Bereits damals identifizierten die beiden Bioethiker drei bedeutsame Bedrohungen der Solidarität: Erstens die zunehmende Kluft zwischen den aktuellen Anforderungen des Sozialsystems und dem begrenzten und bedingten Angebot verursacht durch den demografischen Wandel (z. B. durch eine alternde Bevölkerung, Migration, sozioökonomischen Wandel).[1] Zweitens die Verlagerung von kollektiver zu individueller Verantwortung, einschließlich der sich ändernden Verteilung von Verantwortung zwischen Staat und individuellem Bürger, was abermals zu einer wachsenden Kluft zwischen wohlhabenden und unteren Einkommensgruppen führt und somit einen bedeutenden Einfluss auf den egalitären Status der Gesellschaft hat. Und drittens die Individualisierung der Gesellschaft, die eine verstärkte Betonung der Fähigkeit des Einzelnen zur Verfolgung seiner eigenen Interessen und zur Entwicklung seiner Möglichkeiten in der Gesellschaft bedeutet (Houtepen and Ter Meulen, 2000: 330 ff.). Während angesichts dieser Entwicklungen und potenziell schädlichen Auswirkungen auf die Stärke und Stabilität des Sozialstaates die Abwesenheit einer ernsthaften Diskussion über Solidarität in der europäischen Debatte verwunderlich erschien (Houtepen and Ter Meulen, 2000: 333), so ist in jüngster Zeit zumindest die Diskussion um Solidarität in der aktuellen COVID-19 Pandemie oder in Situationen globaler Gesundheitsbedrohungen generell erneut entfacht (siehe z. B. Taylor et al., 2020; Tomasini, 2020). Ob sich hieraus mittelfristig eine nachhaltige, praxistaugliche Solidaritätsdefinition herausarbeiten lässt, wird sich zeigen. Sicher erscheint auf jeden Fall, dass eine klare Definition notwendig ist, um den oben genannten Herausforderungen erfolgreich entgegenzutreten. Es existiert eine Vielzahl historischer Verständnisse des Solidaritätsbegriffs (Bayertz, 1999), jedoch bleiben diese weitestgehend eine in der Praxis anwendbare Definition schuldig. Auch das alltägliche Verständnis der Solidarität als ein Gefühl der nicht berechnenden Zusammenarbeit auf Grundlage der Identifikation mit einer gemeinsamen Sache (Houtepen and Ter Meulen, 2000: 334) dürfte nicht ausreichen, um solidarisches Handeln hervorzurufen, da es lediglich die Motive der Zusammenarbeit basierend auf sozialem Zusammenhalt beschreibt.

Angesichts dringender kollektiver Herausforderungen fungiert Solidarität als Hoffnungsträger und bietet dringend benötigte Orientierung für die Bewältigung der wichtigsten Probleme unserer Zeit. Ihr Ausdruck der Einheit, des im-gleichen-Boot-Sitzens, lässt die Bewerkstelligung globaler sozialer und ökologischer Krisen möglich erscheinen. Es ist daher nicht verwunderlich, dass das Konzept der Solidarität in jüngster Zeit in der akademischen Debatte an Zugkraft gewonnen hat und im Zusammenhang mit der Klimakrise und COVID-19 eine Renaissance erlebt (The Lancet, 2020; United Nations Development Programme, 2007). Die Notwendigkeit einer umfassenden Auseinandersetzung mit dem Solidaritätskonzept und eines tieferen Verständnisses seiner Rolle im modernen Sozialstaat zeigt sich deutlich beim Versuch, aus der Theorie in die Praxis zu wechseln. Während Moral- und politische Philosophie lange für ihr Desinteresse an einem solchen intensiven Diskurs kritisiert und ihr generelles Versagen, die Philosophie mit dem realen

1 Für eine weiterführende Diskussion siehe Tazzioli, M. & Walters, W. (2019) zu Solidarität und Migration, sowie Zaidi, A., Gasior, K. & Manchin, R. (2012) zu intergenerationaler Solidarität und Bevölkerungsalterung.

politischen Prozess zu verbinden, moniert wurde (Bayertz, 1998: 294-5), erscheint diese Kritik im letzten Jahrzehnt zumindest teilweise überholt. Zwei der bekanntesten europäischen Fürsprecherinnen der Solidarität, Barbara Prainsack und Alena Buyx, fordern seit langem eine erneute Auseinandersetzung mit dem Konzept. Schon lange bevor COVID-19 eine mediale Flutwelle an Solidaritätsaufrufen auslöste,[2] entwickelten sie eine grundlegende Definition, die erstmals Solidarität primär als funktionales Konzept verstand:

> „Nach unserem Verständnis besteht Solidarität in ihrem Kern in Praktiken, *welche die Bereitschaft widerspiegeln, Kosten in Kauf zu nehmen, um anderen zu helfen.* Diese Bereitschaft zur Kostenübernahme basiert dabei regelmäßig auf dem *Erkennen von Gemeinsamkeiten mit einer anderen Person, oder anderen Personen, in mindestens einer im gegebenen praktischen Kontext relevanten Hinsicht.* Mit ‚Kosten' sind hier nicht nur finanzielle Kosten, sondern auch soziale, emotionale oder anderweitige Zuwendungen gemeint." (Prainsack and Buyx, 2016: 82; Hervorhebung der Verfasserin)

Die Wissenschaftlerinnen betonen weiter, dass Solidarität in erster Linie als Praxis zu verstehen ist und „nicht als inneres Gefühl oder als abstrakter Wert", wie bis dato üblich (2016: 82). Als funktionales Konzept erfordert Solidarität Maßnahmen und Handlungen; Motivationen und Gefühle wie Empathie reichen nicht aus, um dieses Verständnis von Solidarität zu befriedigen (Prainsack and Buyx, 2011: 46). Dabei erweitern Prainsack und Buyx ihre Arbeitsdefinition auf drei Solidaritätsebenen. Die erste Stufe ist die zwischenmenschliche Ebene und umfasst Manifestationen der Bereitschaft Kosten zu tragen, um anderen zu helfen, mit denen eine Person Gleichheit oder Ähnlichkeit in mindestens einem relevanten Aspekt erkennt. Die zweite Stufe beinhaltet kollektives Engagement, beispielsweise durch Kosten, um anderen zu helfen, die durch eine gemeinsame Situation oder Sache verbunden sind. Die dritte Stufe betrifft schließlich die Institutionalisierung der Solidarität in vertraglichen oder rechtlichen Normen. Der Sozialstaat ist ein Beispiel für Solidarität der dritten Ebene, bei dem verschiedene gemeinsame Werte, wie das kollektive Ideal der angemessenen Versorgung für Menschen mit Behinderung oder Erkrankungen in gesetzlichen Regeln untermauert und gefestigt wird, wobei Rechte und Pflichten der Bürger festgelegt und ggf. durchgesetzt werden (Dawson and Verweij, 2012: 3). Bezüglich der Ebene 3 wird eine gewisse Abhängigkeit beschrieben, denn obwohl theoretisch alle Ebenen unabhängig voneinander existieren können (und somit Ebene 3 auch ohne Solidarität auf den Ebenen 1 und 2 institutionalisiert werden könnte), wäre dies in der Praxis wahrscheinlich gesellschaftlich inakzeptabel (Prainsack and Buyx, 2016: 88–89). Diese institutionalisierte Solidarität in Form von Wohlfahrtssystemen baut auf der zwischenmenschlichen Solidarität und der Gruppensolidarität der Ebenen 1 und 2 auf

2 Beispielsweise appelliert die Kampagne #ZeroCovid an die europäische Solidarität („#ZeroCovid," n.d.), zu deren Erstunterzeichnern auch die Philosophin und Solidaritätsforscherin Rahel Jaeggi (siehe Jaeggi, 2001) gehört.

(Prainsack and Buyx, 2016: 91–92). Während die naheliegendsten Anwendungsgebiete für Solidarität das Gesundheitswesen und der Arbeitsmarkt sein mögen, so erstreckt sich ihre Relevanz auch in andere Bereiche des Sozialstaates, wie z. B. das Kinder- und Jugendhilfesystem (Krutzinna, 2021). Was alle Bereiche des Sozialstaats gemein haben, ist ihr Wechselbezug zum Wohl (‚*well-being*') der Bevölkerung. So ist etwa ein Mangel an gesellschaftlichem Wohl (z. B. durch Armut) häufig mit schlechterer Bevölkerungsgesundheit verbunden (vgl. Vaalavuo, 2016), und Gesundheitsprobleme können wiederum zu nachteiligen sozialen Konsequenzen führen (z. B. geringeres Einkommen aufgrund begrenzter Arbeitsmöglichkeiten). Es ist daher sinnvoll, Solidarität in ihrer Bedeutung für den Sozialstaat als solchen zu beleuchten, da sich nur so die Verantwortung für die Funktionalität der Solidarität seitens des Staates verstehen und erklären lässt. Ziel einer solchen Analyse soll sein, die solidarische Grundhaltung der Ebenen 1 und 2 auf gesamtstaatlicher Dimension nutzbar zu machen. Hier besteht aktuell ein erhebliches Defizit und Versäumnisse, die sich anhand des Beispiels sog. medizinischer Datenspenden veranschaulichen lassen.

III Medizinische Datenspenden

Um das Konzept medizinischer Datenspenden zu erläutern und ihre Umsetzung als solidarisches Handeln zu begründen, müssen zunächst zwei wichtige Teilaspekte näher beleuchtet werden: Zum einen ist zu klären, was mit medizinischen Daten eigentlich gemeint ist; zum anderen bedarf es der Konkretisierung, wie der Begriff der Spende in diesem Kontext zu verstehen ist. Hieraus leiten sich die mit der Implementierung eines Datenspendesystems verbunden Risiken (und Chancen) ab und ermöglichen die ethische Betrachtung des Gesamtkonzepts medizinischer Datenspenden.

1 Medizinische Daten und Big Data

Die Bedeutung und der Wert von medizinischen Daten scheint allgemein bekannt, sowohl aus wissenschaftlicher und gesellschaftlicher Sicht (Hoffman, 2016: 111–124) als auch für kommerzielle Akteure (McKinsey, n.d.). Selbst die Ziele zur nachhaltigen Entwicklung der Vereinten Nationen (‚*sustainable development goals*', kurz: SDGs) sehen ausdrücklich die Verwendung von Big Data zum Erreichen der Agenda 2030 vor (United Nations Sustainable Development Group, n.d.) und verweisen auf neun Prinzipien, deren Einhaltung die ethische Nutzung von Big Data garantieren sollen. Hierunter finden sich u. a. die Prinzipien der Rechtmäßigkeit und der ‚Open Data', um Innovation auf Basis allgemein verfügbarer Daten (sofern ethisch vertretbar) zu ermöglichen. Einige der SDGs, wie z. B. Ziel 3 „Gesundes Leben für alle", bedingen eindeutig die Nutzung von Gesundheitsdaten. Um Krankheiten heilen oder verhindern zu können, müssen Korrelationen und Kausalitäten aufgrund großer Datensätze erforscht werden. Nur so lassen sich relevante individuelle und soziale Faktoren identifizieren, die später als Anknüpfungspunkte für die Behandlung oder Prävention dienen können. Des Weiteren kann die Identifikation besonders vulnerabler Bevölkerungsgruppen eine effiziente Ressourcennutzung in einem öffentlich-finanzierten und oftmals finanziell angespannten Gesundheitswesen fördern. Wenn man also von der Sinnhaftigkeit oder gar Notwendigkeit der Verwendung von Gesundheitsdaten im Big Data-Stil ausgeht, dann stellt sich folglich die Frage nach der Beschaffung ebendieser Daten.

Zunächst muss hierbei zwischen verschiedenen Datentypen unterschieden werden, denn die Art der Daten sowie ihre Herkunft haben Einfluss auf die ethische und rechtliche Nutzbarkeit der Daten. Grundsätzlich lassen sich drei Datentypen unterscheiden: medizinische, gesundheitsbezogene und gesundheitsrelevante Daten. Der Hauptunterschied liegt hier zum einen im Kontext, aus dem diese Daten entstammen, und zum anderen im Zweck der Datenerhebung. Medizinische und gesundheitsbezogene Daten werden primär im klinischen oder Forschungskontext generiert, und dienen meist der Diagnose und Behandlung von Erkrankungen oder Verletzungen. Beispiele sind diagnostische Tests, gesundheitliche Hintergrundinformationen aus der ärztlichen Anamnese sowie Messwerte von Medizingeräten. Im Gegensatz dazu entstammen gesundheitsrelevante Daten oft einem privaten oder kommerziellen Kontext und verfolgen deutlich seltener einen spezifischen, medizinischen Zweck für ihre Erhebung, sondern bieten dem Nutzer vielmehr einen Einblick in seine Körperfunktionen und -leistung. Hierunter fallen sog. nutzergenerierte Daten, aufgezeichnet durch ‚*wearables*', tragbare Geräte wie Fitness-Tracker oder Smartphones. Durch entsprechende Apps oder Webseiten bieten kommerzielle Akteure ihren Kunden schier unendliche Möglichkeiten zur Sammlung sog. Lifestyle-Daten durch die Messung solcher Parameter, deren sich auch Ärzte bedienen. Variierende Qualität und fehlende fachliche Interpretation reduzieren allerdings die Aussagekraft für die persönliche Gesundheit und reduzieren die Nutzbarkeit solcher Daten als Big Data für kommerzielle Ziele. Für medizinische Forschungszwecke dürften sie in den seltensten Fällen genügen. Neben Qualität und Aussagekraft unterscheidet sich auch die rechtliche Handhabung dieser Datentypen. Dieser Beitrag beschränkt sich zwar auf die ethische Betrachtung, jedoch soll nicht unerwähnt bleiben, dass es bedeutende rechtliche Unterschiede hinsichtlich der Nutzungsmöglichkeiten verschiedener Datentypen gibt. Die Fragen nach Dateneigentümerschaft und nach dem Urheberrecht sind nur zwei Beispiele einer hochkomplexen juristischen Problemstellung.

Vorranging von Interesse sind im vorliegenden Kontext die Kontrollmöglichkeiten des Staates: Für die ersten beiden Datentypen kann nicht nur regulatorisch eingeschritten, sondern auch aktiv gesteuert werden, wie und welche Daten generiert und gespeichert werden. Die staatliche Einflussnahme ist hier wesentlich umfassender und tiefgehender als bei dem dritten Datentyp, welcher mit einigen Ausnahmen ausschließlich privatrechtlichen Regelungen unterliegt. Medizinische und gesundheitsbezogene Daten, insbesondere dort, wo sie dem öffentlichen Gesundheitssystem entspringen, sind zumindest theoretisch innerhalb der Reichweite des Staates. In der Praxis existieren strenge rechtliche Vorgaben, die die angemessene Datenverwendung spezifizieren. Mechanismen wie die Patienteneinwilligung (‚*informed consent*') beeinflussen maßgeblich die Weiterverwendungsmöglichkeiten außerhalb eines im Vorfeld engdefinierten Zweckes und erschweren oder verhindern somit eine umfassende Big Data-Nutzung bestehender Daten.

Hinsichtlich dieser praktischen Hindernisse liegt es nahe, die Bereitschaft des Einzelnen aufzugreifen, seine Daten über den Zweck der medizinischen Versorgung hinaus auch der Wissenschaft zur Verfügung zu stellen, z. B. durch eine Datenspende. Diese Idee mag zunächst schwer greifbar erscheinen, da es sich bei digitalen Daten um ein nicht-konsumierbares Gut handelt (Prainsack, 2019a: 13), das sich durch Multiplizität auszeichnet (Prainsack, 2019b); sie wird daher im Folgenden näher erläutert.

2 Grundlegendes zu Datenspenden

Die Spende ist eine allgegenwärtige Möglichkeit, freiwillig seinen Besitz, oder einen Teil davon, einem anderen ohne jedwede Gegenleistung für einen mehr oder weniger vordefinierten Zweck abzutreten. Geld- oder Sachspenden für gemeinnützige Zwecke sind ebenso möglich wie die Spende von Blut oder Organen. Auch seinen Körper kann man posthum der Wissenschaft, Lehre oder Kunst vermachen (Krutzinna et al., 2019a: 171). Die Besonderheit einer Spende, im Gegensatz zum Geben, liegt u. a. in der Zweckbestimmung: Gebe ich etwas, so habe ich keinerlei Einfluss darauf, wie der Empfänger meiner Gabe damit umgeht. Demgegenüber ist eine Gegenleistung beim Geben durchaus möglich und muss daher nicht altruistisch motiviert sein, während es bei einer Spende keine direkte Reziprozität gibt (Prainsack, 2019a: 16). Sowohl Geben als auch Spenden implizieren jedoch Unwiderrufbarkeit, die z. B. beim Teilen nicht vorliegt, denn die Entscheidung etwas zu teilen lässt sich temporär begrenzen.

In der Medizin und im Gesundheitswesen ist das Konzept der Spende seit jeher etabliert. Therapie, Forschung und Lehre sind auf die Spendenbereitschaft vieler einzelner Menschen angewiesen, um an Blut, Zellen, Gewebe oder Organe zu gelangen. Entsprechend dieser Bedürfnisse existieren regulatorische und praktische Rahmenbedingungen, die Spender und Empfänger im Falle physischer Spenden zusammenbringen. Für den Fall einer digitalen Datenspende jedoch fehlen bislang solche Mechanismen. Mögliche Gründe hierfür könnten in der juristischen Ungewissheit hinsichtlich Eigentümerschaft (Harbinja, 2019), praktischen Aspekten wie die Multiplizität von digitalen Daten (Prainsack, 2019b), aber auch in den damit einhergehenden ethischen Risiken zu finden sein. Letzteres bedarf einer genaueren Erläuterung, denn trotz aller Freiwilligkeit birgt eine Spende medizinischer Daten einige bedeutende Risiken.

3 Ethische Risiken medizinischer Datenspenden

Vereinfacht lassen sich zunächst zwei Kategorien von Risiken unterscheiden: Risiken, die aus der *Art* der Daten resultieren, und Risiken, die sich aus der *Zweckbestimmung* der Daten ergeben. In der ersten Gruppe steht die Relationalität an oberster Stelle. Diese beschreibt die Tatsache, dass medizinische oder gesundheitsbezogene Daten oftmals auch Informationen über andere, z. B. verwandte Familienmitglieder, beinhalten. So können genetische Testergebnisse ebenso wie psychologische Berichte Aufschluss über das Gesundheitsprofil Angehöriger geben, was ohne deren Zustimmung eine gewisse ethische Problematik darstellt und Fragen nach den Einwilligungs- und Informationsrechten ebendieser Personen aufwirft (Prainsack, 2019a: 14–15). Sofern Daten digital vorliegen, besteht das Risiko einer unwiderruflichen Vervielfältigung: Einmal elektronisch verbreitet, lassen sich Daten schwer wieder einfangen und können zur gleichen Zeit an vielen Orten existieren. Sie sind außerdem zumindest teilweise unverfallbar, d. h., eine bestimmte Diagnose oder ein Testergebnis kann ein Leben lang gelten und dauerhaft Einfluss auf die Beurteilung persönlicher Umstände, wie z. B. die Arbeitsfähigkeit, nehmen. Hier unterscheiden sich medizinische von sozio-ökonomischen Daten. Denn während man seine gesellschaftliche Situation zumindest theoretisch verändern kann, so ist dies die genetische und biologische Essenz betreffend (noch) nicht möglich. Ein drittes Risiko ergibt sich aus der Tatsache, dass medizinische Daten üblicherweise in einem spezifischen Kontext entstehen und daher entsprechend interpretiert werden müssen. Ein Arzt interpretiert Blutergebnisse im Zusammenhang mit einer ausführlichen Anamnese und ggf. weiteren Datenpunkten, die gemeinsam eine Schlussfolgerung bzgl. des Gesundheitsstatus des Patienten zulassen. Ohne diesen entsprechenden Kontext sind Rohdaten wie einzelne Blutwerte nur bedingt aussagekräftig und eignen sich ohne angemessene Hintergrundinformationen nicht für Studien auf Populationsbasis.

Die zweite Gruppe beinhaltet Risiken, die sich durch die Zweckbestimmung der Daten ergeben. Während fehlende oder unzulängliche Kontrollmechanismen theoretisch zu korrigieren sind, in dem z. B. Datenzugang und Datensicherheit gewährleistet und ethische Vorgaben eingehalten werden, sind andere Zweckbestimmungsrisiken weniger leicht zu entschärfen. Diese Risken beziehen sich zwar nicht speziell auf medizinische Datenspenden, sondern auf medizinische Big Data generell (Mittelstadt and Floridi, 2016). Eine verbreitete Datenspendepraxis würde das Risikopotenzial jedoch beschleunigen. Als Beispiel zu nennen sind hier die weitreichenden gesellschaftlichen Konsequenzen, die sich aus einer Big Data-Analyse ergeben könnten, allen voran die Benachteiligung oder Ausgrenzung bestimmter Gruppen aufgrund ihres errechneten Gesundheitsprofils. Da sich ethische Fragen nicht mit simplen Kosten-Nutzen-Berechnungen beantworten lassen, wäre ein schnelles Fortschreiten der medizinischen Big Data-Nutzung ohne ethische Begleitanalyse stark risikobehaftet. An letzter Stelle sei hier das Risiko der Kommerzialisierung erwähnt, dass sich vor allem darauf begründet, dass ein Großteil der gesundheitsrelevanten und ein wachsender Anteil gesundheitsbezogener

Daten heute durch private Akteure gesammelt wird. Ein Beispiel sind die Gendatenbanken von US-basierten Firmen wie *23andme*. Ohne effektive Gegenmaßnahmen besteht die Gefahr, dass Forschung und Entwicklung dem Privatsektor überlassen werden und Staaten hohe Preise für patentierte Innovationen zahlen müssen, die sie selbst aufgrund mangelnder Daten nicht zu schaffen vermögen.

Die vorherigen Ausführungen liefern nur einen ersten groben Überblick über die möglichen Risiken medizinischer Datenspenden und können eine nuancierte ethische Betrachtung nicht ersetzen. Zusammenfassend lässt sich jedoch sagen, dass es neben den Risiken auch einige beachtliche ethische Argumente für medizinische Datenspenden gibt, die nachfolgend kurz beleuchtet werden.

4 Ethische Kernargumente für medizinische Datenspenden

Die Bedeutung und der Wert von umfassenden medizinischen Daten für Medizin und Gesundheit wurden bereits oben beschrieben. Der Argumentation des Gemeinwohls und einer moralischen Verpflichtung zur Mitwirkung folgend vertreten manche die Meinung, dass eine individuelle, informierte Einwilligung nicht notwendig sei und der Staat im Sinne der Gesellschaft Bestandsdaten aus dem Gesundheitsbereich ohne weitere Rücksprache verwenden dürfe (Mann et al., 2016). Hierdurch würde ein bedeutendes Grundprinzip der medizinischen Forschung außer Kraft gesetzt. Und obgleich viele westliche Rechtssysteme bereits gewisse Ausnahmen erlauben, so kann dies keine ethische Lösung sein (Krutzinna et al., 2019b: 166–167). Eine freiwillige Datenspende würde diese Problematik umgehen und gleichzeitig wichtige ethische Gründe für eine solche Möglichkeit erfassen.

Als erstes Argument lässt sich der Aspekt der Kohärenz anführen: Wie bereits erwähnt, bestehen bereits Möglichkeiten zur Spende von Organen, Blut, Stammzellen, Gameten oder Körpern, nicht aber für Daten. Ein ethisch noch bedeutenderes Argument betreffen Altruismus und moralische Selbstbestimmung. Ohne angemessene Begründung ist es ethisch nicht vertretbar, Menschen davon abzuhalten Gutes zu tun. Dem Wunsch nach moralischem Handeln sollte daher durch entsprechende praktische, und rechtlich abgesicherte, Möglichkeiten zur Datenspende entsprochen werden. Die Frage nach einem Menschenrecht auf Wissenschaft (*‚(human) right to science‘*) sollte ebenfalls Berücksichtigung finden, denn sowohl Teilnahme als auch Teilhabe an Wissenschaft sind bedeutend für Menschen – im Einzelnen und im Kollektiv (Vayena and Tasioulas, 2015). Ein fairnessbasiertes Argument beschreibt den Nutzen, den jetzige Generationen durch das Handeln vorheriger Generationen haben, und sieht darin eine moralische Verpflichtung, ebenfalls an medizinischer Forschung teilzunehmen (Harris, 2005). Aus ökonomischer Sicht besteht ein Wirtschaftlichkeitsargument: Wo medizinische Daten innerhalb eines staatlichen Gesundheitswesens entstehen, gebietet der verantwortungsvolle Umgang mit Ressourcen quasi die Nutzung der Daten für weitere, dem Gemeinwohl dienenden Zwecken. Und nicht zuletzt erfordert es die intergenerationale Solidarität, dass alle ihren Anteil der kollektiven Last tragen und zum medizinischen Wissen und Fortschritt beitragen. Dieser im gegebenen Kontext wichtigste Punkt wird im Folgenden ausführlicher erläutert.

IV Medizinische Datenspenden als Solidaritätsakt

Auf die Arbeitsdefinition von Prainsack und Buyx zurückgreifend wird an dieser Stelle erneut betont, dass es sich bei Solidarität um ein funktionales Konzept bzw. eine Praxis handelt und nicht nur eine abstrakte Idee oder einen Wert. Als Ausgangspunkt lässt sich eine grundsätzliche Bereitschaft zum Tragen von Kosten klar erkennen. Exemplarisch genannt sei hier die Bereitstellung von Informationen über den eigenen Krankenverlauf, Erfolg oder Nebenwirkungen von Therapien und Interventionen, Teilnahme an Forschungsprojekten (z. B. Biobanking). Diese Kosten sind selten finanzieller Natur, sondern bedeuten meist einen zeitlichen und/ oder emotionalen Aufwand. Sie beinhalten außerdem den Abschied einer strikten Wahrung der Privatsphäre oder Vertraulichkeit, denn selbst de-identifizierte Daten beinhalten ein gewisses Restrisiko der Re-Identifikation.

Aktuelle Bedrohungen durch Klimakrise und Pandemien verstärken das Bewusstsein um die allgemeine Verbundenheit besonders im Gesundheitsbereich durch systemische, biologische und menschliche Faktoren. Die Besinnung auf teils in Vergessenheit geratene, solidarische Werte ist daher nicht verwunderlich und sollte genutzt werden, um das Gemeinwohl zu stärken. Ein Aufruf zur Solidarität macht sich hier die (noch) existierenden gesellschaftlichen Werte zu Nutze und schafft im Sinne eines funktionalen Verständnisses Möglichkeiten zum solidarischen Handeln. Medizinische Datenspenden können entsprechend als Solidaritätsakt verstanden und implementiert werden. Dabei ist zu beachten, dass die Dynamik zwischen individueller, kollektiver und institutionalisierter Solidarität maßgeblich zum Erfolg des Vorhabens beiträgt. Nur wenn dieses Zusammenspiel im Einklang ist, können medizinische Datenspenden ihr Potenzial entfalten. Davon ausgehend, dass Solidarität auf den Ebenen 1 und 2 ausreichend vorhanden ist, liegt es nun am Sozialstaat daran anzuknüpfen und durch Institutionalisierung entsprechend zu handeln. Dies entspricht der Verantwortung des Sozialstaats gegenüber seiner Bürgerschaft, wie in Abschnitt II. beschrieben wurde. Dabei muss unbedingt ein *lawfare*-Ansatz vermieden werden, bei dem das Recht zur Erzwingung gewünschter Handlungen und somit als politisches Instrument verwendet wird (Gloppen, im Erscheinen). Besonders Krisensituationen, wie z. B. eine Pandemie, verleiten dazu, im Sinne eines diffusen Gemeinwohls wichtige rechtliche und ethische Grundsätze (temporär) auszuhebeln und zu simplifizieren. Dies bedeutet, dass selbst wenn es theoretisch und technisch möglich und das angestrebte Ziel ein erstrebenswertes sein sollte, die Nutzung medizinischer Daten ohne die Zustimmung und Freiwilligkeit des Einzelnen systematisch das Vertrauen in den Staat und seine Institutionen untergräbt. Dies wirkt sich nicht nur negativ auf das Gesundheitswesen aus, sondern bedroht auch langfristig die gesellschaftliche Stabilität (vgl. hierzu die Diskussion um die Impfpflicht).

Auf der anderen Seite bedeutet die Verweigerung solidarischer Handlungsmöglichkeiten, wie z. B. durch mangelnde Datenspendemöglichkeiten, einen Eingriff in die moralische Identität des Einzelnen (vgl. Hummel et al., 2019). Dies ist nicht nur ethisch problematisch, sondern stellt eine verpasste Gelegenheit dar, auf den solidarischen Gesellschaftswillen aufzubauen, der gerade im medizinischen Kontext von größter Bedeutung ist, da medizinischer Fortschritt, Forschung und Entwicklung durch Langwierigkeit geprägt sind. Die intergenerationale Solidarität leidet somit besonders unter den fehlenden Handlungsmöglichkeiten, denn die Profiteure unserer heutigen Taten sind unter Umständen noch nicht einmal geboren und sind daher auf Vorgängergenerationen angewiesen. Diese Verbundenheit im Angesicht unserer menschlichen Vulnerabilität (vgl. Albertson Fineman, 2008), die nicht auf bestehenden persönlichen Verbindungen beruht, lässt uns als Gesellschaft näher rücken. Für die Umsetzung eines Solidaritätsgefühls in ein solidarisches Handeln bedarf es allerdings etwas Unterstützung. Einige konkrete Voraussetzungen hierbei werden im folgenden, letzten Abschnitt beschrieben.

V Voraussetzungen

Um den Erfolg medizinischer Datenspenden als Ausdruck solidarischen Handels zu gewährleisten, müssen die verschiedenen Akteure effektiv zusammenwirken. Als Grundvoraussetzung steht das Vertrauen in staatliche Institutionen an erster Stelle, denn dieses beeinflusst maßgeblich die Bereitschaft zur Mitwirkung im Allgemeinen und zur Datenspendenbereitschaft im Speziellen (Richter et al., 2020). Wo Vertrauen verschwindet, verschwindet auch die Kooperationsbereitschaft (Ursin et al., 2020). Vertrauensbildende Maßnahmen wie Transparenz und Kommunikation sind daher unabdingbar. Des Weiteren obliegt es dem Staat infrastrukturelle Maßnahmen zur Verfügung zu stellen, die den ethischen und rechtlichen Herausforderungen gerecht werden und die solidarisch-motivierten Präferenzen der Bürger respektieren. Hierbei sollte nicht nur dem bestehenden Spendenwunsch nachgegeben werden, sondern auch die Partizipation weniger altruistischer Individuen angestrebt werden (vgl. Prainsack and Buyx, 2017). Letzteres ist ausschlaggebend, da der Nutzen für das generationsübergreifende Gemeinwohl nur dann zu realisieren ist, wenn genügend Daten durch Spenden zugänglich gemacht werden. Auch wenn alle Akteure innerhalb der Gesellschaft bzw. innerhalb des Gesundheitswesens ihren Anteil an solidarischer Praxis tragen, so ist es Aufgabe des Staates als Schutzherr des Gesundheitssystems, die Implementierung ethischer Datenspendesysteme zu initiieren und zu überwachen (Krutzinna et al., 2019a). Hierbei könnte ein werte-basierter, ethischer Kodex den nötigen Rahmen schaffen, z. B. auf Grundlage des Ethikkodex für posthume medizinische Datenspenden (Krutzinna et al., 2019c). Darüber hinaus sollte der Staat auf bestehende Schutzmechanismen setzen wie z. B. Prinzipien des Diskriminierungsverbots und der Inklusion/Partizipation, um insbesondere vulnerable Personengruppen zu schützen. Idealerweise sähe eine Umsetzung auch die kontinuierliche Einbindung von Bürgerrepräsentanten vor: Ähnlich wie etwa das Rechtssystem mit Schöffen als Laienrichtern arbeitet, könnten besonders geschulte, zufällig ausgewählte Bürger gemeinsam mit Experten unterschiedlicher Fachrichtungen über die Ausgestaltung eines Datenspendesystems mitbestimmen. Weitere Voraussetzungen sind ein angemessener Zugang zu den Daten für Forscher mit legitimen Interessen, sowie die zeitnahe Bereitstellung eventueller Innovationen zum Nutzen der breiten Bevölkerung (‚*immediate benefit sharing*'). Um all dieses zu ermöglichen, wird sicherlich auch eine Entbürokratisierung vor allem für den Forschungssektor notwendig werden, um den Zugang zu Daten und das Teilen von Ergebnissen für zulässige Forschungszwecke auch über Landesgrenzen hinweg zu vereinfachen.[3]

VI Fazit

Das Konzept der Solidarität bietet einen vielversprechenden Ansatz in den Bestrebungen, das erhebliche Potenzial medizinischer Daten zu bergen. Denn trotz nicht unerheblicher Risiken, die in Verbindung mit einer Big Data-Nutzung dieser Daten auftreten können, besteht seitens der Bevölkerung eine Grundhaltung, die eine Verbundenheit vor allem hinsichtlich gesundheitlicher Problemstellungen beinhaltet. Empirische Studien und Erfahrungen aus der COVID-19-Pandemie haben gezeigt, dass eine grundsätzliche Bereitschaft vorhanden ist, medizinische Forschung und Entwicklung zu unterstützen. Als essenzielle Voraussetzung für solidarisches Handeln des Einzelnen, z. B. durch die freiwillige Bereitstellung medizinischer Daten, ist Vertrauen in den Sozialstaat und seine Institutionen anzusehen. Dieses beeinträchtigt den Mitwirkungswillen maßgeblich. Somit liegt es nicht nur in der Obliegenheit des Staates, entsprechende Infrastruktur zur Verfügung zu stellen, die ethischen und rechtlichen Vorgaben entspricht, sondern ebenfalls in vertrauensfördernde Maßnahmen wie Transparenz und Kommunikation zu investieren. Solidarität als funktionales Konzept beschreibt diesen Schritt von solidarischen Motiven zu solidarischem Handeln und sieht den Staat in seiner Machtposition in der Verantwortung, auf die Solidarität zwischen Individuen und Gruppen durch eine gewisse Institutionalisierung aufzubauen. Im vorliegenden Kontext bedeutet dies konkret, dem Spendenwunsch der Bürger nachzugeben und dort, wo er fehlt, zur Partizipation zu ermutigen. Dieser Appell an eine generationsübergreifende Solidarität dient dem Gemeinwohl aller, denn das Potenzial medizinischer Daten lässt sich nur unter ausreichender Beteiligung realisieren. Dafür bedarf es der Mitwirkung aller Akteure innerhalb der Gesellschaft, als Betroffene und Handelnde des Gesundheitswesens, um ihren Teil zur solidarischen Praxis beizutragen. Als

---

3 Im ersten Schritt wäre eine Ausweitung auf den europäischen Raum machbar, da hier bereits einige wichtige rechtliche Bereiche wie z. B. der Datenschutz harmonisiert wurden.

Schutzherr des (öffentlichen) Gesundheitswesens ist die Implementierung ethischer Datenspendesysteme als Solidaritätsakt klare Aufgabe des Staates (Krutzinna et al., 2019b).

Literaturverzeichnis

Albertson Fineman, M., 2008. The vulnerable subject: Anchoring equality in the human condition. Yale JL & Feminism 20, 1.

Bayertz, K., 1999. Solidarity. Springer.

Bayertz, K., 1998. Solidarity and the welfare state: Some introductory considerations. Ethical Theory and Moral Practice 1, 293–296.

Dawson, A., Verweij, M., 2012. Solidarity: a Moral Concept in Need of Clarification. Public Health Ethics 5, 1–5. https://doi.org/10.1093/phe/phs007

Gloppen, S., forthcoming. Conceptualizing lawfare: A typology & theoretical framework.

Harbinja, E., 2019. Posthumous Medical Data Donation: The Case for a Legal Framework, in: Krutzinna, J., Floridi, L. (Hrsg.), The Ethics of Medical Data Donation. Springer, S. 97–113.

Harris, J., 2005. Scientific research is a moral duty. J Med Ethics 31, 242–248. https://doi.org/10.1136/jme.2005.011973

Hoffman, S., 2016. Electronic Health Records and Medical Big Data. Cambridge University Press.

Houtepen, R., Ter Meulen, R., 2000. New types of solidarity in the European welfare state. Health Care Analysis 8, 329–340.

Hummel, P., Braun, M., Dabrock, P., 2019. Data Donations as Exercises of Sovereignty, in: Krutzinna, J., Floridi, L. (Hrsg.), The Ethics of Medical Data Donation. Springer, S. 23–54.

Hussain, W., 2018. The Common Good, in: Zalta, E.N. (Hrsg.), The Stanford Encyclopedia of Philosophy. Metaphysics Research Lab, Stanford University.

Jaeggi, R., 2001. Solidarity and indifference, in: Solidarity in Health and Social Care in Europe. Springer, S. 287–308.

Krutzinna, J., 2021. Breaking the cycle: Solidarity with care-leaver mothers. DiGeSt-Journal of Diversity and Gender Studies 8, forthcoming.

Krutzinna, J., Taddeo, M., Floridi, L., 2019a. Enabling Posthumous Medical Data Donation: An Appeal for the Ethical Utilisation of Personal Health Data. Science and Engineering Ethics 25, 1357–1387. https://doi.org/10.1007/s11948-018-0067-8

Krutzinna, J., Taddeo, M., Floridi, L., 2019b. Enabling Posthumous Data Donation: A Plea for the Ethical Utilisation of Personal Health Data, in: Krutzinna, J., Floridi, L. (Hrsg.), The Ethics of Medical Data Donation. Springer, S. 163–180.

Krutzinna, J., Taddeo, M., Floridi, L., 2019c. An Ethical Code for Posthumous Medical Data Donation, in: Krutzinna, J., Floridi, J. (Hrsg.), The Ethics of Medical Data Donation. Springer, S. 181–195.

Mann, S.P., Savulescu, J., Sahakian, B.J., 2016. Facilitating the ethical use of health data for the benefit of society: electronic health records, consent and the duty of easy rescue. Phil. Trans. R. Soc. A 374, 20160130.

Marckmann, G., 2008. Ausrichtung von Forschung und Entwicklung in der Pharmaindustrie: Keine Chance für seltene und Dritte-Welt-Erkrankungen? Wilhelm Fink, Leiden, The Netherlands, S. 71–82. https://doi.org/10.30965/9783846745304_006.

McKinsey, n.d., The role of big data in medicine. Online erhältlich unter https://www.mckinsey.com/industries/pharmaceuticals-and-medical-products/our-insights/the-role-of-big-data-in-medicine.

Mittelstadt, B.D., Floridi, L., 2016. The ethics of biomedical big data. Springer.

Prainsack, B., 2020. Solidarity in Times of Pandemics. Democratic Theory 7, 124–133. https://doi.org/10.3167/dt.2020.070215.

Prainsack, B., 2019a. Data Donation: How to Resist the iLeviathan, in: Krutzinna, J., Floridi, L. (Hrsg.), The Ethics of Medical Data Donation. Springer, S. 9–22.

Prainsack, B., 2019b. Logged out: Ownership, exclusion and public value in the digital data and information commons. Big Data & Society 6, 2053951719829773.

Prainsack, B., Buyx, A., 2017. Solidarity in biomedicine and beyond. Cambridge University Press, Cambridge. https://doi.org/10.1017/9781139696593.

Prainsack, B., Buyx, A., 2016. Das Solidaritätsprinzip: Ein Plädoyer für eine Renaissance in Medizin und Bioethik. Campus Verlag.

Prainsack, B., Buyx, A., 2011. Solidarity: Reflections on an emerging concept in bioethics. Nuffield Council on Bioethics, London.

Richter, G., Borzikowsky, C., Lesch, W., Semler, S.C., Bunnik, E.M., Buyx, A., Krawczak, M., 2020. Secondary research use of personal medical data: attitudes from patient and population surveys in The Netherlands and Germany. European Journal of Human Genetics 1–8.

Stjernø, S., 2009. Solidarity in Europe: The history of an idea. Cambridge University Press.

Taylor, A.L., Habibi, R., Burci, G.L., Dagron, S., Eccleston-Turner, M., Gostin, L.O., Meier, B.M., Phelan, A., Villarreal, P.A., Yamin, A.E., 2020. Solidarity in the wake of COVID-19: reimagining the International Health Regulations. The Lancet 396, 82–83.

Tazzioli, M., Walters, W., 2019. Migration, solidarity and the limits of Europe. Global Discourse: An interdisciplinary journal of current affairs 9, 175–190.

The Lancet, 2020. COVID-19: learning from experience. Lancet 395, 1011–1011. https://doi.org/10.1016/S0140-6736(20)30686-3.

Tomasini, F., 2020. Solidarity in the Time of COVID-19? Cambridge Quarterly of Healthcare Ethics 1–14. https://doi.org/10.1017/S0963180120000791.

United Nations Development Programme, 2007. Fighting climate change: human solidarity in a divided world, in: Human Development Report 2007/2008: Fighting Climate Change: Human Solidarity in a Divided World. Palgrave Macmillan UK, London, S. 1–18. https://doi.org/10.1057/9780230598508_1.

United Nations Sustainable Development Group, n.d. UNSDG | Data Privacy, Ethics and Protection: Guidance Note on Big Data for Achievement of the 2030 Agenda. Online erhältlich unter https://unsdg.un.org/resources/data-privacy-ethics-and-protection-guidance-note-big-data-achievement-2030-agenda.

Ursin, L., Ytterhus, B., Christensen, E., Skolbekken, J.-A., 2020. «If you give them your little finger, they'll tear off your entire arm»: losing trust in biobank research. Medicine, Health Care and Philosophy 23, 565–576.

Vaalavuo, M., 2016. Deterioration in health: What is the role of unemployment and poverty? Scand J Public Health 44, 347–353. https://doi.org/10.1177/140349481 5623654.

Vayena, E., Tasioulas, J., 2015. "We the Scientists": a Human Right to Citizen Science. Philosophy & Technology 28, 479–485. https://doi.org/10.1007/s13347-015-0204-0.

Zaidi, A., Gasior, K., Manchin, R., 2012. Population aging and intergenerational solidarity: International policy frameworks and European public opinion. Journal of Intergenerational Relationships 10, 214–227.

#ZeroCovid, n.d. #ZeroCovid. Online erhältlich unter https://zero-covid.org/.

Claudia Maria Hofmann

Grenzüberschreitende Solidarität? Europäische Gesundheitspolitik im Wandel

I Solidarität in aller Munde

Seit über einem Jahr hält ein Virus die Welt fest im Griff. Während wir versuchen, durch unterschiedliche Maßnahmen angemessen auf die COVID-19-Pandemie zu reagieren, wurde und wird ein Wort von unterschiedlichsten Agierenden immer wieder gebraucht: Solidarität. Die Bundeskanzlerin hob in ihrer ersten außerplanmäßigen Fernsehansprache hervor, wie sehr es in dieser Situation „auf unser gemeinsames solidarisches Handeln" ankäme. Auch der WHO-Regionaldirektor für Europa betonte bei einer Pressekonferenz, „we can beat the virus through solidarity". In den Städten weltweit vernetzten sich Menschen zu Solidaritätsaktionen. Die WHO nannte Studien zur wirksamen Behandlung von COVID-19 bzw. zur Durchführung serologischer Untersuchungen „Solidarity I" und „Solidarity II". In der Europäischen Union (EU) lassen sich Beispiele für eine „gelebte europäische Solidarität" – veranschaulicht etwa durch den „European Solidarity Tracker" – genauso ausmachen wie Beispiele für einen Mangel an Solidarität und grenzüberschreitendem Zusammenhalt.

Gesundheit und Solidarität sind gleichwohl nicht unmittelbar miteinander verknüpft. Denn Gesundheit ist zunächst ein individueller Zustand. Im Sozialstaat übernimmt jedoch das Kollektiv hierfür (einen Teil der) Verantwortung. Dies zeigt sich zum einen in den Strukturen und Leistungen der Gesundheitsversorgung und wird zum anderen deutlich in der Absicherung krankheitsbedingter Einkommensausfälle. Auf diese Weise wird die Gesundheit der Einzelnen zu einem Aktionsfeld kollektiver Solidarität. Im nationalen Kontext veranschaulicht etwa § 1 SGB V dieses Zusammenspiel von Solidarität und Eigenverantwortung. In der Solidargemeinschaft einer gesetzlichen Krankenversicherung finden wir (zumindest ihrem Grundgedanken nach) solidaritätsgeleitete Verteilungsentscheidungen in institutionalisierter Form wieder.

Greift man die Wahrnehmung in der rechtswissenschaftlichen Literatur auf, dass es sich beim Begriff der Solidarität nicht nur um ein „zentrales Schlagwort des Unionsrechts" handelt, sondern der Gedanke der Solidarität auch als „Fundament des Integrationsprozesses" bzw. als „Leitidee der Integration" dem Zusammenwachsen der Mitgliedstaaten und ihrer Bevölkerung zugrunde liegt, stellen sich folgende Fragen: 1. Gibt es auf EU-Ebene vergleichbare Formen institutionalisierter Solidarität im Bereich der Gesundheit? Oder sind Bezugnahmen auf den „Geist der Einheit und Solidarität", wie im Mai 2021 in der anlässlich des EU-Sozialgipfels verabschiedeten „Erklärung von Porto" formuliert, mangels entsprechender Kompetenzen der EU dem Bereich der Symbolpolitik ohne nachhaltige Effekte zuzuschreiben? 2. Können wir dennoch gerade in der COVID-19-Pandemie – zumindest mittel- bis langfristig betrachtet – ein „window of opportunity" für eine Stärkung grenzüberschreitender europäischer Solidarität im Gesundheitsbereich sehen? 3. Welche Themenfelder lassen sich in dieser Hinsicht bereits ausmachen?

Diesen Fragen wird im Folgenden nachgegangen (Abschnitt IV.). Zuvor werden – mit dem Ziel der Festlegung einer Arbeitsdefinition für die Zwecke dieses Beitrags – einige Aspekte des Solidaritätsbegriffs erörtert (Abschnitt II.); im Anschluss folgt ein Überblick über die für das Thema zentralen Regelungen des Primärrechts (Abschnitt III.). Der Beitrag schließt mit Überlegungen zur Frage des Mehrwerts des Solidaritätsgedankens in der europäischen Gesundheitspolitik.

II Solidarität und ihre Kernelemente

Solidarität wird häufig als „elusive concept" bezeichnet, ein Begriff, dessen nebulöse Inhalte sich zu verflüchtigen scheinen, will man ihrer habhaft werden. Den zahlreichen Facetten von Solidarität (als Rechtsbegriff oder als analytische Kategorie) kann hier freilich kaum Rechnung getragen werden. Für die Zwecke dieses Beitrags mag es genügen, wesentliche Kernelemente – zumindest im Sinne einer Arbeitsdefinition – festzulegen: Bezogen auf Gruppen setzt Solidarität zunächst eine gewisse Anerkennung „als Gleiche" voraus, etwa aufgrund gleicher Herkunft, gleicher Lebensumstände oder eines gleichen Status beispielsweise als Arbeitnehmer:innen. Diese Anerkennung „als Gleiche" wiederum dient als Grundlage für eine wechselseitige Verbundenheit oder eines Sich-Verbunden-Fühlens, aus dem eine – mehr oder weniger weitreichende – Verantwortungsgemeinschaft resultiert. Ausfluss dieser Verantwortungsgemeinschaft können dann Solidaritätsbekundungen unterschiedlicher Natur sein, sei es materiell (z. B. durch finanzielle Unterstützung) oder immateriell (z. B. durch öffentliche Solidaritätserklärungen oder auch durch die Schaffung von Normen, die Solidarität erklären oder einfordern). In Anlehnung an den von Ross beschriebenen „virtuous circle of solidarity" sollen die vorherigen Ausführungen hier noch einmal bildhaft dargestellt werden:

Der Solidaritätsbegriff kann deskriptiv verwendet werden, wenn etwa Solidaritätsbekundungen beschrieben oder die Ursachen für solidarische Verbundenheit untersucht werden sollen. Zugleich kommt Solidarität eine normative und eine appellative Seite zu. Dies zeigt sich besonders im Fall von Solidaritätsnormen oder im Verweis auf Solidaritätsverpflichtungen in gesellschaftspolitischen Debatten.

Der Schritt hin zur Verantwortungsgemeinschaft und die damit verbundenen Grade der Verpflichtung können jedoch sehr unterschiedlich ausgestaltet sein: In der Gesetzlichen Krankenversicherung (GKV) ist dies gesetzlich geregelt in Gestalt einer Pflichtversicherung und daraus resultierender Beitragspflichten, die dann wiederum Leistungen für andere GKV-Mitglieder finanzieren. In anderen Kontexten kann eine wechselseitige Verpflichtung, sich zu unterstützen, auch ohne vertragliche oder gesetzliche Verpflichtung entweder unhinterfragt bestehen oder auf einer bewussten Entscheidung basieren. So kann es beispielsweise in der einen Familie eine Selbstverständlichkeit sein, die anderen Mitglieder in Notlagen zu

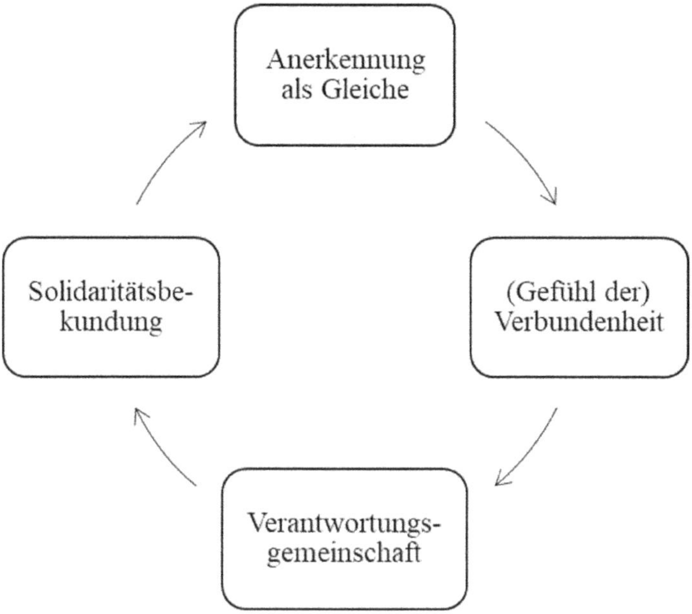

Abbildung 1

unterstützen. In einer anderen Familie fühlt man sich vielleicht auch verbunden, entscheidet aber einzelfallbezogen, welchem Familienmitglied man hilft und welchem nicht.

Diese Beispiele zeigen die oben erwähnte Flüchtigkeit im Rahmen von Solidaritätsbeziehungen auf. Bereits die Gründe für eine solidarische Verbundenheit können sehr unterschiedlich empfunden werden – mit unmittelbarer Konsequenz für die Wahrnehmung des Bestehens einer Verantwortungsgemeinschaft und daraus resultierender wechselseitiger Einstandspflichten. Solidarität in seiner beschreibbaren Form existiert also in unterschiedlichen Verdichtungsgraden.

Bei den Solidaritätsbekundungen lassen sich ebenfalls sehr unterschiedliche Ausprägungen oder Manifestationen von Solidarität ausmachen: Zunächst sind Handlungen in den Blick zu nehmen, die – jedenfalls auch – auf dem Gefühl der Solidarität basieren. So kann Solidarität eine Handlungsmaxime bei der Verteilung unterschiedlicher sozialer Güter sein, aber auch bei der „Zuteilung" von Unterstützung (denkbar z. B. als tatsächliche Hilfeleistung oder in Form von Solidaritätsbekundungen) eine Rolle spielen. Zudem lassen sich Formen der Institutionalisierung und strukturellen Einbettung von Solidarität wahrnehmen – z. B. in Gestalt einer verstetigten Solidargemeinschaft in einer gesetzlichen Krankenversicherung, in der wiederum bei Verteilungsentscheidungen auch das Solidarprinzip als Handlungsmaxime zum Tragen kommt.

Auch die Übernahme eines „Wertes Solidarität" – individuell oder kollektiv wie z. B. im Rahmen einer gesetzlichen Regelung, die diesen Wert positiviert – kann deskriptiv als Solidaritätsbekundung angesehen werden, wenngleich im Vordergrund ihr normativer und appellativer Gehalt stehen wird. Inwiefern eine solche Norm tatsächlich solidaritätsstiftend bzw. -verstärkend sein kann, hängt wiederum von zusätzlichen Faktoren ab. Dennoch kann sich diese Norm auch verstärkend auf eine wechselseitige Anerkennung der Mitglieder der Verantwortungsgemeinschaft als Gleiche und damit wiederum auch auf ihr Verbundenheitsgefühl auswirken.

Solidarität wird von manchen als Zement oder Kitt für gesellschaftlichen Zusammenhalt bezeichnet. Wie oben veranschaulicht, ist es jedoch nicht Solidarität per se, die diesen integrativen Effekt erzielt. Es ist vielmehr das Zusammenspiel der genannten Bestandteile, die soziale Kohäsion erzeugen können. Dabei ist das abgebildete Modell stark vereinfacht; desintegrativ wirkende Faktoren sind hier nicht berücksichtigt. Doch auf das Einfache lässt sich das Komplexe aufbauen. Ziel dieses Modells ist es, den Nukleus gesellschaftlicher Solidaritätsbeziehungen zu beschreiben und zu verdeutlichen, an welchen Stellen sich Angriffsflächen bieten. Weder ist es für den wechselseitigen Zusammenhalt förderlich, wenn es an einer gegenseitigen Anerkennung als Gleiche mangelt. Noch kann eine Verbundenheit dauerhaft aufrechterhalten werden, wenn sich diese nicht in unterschiedlichen Ausprägungsformen manifestiert.

III Solidarität und Gesundheit in der EU: Ein (kursorischer) Blick in das Primärrecht

Im vorherigen Abschnitt wurde ausgeführt, dass auch Normen als eine Form der Solidaritätsbekundung angesehen werden können. Daher wollen wir zunächst den Blick auf die verschiedenen Bezugnahmen und Dimensionen von Solidarität im Primärrecht wenden: Solidarität unter den Völkern, Solidarität der Union mit den Mitgliedstaaten und der Mitgliedstaaten untereinander, Solidarität der Mitgliedstaaten gegenüber Individuen sowie auf der Bevölkerungsebene Solidarität zwischen den Generationen und – je nach Betrachtungsweise – auch Solidarität unter den Unionsbürger:innen.

Eine zentrale Regelung stellt Art. 2 S. 2 EUV dar, der darauf verweist, dass die zuvor in Art. 2 S. 1 EUV genannten Werte (Menschenwürde, Freiheit, Demokratie, Gleichheit, Rechtsstaatlichkeit, Wahrung der Menschenrechte und Rechte von Minderheiten) „allen Mitgliedstaaten in einer Gesellschaft gemeinsam [sind], die sich durch Pluralismus, Nichtdiskriminierung, Toleranz, Gerechtigkeit, Solidarität und die Gleichheit von Frauen und Männern auszeichnet." Nun lässt sich diskutieren, ob der Wortlaut des Art. 2 EUV den Schluss nahelegt, bei den in S. 2 genannten Merkmalen handele es sich nicht um Werte der Union. Versteht man einen Wert als etwas, das als Eigenschaft erstrebenswert oder als Handlungsmaxime maßgebend sein kann, so lassen sich die in Art. 2 S. 2 EUV genannten Merkmale jedenfalls für sich genommen auch als Werte einordnen.

Der EUV nimmt auch an anderen Stellen Bezug auf Solidarität, so z. B. im Rahmen der Ziele der EU auf die „Solidarität zwischen den Generationen" (Art. 3 Abs. 3 UAbs. 2 EUV), die „Solidarität zwischen den Mitgliedstaaten" (Art. 3 Abs. 3 UAbs. 3 EUV) oder die „Solidarität und gegenseitige Achtung unter den Völkern" (Art. 3 Abs. 5 EUV). Art. 21 EUV verweist darauf, dass das auswärtige Handeln der Union sich auch am Grundsatz der Solidarität orientiert. Aus der Reihe der Vorschriften des AEUV, die Solidarität thematisieren, sei hier zum einen auf Art. 80 AEUV hingewiesen, der für die Umsetzung der Politik im Bereich Grenzkontrollen, Asyl und Einwanderung die Geltung des Solidaritätsgrundsatzes normiert. Zum anderen enthält die „Solidaritätsklausel" des Art. 222 AEUV eine Unterstützungspflicht der Union sowie der Mitgliedstaaten untereinander nicht nur im Falle eines Terroranschlages, sondern auch „im Falle einer Naturkatastrophe oder einer vom Menschen verursachten Katastrophe".

Verknüpft finden wir Solidarität und Gesundheit in der Charta der Grundrechte der Europäischen Union, in der unter dem „Titel IV Solidarität" in Art. 35 GrCh ein Menschenrecht auf Zugang zur Gesundheitsvorsorge und auf ärztliche Versorgung normiert wird.

Die rechtlichen Rahmenbedingungen für das Tätigwerden der Union im Bereich der öffentlichen Gesundheit werden insbesondere durch Art. 168 AEUV abgesteckt: Dieser enthält – neben der Querschnittsklausel in Art. 168 Abs. 1 UAbs. 1 AEUV – zu einem weiten Teil lediglich unterstützende, koordinierende und ergänzende Kompetenzen der Union (z. B. zur Verbesserung der Gesundheit der Bevölkerung, zur Bekämpfung weit verbreiteter schwerer Krankheiten oder zur Beobachtung, frühzeitigen Meldung und Bekämpfung schwerwiegender grenzüberschreitender Gesundheitsgefahren).

Zu beachten ist dabei, dass es sich hier um Kompetenzen im generellen Themenfeld der öffentlichen Gesundheit („public health") handelt und nicht um Kompetenzen hinsichtlich der Ausgestaltung nationaler Systeme der Absicherung des Risikos Krankheit. Der Begriff „public health" ist insofern breiter, als hierunter „eine von der Gesellschaft organisierte, gemeinsame Anstrengung, mit dem Ziel der Erhaltung und Förderung der Gesundheit der gesamten Bevölkerung oder von Teilen der Bevölkerung, Vermeidung von Krankheit und Invalidität, Versorgung der Bevölkerung mit präventiven, kurativen und rehabilitativen Diensten" verstanden werden kann. Ein funktionierendes Gesundheitssystem ist gleichwohl von zentraler Bedeutung für die Gesundheit der Bevölkerung, sodass sich auch Aspekte, die die Struktur, Finanzierung und Qualität dieses Systems betreffen, dem Bereich „public health" zuordnen lassen.

Darüber hinaus finden sich in Art. 168 Abs. 4 AEUV aber auch Fälle einer geteilten Zuständigkeit, so beispielsweise in lit. c) für Maßnahmen zur Festlegung hoher Qualitäts- und Sicherheitsstandards für Arzneimittel und Medizinprodukte. Das Harmonisierungsverbot in Art. 168 Abs. 5 AEUV und die Kompetenzausübungsschranke in Art. 168 Abs. 7 AEUV, die auf die primäre Verantwortung der Mitgliedstaaten für die Festlegung ihrer Gesundheitspolitik verweist, zeigen einerseits die Grenzen eines Tätigwerdens der Union auf. Andererseits kann die Kommission nach Art. 168 Abs. 2 S. 2 AEUV „alle Initiativen ergreifen", die einer Koordinierung der Gesundheitspolitik der Mitgliedstaaten förderlich sind.

IV Europäische Solidarität im Bereich der Gesundheitspolitik?

In seiner berühmten Rede vom 9. Mai 1950 sprach Robert Schuman von einem Europa, das „durch konkrete Tatsachen entstehen [wird], die zunächst eine Solidarität der Tat schaffen." Etwas holzschnittartig könnte man darin den Ansatz einer top-to-bottom-Solidarität, d. h. eines über solidarische Verteilungsentscheidungen und Formen institutionalisierter Solidarität vermittelten Zugehörigkeitsgefühls sehen. Nun fällt der bisherige Befund in Rechtslage wie Rechtsanwendung zur EU als „sozialer Union" eher durchwachsen aus. Und die Frage, wie sehr z. B. über die Institutionen und Instrumente der EU ein Zugehörigkeits- und damit auch ein Solidaritätsgefühl vermittelt wird, bedürfte zu ihrer Beantwortung eines differenzierten Analyse-Settings. In Debatten wird teilweise eingeworfen, bei Solidarität handele es sich ohnehin nur um ein inhaltsleeres Schlagwort: Verteilungsentscheidungen in der EU würden z. B. nach Grundsätzen arithmetischer oder proportionaler Gleichheit getroffen; ein Sich-Verbunden-Fühlen käme auch ohne eine Aufladung durch den Begriff der Solidarität aus.

Gleichwohl lässt sich zumindest festhalten, dass die Auseinandersetzung um Solidarität in der EU stetig und in Bezug auf eine Vielzahl von Politikfeldern geführt wird. Wir arbeiten uns jedoch nicht nur am Solidaritätsbegriff als „contested concept" ab. Im Rahmen der nationalen und grenzüberschreitenden Debatten über die Frage, ob es ein hinreichendes Maß gelebter Solidarität in der EU gibt, wie dieses auszusehen hat und wo seine inhaltlichen Grenzen sind oder wann Mitgliedstaaten oder einzelne Agierende sich unsolidarisch verhalten, konkretisieren wir den Solidaritätsbegriff im europäischen Kontext und konstruieren zugleich seine Umsetzung.

Im Folgenden sollen mit Bezug auf den Bereich der Gesundheit vier Themenfelder näher beleuchtet werden, in denen der Gedanke der Solidarität eine Rolle spielen kann. Aufmerksamen Leser:innen wird auffallen, dass sowohl die Überschrift dieses Abschnitts als auch die seiner Unterabschnitte jeweils mit Fragezeichen versehen sind. Ein wesentlicher Punkt sei daher hier bereits vorweggenommen: In allen Fällen handelt es sich um Aushandlungsfelder europäischer Solidarität; die Umsetzung ist hier jedoch noch weitgehend offen.

1 Grenzüberschreitende Gesundheitsleistungen: Belastung für die Solidargemeinschaft?

Die geltende Rechtslage hinsichtlich einer grenzüberschreitenden Inanspruchnahme von Gesundheits(dienst)leistungen ist einerseits geprägt von der europäischen Sozialrechtskoordinierung durch die Verordnung (EG) 883/2004 (im Folgenden: Koordinierungs-Verordnung) und der dazugehörigen Durchführungsverordnung EG 987/2009 sowie andererseits von der Richtlinie (RL) 2011/24/EU (sog. Patientenrechte- bzw. Patientenmobilitäts-Richtlinie). Die Zielsetzungen dieser Instrumente laufen parallel: Während die VO (EG) 883/2004 vor allem auf die effektive Durchsetzung der Freizügigkeit der Arbeitnehmenden (siehe Art. 48 AEUV) abzielt, diente die Patientenrechte-Richtlinie u. a. der Kodifikation der Rechtsprechung des Europäischen Gerichtshofs (EuGH) zur Durchsetzung der Dienstleistungsfreiheit bei der grenzüberschreitenden Inanspruchnahme von Gesundheitsdienstleistungen (siehe Erwägungsgründe 6 ff. der Richtlinie).

Die in der Koordinierungs-Verordnung enthaltenen Kollisionsnormen sollen vor allem sicherstellen, dass nur die Regeln einer Rechtsordnung zur Anwendung kommen (Art. 11 Abs. 1 VO (EG) 883/2004); so sollen sowohl eine mögliche Dopplung von Ansprüchen als auch Sicherungslücken vermieden werden. Die Art. 17 ff. VO (EG) 883/2004 regeln in diesem Kontext Fälle der Sachleistungsaushilfe bei grenzüberschreitenden Sachverhalten. Leistungen werden in diesem Fall in einem Mitgliedstaat erbracht, im Nachgang findet dann eine Erstattung der jeweiligen Träger in den Mitgliedstaaten untereinander statt. Im Fall geplanter Auslandsbehandlungen statuiert Art. 20 VO (EG) 883/2004 eine Pflicht, sich diese vorab genehmigen zu lassen.

An dieser Stelle zeigt sich der Unterschied zur Patientenrechte-Richtlinie auf, nach der eine Vorabgenehmigung nur in Ausnahmefällen gefordert werden kann (Art. 8 RL 2011/24/EU); dies betrifft insbesondere Fälle der stationären Behandlung oder besonders kostenintensive, hoch spezialisierte Behandlungen. Darüber hinaus besteht die Möglichkeit der Inanspruchnahme von Leistungen im EU-Ausland auf Kosten des heimatlichen Leistungsträgers (begrenzt durch den im nationalen Kontext bestehenden Anspruchsumfang). Nationalen Kontaktstellen in den Mitgliedstaaten (siehe Art. 6 RL 2011/24/EU) kommt die Aufgabe zu, Patient:innen bei der Durchführung grenzüberschreitender Behandlungen zu beraten und die für sie beste Lösung zu empfehlen.

Wenn Patient:innen aus einem EU-Mitgliedstaat Gesundheitsleistungen in einem anderen Mitgliedstaat in Anspruch nehmen, fließen die Mittel zur Finanzierung dieser Leistungen folglich auch den Leistungserbringer:innen im anderen Mitgliedstaat zu. Dies mag als Gefahr für innerstaatliche Solidaritätsstrukturen verstanden werden, wenn sich manche besseren Gesundheitsleistungen im EU-Ausland einkaufen und die dafür (in einer Gesetzlichen Krankenversicherung oder einem nationalen Gesundheitsdienst) aufzubringenden Mittel dann dem Gesundheitssektor eines anderen Mitgliedstaates zufließen. Betrachtet man denselben Sachverhalt jedoch aus europäischer Perspektive, kann die Möglichkeit, grenzüberschreitende Leistungen in Anspruch nehmen zu können, für die Betroffenen gerade eine Solidaritätserfahrung – als Ausfluss des Status als Unionsbürger:innen (Anerkennung als Gleiche) – darstellen.

Auch wenn nicht für alle Mitgliedstaaten gleich aussagekräftige Daten zur Verfügung stehen, zeigen die Erhebungen jedoch, dass letztlich nur ein relativ geringer Teil der Bevölkerung von der Option, sich im EU-Ausland behandeln zu lassen, Gebrauch macht. Als Gründe dafür werden u. a. die späte Umsetzung der Patientenrechte-Richtlinie in manchen Mitgliedstaaten, die mangelnde Information der Patient:innen sowie bürokratische Hürden angeführt. Ein öffentliches Konsultationsverfahren zur Umsetzung der Patientenrechte-Richtlinie wurde im Juli 2021 abgeschlossen; ein Evaluationsbericht durch die Kommission ist für 2022 vorgesehen. Diese Initiative verdeutlicht, dass die Förderung der Patientenmobilität weiterhin im Fokus der Kommission ist.

2 Mehr Solidarität in einer Europäischen Gesundheitsunion?

In 2020 hat die Europäische Kommission ihre Vorschläge zur Schaffung einer „Europäischen Gesundheitsunion" vorgestellt. Das Projekt ist verknüpft mit dem EU4Health-Programm 2021–2027. Bisher sind die Zielsetzungen offen formuliert: u. a. besserer Gesundheitsschutz für die Bürger:innen, Aufbau europäischer und nationaler Kapazitäten zur besseren Vorbeugung und Bewältigung künftiger Pandemien, widerstandsfähigere europäische Gesundheitssysteme. Konkretisierte Initiativen betreffen zum einen den Bereich der Krisenvorsorge und Krisenreaktion (stärkere Koordinierung auf EU-Ebene bei grenzüberschreitenden Gesundheitsbedrohungen, Stärkung der Mandate des Europäischen Zentrums für die Prävention und die Kontrolle von Krankheiten sowie der Europäischen Arzneimittel-Agentur, Einrichtung einer neuen EU-Agentur für biomedizinische Vorsorge), die Arzneimittelstrategie für Europa und den europäischen Plan zur Krebsbekämpfung.

Ähnlich wie bei der Europäischen Säule sozialer Rechte stellt sich die Frage, wie die Ziele dieser Gesundheitsunion angesichts der bestehenden Kompetenzen der Union verwirklicht werden können. Die bisherigen Initiativen veranschaulichen jedoch eine Konzentration auf Bereiche, in denen u. a. Art. 168 AEUV Handlungsspielräume ermöglicht. So weist der Kommissionsvorschlag für die europäische Gesundheitsunion explizit auf den zentralen Punkt hin: „The European Health Union will be as strong as its Member States' commitment to it." Die COVID-19-Pandemie hat Schwachstellen im Bereich der Kompetenzen der Union aufgezeigt. Ob dies die Mitgliedstaaten jedoch dazu bewegen wird, weitere Kompetenzen zu übertragen, ist vor dem Hintergrund ihres bisher sehr beständigen Widerstands, dies zu tun, sehr zweifelhaft (siehe dazu 4.). Die Fortsetzung der Auseinandersetzungen über Solidarität in einer Europäischen Gesundheitsunion – insbesondere auch hinsichtlich der Frage des Zugangs zu dieser Gesundheitsunion oder der Frage einheitlicher Versorgungsstandards in den Mitgliedstaaten – darf als gesichert gelten.

3 Der europäische Gesundheitsdatenraum: Solidarität in der grenzüberschreitenden Nutzung von Gesundheitsdaten?

Als Teil der europäischen Datenstrategie verfolgt die Kommission das Ziel einer Schaffung eines europäischen Gesundheitsdatenraums (European Health Data Space, EHDS). Die übergreifende Zielsetzung des EHDS liegt in einer Verbesserung der Gesundheitsversorgung durch einen grenzüberschreitenden Zugang zu Gesundheitsdaten für die Forschung zur Diagnose und Behandlung von Krankheiten sowie zur Entwicklung neuer Präventionsstrategien; gleichzeitig soll die Kontrolle der Unionsbürger:innen über ihre Gesundheitsdaten sichergestellt bleiben.

Der öffentliche Konsultationsprozess zum EHDS wurde im Juli 2021 abgeschlossen. Die online einsehbaren Rückmeldungen zeichnen dabei ein nachvollziehbares Bild der Interessenlage verschiedener Agierender im Bereich des Wirtschaftssektors Gesundheitswesen. Dass beispielsweise im Gesundheitssektor tätige Unternehmen zumindest auch aus finanziellen Gründen am Zugang zu einer breiten Masse von Gesundheitsdaten im europäischen Raum interessiert sind, spricht zunächst nicht gegen Vorteile, die sich z. B. durch die Gewährung dieses Zugangs und die Auswertung der Daten zu Forschungszwecken für die Qualität der Gesundheitsversorgung ergeben können. Im Gegenteil zeigen nationale Beispiele wie etwa das Deutsche Hämophilieregister oder das Krebsregister die Vorteile einer übergreifenden Datenerhebung und -nutzung auf. Im europäischen Kontext ist denn auch der EHDS verknüpft mit der EU-Strategie zur Krebsbekämpfung.

Während die europäischen Aktivitäten zur Krebsbekämpfung auf Art. 168 AEUV gestützt werden, werden für den EHDS die Binnenmarktkompetenz des Art. 114 AEUV (ggf. in Verbindung mit Art. 16 AEUV im Bereich des Datenschutzes) angeführt. Inwieweit dies tragfähig ist, wird sehr von der Ausgestaltung abhängen – gerade weil es sich um ein Themenfeld mit verschiedenen, teilweise divergierenden Zielsetzungen handelt. Dabei wird die Sicherheit und der Schutz der dann grenzüberschreitend zugänglichen Daten in Einklang zu bringen sein mit den unterschiedlichen Interessen der Datenverarbeitenden.

Und genauso wie im nationalen Kontext wird mit Blick auf eine europaweite Verarbeitung von Gesundheitsdaten ein transparenter öffentlicher Dialog zu führen sein, wenn es um die Einwilligung in diese Datenverarbeitung geht. Dies ist dann auch ein Anknüpfungspunkt für Erwägungen aus der Perspektive der Solidarität. Ein Aspekt mag es sein, Daten z. B. zu Forschungszwecken zur Verfügung zu stellen, wenn dies den Betroffenen selbst zugutekommen kann. Nicht weniger bedeutsam kann es jedoch sein, in eine Nutzung von Daten einzuwilligen, von der man selbst zwar nicht mehr, zukünftige Patient:innen aber gleichwohl profitieren können.

Im Vergleich zum Projekt „Gesundheitsunion“ stehen der EU für den EHDS mehr Regulierungskompetenzen zur Verfügung. Zwar zeigt das Beispiel der ebenfalls auf Art. 114 AEUV gestützten Tabak-Richtlinie 2014/40/EU, wie gesundheitspolitische Zielsetzungen (Warnhinweise auf die gesundheitlichen Gefahren des Rauchens) auch mit Zielen zur Förderung eines reibungslosen Funktionierens des

Binnenmarkts verknüpft werden können. Doch stellt sich auch hier die Frage, ob mit dieser Argumentation ein anderweitig bestehender Mangel an Kompetenzen umgangen werden soll. In anderer Hinsicht besteht die Gefahr einer asymmetrischen Gesundheitsunion, in der hinsichtlich des Gesundheitsdatenraums eine Vollharmonisierung angestrebt wird, die aber in anderen Bereichen gerade von einem Harmonisierungsverbot geprägt ist.

4 Pandemie als „window of opportunity"?

Eingangs wurde auf den fast inflationären Gebrauch des Begriffs der Solidarität im Zuge der COVID-19-Pandemie hingewiesen. So drängt sich die Frage auf, ob die Pandemie ein „window of opportunity" geöffnet hat: für eine weitere konfliktive Auseinandersetzung über europäische Solidarität in ihren jeweiligen Komponenten und – damit verbunden – für eine Erweiterung der Kompetenzen der EU im Bereich Gesundheit.

Hinsichtlich der „Anerkennung als Gleiche" hat die Pandemie bereits im nationalen Kontext eine Vielzahl von Ungleichheiten noch schmerzlicher zu Tage treten lassen; dies gilt gleichermaßen für die europäische und internationale Ebene. Der Zugang zu guter Gesundheitsversorgung ist aufgrund unterschiedlicher Faktoren ungleich verteilt. Wenig überraschend trifft es ohnehin bereits benachteiligte Gruppen hier doppelt. So lag etwa in Deutschland im Winter 2020/21 die COVID-19-Sterblichkeit in sozial stark benachteiligten Regionen um rund 50 bis 70 Prozent höher als in Regionen mit geringer sozialer Benachteiligung.

Im europäischen Raum veranschaulichen Grenzschließungen oder -kontrollen nicht nur (mögliche oder tatsächliche) Unterschiede im Solidaritätsverständnis der Mitgliedstaaten und Mängel in der Institutionalisierung von Solidarität in der EU im Bereich der öffentlichen Gesundheit; sie veranschaulichen auch, wie sich offene Grenzen auf das Verbundenheitsgefühl der Menschen in dieser Grenzregion auswirken. Versteht man den europäischen Ansatz bei der Verteilung von Impfstoffen auf die Mitgliedstaaten als Solidaritätsbekundung, so verdeutlicht die Umsetzung auch hier Defizite. Gleichzeitig konnten gewisse institutionalisierte Formen gerade in der Krise ihre besondere Relevanz entfalten – z. B. im Fall der Ausweitung des Anwendungsbereichs des Solidaritätsfonds der EU auf schwere öffentliche Gesundheitsnotstände. Nicht nur das weitere Vorgehen während der Pandemie wird für die Konstruktion europäischer Solidarität richtungsweisend sein, sondern auch – und vielleicht besonders – die Maßnahmen „nach" der Pandemie. In diesem Zusammenhang werden auch die Effekte europäischer Austeritätspolitik für die Gesundheitssysteme in den Mitgliedstaaten zu adressieren sein.

V Mehrwert des Solidaritätsgedankens in der europäischen Gesundheitspolitik

In der Zeit der COVID-19-Pandemie wurde der Solidaritätsbegriff vermutlich nicht selten auch wegen seiner Symbolfunktion bemüht. In einigen Fällen blieben die

Handlungen der Mitgliedstaaten oder einzelner Agierender hinter den Solidaritätsansprüchen zurück. Jedoch konnte man auch Beispiele für „gelebte Solidarität", also aktive Solidaritätsbekundungen sehen. So wir Solidarität als Wert und damit als einen handlungsleitenden Faktor neben anderen verstehen, hängt es wiederum von zusätzlichen Faktoren ab, ob und wie wir tatsächlich unser Handeln an diesem Wert ausrichten. Erst wenn wechselseitige Einstandspflichten institutionalisiert werden – wie im oben beschriebenen Beispiel der als Pflichtversicherung ausgestalteten Gesetzlichen Krankenversicherung – fällt der Zwischenschritt weg, in dem man sich aktiv für oder gegen eine Solidaritätshandlung entscheiden muss.

Auf EU-Ebene sind die Formen institutionalisierter Solidarität im Bereich Gesundheit noch ausbaufähig. Besonders wenn Solidaritätsbekundungen mit budgetären Konsequenzen verbunden sind, ist es nachvollziehbar, dass die Mitgliedstaaten nur zögerlich ihre Souveränität in dieser Hinsicht abgeben. Dennoch hat die COVID-19-Pandemie die Defizite mangelnder Kompetenzen der EU aufgezeigt. So überrascht es nicht, dass seitens der Kommission im Rahmen des Vorschlags für eine Gesundheitsunion gefordert wird, z. B. das Mandat für das Europäische Zentrum für die Prävention und die Kontrolle von Krankheiten (European Centre for Disease Prevention and Control, ECDC) oder die Europäische Arzneimittel-Agentur (European Medicines Agency, EMA) zu stärken. Gleichzeitig wird jedoch explizit betont, dass die Zuständigkeit der Mitgliedstaaten im Gesundheitsbereich uneingeschränkt gewahrt bleiben soll.

Wenn gesellschaftlicher Zusammenhalt bereits im nationalen Raum immer wieder vor Herausforderungen gestellt und kontinuierlich neu geschaffen werden muss, so muss er es im europäischen Raum noch viel mehr. Jede Beziehung lebt nicht allein von einer zu einem Zeitpunkt x eingegangen Verbindung. Dieses einigende Band muss von den Partner:innen der Beziehung immer wieder aufs Neue geknüpft werden. Wenn man mit Simmel Konflikte ebenfalls als Form von Vergesellschaftung sieht, dann lassen sich auch Konflikte über das Bestehen von Solidarität in der EU und über etwaige Solidaritätsbekundungen als Bestandteil dieses steten Vergesellschaftungsprozesses verstehen. Auch ein konfliktiver Dialog ist weiterhin ein Dialog, der die Beziehungen der Mitgliedstaaten und ihrer Bürger:innen zueinander mitkreiert und -prägt.

Angesichts von Mitgliedern, die die EU verlassen oder solchen, die durch ihre Politiken grundlegende Werte der Union infrage stellen, wird das „Projekt Europa" derzeit besonders auf die Probe gestellt. Teilweise wird der Dialog nicht als Streitgespräch fortgesetzt, sondern schlichtweg abgebrochen. Sieht man in einer Krise gleichwohl auch eine Möglichkeit, dass die im Dialog Verbleibenden einander wieder näherbringt, so lässt sich zumindest feststellen, dass die derzeitige Krise in dieser Hinsicht noch ungenütztes Potenzial in sich birgt. Es braucht Erfahrungsräume, um sich als eine Gemeinschaft von Unionsbürger:innen in einer „ever closer union" zu fühlen. Der Bereich der Gesundheit eignet sich aus einem wesentlichen Grund besonders gut, um diese Erfahrungsräume zu ermöglichen: Denn gerade in unserer individuellen Verletzlichkeit können wir uns anderen, die gleichermaßen verletzlich sind, nah und damit verbunden fühlen.

Constanze Janda und Vanessa Zeeb

Solidarität im ungeklärten Aufenthaltsstatus? Beschränkter Zugang zur Gesundheitsversorgung für Drittstaatsangehörige und nichtständig beschäftigte Unionsbürger*innen[1]

I Einleitung

Oft ist davon die Rede, dass Krisen die strukturellen Mängel und Defizite rechtlicher Regelungen wie unter einem Brennglas zutage treten lassen. Sie können sich zudem als Katalysator für unbeabsichtigte „Nebenwirkungen" von Gesetzen erweisen. Anlässlich der Corona-Pandemie sind solche Diskussionen – unter anderem – für den Gesundheits- und Pflegesektor mit seiner unzureichenden personellen und finanziellen Ausstattung oder über die Arbeitsbedingungen ausländischer Beschäftigter, etwa in der Fleischindustrie, geführt worden. Unter dem Radar der Öffentlichkeit blieb jedoch, dass der Zugang von Migrant*innen zu den Leistungen der Gesundheitsversorgung nicht immer gewährleistet ist. Dieses Phänomen kann Drittstaatsangehörige und Unionsbürger*innen gleichermaßen betreffen. Sie sehen sich nicht nur aufenthaltsrechtlichen, sondern auch sozialrechtlichen Restsriktionen ausgesetzt, sodass sie im Krankheitsfall medizinische Behandlung lediglich auf informellem Wege erlangen.

II Gesundheitsversorgung von Drittstaatsangehörigen in der aufenthaltsrechtlichen Illegalität

Aufgrund der mit der Corona-Pandemie einhergehenden Grenzschließungen im Frühjahr 2020 konnten einige Menschen das Bundesgebiet nicht mehr rechtzeitig vor Ablauf ihres Visums oder Aufenthaltstitels verlassen. Da sie nach § 50 Abs. 1 AufenthG ausreisepflichtig wurden, durften die Behörden grundsätzlich aufenthaltsbeendende Maßnahmen durchführen. Dies scheiterte jedoch ebenfalls an den Reiseeinschränkungen.

---

1 Die Abhandlung entstand in Teilen im Rahmen des drittmittelgeförderten Projekts „Migration und Institutionenwandel im deutschen Gesundheitswesen im Feld der psychiatrischen und psychotherapeutischen Versorgung von Geflüchteten – „MIGEP". Wir danken Mathieu Wagner für seine wertvollen Hinweise.

Zwar hätte den betroffenen Personen grundsätzlich eine Erlaubnis für einen vorübergehenden Aufenthalt nach § 25 Abs. 4 S. 1 AufenthG[2] oder eine Aufenthaltserlaubnis nach § 25 Abs. 5 S. 1 AufenthG erteilt werden können.[3] Einen weiteren Ausweg böte zudem ein Antrag auf Verlängerung des bisher innegehabten Aufenthaltstitels nach § 8 AufenthG. Dies setzt jedoch voraus, dass die Erteilungsvoraussetzungen für den Titel weiterhin bestehen; zudem müssen sich die betreffenden Personen dafür rechtzeitig bei der zuständigen Ausländerbehörde melden. Allerdings hatten die Behörden aufgrund der Pandemie ihre Öffnungszeiten aus epidemiologischen Gründen oftmals stark eingeschränkt oder waren gar nicht erreichbar. Wer den Verlängerungsantrag rechtzeitig gestellt hatte, konnte sich auf die Fiktionswirkung in § 81 Abs. 4 AufenthG berufen: Der Titel gilt in diesem Fall vom Ablauf seiner Gültigkeit bis zur behördlichen Entscheidung über die Verlängerung als fortbestehend. Für alle anderen Personen hat das Bundesministerium des Inneren (BMI) den Vollzug des AufenthG vorgegeben; in den Fällen, in denen die Ausreise faktisch nicht möglich war, sollte eine Duldung erteilt werden.[4] In einigen Landkreisen und kreisfreien Städten wurden die befristeten Aufenthaltstitel, die während des „Lockdown" ausliefen, per Allgemeinverfügung von Amts wegen verlängert.[5] Jedoch konnten nicht alle Betroffenen davon profitieren. Diese Menschen sind ohne soziale und finanzielle Absicherung in Deutschland gestrandet, während sich die Pandemie weiter zugespitzt hat. Ohne Verlängerung des bisherigen oder Erteilung eines neuen Aufenthaltstitels ist ihr Aufenthalt trotz der Unmöglichkeit der Ausreise rechtswidrig und gegebenenfalls auch strafbar.

1 Zugang zur gesetzlichen Krankenversicherung für Menschen in der aufenthaltsrechtlichen Illegalität

Bereits vor der Corona-Pandemie lebten Schätzungen zufolge zwischen 200.000 und 600.000 Menschen ohne gültigen Aufenthaltstitel in Deutschland.[6] Dies kann

---

2 *Röcker* in Bergmann/Dienelt, Ausländerrecht, AufenthG, § 25 Rn. 63.

3 *Röcker* in Bergmann/Dienelt, Ausländerrecht, AufenthG, § 25 Rn. 104.

4 Rundschreiben des BMI vom 25.03.2020, Az. M3-51000/2#5, Corona-Virus, Entlastung der Ausländerbehörden, veröffentlicht unter https://www.bmi.bund.de/SharedDocs/downloads/DE/publikationen/themen/migration/rundschreiben-entlastung-abh-corona.pdf?__blob=publicationFile&v=3.

5 So zum Beispiel Allgemeinverfügung für den Bereich des Ausländerrechts der Stadt Bremerhaven vom 7.4.2020, veröffentlicht unter https://www.bremerhaven.de/de/aktuelles/allgemeinverfuegung-fuer-den-bereich-des-auslaenderrechts.101801.html (Stand: 04/2020); Bekanntmachung vom 15.6.2020 des Ilm-Kreis, veröffentlicht unter https://www.ilm-kreis.de/media/custom/2778_1195_1.PDF?1591877297 (Stand: 06/2020).

6 Bundesamt für Migration und Flüchtlinge, Maßnahmen zur Verhinderung und Reduzierung irregulärer Migration, Studie der deutschen nationalen Kontaktstelle für das Europäische Migrationsnetzwerk (EMN), Working Paper 41, 2012, S. 102.

verschiedene Ursachen haben. Häufig sind Visa und Aufenthaltstitel abgelaufen und nicht verlängert worden. Betroffen sind oftmals auch Asylsuchende, deren Antrag rechtskräftig abgelehnt worden oder Personen, deren Duldung abgelaufen ist. Reisen sie nicht aus, ist ihr Aufenthalt unerlaubt und damit nach § 95 Abs. 1 Nr. 2 AufenthG strafbar. In anderen Fällen verfügten die betroffenen Menschen nie über einen gültigen Aufenthaltstitel, sind also „illegal" in die Bundesrepublik eingereist und nicht bei einer Meldebehörde registriert. Auch dies ist strafbar, § 95 Abs. 1 Nr. 3 AufenthG. Gleiches gilt für Personen, die in einem anderen EU-Mitgliedstaat einen Asylantrag gestellt haben und sich deshalb dort legal aufhalten; sie sind jedoch nicht berechtigt, sich aufgrund dieses Status im deutschen Bundesgebiet aufzuhalten.

Menschen, die sich rechtswidrig in der Bundesrepublik aufhalten, haben in der Regel keinen Zugang zur gesetzlichen Krankenversicherung. Die Pflichtversicherung knüpft zwar zunächst an die Ausübung einer versicherungspflichtigen Beschäftigung an, § 5 Abs. 1 Nr. 1 SGB V. Dabei handelt es sich um jede abhängige Beschäftigung, insbesondere in einem Arbeitsverhältnis, § 7 Abs. 1 SGB IV. Für die Wirksamkeit des Beschäftigungsverhältnisses ist die Erlaubtheit des Aufenthalts wie auch der Beschäftigung (vgl. § 4a AufenthG) unbeachtlich. Maßgeblich ist allein der tatsächliche Vollzug, also die weisungsabhängige Erbringung von Arbeitsleistungen für eine andere Person gegen Entgelt.[7] Hintergrund ist die Schutzbedürftigkeit der betreffenden Person und der Sinn und Zweck der Sozialversicherung: Einkünfte aus abhängiger Beschäftigung sollen zur Eigenvorsorge verwendet werden, um die betreffende Person im Falle des Eintritts eines sozialen Risikos abzusichern.[8] Die Sozialversicherung ist daher blind für die aufenthaltsrechtlichen Umstände der Beschäftigung. Gleichwohl ist der Schutz der Sozialversicherung in der aufenthaltsrechtlichen Illegalität nicht realisierbar, denn sobald sich die betreffende Person bei einer Krankenkasse meldet, droht ihr Aufenthalt entdeckt und damit über kurz oder lang beendet zu werden. Dies gilt auch für die Auffangversicherung aus § 5 Abs. 1 Nr. 13 SGB V, jedoch greift diese ohnehin nur für Inhaber*innen einer Niederlassungs- oder Aufenthaltserlaubnis, § 5 Abs. 11 SGB V.

Auch deutsche Staatsangehörige oder Personen mit einem Aufenthaltstitel können unter bestimmten Umständen keinen Krankenversicherungsschutz haben. So hatten laut Statistischem Bundesamt im Jahr 2019 ca. 61.000 Menschen keine Krankenversicherung.[9] Sie waren also weder gesetzlich noch privat versichert. Dies

7 St. Rpsr. des BSG, vgl. nur BSGE 15, 65, 68 f.; 19, 265, 267; 51, 234, 236 oder 52, 76, 78; siehe auch *Zieglmeier* in: KassKomm, SGB IV, § 7 Rn. 312; *Berchtold*, NZS 2012, 481, 482; *Diepenbrock*, NZS 2016, 127, 128; *Deinert*, NZA 2018, 71, 72 f.

8 BSGE 87, 53, 61; *Janda*, Migranten im Sozialstaat, Tübingen 2012, S. 145.

9 Angaben zur Krankenversicherung – (Ergebnisse des Mikrozensus) – Fachserie 13 Reihe 1.1 – 2019, S. 28, veröffentlicht unter https://www.destatis.de/DE/Themen/Gesellschaft-Umwelt/Gesundheit/Gesundheitszustand-Relevantes-Verhalten/Publik

betrifft vor allem (Solo-)Selbstständige. Sie sind nicht Mitglied in der gesetzlichen Krankenversicherung, sondern haben über private Krankenversicherungsunternehmen Vorsorge zu betreiben. Deren Beiträge orientieren sich an Alter und Gesundheitszustand; mit zunehmendem Alter steigen sie oftmals stark an, sodass einzelne Versicherte finanziell überfordert sind und die Zahlungen einstellen. Auch psychisch erkrankte Menschen können oftmals nicht mit ihren Verpflichtungen umgehen und vernachlässigen die Organisation ihrer Angelegenheiten, so dass zum Beispiel die Mahnungen der Versicherung nicht beachtet werden. Die Nichtentrichtung von Beiträgen berechtigt das Versicherungsunternehmen nach § 38 Abs. 1 VVG zur Kündigung des Vertrags; ausgeschlossen ist dies lediglich beim Basistarif, §§ 206 Abs. 1, 193 Abs. 3 VVG. Jedoch kommt in diesen Fällen der Versicherungsschutz gemäß § 193 Abs. 6 VVG zum Ruhen und der Notlagentarif nach § 153 VAG zum Tragen, der zumindest eine Notversorgung bei akuten Erkrankungen und Schmerzzuständen ermöglicht. Ist der Kontakt zur Krankenversicherung aber erst einmal abgerissen, nützt dies nichts, zumal auch für den Notlagentarif Prämien zu entrichten sind, vgl. § 153 Abs. 2 VAG.

2 Leistungen zur Gesundheitsversorgung nach dem Asylbewerberleistungsgesetz

Auch Personen ohne Aufenthaltsstatus ist der Zugang zum Sozialleistungssystem prinzipiell eröffnet. Als vollziehbar ausreisepflichtige Personen fallen sie gemäß § 1 Abs. 1 Nr. 5 AsylbLG in den Anwendungsbereich des AsylbLG. Grundsätzlich können sie also Leistungen nach §§ 4 und 6 AsylbLG in Anspruch nehmen. Danach besteht ein Rechtsanspruch auf Behandlung akuter Erkrankungen und Schmerzzustände sowie auf Hilfe und Betreuung im Zusammenhang mit Schwangerschaft und Geburt. Weitere Leistungen sind in das Ermessen des zuständigen Trägers gestellt, wenn sie im Einzelfall zur Sicherung des Lebens oder der Gesundheit unerlässlich sind.

Menschen in der aufenthaltsrechtlichen Illegalität verwirklichen diesen Anspruch jedoch kaum. Die zuständige Behörde sowie das Verfahren zur Erlangung der Gesundheitsleistungen werden gemäß §§ 10, 11 AsylbLG durch Landesrecht bestimmt. Zur Behandlung von Erkrankungen wird in den meisten Bundesländern ein sogenannter Berechtigungs- oder Behandlungsschein verlangt, der die Zusage der Kostenübernahme durch den zuständigen Träger beinhaltet. Dieser ist bei planbaren medizinischen Behandlungen vorab bei der zuständigen Behörde zu beantragen, typischerweise dem Sozialamt. In Notfällen, in denen der Behandlungsschein nicht rechtzeitig eingeholt werden kann, ist eine nachträgliche Abrechnung nach § 6a AsylbLG möglich.

---

ationen/Downloads-Gesundheitszustand/krankenversicherung-mikrozensus-2130110199004.pdf?__blob=publicationFile (Stand: 09/2020).

§ 87 AufenthG statuiert eine Meldepflicht öffentlicher Stellen gegenüber den Ausländerbehörden, wenn sie Kenntnis vom Aufenthalt von Ausländer*innen ohne Aufenthaltstitel erlangen. Nach § 2 BDSG sind dies „die Behörden, Organe der Rechtspflege und andere öffentlich-rechtlich organisierte Einrichtungen des Bundes, der Länder der Gemeinden und der Gemeindeverbände sowie die Körperschaften, Anstalten, Stiftungen des öffentlichen Rechts sowie deren Vereinigungen ungeachtet ihrer Rechtsform".[10] Beantragen illegal aufhältige Personen also einen Behandlungsschein beim Sozialamt als öffentliche Stelle, droht die Aufdeckung ihres Status. Wegen der damit verbundenen Angst vor einer Abschiebung wird diese Möglichkeit daher kaum wahrgenommen.

Zu den öffentlichen Stellen, die nach § 87 AufenthG zur Meldung verpflichtet sind, zählen auch Krankenhäuser in öffentlicher Trägerschaft, nicht hingegen niedergelassene Ärzt*innen. Diese sind berufsrechtlich zur Verschwiegenheit verpflichtet und unterliegen daher dem sogenannten „verlängerten Geheimnisschutz"[11] aus § 88 Abs. 2 AufenthG i.V.m. § 203 StGB. Indes müssen auch sie bei der Abrechnung ihrer Leistungen Daten übermitteln.[12] Auch dabei stellt sich die Frage der Kostenübernahme: sie werden in aller Regel einen Behandlungsschein verlangen. Können Patient*innen diesen nicht vorlegen, müssen sie die Behandlung selbst bezahlen. Ungeachtet dessen sind übertragbare Krankheiten, die zu einer Gefährdung der öffentlichen Gesundheit führen, nach § 88 Abs. 2 Nr. 1 AufenthG nicht vom „verlängerten Geheimnisschutz" erfasst. Dies gilt jedenfalls dann, wenn besondere Schutzmaßnahmen zum Ausschluss der Gefährdung nicht möglich sind oder diese von den Personen nicht eingehalten werden. Überdies ist der Verdacht einer Erkrankung bzw. die Erkrankung an COVID-19 nach § 6 Abs. 1 Nr. 1t IfSG stets meldepflichtig.[13] Papierlose Menschen, die sich mit dem Corona-Virus infiziert haben, werden sich daher nicht auf regulärem Wege an Krankenhäuser und niedergelassene Ärzt*innen wenden, wenn sie die Aufdeckung ihres Aufenthalts fürchten.

3 Informelle Versorgung im Krankheitsfall

Da Menschen ohne gültige Papiere also keinen gesicherten Zugang zum Gesundheitssystem haben, werden seit vielen Jahren ehrenamtlich medizinische Hilfen erbracht, zumeist von Ärzt*innen und Medizinstudierenden. Ihre Hauptaufgabe ist es, diesen Menschen ärztliche Beratung und Behandlung sowie Medikation und

10 Dazu auch *Winkelmann/Krämer*: in Bergmann/Dienelt, Ausländerrecht, AufenthG, § 87 Rn. 2.

11 *Dammann* in: Simitis, BDSG § 39 Rn. 1; *Kluth* in: BeckOK AuslR, AufenthG, § 88 Rn. 34; *Weichert/Stoppa* in: Huber, AufenthG, § 88 Rn. 5 f.

12 Vgl. zum Austausch der verschiedenen öffentlichen Stellen in Bezug auf die Übermittlung von ausländerrechtlich-relevanten Daten nach §§ 87, 88 AufenthG: *Kluth*, ZAR 2013, 182, 183 ff.

13 Zu den Maßnahmen nach dem IfSG *Giesberts/Gayger/Weyand*, NVwZ 2020, 417 ff.

Hilfsmittel zu gewähren. Dabei nehmen sogenannte Medibüros oder Medinetze meist nur eine vermittelnde Rolle ein und bringen die Hilfesuchenden mit entsprechendem Fachpersonal in Kontakt. Diese Einrichtungen werden sowohl von sich illegal aufhaltenden Menschen aufgesucht als auch von Personen mit rechtmäßigem Aufenthalt, die keinen Krankenversicherungsschutz vorweisen können. Die Angebote dieser ehrenamtlichen Parallelleistungen sind folglich nicht einer der beiden Gruppen vorbehalten, sondern stehen allen Hilfesuchenden zur Verfügung.

a) Organisationsformen der informellen Hilfe im Krankheitsfall

Medizinische Hilfen für Menschen ohne Krankenversicherungsschutz werden meist von gemeinnützigen Vereinen organisiert, die spendenbasiert arbeiten und von ehrenamtlichen Mitarbeiter*innen geführt werden. Durch das langjährige und historisch gewachsene Engagement von gemeinnützigen Akteur*innen, nicht nur im Sozial- und Gesundheitswesen, werden eigentlich dem Staat obliegende Maßnahmen zur Gewährleistung fundamentaler grund- und menschenrechtlicher Verbürgungen in private Hände gelegt.[14] Medibüros, medizinische Flüchtlingshilfen und Medi-Beratungen sind häufig in Medinetzen organisiert und kooperieren in dieser Form mit ehrenamtlich engagierten ambulanten und stationären medizinischen Einrichtungen.[15] In einigen wenigen Städten bestehen Kooperationen mit Wohlfahrtsverbänden[16], häufig sind die Anlaufstellen aber mit anderen Institutionen wie Integrationszentren[17], Flüchtlingsräten[18], Pro Asyl und anderen Migrationsinitiativen[19] verbunden. Oftmals sind Medizinstudierende, manchmal ganze Fachschaften[20] daran beteiligt, schnelle und niedrigschwellige Beratung und Hilfe anzubieten. Approbierte Mediziner*innen und Hebammen bieten ihre Dienste an, die durch die Medinetze vermittelt werden. In vielen Fällen werden die Hilfesuchenden aber auch direkt an teilnehmende Praxen und vor allem bei Notfällen an

---

14 *Tröppner*, Freihandelsabkommen und Non-Profit-Organisationen im deutschen Sozial- und Gesundheitswesen, Baden-Baden 2019, S. 322.

15 Vgl. *Emken/Engelhardt*, Flicken für das Sozialnetz. Ehrenamtliche medizinische Versorgung, in: Zajak/Gottschalk (Hrsg.), Flüchtlingshilfe als neues Engagementfeld. Chancen und Herausforderungen des Engagements für Geflüchtete, Baden-Baden 2018, S. 125–155.

16 So bei Medibüro Lübeck, Was machen wir?, abrufbar unter https://www.medibuero-luebeck.de/.

17 So bei medibüro Hamburg, Wir, abrufbar unter http://www.medibuero-hamburg.org; *medinetz Göttingen*, Solidarity with migrants!, abrufbar unter http://www.medinetz-goettingen.de/.

18 So bei Medinetz Essen, Krank und ohne Papiere?, abrufbar unter http://www.medinetz-essen.de.

19 Zum Beispiel mit Ärzte der Welt, Unsere Projekte, abrufbar unter https://www.aerztederwelt.org/unsere-projekte.

20 So bei MediNetz Jena e.V., MediNetz, abrufbar unter https://www.medinetz-jena.de/wordpress/medinetz-anonymer-krankenschein/.

Krankenhäuser weitergeleitet. Zudem unterstützt die ehrenamtliche medizinische Hilfe bei Terminen und stellt, wenn möglich, Sprachmittlung zur Verfügung.

Die finanzielle Situation dieser ehrenamtlichen Gesundheitsanbieter ist prekär. Eine gesicherte institutionelle Finanzierung gibt es meist nicht. In der Regel sind die Einrichtungen als eingetragener Verein (e. V.) organisiert, um Spenden erhalten und dafür Quittungen ausstellen zu können. Viele Professionelle betätigen sich ehrenamtlich und setzen ihre beruflichen Qualifikationen unentgeltlich ein, sodass oft „nur" Material- und Medikamentenkosten anfallen.[21] Durch die Anbindung an Wohlfahrtsverbände können gegebenenfalls Raummieten und geringe Personalkosten in Form von Sachleistungen durch die Verbände übernommen werden.[22] Dennoch kann es durch die geringen finanziellen und strukturellen Mittel auch zu einer Überbeanspruchung der Medinetze kommen, zum Beispiel wenn teure Operationen im Krankenhaus stattfinden müssen, für die es keine andere Finanzierung als über die Sozialhilfeträger und die damit verbundene Aufdeckung des unerlaubten Aufenthalts gibt oder wenn Einrichtungen aufgrund der Corona-Pandemie geschlossen waren und die Hilfesuchenden deshalb nicht weitervermittelt werden konnten.[23]

b) Inhalt der ehrenamtlichen medizinischen Hilfen

Viele der Einrichtungen nehmen vor allem Migrant*innen ohne Aufenthaltstitel in den Fokus, um sie beim Zugang zur medizinischen Versorgung zu unterstützen. Dabei sind die kostenlosen Angebote niedrigschwellig organisiert und werden oft anonym in Anspruch genommen. Die für die Hilfen tätigen Mediziner*innen und Hilfeleistenden sind nicht nach § 87 AufenthG zur Meldung an die Ausländerbehörden verpflichtet, da es sich zum einen nicht um „öffentliche Stellen" handelt und sie zum anderen ihre Kenntnisse ehrenamtlich und in ihrer Freizeit einsetzen. Sie können grundsätzlich frei entscheiden, wen sie behandeln möchten. Bei Behandlungsfehlern ist jedoch nicht in jedem Fall das Eingreifen der Berufshaftpflichtversicherung gewährleistet und auch für Ärzt*innen im Ruhestand müssen entsprechende Regelungen mit der Berufshaftpflichtversicherung abgeklärt werden.[24]

---

21 *Emken/Engelhardt*, Flicken für das Sozialnetz. Ehrenamtliche medizinische Versorgung, in: Zajak/Gottschalk (Hrsg.), Flüchtlingshilfe als neues Engagementfeld. Chancen und Herausforderungen des Engagements für Geflüchtete, Baden-Baden 2018, S. 137 f.

22 So bei Medinetz Mainz e.V., Sprechstunde im Caritas Zentrum Mainz-Neustadt, abrufbar unter http://www.medinetzmainz.de/.

23 *Fetzer*, Ein rebellisches Ehrenamt, enorm Magazin, abrufbar unter https://enorm-magazin.de/gesellschaft/gleichstellung/soziale-ungleichheit/gesundheitssystem-hilfe-fuer-menschen-ohne-krankenversicherung-ein-rebellisches-ehrenamt; *Conti*, Keine Papiere, kein Test, taz, abrufbar unter https://taz.de/Menschen-ohne-Krankenversicherung/!5676642/.

24 *Spielberg*, Dtsch Arztebl 116 (2019), 29–30: A-1392 / B-1148 / C-1132.

Durch den niederschwelligen Ansatz wird ein unbürokratischer Zugang zu einer Minimalversorgung geboten. Dabei steht vor allem die somatische Abklärung im Vordergrund, da die Menschen ohne Zugang zu Vorsorgeuntersuchungen und ausreichende Gesundheitsinformationen ein erhöhtes Risiko für körperliche Erkrankungen haben.[25] Allerdings haben Menschen ohne Papiere auch erhöhten psychischen Stress und weisen oftmals viele Risikofaktoren für psychische Erkrankungen auf.[26] Je nach Bedarf werden die betroffenen Personen von Medinetzen an entsprechende Einrichtungen weitergeleitet. Es werden zudem Sprechstunden angeboten, die von den Initiator*innen selbst organisiert werden.[27] In den nichtstaatlichen Einrichtungen wird den Klient*innen neben der medizinischen Hilfe auch die Bedeutung der Gesundheit für ein gelingendes Leben aufgezeigt, sowie ihre eigene Verantwortung für ihr Wohlbefinden herausgestellt.[28] Migrant*innen werden so auch in Form des Peer-Counselings beteiligt.[29] Sowohl das Peer-Counseling als auch die ehrenamtliche Unterstützung durch andere Migrant*innen (mit Fluchterfahrungen) haben einen positiven Einfluss auf die Klient*innen. Dadurch wird die sprachliche und kulturelle Verständigung vereinfacht, geteilte Erfahrungen schaffen Vertrauen und ermöglichen einen niedrigschwelligen Zugang zu den betroffenen Menschen.[30] Online wird zudem oftmals Informationsmaterial zum Thema Gesundheit bereitgestellt, damit sich die betroffenen Menschen und andere ehrenamtlich Engagierte selbst informieren und bestimmte Angebote bekannt gemacht werden können.[31]

c) Medizinische Hilfe während der Corona-Pandemie

Während der sich ausbreitenden Corona-Pandemie in Deutschland wurden im Frühjahr 2020 vorübergehend viele Einrichtungen der Gesundheitsversorgung

---

25 Stellvertretend für viele *Rommel/Saß/Born/Ellert*, Bundesgesundheitsbl (2015) 58, 543–552.

26 Stellvertretend für viele *Demir/Reich/Mewes*, PTJ (2016) 15, 124–131.

27 *Emken/Engelhardt*, Flicken für das Sozialnetz. Ehrenamtliche medizinische Versorgung, in: Zajak/Gottschalk (Hrsg.), Flüchtlingshilfe als neues Engagementfeld. Chancen und Herausforderungen des Engagements für Geflüchtete, Baden-Baden 2018, S. 147.

28 *Leuzinger-Bohleber/Tahiri/Hettich*, Psychotherapeut (2017) 62, 341–347.

29 *Schwenzer*, Medizinische und psychosoziale Angebote für schwangere, geflüchtete Frauen, Eine Bestandsaufnahme, Frankfurt a. M. 2018, S. 46.

30 *Kahraman/Songur*, Wir wollen teilhaben, bloß wie? Chancen und Herausforderungen zur Teilhabe aus der Perspektive von Personen mit Migrationshintergrund und Geflüchteten, in: Zajak/Gottschalk (Hrsg.), Flüchtlingshilfe als neues Engagementfeld. Chancen und Herausforderungen des Engagements für Geflüchtete, Baden-Baden 2018, S. 252–253.

31 Ein gutes Beispiel hierfür ist die Seite https://www.medbox.org/, deren Ziel es ist, als Online-Bücherei die Qualität der Gesundheitsversorgung bei humanitären Maßnahmen weltweit zu verbessern.

geschlossen beziehungsweise für die Regelversorgten nur noch erschwert zugänglich gemacht. So wurde dazu aufgerufen, Notaufnahmen nur noch im absoluten Notfall aufzusuchen, planbare Operationen wurden auf unbestimmte Zeit verschoben und Wartezimmer in ambulanten Praxen geschlossen.

Auch die Unterstützung durch die Medinetze war während der akuten Phase der Pandemie im ersten Halbjahr 2020 nur sehr eingeschränkt möglich. Da einige Einrichtungen die Räumlichkeiten anderer Praxen oder Wohlfahrtsorganisationen nutzen, die selbst geschlossen waren, stand vielerorts keine Möglichkeit zur Versorgung mehr zur Verfügung. Gründe für die Restriktionen waren das Risiko von Infektionsübertragungen und eine unzureichende Ausstattung mit Desinfektionsmitteln und Hygienematerialien. Auch die ehrenamtlich Engagierten sahen sich teilweise selbst nicht mehr in der Lage, persönliche Beratungen durchzuführen und Hilfestellung zu geben. Die Umstellung auf telefonische Beratungen war auch mit einem erheblichen Kostenaufwand verbunden, der für viele Medinetze nicht ohne weiteres aufzubringen war.[32]

Für Menschen, die ohne gültige Aufenthaltspapiere in Deutschland leben, hatte die Corona-Pandemie weitere verheerende Folgen. Neben der nicht vorhandenen Gesundheitsversorgung haben viele auch ihre Arbeit in Gastronomie und Hotellerie, Privathaushalten oder den produzierenden Gewerben verloren. Aufgrund des illegalen Aufenthalts sind diese Tätigkeiten bei den Sozialversicherungsträgern trotz der Meldepflicht nach § 28a SGB IV nicht gemeldet. Wie bereits dargelegt, tangiert die fehlende Erlaubnis der Beschäftigung nicht die Wirksamkeit des Arbeitsvertrags, sodass der Schutz der Sozialversicherung grundsätzlich auch in diesen Konstellationen theoretisch besteht. Praktisch ist die Realisierung der daraus folgenden Rechte jedoch nicht möglich. Sie unterliegen somit keiner Absicherung, obwohl sie erwerbstätig waren. Neben dem Verlust des Einkommens ist ihnen inmitten einer globalen Pandemie der Zugang zum Gesundheitssystem verschlossen.

Aber auch diejenigen, die ihre unangemeldete Arbeit weiterhin ausüben können, sind in der Pandemie höheren Gefahren ausgesetzt. Bereits unter normalen Umständen sind illegal Beschäftigte arbeitsrechtlich nicht ausreichend geschützt, da sie auch diese Ansprüche ohne Aufenthaltstitel nur erschwert verwirklichen können. In Krisensituationen müssen sie gegebenenfalls ohne entsprechenden Arbeits- und Gesundheitsschutz arbeiten und sind somit der erhöhten Gefahr einer Infektion mit dem Covid-19-Virus ausgesetzt. Verstärkt wird dieses Problem durch die mit dem rechtswidrigen Aufenthalt verbundenen prekären Wohn- und Lebensverhältnisse. Die Gefahr einer Ansteckung ist vor allem dann erhöht, wenn die sogenannten „AHA-Regeln“ (Abstand, Hygiene,

32 Stellvertretend für viele *Schlegel*, Menschen ohne Krankenversicherung wegen Corona in heikler Situation, HNA, abrufbar unter https://www.hna.de/lokales/goettingen/goettingen-ort28741/corona-goettingen-krankenversicherung-medinetz-13650829.html.

Alltagsmaske) nicht eingehalten werden können.[33] Da eine Testung auf das Virus vor Einführung der sogenannten Bürgertests selbst finanziert werden musste, stand diese Option vielen der Betroffenen zunächst nicht zur Verfügung. Zudem bestand auch hier die Pflicht des Sozialamts, die im Rahmen der Abklärung der Kostenübernahme für die Tests bekanntgewordenen persönlichen Daten der Menschen ohne gültige Aufenthaltstitel an die Ausländerbehörden zu übermitteln, § 69 Abs. 1 Nr. 7 i.V.m. § 25 IfSG; § 87 AufenthG.

Ein weiteres Problem stellt sich aufgrund der oftmals anonym stattfindenden ehrenamtlichen Medizinhilfe: in der Regel werden dabei keine Kontaktdaten erhoben, um die Betroffenen später über die Ergebnisse des Tests zu informieren.

4 Zwischenergebnis

In einigen anderen Ländern haben die Regierungen aufgrund der Vielzahl an Problemen, die durch die globale Pandemie für Menschen ohne Papiere entstanden sind, entsprechende Gegenmaßnahmen beschlossen. So haben Portugal und Italien für Menschen ohne Papiere, die als illegale Beschäftigte im Land sind, ein vorübergehendes Bleiberecht eingeführt. Damit ist der kostenfreie Zugang zum Gesundheitssystem verbunden. Auch spezielle Corona-Hilfen und andere Sozialleistungen wurden gewährt.[34] In Spanien wurde Menschen ohne gültige Aufenthaltspapiere ermöglicht, als Erntehelfer*innen zu arbeiten und sich so auch für den Zugang zu Sozialleistungen zu qualifizieren.[35] Irland hat undokumentierten Immigrant*innen sogar einen sicheren Zugang zum Gesundheitssystem ermöglicht, ohne dass Daten an die Ausländerbehörden übermittelt werden müssen.[36]

Die Dringlichkeit eines Zugangs zum Gesundheitssystem und zum legalen Arbeitsmarkt wurde durch die Corona-Pandemie weltweit deutlich. Eine Legalisierung des Aufenthalts papierloser Menschen würde den Betroffenen und deren

33 Bundeszentrale für gesundheitliche Aufklärung, Coronavirus – Hygiene schützt!, abrufbar unter https://www.bzga.de/fileadmin/user_upload/corona/200306_BZgA_Atemwegsinfektion-Hygiene_schuetzt_DE.pdf.

34 Europäische Kommission, Portuguese government gives temporary residence to immigrants with pending applications, veröffentlicht unter https://ec.europa.eu/migrant-integration/news/portuguese-government-gives-temporary-residence-to-immigrants-with-pending-applications (Stand 11/2020); *Geis-Thöne*: Should EU countries regularise undocumented migrants due to the COVID-19 pandemic?, Martens Centre, abrufbar unter https://www.martenscentre.eu/news/should-eu-countries-regularise-undocumented-migrants-due-to-the-covid-19-pandemic/.

35 *Davie,* Spain asks illegal migrants and jobless to pick fruit as coronavirus bites, Reuters, abrufbar unter https://www.reuters.com/article/us-health-coronavirus-spain-agriculture/spain-asks-illegal-migrants-and-jobless-to-pick-fruit-as-coronavirus-bites-idUSKCN21Q2MX.

36 Information on Covid-19 for Refugees and Asylum-Seekers in Ireland, UNHCR, abrufbar unter https://www.unhcr.org/en-ie/news/updates/2020/8/5e81d1ce4/information-on-covid-19-for-refugees-and-asylum-seekers-in-ireland.html.

Familien zu sozialer Absicherung verhelfen. Dies müsste aufgrund der Strafbarkeit des rechtswidrigen Aufenthalts mit einer „Generalamnestie" einhergehen. Negative Folgen von Legalisierungskampagnen, etwa die Auslösung von „Zuwanderungsanreizen", sogenannten „Pull-Faktoren", sind bisher nicht durch empirische Studien belegt.[37] Zudem hat der Staat, auch und vor allem in Krisensituationen, die Pflicht, das ungeachtet der Staatsangehörigkeit gewährleistete Recht auf Gesundheit zu achten und allen Menschen die Möglichkeit einzuräumen, Gesundheitsleistungen in Anspruch zu nehmen, auch wenn sie nicht über einen gültigen Aufenthaltstitel verfügen.[38] Dies schließt den ungehinderten Zugang zu Corona-Tests und entsprechender Versorgung bei Infektionen ein. Nur die Beseitigung der Hürden für die Inanspruchnahme notwendiger medizinischer Leistungen für alle Menschen kann den Gesundheitsschutz der Gesamtbevölkerung gewährleisten.

III Gesundheitsversorgung für beschäftigungslose Unionsbürger*innen

Auch Unionsbürger*innen sehen sich verschiedenen Restriktionen beim Zugang zum Gesundheitssystem ausgesetzt, wenn sie in der Bundesrepublik leben, hier aber keiner Beschäftigung (mehr) nachgehen. Zwar machen insgesamt nur wenige Unionsbürger*innen von ihrer Freizügigkeit Gebrauch,[39] gleichwohl ist ihre Arbeitsleistung für die inländische Wirtschaft von erheblicher Bedeutung. Anders als inländische Arbeitnehmer*innen sind insbesondere Osteuropäer*innen weitaus häufiger in prekären oder atypischen Beschäftigungsverhältnissen tätig,[40] etwa als Saisonkräfte in der Landwirtschaft oder in der Gastronomie und in Beherbergungsbetrieben. Diese Branchen waren und sind von der Corona-Pandemie besonders betroffen. Das vorübergehende „Herunterfahren des öffentlichen Lebens" im Frühjahr und Herbst 2020 hat viele ihre Beschäftigung gekostet. Die pandemiebedingte Schließung der Binnengrenzen hat nicht nur dazu geführt, dass dringend benötigte Saisonkräfte nicht einreisen,[41] sondern auch beschäftigungslose Personen

---

37 So auch *Kossoudji*, IZA World of Labor 2016, 296.

38 CESCR General Comment No. 14: Zum Recht auf Gesundheit (Art. 12 IPwskR) v. 11.08.2000, Rn. 34.

39 Im Jahr 2019 haben lediglich 4,1 % der Arbeitnehmer*innen in der Europäischen Union von ihrem Freizügigkeitsrecht Gebrauch gemacht, vgl. dazu 2019 Annual Report on Intra-EU Labour Mobility of the European Commission, S. 17, veröffentlicht unter https://ec.europa.eu/social/main.jsp?catId=738&langId=en&pubId=8242&furtherPubs=yes (Stand: 01/2020).

40 Vgl. nur *Wagner/Hassel*, Europäische Arbeitskräftemobilität nach Deutschland – Ein Überblick über Entsendung, Arbeitnehmerfreizügigkeit und Niederlassungsfreiheit von EU-Bürgern in Deutschland, Berlin 2015, S. 8 und 37.

41 Einreisebeschränkungen für Saisonarbeitskräfte und Erntehelfer, Pressemitteilung des BMI vom 25.03.2020, veröffentlicht unter https://www.bmi.bund.de/SharedDocs/pressemitteilungen/DE/2020/03/pm-saisonarbeiter.html (Stand 03/2020).

nicht ausreisen konnten. Ein Nebeneffekt war, dass diese Personen in bestimmten Konstellationen des Verlusts ihres Krankenversicherungsschutzes gewahr wurden.

1 Zugang zur gesetzlichen Krankenversicherung

In der gesetzlichen Krankenversicherung sind gemäß § 5 Abs. 1 Nr. 1 SGB V abhängig Beschäftigte pflichtversichert. Dabei kommt es weder auf die Staatsangehörigkeit noch auf den Aufenthaltsstatus an. Alle in der Bundesrepublik tätigen Arbeitnehmer*innen sind folglich in die Krankenversicherung einbezogen, sofern sie nicht lediglich geringfügig beschäftigt sind. Dies ist nach § 8 Abs. 1 SGB IV der Fall, wenn sie nur gering entlohnt werden (weniger als 450 Euro monatlich, Nr. 1) oder aber die Schwelle von drei Monaten bzw. 70 Arbeitstagen im Kalenderjahr nicht erreichen (Nr. 2).[42]

In letzterem Fall besteht eine Gegenausnahme für Personen, die die Tätigkeit berufsmäßig ausüben und daraus ein Entgelt von mehr als 450 Euro monatlich erzielen. Als berufsmäßig gelten alle Tätigkeiten, die nicht von völlig untergeordneter Bedeutung sind; sie müssen also dazu dienen, zumindest teilweise den Lebensunterhalt der betreffenden Person zu sichern.[43] Verneint wird dies im Grunde nur für Ferienjobs von Schüler*innen und Student*innen oder für kurzfristige Tätigkeiten von Rentner*innen oder von Haus- und Familienarbeit leistenden Personen.[44] Erntehelfer*innen sowie saisonweise Beschäftigte sind damit regelmäßig in die gesetzliche Krankenversicherung einbezogen. Der Verlust oder die vorzeitige Beendigung solcher Arbeitsverhältnisse kann sich sowohl auf den sozialrechtlichen als auch den aufenthaltsrechtlichen Status der Unionsbürger*innen auswirken.

2 Auswirkungen der unfreiwilligen Arbeitslosigkeit auf den Aufenthaltsstatus

Arbeitnehmer*innen haben aufgrund der primärrechtlich geschützten Freizügigkeit das Recht zum Aufenthalt in anderen Mitgliedstaaten, Art. 45 Abs. 3 lit. c) AEUV. Zudem ist nach Art. 45 Abs. 2 AEUV jede Diskriminierung aus Gründen der Staatsangehörigkeit im Hinblick auf die Beschäftigung, Entlohnung und sonstige Arbeitsbedingungen verboten. Der Begriff der Arbeitsbedingungen ist weit zu verstehen, geht also über die arbeitsrechtlich gewährleisteten Rechte hinaus

42 Die Versicherungsfreiheit geringfügiger Beschäftigungen hat der EuGH gebilligt. Obwohl weitaus mehr Frauen als Männer einer solchen Tätigkeit nachgehen, liege keine Benachteiligung aus Gründen des Geschlechts vor, da das Ziel - Vermeiden von Scheinselbstständigkeit und illegaler Beschäftigung - keinen Bezug zum Geschlecht aufweist, EuGH vom 14.12.1995 – C-444/93 (*Megner und Scheffel*), Rn. 23.

43 BSG, Urt. v. 26.09.1972 – 12 RJ 352/71, 15; Urt. v. 14.03.2018 – B 12 KR 17/16 R, 12.

44 *Rittweger* in: BeckOK SozR/ SGB IV, § 8 Rn. 39; *Zieglmeier* in: KassKomm, SGB IV, § 8 Rn. 30.

und schließt insbesondere den diskriminierungsfreien Zugang zum sozialen Sicherungssystem ein. Dieser wird nicht zuletzt durch die Vorgaben des europäischen koordinierenden Sozialrechts in der VO (EG) 883/2004 und der zugehörigen Durchführungsverordnung VO (EG) 987/2009 gewährleistet.

Im Kontext der Freizügigkeit muss der Arbeitnehmerbegriff unionsautonom ausgelegt werden, um zu verhindern, dass die Grundfreiheit durch restriktive Definitionen inhaltsleer wird. Arbeitnehmer ist nach der ständigen Rechtsprechung des EuGH, wer während eines bestimmten Zeitraums für einen anderen Leistungen erbringt, dabei an Weisungen gebunden ist und als Gegenleistung eine Vergütung erhält.[45] Die Tätigkeit muss tatsächlich ausgeübt werden; außer Acht bleiben lediglich solche Beschäftigungen, die „einen so geringen Umfang haben, dass sie sich als völlig untergeordnet und unwesentlich darstellen." Hintergrund ist der Sinn und Zweck der Grundfreiheit, die voraussetze, dass die betreffende Person „im Wirtschaftsleben" tätig ist.[46] Bereits in der Rechtssache Levin hat der EuGH entschieden, dass der Arbeitnehmerstatus auch Personen einschließt, die lediglich in Teilzeit beschäftigt sind und deren Arbeitseinkommen unter dem in dem betreffenden Staat geltenden Existenzminimum liegt.[47] In den Rechtssachen Kempf und Genc hat der EuGH bestätigt, dass geringfügige Tätigkeiten selbst dann dem Schutz der Arbeitnehmerfreizügigkeit unterliegen, wenn die Einkünfte um öffentliche Mittel ergänzt werden müssen, um den Lebensunterhalt zu sichern.[48] Damit können sich auch Saisonbeschäftigte auf Art. 45 AEUV berufen.

Wiewohl Art. 45 Abs. 3 lit. d) AEUV ausdrücklich das Recht gewährleistet, nach dem Ende der Beschäftigung im Aufenthaltsstaat zu verbleiben, gilt dies nicht uneingeschränkt. Nach Art. 7 Abs. 3 lit. c) RL 2004/38/EG bzw. § 2 Abs. 3 S. 1 Nr. 2 FreizügG/EU ist dies vielmehr nur dann der Fall, wenn die betreffende Person zuvor mindestens ein Jahr lang im Aufenthaltsstaat einer Beschäftigung nachgegangen ist. Diese Frist ist nicht zwingend in einem zusammenhängenden Zeitraum zu erfüllen – schädlich sind jedoch lediglich „kurzfristige" Unterbrechungen.[49] Personen, die keine einjährige Beschäftigung vorzuweisen haben, dürfen sich

---

45 EuGH vom 03.07.1986 – C-66/85 (*Lawrie Blum*), 17; 23.3.2004 – C-138/02 (*Collins*), Rn. 26; 14.10.2010 – 428/09 (*Union syndicale Solidaires Isère*), Rn. 28; 03.05.2012 – C-337/10 (*Neidel*), Rn. 23; 26.03.2015 – C-316/13 (*Fenoll*), Rn. 27.

46 Erstmals EuGH vom 23.03.1982 – C-53/81 (*Levin*), Rn. 17; bestätigt in EuGH vom 26.03.2015 – C-316/13 (*Fenoll*), Rn. 27.

47 EuGH vom 23.03.1982 – C-53/81 (*Levin*), Rn. 15 f.

48 EuGH vom 03.06.1986 – 139/85 (*Kempf*), Rn. 14 f. für eine Beschäftigung von 12 Wochenstunden; EuGH vom 04.02.2010 – C-14/09 (*Genc*), Rn. 20 für eine Beschäftigung von 5,5 Wochenstunden.

49 *Tewocht* in: BeckOK AuslR, FreizügG/EU, § 2 Rn. 52; *Dienelt* in: Bergmann/Dienelt, FreizügG/EU, § 2 Rn. 118; *Brinkmann* in: Huber, AufenthG, FreizügG/EU, § 2 Rn. 49; *Oberhäuser* in: NK-AuslR, FreizügG/EU, § 2 Rn. 38; vgl. auch BSG, NJW 2018, 653, 656 für eine Unterbrechung von 15 Tagen bei einer Beschäftigungszeit von insgesamt 14,5 Monaten.

lediglich für weitere sechs Monate in dem Mitgliedstaat aufhalten, Art. 7 Abs. 3 lit. c) RL 2004/38/EG, § 2 Abs. 3 S. 2 FreizügG/EU. Das in Art. 45 Abs. 3 lit. d) AEUV so großzügig angelegte Verbleiberecht unterliegt im Falle der Arbeitslosigkeit folglich erheblichen Einschränkungen. Unionsbürger*innen, die lediglich saisonal in der Bundesrepublik tätig sind, verlieren daher regelmäßig sechs Monate nach dem Ende ihrer Beschäftigung ihr Aufenthaltsrecht.

3 Auswirkungen der unfreiwilligen Arbeitslosigkeit auf den sozialversicherungsrechtlichen Status

Grundsätzlich führt der Verlust einer Beschäftigung nicht zum Verlust des sozialversicherungsrechtlichen Schutzes. Personen, die die notwendige Mindestversicherungszeit nach §§ 137 Abs. 1 Nr. 3, 142, 143 SGB III erfüllen und Arbeitslosengeld beziehen, sind über § 5 Abs. 1 Nr. 2 SGB V in der gesetzlichen Krankenversicherung pflichtversichert. Auch der Bezug von Leistungen der Grundsicherung für Arbeitsuchende nach dem SGB II führt zur Pflichtversicherung (§ 5 Abs. 1 Nr. 2a SGB V). Für die Saisonbeschäftigten erweist sich insofern jedoch § 7 Abs. 1 S. 1 Nr. 4 SGB II als problematisch – leistungsberechtigt sind danach nur Personen, die sich gewöhnlich im Inland aufhalten. Der gewöhnliche Aufenthalt ist nach § 30 Abs. 3 SGB I durch Umstände gekennzeichnet, die auf ein nicht lediglich vorübergehendes Verbleiben im Inland schließen lassen. Saisonbeschäftigte, die nach einigen Monaten regelmäßig wieder in ihren Herkunftsstaat zurückkehren, dürften dieses Kriterium nicht erfüllen. Überdies sind nach § 7 Abs. 1 S. 2 Nr. 2 lit. a) und b) SGB II Personen ohne Aufenthaltsrecht sowie Arbeitsuchende vom Leistungsbezug ausgeschlossen. Auch diese Einschränkung kann dazu führen, dass Saisonkräfte, die ihre Beschäftigung verloren haben, mangels Leistungsbezug im SGB II keinen Zugang zum Krankenversicherungsschutz haben, wenn sie sich weiterhin in der Bundesrepublik aufhalten.

a) Obligatorische Anschlussversicherung nach § 188 Abs. 4 SGB V

Einen Ausweg aus solchen unsicheren Übergangssituationen bot bislang § 188 Abs. 4 SGB V. Danach entsteht mit dem Ende einer Pflicht- oder Familienversicherung gleichsam automatisch ein freiwilliges Versicherungsverhältnis. Dieses endet nur durch eine explizite Austrittserklärung, die nach einem entsprechenden Hinweis der Krankenkasse innerhalb von zwei Wochen abzugeben ist.[50] Der Austritt wird aber nur dann wirksam, wenn ein anderweitiger Schutz im Krankheitsfall besteht, § 188 Abs. 4 S. 2 SGB V. Dadurch soll vermieden werden, dass dieser

---

50 Es handelt sich um eine einseitige, empfangsbedürftige Willenserklärung, *Baier* in: Krauskopf, SGB V, § 188 Rn. 14. Nach Ablauf der Frist kommt eine Kündigung nach § 175 Abs. 4 SGB V in Betracht, *Geiger*, info also 2014, 3, 3; *Michels* in. Becker/ Kingreen, SGB V, § 188 Rn. 3.

Personenkreis in die Auffangpflichtversicherung nach § 5 Abs. 1 Nr. 13 SGB V fällt. Dies darzulegen und zu beweisen obliegt der versicherten Person.[51] Legen die Versicherten keine Belege zur Höhe ihrer Einkünfte vor, haben sie nach Maßgabe des § 240 Abs. 1 S. 2 HS 2 SGB V den Höchstbeitrag zu entrichten, d.h. sie werden so behandelt, als hätten sie ein Einkommen in Höhe der Beitragsbemessungsgrenze nach § 223 SGB V. Dies betrifft auch diejenigen Mitglieder, die nicht aus der freiwilligen Versicherung austreten, weil sie für die Krankenkasse nicht erreichbar sind und daher gar keine Kenntnis von der Austrittsmöglichkeit haben. In der Folge liefen teilweise erhebliche Beitragsschulden auf.[52]

Trotz dieser Beitragsschulden können die freiwilligen Mitglieder zumindest in eingeschränktem Umfang medizinische Leistungen in Anspruch nehmen. Ein zweimonatiger Rückstand mit den Beitragszahlungen trotz Mahnung führt nach § 16 Abs. 3a S. 2 SGB V zum Ruhen des Anspruchs auf Leistungen. Davon ausdrücklich ausgenommen sind Untersuchungen zur Früherkennung von Krankheiten nach §§ 25, 26 SGB V sowie Leistungen zur Behandlung akuter Erkrankungen und Schmerzzustände, bei Schwangerschaft und Mutterschaft. Die Ansprüche der Beitragsschuldner*innen entsprechen folglich denen der von § 4 AsylbLG erfassten Personen mit der Ausnahme, dass eine § 6 AsylbLG entsprechende Leistungserbringung im Ermessenswege nicht vorgesehen ist. Die Ruhensanordnung greift nach § 16 Abs. 3a S. 4 SGB V nicht, wenn die beitragspflichtige Person hilfebedürftig ist oder wird. Dadurch sollen unzumutbare, im Lichte des Rechts auf Sicherung einer menschenwürdigen Existenz nicht hinnehmbare Belastungen der versicherten Person verhindert werden.[53] Die Krankenkasse trifft insofern eine Ermittlungspflicht.[54] In diesen Fällen können die Beiträge im Rahmen der Hilfen zum Lebensunterhalt durch das Sozialamt getragen werden, § 32 Abs. 2 Nr. 5 SGB XII.

Da es in dieser Konstellation oftmals an der Freiwilligkeit fehlt, wird für die freiwillige Versicherung nach § 188 Abs. 4 SGB V zutreffend der Begriff der obligatorischen Anschlussversicherung verwendet.[55] Sie wurde durch das Gesetz zur Beseitigung sozialer Überforderung bei Beitragsschulden in der Krankenversicherung[56] geschaffen, um ihrerseits Beitragsschulden zu vermeiden.[57] Diese resultierten daraus, dass ohne die obligatorische Anschlussversicherung die Auffangversicherung nach § 5 Abs. 1 Nr. 13 SGB V greifen würde. Diese beginnt gemäß § 186 Abs. 1 S. 1 SGB V mit dem ersten Tag ohne anderweitigen Krankenversicherungsschutz.

---

51 *Bürger*, NZS 2018, 192, 192; *Felix* in: jurisPK-SGB V, § 188 Rn. 41; *Peters* in: KassKomm, SGB V, § 188 Rn. 17; *Baier* in: Krauskopf, SGB V, § 188 Rn. 17.

52 *Geiger*, info also 2014, 3, 3.

53 BSG, Urt. v. 08.03.2016 – B 1 KR 31/15 R, 13.

54 BSG, Urt. v. 08.03.2016 – B 1 KR 31/15 R, 15.

55 *Felix*, NZS 2018, 241, 242 (dort auch als „freiwillige Zwangsversicherung“ bezeichnet); *Schumann*, NZS 2018, 721,723.

56 Gesetz zur Beseitigung sozialer Überforderung bei Beitragsschulden in der Krankenversicherung – KVBeitrSchG (BGBl. I 2013, S. 2423).

57 BT-Drucks. 17/13947 S. 27.

Haben sich die betroffenen Personen aber nach Beendigung ihres Beschäftigungsverhältnisses nicht bei ihrer Krankenkasse gemeldet,[58] lief die Auffangversicherung faktisch ins Leere. Da § 227 SGB V für die beitragspflichtigen Einnahmen auf § 240 SGB V verweist und somit auch in dieser Konstellation der Höchstbeitrag zu entrichten ist, kam es auch in dieser Konstellation zu Beitragsschulden, bei denen zusätzlich hohe Säumniszuschläge (§ 24 Abs. 1a SGB V) anfielen.[59] Es ist daher fraglich, ob mit der Einfügung des § 188 Abs. 4 SGB V das gesetzgeberische Ziel der Verhinderung von Beitragsschulden überhaupt erreicht werden kann, wenn diese in dieser ebenso wie in jener Form der Versicherung entstehen können.[60]

b) Auswirkungen des Versichertenentlastungsgesetzes

In jüngerer Zeit traten in einzelnen Fällen unbeabsichtigte Folgen des Versichertenentlastungsgesetzes[61] zutage. Beschäftigungslose Unionsbürger*innen mussten feststellen, dass sie in bestimmten Konstellationen ihren Krankenversicherungsschutz aus der obligatorischen Nachversicherung verloren hatten.[62] Das Gesetz zielte eigentlich auf eine finanzielle Entlastung von Selbstständigen mit geringen Einkünften sowie die Nutzung von Überschüssen und Finanzreserven der Krankenkassen für Beitragsentlastungen ab und führte die paritätische Finanzierung der Versicherungsleistungen durch Arbeitgeber*innen und Arbeitnehmer*innen wieder ein.[63]

(1) Pflicht zur Bereinigung des Mitgliederbestands, § 323 SGB V

Gerade bei Leih- und Saisonarbeitnehmer*innen und anderen prekär beschäftigten Personen kommt es nicht selten vor, dass sie keinen Kontakt zu Behörden halten können. In der Corona-Pandemie wurden die misslichen Umstände, unter denen Wanderarbeitnehmer*innen teilweise in der Bundesrepublik leben, einer breiten Öffentlichkeit bewusst.[64] Nicht nur hygienisch und baulich bedenkliche

---

58 Eine Meldepflicht ist nicht vorgesehen, *Peters* in: KassKomm, SGB V, § 5 Rn. 184.

59 *Algermissen*, NZS 2013, 881, 882; *Felix*, NZS 2013, 921, 921; *Geiger*, info also 2014, 3, 3; *Schumann*, NZS 2018, 721, 722.

60 So auch *Felix*, NZS 2013, 921, 922; *Felix* in: jurisPK-SGB V, § 188 Rn. 49.

61 Gesetz zur Beitragsentlastung der Versicherten in der gesetzlichen Krankenversicherung – GKV-Versichertenentlastungsgesetz – GKV-VEG (BGBl. I 2018, S. 2387).

62 *Ludwig*: Migranten in Deutschland: Kein Job, keine Krankenversicherung, Süddeutsche Zeitung abrufbar unter https://www.sueddeutsche.de/politik/migranten-in-deutschland-kein-job-keine-krankenversicherung-1.4944003.

63 BT-Drucks. 19/4454 S. 1.

64 Ausländische Erntehelfer*innen. DGB fordert bessere Arbeitsbedingungen für Erntehelfer, DGB Pressemitteilung vom 23.04.2020, veröffentlicht unter https://www.dgb.de/presse/++co++15c07950-8553-11ea-94a4-52540088cada (Stand: 04/2020); vgl. bereits *Seils/Emmler*, Leiharbeit im regionalen Vergleich, WSI-Policy Brief Nr. 35, Januar 2020 (passim).

Massenunterkünfte hindern Beschäftigte an der Wahrnehmung ihrer Angelegenheiten. Auch Sprachbarrieren und fehlende Kenntnisse des hiesigen Rechts-, vor allem des sozialen Sicherungssystems tragen dazu bei, dass Nachrichten der Sozialversicherungsträger nicht zur Kenntnis genommen oder verstanden werden können. Der Verlust des Arbeitsplatzes und gegebenenfalls auch der Wohnung verstärkten das Problem.

Neben der finanziellen Entlastung der Beitragszahler*innen sollten mit dem Versichertenentlastungsgesetz „Karteileichen" bei den Krankenkassen bereinigt werden. Es zielte auf die Personen, die lediglich deshalb formal nach § 188 Abs. 4 SGB V versichert sind, weil sie nicht erreichbar sind und daher keine Kenntnis von ihrer Austrittsmöglichkeit haben. Dabei hatte der Gesetzgeber vor allem jene im Blick, die nach dem Ende ihrer versicherungspflichtigen Beschäftigung in ihren Herkunftsstaat zurückgekehrt sind. Die obligatorische Anschlussversicherung habe zu „ungeklärten passiven Mitgliedschaften in der gesetzlichen Krankenversicherung" geführt.[65] Die Beitragsschulden der freiwillig Versicherten seien in jüngster Zeit „dynamisch" angestiegen, aber in einer Vielzahl von Fällen lediglich „fiktiver Natur". Die Bestandsbereinigung sollte daher den Weg zu einer Reduzierung und realistischen Abbildung der tatsächlichen Beitragsschulden ebnen.[66] Ein weiterer Grund für die Bereinigung ist der Umstand, dass die Krankenkassen aus dem Gesundheitsfonds Zuweisungen für jede*n Versicherte*n erhalten, §§ 266, 270 SGB V. Stehen diesen auf den standardisierten Leistungsausgaben beruhenden Zuweisungen faktisch keine Mitglieder gegenüber, ist dies sachlich nicht geboten, sondern kann vielmehr zu Wettbewerbsverzerrungen führen.[67]

Mit dem durch das Versichertenentlastungsgesetz neu geschaffenen § 323 SGBV sind die Kassen zur Bereinigung ihres Bestands an freiwillig versicherten Mitgliedern verpflichtet. Mit dem Patientendatenschutzgesetz[68] ist die Regelung zum 20.10.2020 in § 410 SGB V verschoben worden. Nach § 410 Abs. 2 SGB V sollen freiwillige Mitgliedschaften nach § 188 Abs. 4 SGB V aufgehoben werden, wenn die Krankenkasse keinen Kontakt zu dem Mitglied herstellen konnte, dieses keine Beiträge geleistet hat und selbst bzw. die familienversicherten Angehörigen keine Leistungen in Anspruch genommen haben. Der Gesetzgeber geht insofern „typisierend" davon aus, dass die betroffenen Personen in diesem Fall in ihren Herkunftsstaat zurückgekehrt seien. Daher träten mit der Bestandsbereinigung keine Nachteile für sie ein, zumal sie nicht schutzbedürftig seien.[69]

Die Aufhebung hat rückwirkend auf den Tag des Beginns der obligatorischen Anschlussversicherung zu erfolgen. Das Gesetz sieht weder eine Pflicht zum Erlass

65 BT-Drucks. 19/4454 S. 30.
66 BT-Drucks. 19/4454 S. 30.
67 Vgl. *Becker* in: jurisPK-SGB V, § 323 Rn. 5.
68 Gesetz zum Schutz elektronischer Patientendaten in der Telematikinfrastruktur – PDSG (BGBl. I 2020, S. 2115).
69 BT-Drucks. 19/4454 S. 30.

eines entsprechenden Verwaltungsakts noch zu einer sonstigen Information des Mitglieds vor.[70] Es muss lediglich eine Meldung zum Bundesamt für Soziale Sicherung erfolgen, § 410 Abs. 3 SGB V. Daraus wird gefolgert, dass die Bestandsbereinigung nicht zu einer Änderung des Versichertenstatus, sondern lediglich zum Ausschluss von entsprechenden Zuweisungen für Nichtzahler aus dem Gesundheitsfonds führt.[71] Die Bereinigung sollte bis zum 15. Juni 2019 abgeschlossen sein.

(2) Ausnahme von der obligatorischen Anschlussversicherung für nicht erreichbare Personen, § 184 Abs. 4 S. 4 SGB V

Für Fälle, die nach dem 15. Juni 2019 eingetreten sind, führt die Unmöglichkeit der Kontaktaufnahme der Krankenkasse zu der betreffenden Person dazu, dass die obligatorische Nachversicherung gemäß § 188 Abs. 4 S. 4 SGB V gar nicht erst entsteht. Die Kasse muss hierzu nachweisen, dass sie trotz Ausschöpfung aller bestehenden Ermittlungsmöglichkeiten weder den Wohnsitz noch den gewöhnlichen Aufenthalt der Person in der Bundesrepublik ermitteln konnte. Damit ist die Möglichkeit die Kenntniserlangung vom Wohnsitz oder Aufenthaltsort zu einem echten Tatbestandsmerkmal der obligatorischen Nachversicherung geworden.[72]

Allein der Umstand, dass ein freiwilliges Mitglied auf ein Hinweisschreiben der Krankenkasse nicht reagiert hat, soll nach Auffassung des Gesetzgebers nicht ausreichen, um den fehlenden Kontakt annehmen zu können. Vielmehr müsse die Krankenkasse nachweisen, dass sie etwaige Hindernisse für den Kontaktabbruch, etwa durch einen Wohnortwechsel oder durch Obdachlosigkeit, mit zumutbarem Verwaltungsaufwand zu ermitteln versucht hat.[73] Die Ermittlungspflichten sind aufgrund § 188 Abs. 5 SGB V durch den Spitzenverband Bund der Krankenkassen in den Einheitlichen Ermittlungsgrundsätzen konkretisiert worden.[74] Diese müssen telefonisch, per E-Mail oder Brief an die letzte bekannte Meldeadresse erfolgen, ggf. ist ein Amtshilfeersuchen an die zuständige Meldestelle zu richten (§ 4). Nach § 5 der Einheitlichen Ermittlungsgrundsätze gilt es als Indiz gegen den Wohnsitz oder des Mitglieds im Inland, wenn Briefsendungen als unzustellbar zurückgesandt werden, nach Auskunft der zuständigen Meldebehörde am letzten Wohnsitz kein Wohnsitz im Melderegister eingetragen ist oder das Mitglied weder

---

70 Nach *Felix* in: jurisPK-SGB V, § 188 Rn. 45 handelt es sich lediglich um eine „interne Feststellung"; ähnlich *Becker* in: jurisPK-SGB V, § 323 Rn. 8; *Just* in: Becker/Kingreen, SGB V, § 323 Rn. 2.

71 *Becker* in: jurisPK-SGB V, § 323 Rn. 8.

72 *Felix* in: jurisPK-SGB V, § 188 Rn. 42.

73 BT-Drucks. 19/4454 S. 30 f.

74 Einheitliche Ermittlungsgrundsätze zu den Ermittlungspflichten der Krankenkassen nach § 188 Abs. 5 SGB V vom 28.11.2018, veröffentlicht unter https://www.gkv-spitzenverband.de/media/dokumente/krankenversicherung_1/grundprinzipien_1/finanzierung/2018-11-28_Einheitliche_Ermittlungsgrundsaetze_Endfassung_Normteil.pdf (Stand: 12/2018).

telefonisch noch per Mail erreichbar ist. Faktisch betrifft dies aber nicht nur Personen, die in ihren Herkunftsstaat zurückgekehrt sind und daher der Anschlussversicherung nicht bedürfen, weil sie dort gegen das Risiko einer Erkrankung abgesichert sind. Auch bei Menschen, die Schwierigkeiten in der Kommunikation mit Behörden haben – sei es aufgrund fehlender Sprachkenntnisse, psychischer Probleme, Wohnungslosigkeit oder eines nicht gemeldeten Umzugs innerhalb der Bundesrepublik – kann die Kontaktaufnahme durch die Krankenkasse ins Leere gehen.[75] Dass die Krankenkasse keinen Kontakt zu ihren Versicherten hat, lässt sicher nur auf fehlende Erreichbarkeit, aber nicht zwingend auf den fehlenden Wohnsitz oder gewöhnlichen Aufenthalt i.S.v. § 30 SGB I schließen.[76]

(3) Sonderregelungen für Saisonbeschäftigte, § 188 Abs. 4 S. 5 SGB V

Für Saisonbeschäftigte, die ihre Tätigkeit nach Inkrafttreten des Versichertenentlastungsgesetzes aufgenommen haben, hält § 188 Abs. 4 S. 5 SGB V eine Sonderregelung für die obligatorische Anschlussversicherung bereit. Ausweislich der Legaldefinition in § 188 Abs. 4 S. 6 SGB V ist Saisonarbeit dadurch gekennzeichnet, dass ein*e Arbeitnehmer*in für bis zu acht Monate pro Jahr eine Tätigkeit in einem besonderen, jahreszeitlich bedingten und jährlich wiederkehrenden Arbeitsplatzbedarf ausübt. Dazu gehören Tätigkeiten in der Landwirtschaft ebenso wie in der Gastronomie oder im Beherbergungswesen.[77]

Die freiwillige Mitgliedschaft tritt bei Saisonkräften nur ein, wenn die Arbeitnehmer*innen innerhalb von drei Monaten nach dem Ende der versicherungspflichtigen Beschäftigung gegenüber ihrer Krankenkasse den Beitritt zur freiwilligen Versicherung erklären. Zudem sind der Wohnsitz bzw. der gewöhnliche Aufenthalt in der Bundesrepublik Deutschland nachzuweisen. Dass diese Beschäftigten im Falle ihrer alljährlichen Rückkehr in ihr Herkunftsland nicht mehr der Sozialversicherung in Deutschland unterliegen, ergibt sich bereits aus § 3 SGB IV.[78] Nehmen sie erneut eine Saisonbeschäftigung in Deutschland auf, greift wiederum die Pflichtversicherung nach § 5 Abs. 1 Nr. 1 SGB V. Jedoch auch wenn dies nicht gelingt, etwa weil im Zuge der Corona-Pandemie entsprechende Arbeitsplätze weggefallen sind, kehren die betreffenden Personen nicht in jedem Fall in das Herkunftsland zurück, etwa weil sie sich weiterhin Hoffnung auf Eingang eines Beschäftigungsverhältnisses machen. Daran ändert auch das u.U. fehlende Aufenthaltsrecht nichts, denn eine Ausweisung darf gemäß § 7 Abs. 1 S. 1 FreizügG/EU nur erfolgen, wenn die zuständige Ausländerbehörde den Verlust der Freizügigkeitsberechtigung festgestellt hat. Das Beibehalten des Wohnsitzes ist also grundsätzlich möglich.

---

75 Kritisch auch *Felix* in: jurisPK-SGB V, § 188 Rn. 47.
76 *Felix* in: jurisPK-SGB V, § 188 Rn. 48.
77 *Peters* in: KassKomm, SGB V, § 188 Rn. 22; *Baier* in: Krauskopf, SGB V, § 188 Rn. 22a.
78 *Felix* in: jurisPK-SGB V, § 188 Rn. 51; *Baier* in: Krauskopf, SGB V, § 188 Rn. 21; vgl. auch *Peters* in: KassKomm, SGB V, § 188 Rn. 20, der auf § 30 SGB I Bezug nimmt.

Im Unterschied zu § 188 Abs. 4 S. 1 SGB V bedarf es für die freiwillige Mitgliedschaft bei Saisonkräften eines aktiven Tuns. Die Krankenkasse muss die betreffenden Arbeitnehmer*innen auf ihre Beitrittsmöglichkeit hinweisen, und zwar unmittelbar nachdem die Arbeitgeber*innen die Aufnahme der Beschäftigung gemeldet haben. Über den Wert dieser Hinweispflicht lässt sich freilich streiten, insbesondere bei Beschäftigten, die über keine hinreichenden Sprachkenntnisse verfügen oder denen mangels hinreichender Kenntnisse des hiesigen Krankenversicherungssystems die Bedeutung eines solchen Schreibens unklar bleiben dürfte. Wer aber nach Ende der Saisonbeschäftigung in der Bundesrepublik bleibt, kann also weiterhin freiwillig krankenversichert sein.

(4) Ende der freiwilligen Versicherung bei Kontaktabbruch, § 194 Nr. 4 SGB V

Für Saisonkräfte, die bereits vor Einführung des § 188 Abs. 4 S. 5 SGB V in der Bundesrepublik tätig waren, galt die hergebrachte Anschlussversicherung mit Austrittsmöglichkeit aus § 188 Abs. 4 S. 1 SGB V. Wurde der Austritt – aus welchen Gründen auch immer – nicht erklärt, blieben sie selbst nach Rückkehr in ihr Herkunftsland freiwillige Mitglieder der Krankenversicherung, wiewohl sie die in § 3 SGB IV niedergelegten Anforderungen nicht erfüllten. Zugleich konnten die Krankenkassen trotz Fehlens jedweder Leistungsausgaben für diese Personen Zuweisungen aus dem Gesundheitsfonds in Anspruch nehmen.[79]

In diesen Fällen kommt jedoch eine Beendigung der Mitgliedschaft nach § 191 Nr. 4 SGB V in Betracht.[80] Auch diese Norm wurde mit dem Versichertenentlastungsgesetz neu eingefügt. Danach endet die freiwillige Versicherung rückwirkend, wenn die Krankenkasse seit sechs Monaten „trotz Ausschöpfung der ihr zur Verfügung stehenden Ermittlungsmöglichkeiten" keinen Kontakt zur versicherten Person herstellen konnte, diese keine Beiträge entrichtet und auch selbst bzw. ihre mitversicherten Angehörigen keinerlei Leistungen der gesetzlichen Krankenversicherung in Anspruch genommen haben. Es bedarf dafür keiner Erklärung, sondern das Ende der Mitgliedschaft tritt automatisch kraft Gesetzes mit dem Ablauf der Sechsmonatsfrist ein. Insofern besteht Gleichlauf zur Bestandsbereinigung nach § 323 Abs. 2 SGB V. Die Bedenken, von der fehlenden Erreichbarkeit eines Mitglieds auf den fehlenden Inlandsaufenthalt zu schließen,[81] greifen auch hier. § 188 Abs. 4 S. 1 SGB V ist es immanent, dass die betreffenden Personen keine Informationen vom fortbestehenden Versicherungsverhältnis haben. Daher verwundert es kaum, wenn sie weder Beiträge zahlen noch Leistungen in Anspruch nehmen.

---

79 *Felix* in: jurisPK-SGB V, § 188 Rn. 52; *Peters* in: KassKomm, SGB V, § 188 Rn. 21.

80 Der Gesetzgeber weist explizit darauf hin, dass § 191 Nr. 4 SGB V Saisonbeschäftigte betrifft, die vor der Einführung der Spezialregelung in § 188 Abs. 4 S. 5 SGB V in Deutschland versichert waren, BT-Drucks. 19/4454 S. 30.

81 BT-Drucks. 19/4454 S. 30.

c) *Auffangversicherung aus § 5 Abs. 1 Nr. 13 SGB V*

Halten sich beschäftigungslose Unionsbürger*innen weiterhin in der Bundesrepublik auf, stellt sich die Frage, ob sie über die Auffangregelung des § 5 Abs. 1 Nr. 13 SGB V pflichtversichert sind. Zwar sollte dies wegen der damit verbundenen Beitragsschulden gerade durch die freiwillige Versicherung nach § 188 Abs. 4 S. 1 SGB V verhindert werden.[82] Indem der Gesetzgeber aber den Personen, zu denen die Krankenkasse keinen Kontakt aufnehmen kann, nach § 188 Abs. 4 S. 4 SGB V den Zugang zu dieser Versicherungsform verwehrt, fehlt es diesen aber gerade am anderweitigen Versicherungsschutz, sodass der Anwendungsbereich des § 5 Abs. 1 Nr. 13 SGB V grundsätzlich eröffnet wäre.[83] Auch der Gesetzgeber verweist darauf, dass Personen, die von einer Bereinigung nach § 323 Abs. 2 SGB V a.F. = § 410 Abs. 2 n.F. SGB V betroffen sind, obwohl sie ihren Wohnsitz oder gewöhnlichen Aufenthalt in der Bundesrepublik haben, durch § 5 Abs. 1 Nr. 13 SGB V versichert seien, und zwar ungeachtet einer Verletzung ihrer Mitwirkungspflichten gegenüber der Krankenkasse.[84]

Indes erweist sich § 5 Abs. 11 SGB V als Hürde für die Erlangung des Krankenversicherungsschutzes, der auf § 4 FreizügG/EU verweist. Unionsbürger*innen, die kein Aufenthaltsrecht aus ihrem (fortdauernden) Beschäftigungsstatus haben, müssen danach über hinreichende Mittel zur eigenständigen Sicherung des Lebensunterhalts sowie angemessenen Krankenversicherungsschutz verfügen, um ein Aufenthaltsrecht in der Bundesrepublik zu haben. Dieser Krankenversicherungsschutz soll aber jedenfalls nicht durch § 5 Abs. 1 Nr. 13 SGB V begründet werden können.[85] Selbst, wenn also beschäftigungslose Unionsbürger*innen ihren Lebensunterhalt sichern können, fehlt ihnen dann mangels Krankenversicherung das Aufenthaltsrecht.

4 Zwischenergebnis

Erkranken beschäftigungslose Unionsbürger*innen, kann sich der Verlust des Krankenversicherungsschutzes erstmals herausstellen. Dies gilt vor allem dann, wenn eine Person so schwer erkrankt, dass sie der Notfallversorgung oder gar der Krankenhausbehandlung bedarf und Leistungserbringer*innen auf den eingeschränkten Anspruch aus § 16 Abs. 3a S. 2 SGB V verweisen. Gleiches gilt für Personen, denen die obligatorische Anschlussversicherung von vornherein verschlossen geblieben ist.

---

82 Die Auffangversicherung aus § 5 Abs. 1 Nr. 13 SGB V ist gegenüber der freiwilligen Versicherung nach § 188 Abs. 4 SGB V nachrangig, *Felix*, NZS 2013, 921, 926; BSG, Urt. v. 10.12.2019 – B 12 KR 20/18 R, 25.

83 *Felix* in: jurisPK-SGB V, § 188 Rn. 60.

84 BT-Drucks. 19/4454 S. 31; so auch *Michels* in: Becker/Kingreen, SGB V, § 191 Rn. 6; *Baier* in: Krauskopf, SGB V, § 191 Rn. 11.

85 BSG, Urt. v. 18.11.2014 – B 8 SO 9/13 R, 21 = BSGE 117, 261.

Da der Gesetzgeber mit dem Gesetz zur Regelung von Ansprüchen ausländischer Personen in der Grundsicherung für Arbeitsuchende und in der Sozialhilfe[86] Unionsbürger*innen ohne Aufenthaltsrecht auch aus der Sozialhilfe ausgeschlossen hat (§ 23 Abs. 3 Nr. 2 SGB XII), kommt eine Gewährung von Hilfe bei Krankheit nach § 48 SGB XII nicht in Betracht. Sie können allenfalls Übergangsleistungen nach Maßgabe des § 23 Abs. 3 S. 3 SGB XII in Anspruch nehmen, welche gemäß § 23 Abs. 3 S. 5 SGB XII die Behandlung akuter Erkrankungen und von Schmerzzuständen einschließen. Ein Anspruch auf diese Leistungen besteht jedoch nur einmalig innerhalb von zwei Jahren für einen Monat, um den Zeitraum bis zur Ausreise zu überbrücken. Beschäftigungslose Unionsbürger*innen ohne Krankenversicherungsschutz sind daher medizinisch zu behandeln, um ihre Reisefähigkeit wiederherzustellen, sodass sie in ihren Herkunftsstaat zurückkehren können. Entscheiden sie sich aber gegen die Rückkehr, etwa angesichts wirtschaftlicher Perspektivlosigkeit, werden auch sie auf die Nutzung informeller Netzwerke zur Gesundheitsversorgung zurückgeworfen. Obwohl die Unionsbürgerschaft „der grundlegende Status der Staatsangehörigen der Mitgliedstaaten sein [soll], die, wenn sie sich in der gleichen Situation befinden, unabhängig von ihrer Staatsangehörigkeit Anspruch auf gleiche rechtliche Behandlung haben“[87], finden sie sich damit in der gleichen Situation wieder wie Drittstaatsangehörige, die sich illegal in der Bundesrepublik aufhalten und aus Angst vor Entdeckung ihre sozialen Rechte nicht wahrnehmen.

IV Schlussfolgerungen

§ 30 SGB I eröffnet allen Personen mit Wohnsitz oder gewöhnlichem Aufenthalt in der Bundesrepublik den Zugang zum Sozialrecht. Jedoch können nicht alle Menschen, die über längere Zeiträume in der Bundesrepublik leben, von dieser großzügigen Grundregel profitieren. Wiewohl § 30 SGB I keinen Bezug auf die Rechtmäßigkeit des Aufenthalts nimmt, wird dieser faktisch zur Voraussetzung der Inanspruchnahme sozialer Rechte.

Eine der ersten Maßnahmen, die die Mitgliedstaaten der Europäischen Union nach der Feststellung der Pandemielage getroffen haben, war die Schließung der Binnengrenzen. Dies ist durchaus ein Sinnbild für die – völkerrechtlich freilich unzutreffende – Annahme, dass jeder Staat zuvörderst seine eigenen Staatsangehörigen zu schützen hat. Im Hinblick auf den Krankenversicherungsschutz werden

86 Gesetz zur Regelung von Ansprüchen ausländischer Personen in der Grundsicherung für Arbeitsuchende nach dem Zweiten Buch Sozialgesetzbuch und in der Sozialhilfe nach dem Zwölften Buch Sozialgesetzbuch (BGBl. I 2016, S. 3155).

87 EuGH vom 20.9.2001 – C-184/99 (*Grzelczyk*); 11.7.2002 – C-224/98 (*d'Hoop*); 15.3.2005 – C-209/03 (*Bidar*).

beschäftigungslose Unionsbürger*innen und Illegalisierte – Menschen, deren Aufenthaltsstatus sich fundamental unterscheidet – gleichermaßen vom sozialen Schutz ausgeschlossen. Sie sind zwar mit vollkommen unterschiedlichen Problemlagen konfrontiert, denn anders als die Menschen in der aufenthaltsrechtlichen Illegalität sehen sich Unionsbürger*innen in aller Regel nicht der zwangsweisen Aufenthaltsbeendigung ausgesetzt, sodass sie ihre „Entdeckung" im Gegensatz zu diesen nicht scheuen. Im Ergebnis ist aber die eine wie die andere Gruppe auf ehrenamtlich organisierte Hilfe angewiesen, um eine minimale Gesundheitsversorgung zu erhalten. Auch wenn die Binnengrenzen inzwischen wieder geöffnet sind und sich die Mitgliedstaaten zumindest informell darauf verständigt haben, dass dies auch weiter der Fall bleiben soll, zeigt sich doch eine deutliche Schwäche des bestehenden Systems, welches für disruptive Ereignisse nicht gerüstet ist. Ausnahmen und Härtefallklauseln besser zu nutzen ist eine Möglichkeit, eine Öffnung der Krankenversorgung wäre eine andere.

Das Recht auf Gesundheit und auf Zugang zur Gesundheitsversorgung ist sowohl im Unions- als auch im Völkerrecht gewährleistet. Auch das Recht auf Leben und körperliche Unversehrtheit aus Art. 2 Abs. 2 GG steht jedem Menschen kraft seines Menschseins zu. Es umzusetzen obliegt dem Staat, da informelle und ehrenamtliche Strukturen weder flächendeckend verfügbar sind noch systematisch agieren.

Michael Kubiciel und Matthias Wachter

Strafrechtlich garantierte Solidarität

I Einleitung

Es sind nicht zuletzt die Werke der Staats- und Rechtsphilosophie, die das Selbstverständnis von Gesellschaften auf den Begriff bringen. Einzelnen Autoren gelingt es sogar, diese normative Selbstbeschreibung im Titel ihres Werkes aufscheinen zu lassen. Stellt man die jeweiligen Titel der Hauptwerke des amerikanischen Rechtsphilosophen Ronald Dworkin und des deutschen Naturrechtsphilosophen Samuel Pufendorf gegenüber, offenbart sich die gewaltige Veränderung im Selbstbild politischer Gemeinschaften – jedenfalls solchen des Globalen Westens.[1] Pufendorf schrieb Mitte des 17. Jahrhunderts „Über die Pflicht des Menschen und des Bürgers nach dem Gesetz der Natur", vier Jahrhunderte später stellte Dworkins „Bürgerrechte ernstgenommen" die Rechte des Einzelnen in das Zentrum seines Werkes. Rechtstheoretisch lässt sich zwar *jede* normative Ordnung sowohl von der Seite der Rechte als auch jener der Pflichten beschreiben. Indes liegt der Wahl dieser Betrachtungsweise zumeist ein spezifischer Blick auf die Stellung des Einzelnen gegenüber der Gemeinschaft zugrunde, der nicht analytisch-neutral ist, sondern Auswirkungen auf die Verteilung der Argumentationslasten hat: Ein Staats- und Rechtsverständnis, das seine Grundlage in den Grund- und Freiheitsrechten des Einzelnen hat, verlangt nach einer Rechtfertigung für *jede* Form der Pflichtenbindung, während in einer Staatskonzeption, die „nicht nach rationaler Rechtfertigung der gegebenen Gemeinschaft [fragt], sondern unbedingte Pflichterfüllung ihrer Angehörigen ein[fordert]"[2], Pflichten „aus sich heraus legitim [sind], weil und solange die Gemeinschaft existiert."[3] Wer von der Gemeinschaftsbezogenheit des Einzelnen ausgeht,[4] dem fällt die Rechtfertigung selbst jener Pflichten leicht, an der sich Konzeptionen, die den Einzelnen und seine Freiheit in den Mittelpunkt rücken, mühsam abarbeiten.[5]

---

1 Zur Geschichte des Globalen Westens, zu dessen normativem Kern die – auch von Pufendorf betonte – Vorstellung „natürlicher" (Menschen-)Rechte gehört, *Winkler*, Geschichte des Westens. Von den Anfängen in der Antike bis zum 20. Jahrhundert, 2009, S. 17 ff. (S. 21), zur Vorgeschichte S. 25 ff.

2 *Depenheuer* in: Isensee/Kirchhoff, Handbuch des Staatsrechts, § 194 Rn. 8.

3 *Depenheuer* in: Isensee/Kirchhoff, Handbuch des Staatsrechts, § 194 Rn. 8.

4 Zu den Wesenszügen moderner kommunitaristischer Ansätze *Honneth* in: Honneth, Kommunitarismus, 1993, S. 7 ff. Zu kommunitaristischen Solidaritätskonzepten (krit.) *v. Hirsch/Schorscher* in: von Hirsch/Neumann/Seelmann, Solidarität im Strafrecht, 2013, S. 77, 83 f.

5 Am Beispiel des Sterbehilferechts *Kubiciel*, JA 2011, 89 ff.

Unter der Geltung des Grundgesetzes besteht spätestens seit der bahnbrechenden Weichenstellung durch das „Elfes"-Urteil[6] kein Zweifel daran, dass jede staatliche Einschränkung der Handlungsfreiheit in den weiten Schutzbereich des Art. 2 Abs. 1 GG fällt und daher rechtfertigungsbedürftig ist.[7] Straftatbestände, deren Legitimationsgrundlage die Solidarität bildet, sind dabei einer besonderen Begründungslast ausgesetzt, da Solidarität als „wechselseitige Einstandspflicht aus spezifischer Verbundenheit" (sozial-)psychologisch und normativ eine besondere Verbundenheit zwischen den Personen voraussetzt, die ihre Differenz und Vielfalt bereichsweise aufhebt.[8] Dass diese Verbundenheit heute nicht mehr ohne weiteres unterstellt werden kann, zeigt nicht zuletzt die Kriminalpolitik der letzten Jahre, deren Tendenz zur einzelfallorientierten, symbolischen Gesetzgebung die Risse einer fragmentierten Gesellschaft widerspiegelt.[9] Gerade in einer solchen Gesellschaft müssen auf Solidarität gegründete, strafrechtlich sanktionierte Normen Grundfragen aufwerfen. Diesen Fragen will der Beitrag nachgehen. Er wird nach einer Beleuchtung gängiger (straf-)rechtlicher Theorieangebote (B.) ein vertikales Solidaritätsverständnis entwerfen, das das Verhältnis zwischen Staat und Bürger fokussiert und für die hier in Rede stehenden strafrechtlichen Fragen aussagekräftiger ist als das verbreitete horizontale Verständnis, das primär auf das interpersonale Verhältnis zwischen den Bürgern abhebt. Das Modell macht deutlich, dass sich Solidaritätspflichten auch in einem freiheitlichen Staat und seiner Rechtsordnung begründen lassen: In einem noch näher zu bestimmenden Umfang sind auch strafrechtlich garantierte Solidaritätspflichten eine Grundvoraussetzung personaler Freiheit (C). Sodann wendet sich der Beitrag Einzelfragen des Medizinstrafrechts zu (D.). Am Beispiel des § 323c StGB wird deutlich, dass soziale Veränderungen, die das interpersonale Verhältnis der Bürger betreffen, auch für ein vertikales Solidaritätsmodell relevant sein können. Solche Veränderungen berühren zwar nicht die Legitimation, wohl aber die Interpretation des § 323c StGB, wie sich an der wechselvollen Rechtsprechung zur Suizidbegleitung zeigt (D. I.). Das Beispiel der Corona-Pandemie macht deutlich, dass der Solidaritätsgedanke – ungeachtet seiner verbreiteten Verwendung als politischer Topos – nur begrenzt als Rechtsbegriff zur Legitimation strafbewehrter Verhaltenspflichten taugt (D. II.).

---

6 BVerfG, Urt. v. 16.1.1957 - 1 BvR 253/56 - *(Elfes)* - BVerfGE 6, 32 ff.; historisch einordnend *Grimm* in: Meinel (Hrsg.), Verfassungsgerichtsbarkeit der Bonner Republik, 2019, S. 154 ff.

7 Zur weitreichenden Bedeutung der Entscheidung *Lepsius* in: Jestaedt/Lepsius/Möllers/Schönberger, Das entgrenzte Gericht – Eine kritische Bilanz nach sechzig Jahren Bundesverfassungsgericht, 3. Aufl. 2019, S. 160, 182 ff.

8 *Depenheuer* in: Isensee/Kirchhoff, Handbuch des Staatsrechts, § 194 Rn. 1.

9 Zum Strafrecht einer fragmentierten Gesellschaft *Kubiciel*, FS R. Merkel, Bd. 1, 2020, S. 550 ff.; *Kubiciel*, ZStW 131 (2019), 1115 ff.

II Weshalb Solidarität?

Soll der Solidaritätsgedanke im Strafrecht eine tragende Rolle spielen, ist zunächst ein Aufweis seiner normativen Relevanz notwendig. An Konzepten, mit denen der Begriff der Solidarität zu erklären versucht wird, herrscht kein Mangel. Auf einen Nenner gebracht, geht es bei ihm stets darum, dass Einzelne einander Beistand leisten; kennzeichnend ist ein „Element der Verantwortung und der Sorge für andere“[10]. Solidarität ist jedoch kein flüchtiges, lediglich kontingent im Einzelfall auftauchendes Handlungsprogramm. Abgeleitet vom lateinischen Adjektiv „solidus“ ist mit ihr eine gewisse „Festigkeit“ und „Dichte“, eine Gemeinsamkeit bezeichnet, die zu einer gemeinschaftlichen Verbundenheit führt.[11] Formelhaft ausgedrückt besteht die Idee der Solidarität in einem wechselseitigen Zusammenschluss zwischen verschiedenen Personen, der von einem Element gegenseitigen Wohlwollens getragen wird.[12] Damit ist indes nur die deskriptive Seite des Begriffs schlagwortartig umrissen. Maßgeblich für die Beantwortung der Frage, ob bzw. unter welchen Voraussetzungen Solidaritätspflichten strafrechtlich abgesichert werden dürfen, ist hingegen der „normative Gehalt“ der Solidarität. Was sind normativ zureichende Gründe, um aus dem breit gefächerten Programm der Solidarität rechtliche Pflichten abzuleiten und diese soweit zu verdichten, dass Verstöße gegen sie Strafe nach sich ziehen sollen? Blickt man auf die hierzu angebotenen Legitimationskonzepte, erscheinen drei Begründungsansätze vielversprechend. Verbreitet ist die Auffassung, Solidarität lasse sich entsprechend dem allgemeinen, vorrechtlichen Verständnis als Ausprägung sozialer Verbundenheit legitimieren (I.). Wie sich zeigen wird, engt die sozial-psychologisch-emotionale Komponente in diesem Verständnis den Begriff der Solidarität zu stark ein, als dass er sich für die Legitimation strafbewehrter Pflichten eignet. Andere Ansätze bemühen sich darum, Solidarität als Ausprägung klugen Eigennutzes zu betrachten (II.) oder mit Fairness in Verbindung zu bringen (III.). Aus den spezifischen Mängeln, die diesen Konzeptionen anhaften, soll im nächsten Kapitel (C.) ein Ansatz erarbeitet werden, mit dem Solidaritätspflichten im Rahmen eines freiheitlichen Strafrechtsverständnisses einen legitimen Platz einnehmen können.

1 Solidarität und soziale Verbundenheit

Die Häufigkeit, mit der Solidarität im gesellschaftlichen und politischen Diskurs aufgerufen und solidarisches Verhalten eingefordert wird, steht in einem

---

10 *Volkmann*, Solidarität – Programm und Prinzip der Verfassung, 1999, S. 6.

11 So die Herleitung von *Schmelter*, Solidarität, 1991, S. 8. Ähnlich *Lukes*, Solidarität und Bürgerrecht, in: Bayertz, Solidarität – Begriff und Problem, 1998, S. 390, der den Begriff der „Fluidarität“ als Gegenteil von Solidarität erfindet.

12 Ähnlich *Bayertz*, Solidarität – Problem und Begriff, 1998, S. 11; *Pawlik*, Der rechtfertigende Notstand, 2002, S. 60; *Volkmann*, Solidarität – Programm und Prinzip der Verfassung, 1999, S. 6.

frappanten Widerspruch zu der von Bayertz beklagten „relativen Randständigkeit“[13] des Begriffs in der philosophischen und rechtswissenschaftlichen Forschung. Als Ursachen hierfür gelten ihm zwei miteinander verflochtene Aspekte. Zum einen basierten Theorieentwürfe der modernen praktischen Philosophie in der Regel auf *universellen* Normen. Hierbei knüpften sie entweder an das einzelne Individuum oder an die gesamte Menschheit an. Begründungsansätze, die unter dem Leitstern der „Solidarität“ eine *Gruppenbezogenheit* zum Ausgangspunkt nähmen, geraten dabei aus dem Fokus. Zum anderen gehöre es, so Bayertz, zum unhintergehbaren Bestand neuzeitlicher Ethikkonzeptionen, dass sie an dem Ideal der Selbstbestimmung festhielten. Verpflichtungen hingegen, die aus einem Verbund mehrerer Personen resultierten, seien von vornherein verdächtig: „Positive Pflichten unterliegen einem besonderen Rechtfertigungsdruck“[14].

Ein Ausweg aus diesem Dilemma liegt in dem Versuch, Solidarität auf der Grundlage einer universellen menschlichen Natur zu begründen.[15] Dieser Rechtfertigungsansatz basiert einerseits auf den Prämissen einer individualistischen Weltsicht, ermöglicht es andererseits aber auch, hieraus verbindliche gruppenspezifische Verpflichtungen zu statuieren. Maßgeblich für seine hohe Bedeutung insbesondere in der zweiten Hälfte des 19. Jahrhunderts war die Fähigkeit, unterschiedliche Bedürfnislagen zu integrieren. Die gesellschaftlichen Herausforderungen, die sich aus einer einseitig biologistisch-technischen Sicht auf den Menschen und aus der Verelendung infolge der Industrialisierung ergaben, drängten zu einer Betonung eines sittlich-moralischen Charakters, zu Nächstenliebe, Zusammenhalt und Gemeinschaftsgebundenheit. Solidarität als Überbegriff dieser Faktoren war damit Anknüpfungspunkt für so wirkmächtige Strömungen wie der katholischen Soziallehre und der Arbeiterbewegung.[16]

Obwohl der so verstandene Solidaritätscharakter eher ein aus heteronomen Versatzstücken zusammengetragener „Auflehnungsbegriff“[17] gegen bestehende Ordnungsmuster ist, spielen Aspekte der sozialen Verbundenheit auch in heutigen Konzeptionen eine tragende Rolle. Dies gilt nicht nur für sozialphilosophische, sondern auch für strafrechtsdogmatische Begründungsansätze. So knüpft

---

13 *Bayertz,* Begriff und Problem der Solidarität in: Bayertz, Solidarität – Problem und Begriff, 1998, S. 13.

14 *Bayertz,* Begriff und Problem der Solidarität in: Bayertz, Solidarität – Problem und Begriff, 1998, S. 14.

15 *Schmelter*, Solidarität, 1991, S. 92. Skeptisch *Depenheuer* in: Isensee/Kirchhoff, Handbuch des Staatsrechts, § 194 Rn. 15: „Eine menschheitsumspannende kosmopolitische Universalsolidarität –‚Alle Menschen werden Brüder‘ – ist mit Friedrich Schiller gut gedichtet, aber praktisch nur unter angebbaren Ausnahmebedingungen zu realisieren.“

16 Hierzu ausführlich *Volkmann*, Solidarität – Programm und Prinzip der Verfassung, 1999, S. 136 ff.

17 Von einem „Gegenbegriff“ spricht *Volkmann*, Solidarität – Programm und Prinzip der Verfassung, 1999, S. 136 ff.

die Rechtsprechung seit Langem an die „persönliche Verbundenheit“ zur Begründung von Garantenpflichten an.[18] Auch die allgemeine Pflicht zur Hilfeleistung in Unglücksfällen, gemeiner Gefahr oder Not gem. § 323c StGB soll nach herrschender Auffassung auf dem Gedanken einer „wechselseitigen Angewiesenheit“ und der hieraus folgenden sozialen Verbundenheit im Sinne einer „humanitären Mindestsolidarität“[19] beruhen. Die Pflichtenbegründung durch Solidarität erhält seine Attraktivität in diesem Zusammenhang durch eine Marginalisierung[20]: Indem sie lediglich in bestimmten, eng umrissenen Konstellationen herangezogen wird, erhält sie den Charakter eines lediglich für Ausnahmefälle brauchbaren Terminus: Derartige Mindestsolidaritätspflichten sind im Alltag nicht spürbar, aktualisiert werden sie nur in nicht vorhersehbaren, äußerst seltenen Situationen.

Wird Solidarität auf der sozialen Verbundenheit der Einzelnen gegründet, ist damit eine weitere Grenze des Erklärungsmodells benannt: die des Adressatenkreises. Konkret geht es um die Frage, in welcher gruppenspezifischen Hinsicht die Berufung auf „soziale Verbundenheit“ zur Etablierung von Rechtspflichten genügt und wie weit der Gedanke der Verbundenheit tatsächlich trägt. Erstaunlicherweise gehen viele gerade bei der Begründung strafrechtlicher Pflichten über dieses Problem hinweg – mit der Folge, dass der Gedanke der besonderen sozialen Verbundenheit in bedenklicher Weise (über-)dehnt wird. Wer etwa die Beistandspflicht der unterlassenen Hilfeleistung (§ 323c StGB) mit dem Gedanken der sozialen Verbundenheit rechtfertigt, *postuliert* diese Verbundenheit zwischen allen Personen, die im Geltungsbereich des deutschen Strafrechts leben. Ähnliches gilt, soweit der Gedanke zur Begründung des rechtfertigenden (Aggressiv-)Notstands (§ 34 StGB) herangezogen wird: Personelle Voraussetzung dafür, in einer Situation der Not einen Eingriff in die eigene Rechtssphäre durch eine notstandsberechtigte Person dulden zu müssen, ist lediglich der Aufenthalt im Geltungsbereich des § 34 StGB. Allen Personen, die sich dort bewegen, eine derart weit gezogene soziale Verbundenheit zu unterstellen, ist jedoch nichts anderes als eine – ihrerseits legitimationsbedürftige – Fiktion. Denn ein tatsächlich vorhandenes, individuelles Gefühl der Verbundenheit entsteht typischerweise nur in „sozialen Nahbereichen“[21]. Ein Gefühl der Zusammengehörigkeit, der Loyalität, des Miteinanders wird erfahrungsgemäß umso stärker, je enger die tatsächlich existierenden sozialen Bande

18 So bereits RG, Urt. v. 4.1.1932 – II 1389/31, RGSt. 66, 71, 74; Urt. v. 10.9.1935 – 1 D 626/35, RGSt 69, 321, 323.

19 *Gaede* in: NK-StGB, 5. Aufl. 2017, § 323c Rn. 1.

20 So auch *Pawlik*, Der rechtfertigende Notstand, 2002, S. 64.

21 Die Begrenzung des Solidaritätsgedankens auf den sozialen Nahbereich wird in unterschiedlichen Kontexten herausgestellt von *Beckert/Eckert/Kholi/Streeck*, Transnationale Solidarität – Chancen und Grenzen, 2004, S. 10; *Billmann/Held* in: Billmann/Held, Solidarität in der Krise, 2013, S. 206; *Kaufmann*, Solidarität als Steuerungsreform, 1984, S. 164.

geknüpft sind.[22] Deswegen ist Solidarität klassischerweise in Familien, Nachbarschaften, Viertels- oder Dorfgemeinschaften, religiösen Gruppen oder Vereinen mit gemeinsamer Zweckrichtung beheimatet.[23] Der von Solidaritätspflichten erfasste soziale Bereich ist folglich von vornherein stark begrenzt. Löst man Solidaritätsforderungen von derart eng umgrenzten emotionalen Bindungen, hat das zwei Folgen. Zunächst wandelt sich die soziale Verbundenheit bzw. Solidarität von einem tatsächlich vorhandenen Phänomen zu einer normativen Fiktion, anders gewendet: zu einer politischen oder rechtlichen Forderung. Zudem verändert sich der Charakter dieser Forderungen grundlegend: „An die Stelle einer‚natürlichen' Brüderlichkeit tritt unter den Bedingungen der modernen Gesellschaften eine‚künstliche' Gerechtigkeit, deren praktische Realisierung sich zugleich von den Individuen auf den Staat und seine Institutionen verschiebt."[24] Die Berufung auf Solidarität zur Rechtfertigung von strafrechtlichen Pflichten lässt sich dann aber nicht mehr aufrechterhalten; vielmehr wird die eingeforderte Solidarität selbst begründungsbedürftig. Der Gedanke der Solidarität ist dann lediglich eine Heuristik, die Ziele und Wirkungen einer Rechtspflicht beschreibt, diese Pflichten aber nicht selbst begründen kann.

2 Klugheit als Grund für solidarisches Handeln?

Einem verbreiteten, oft unausgesprochenen Postulat der neuzeitlichen Ethik entspricht es, Normen einerseits als Ausprägung individualistischen Denkens, andererseits mit dem Anspruch auf Universalität zu begründen. Diesen Anforderungen genügt die Berufung auf eine eng begrenzte „soziale Verbundenheit" offenkundig nicht. Weder blicken derartige Begründungsansätze auf spezifische Einzelinteressen, noch tragen sie zum Wohl jener bei, die außerhalb der Partikulargemeinschaft leben. Ein Ausweg aus diesem Dilemma könnte in dem Versuch liegen, Eigennutz unmittelbar mit Allgemeininteressen in Verbindung zu bringen. Eine solche Strategie verfolgt der sog. Präferenzutilitarismus.[25] Diesem heute vorherrschenden konsequentialistischen Konzept liegt die Orientierung an verallgemeinerbaren menschlichen Interessen zugrunde.[26] Maßgeblich sind dabei diejenigen rationalen Interessen, die sowohl individuell als auch gesamtgesellschaftlich nützlich sind.

---

22 *Bayertz*, Begriff und Problem der Solidarität in: Bayertz, Solidarität – Begriff und Problem, 1998, S. 36, 39.

23 *Bayertz*, Begriff und Problem der Solidarität in: Bayertz Solidarität – Begriff und Problem, 1998, S. 36, 39; *Pawlik*, Der rechtfertigende Notstand, 2002 S. 64; *Steinvorth*, Kann Solidarität erzwingbar sein? in: Bayertz, Solidarität – Begriff und Problem, 1998, S. 63.

24 *Bayertz*, Begriff und Problem der Solidarität in: Solidarität – Begriff und Problem, 1998, S. 40. Der Sache nach auch *Steinvorth*, Kann Solidarität erzwingbar sein? in: Bayertz, Solidarität – Begriff und Problem, 1998, S. 64 f.

25 Hierzu *Volkmann*, Rechtsphilosophie, 2018, § 1 Rn. 156.

26 Vgl. *Hoerster*, Wie lässt sich Moral begründen?, 2014, S. 94 ff.

Das einigende Band zwischen den beiden Interessensträngen ist dasjenige des klugen Eigennutzes: Für die Vornahme von Handlungen, die anderen dienlich sind, sprechen pragmatische Erwägungen, wenn dabei auch für mich ein Nutzen abfällt.

Dieser Gesichtspunkt ist auch bereits im Rahmen der Solidaritätsbegründung herangezogen worden. Ausgangspunkt der Argumentation ist das sich inmitten der Gesellschaft befindliche Individuum, dessen Lebenswelt von gegenseitigen Bindungen, intersubjektiver Verflochtenheit und wechselseitiger Abhängigkeit gekennzeichnet ist. In dieser für moderne Gesellschaften durchaus realistischen Situation des Aufeinander-Angewiesen-Seins lassen sich die Auswirkungen individueller Handlungen nur selten von den Folgen für andere trennen: Der Nutzen des einen ist zumindest mittelbar ein Vorteil für alle anderen. Da es demnach der Gemeinschaft umso besser geht, je vorteilhafter sich die Lage des Einzelnen gestaltet, besteht ein genuines Interesse aller daran, sich des Einzelnen in einer Notlage anzunehmen. „Denn je besser es dem anderen geht, desto mehr kann er auch für die Gesellschaft insgesamt und mich tun."[27] Damit ist zugleich ein pragmatisch begründetes, leicht einsichtiges Programm etabliert: Anderen zu helfen, lohnt sich.

Eine gewisse Einengung erfährt dieser ideale Nutzenmechanismus für solche Solidaritätspflichten, bei denen der Unmittelbarkeitszusammenhang zwischen individuellem und altruistischem Nutzen aufgelockert ist. Dies dürfte die Mehrheit der einschlägigen Konstellationen betreffen. Regelmäßig erfahre ich den eigenen Nutzen, der aus der Hilfeleistung für andere resultiert, erst später. Gerade in modernen Großgesellschaften ist es kaum mehr als eine Fiktion anzunehmen, dass sich eine Verbesserung der Umstände anderer unmittelbar merklich auf die eigene Situation auswirkt. Die Pflicht zum Hilfeleisten stellt sich damit realistischer lediglich als ein „Versprechen für die Zukunft" dar. Wer sich jetzt solidarisch zeigt, kann in künftigen Notlagen auf den Beistand anderer vertrauen. Dieser Zusammenhang gilt dann auch umgekehrt: „Wenn ich jetzt nicht Solidarität übe, dann muß ich damit rechnen, daß auch andere mir keine Solidarität erweisen werden, wenn ich einmal in Not geraten sollte"[28].

Solange sich alle Teilnehmer eines so verstandenen Solidaritätsprojekts an diese versicherungsvertragsähnlichen Grundsätze halten, ist die auf Klugheitserwägungen gründende Argumentation konsistent. Ob der Druck, bei einer Hilfsverweigerung später im Bedarfsfall selbst leer auszugehen, für jeden ein zwingendes Argument zu solidarischem Verhalten darstellt, ist jedoch zweifelhaft. Zwar ist es ohne weiteres rational, meine Solidaritätspflichten zu erfüllen, wenn andere hiervon Kenntnis erlangen. Gerade in Massengesellschaften ist es jedoch außerordentlich unwahrscheinlich, in einer eigenen späteren Notlage auf jemanden angewiesen zu sein, der meine früheren Solidaritätsverweigerungen kennt.[29] Denkt

27 *Steinvorth*, Kann Solidarität erzwingbar sein? in: Bayertz, Solidarität – Begriff und Problem, 1998, S. 59.

28 *Pawlik*, Der rechtfertigende Notstand, 2002, S. 71.

29 *Pawlik*, Der rechtfertigende Notstand, 2002, S. 71.

man auf dieser Grundlage das Kosten-Nutzen-Schema, auf dem das Klugheitsargument beruht, konsequent zu Ende, wäre es für jeden Einzelnen interessengerechter, sich selbst aus der Verantwortung zu stehlen, Hilfeleistungen im Bedarfsfall aber einzufordern.[30] Dies gilt umso mehr für diejenigen, bei denen es aufgrund der eigenen komfortablen Situation unwahrscheinlich ist, überhaupt jemals in eine Notlage zu geraten.[31] So lässt sich dem pragmatischen Begründungsausgang ein ebenso pragmatisches Argument entgegenhalten: Eine Vorleistung zu erbringen, obwohl deren Erwiderung faktisch höchst unsicher ist, lässt sich mit Klugheitserwägungen nicht rechtfertigen.[32]

3 Fairness, Reziprozität und Solidarität

Das argumentative Kernproblem, das sich ein Konzept der „Solidarität aus Klugheitsgründen" aufbürdet, liegt in den unterschiedlichen zeitlichen Dimensionen begründet, an denen (solidarische) Leistung und Gegenleistung anknüpfen. Es liegt daher nahe, den spezifisch solidarischen Akt nicht als Vorgriff zu künftigen (unsicheren) Gegenleistungen, sondern bereits selbst als verpflichtende Reaktion auf einen bereits zuvor erhaltenen Vorteil zu begründen.[33] Nicht weil ich mich auf altruistisches Verhalten anderer verlassen kann, wenn ich mich solidarisch gezeigt habe, sondern weil ich bereits solidarische Leistungen erhalten habe, bin ich nun zu einer Erwiderung durch Erbringen einer Solidarleistung meinerseits verpflichtet. Dieser Gedanke eliminiert den Anreiz zum Trittbrettfahren, mit dem sich Solidaritätsverpflichtungen aus Klugheitserwägungen aushebeln lassen, indem er diese Möglichkeit von vornherein abschneidet. Er lässt sich als Ausprägung von „Fairness"[34] oder – präziser – als Ausfluss horizontaler „Reziprozität"[35] bezeichnen.

Der bisherige Ansatz zu einer Solidaritätspflicht aus Fairness oder Reziprozität begnügt sich eher mit einer formalen Beschreibung denn mit einer eingängigen, materiell zwingenden Begründung. Gewiss ist es einleuchtend, Reziprozität als eine Grundnorm menschlichen Zusammenlebens zu begreifen. Von dem Berliner Rechtstheoretiker Volker Boehme-Neßler stammt in diesem Zusammenhang der treffende Begriff des „*homo reciprocus*"[36], und der Nachweis, dass mit ihr nicht

---

30 Zu diesem Trittbrettfahrer-Problem *Kubiciel*, ZStW 120 (2008), 429, 437 ff. (am Beispiel der Rechtstheorie von Hart).

31 *Baurmann*, Solidarität als soziale Norm und als Norm der Verfassung in: Bayertz, Solidarität – Begriff und Problem, 1998, S. 348 f.; *Steinvorth*, Kann Solidarität erzwingbar sein? in: Bayertz, Solidarität – Begriff und Problem, 1998, S. 59; *Stemmer*, Handeln zugunsten anderer, 2000, S. 292.

32 So im Ergebnis auch *Stemmer*, Handeln zugunsten anderer, 2000, S. 97 ff.

33 *Pawlik*, Der rechtfertigende Notstand, 2002, S. 75 f.

34 So *Baurmann*, Solidarität als soziale Norm und als Norm der Verfassung in: Bayertz, Solidarität – Begriff und Problem, 1998, S. 352 ff.

35 So *Gouldner*, Reziprozität und Autonomie, 1984, S. 118 ff.

36 *Boehme-Neßler*, Rechtstheorie 39 (2008), 521, 534.

nur ein neuronales Programm, sondern eine das ganze Recht prägende Regel umschrieben ist, fällt nicht schwer.[37] Innere Verbindlichkeit erlangt die Reziprozitätsformel jedoch nur durch einen überzeugenden Nachweis der von dem Solidaritätspflichtigen in der Vergangenheit bereits erlangten Leistung: Worin besteht der verpflichtende Umstand, der den Einzelnen zu einer Gegenleistung bewegt? Sofern der Einzelne nicht bereits tatsächlich konkrete „Vorleistungen" erhalten hat, besteht sein einziger Vorteil, ihn in den Kreis der zur Reziprozität Verpflichteten aufgenommen zu haben. Da der Betroffene insofern überhaupt erst in den Genuss gelangt, von zukünftigen Solidaritätsleistungen anderer profitieren zu können, ist dieser Aspekt zwar nicht als gering einzuschätzen. Hieraus aber weitergehende Konsequenzen für die inhaltliche Ausgestaltung der jeweiligen Solidaritätspflichten zu ziehen, ist angesichts der Wertfreiheit dieses Beziehungsgefüges nicht möglich. Denn mit ihm wird lediglich auf die *formale* Reziprozität von Berechtigung und Verpflichtung abgestellt.[38] Einen zusätzlichen materiellen Gehalt, mit dem sich im Einzelfall begründen lässt, ob Solidarleistungen zu erbringen sind oder nicht, enthält dieser Gedanke nicht.

Damit einher geht eine weitere, wesentlich schwerwiegendere Konsequenz. Ist der Gedanke einer Verpflichtung aus Reziprozität darauf beschränkt, lediglich das formale Beziehungsgefüge zwischen den Individuen zu bezeichnen, leistet er letztlich nicht mehr, als die etablierte Normenordnung nachzuzeichnen. Die Begründung nach dem Schema „leiste, da Du Bestandteil des Verbundes geworden bist", bringt weder argumentationslogisch noch materiell Kriterien mit sich, die über die allgemeine normative Gebundenheit der in einem Rechtsstaat Lebenden hinausgehen. Sie beschränkt sich auf eine Legitimation des Verpflichtungszusammenhangs, der ohnehin für jeden besteht, der Mitglied einer rechtlich verfassten Gemeinschaft ist.[39] Eine darüber hinausgehende Rechtfertigung, die auf spezielle Solidaritätspflichten eingeht, ihnen substantielle Konturen verleiht und sie innerhalb eines normativen Horizonts einordnet, gelingt mit dem Abstellen auf den Reziprozitätsgedanken nicht.

III Vertikale statt horizontale Begründungslinie?

Die bisherigen Ansätze vermochten keine brauchbare Begründung anzugeben, mit der sich der Solidaritätsgedanke zu einem zwingenden normativen Konzept verdichten ließe. Sie alle nehmen ihren Ausgangspunkt beim Einzelnen und seiner

---

37 *Boehme-Neßler*, Rechtstheorie 39 (2008), 521, 534 ff. Siehe auch den Ansatz von v. *Hirsch/Schorscher* in: von Hirsch/Neumann/Seelmann, Solidarität im Strafrecht, 2013, S. 77, 90 f., wonach wechselseitige Hilfspflichten daraus resultieren sollen, dass sich jede Person als „eine unter anderen" begreifen müsse, was gegenseitige Hilfspflichten „generiere".

38 *Pawlik*, Der rechtfertigende Notstand, 2002, S. 77.

39 *Pawlik*, Der rechtfertigende Notstand, 2002, S. 77 f.

Stellung gegenüber den übrigen Gesellschaftsmitgliedern. Sowohl der Gedanke einer sozialen Verbundenheit als auch die Gedanken der Klugheit und Reziprozität begreifen das Solidarverhältnis als ein horizontales: Stets behandeln sie Individuen als isolierte, lediglich im Bedarfsfall miteinander interagierende Einzelne, die sich in einem vorrechtlichen Raum begegnen oder bei denen die rechtliche Verfasstheit jedenfalls keine tragende Rolle spielt. Wie gezeigt, lässt sich Solidarität im Rahmen eines Konzepts der sozialen Verbundenheit indes nur auf enge persönliche Beziehungen gründen, denen soziale Nähe, Empathie und Loyalität wesentlich sind. Der Aspekt der Klugheit wurzelt im Bereich des pragmatischen und interessegeleiteten Handelns. Beide Ansätze beziehen ihre argumentative Kraft nicht aus normativen Erwägungen, sondern aus der beobachteten sozialen Alltagsplausibilität, die jenseits einer positivierten Normenordnung funktioniert. Indem sich der dritte, auf Fairness und Reziprozität abhebende Ansatz als Wiedergabe eines fundamentalen Rechtsprinzips erweist, eignet er sich zwar dazu, elementare Rechtsbeziehungen zwischen den Beteiligten vorzuzeichnen. Aufgrund seiner Formalität ist er jedoch nicht dazu in der Lage, eine darüber hinausgehende Solidarkonzeption zu begründen.

Es liegt daher nahe, den Gedanken der Solidarität nicht jenseits oder im Vorfeld, sondern *innerhalb* einer normativen Ordnung zu lozieren. Solidarität wandelt sich in dieser Perspektive von einer sozialen Zustandsbeschreibung zu einem Rechtsbegriff.[40] Dies macht es erforderlich, eine vertikale Ebene in das intersubjektive Verhältnis mit einzubeziehen. Genuiner Anknüpfungspunkt ist damit nicht mehr die originäre Beziehung der Einzelnen zueinander, sondern das rechtlich determinierte Verhältnis des Bürgers zum Staat und seinen Institutionen. Der Begründungszusammenhang wird damit um eine Ebene erweitert. Solidarität schuldet der Einzelne nicht mehr unmittelbar dem jeweils anderen, sondern in erster Linie der im Staat organisierten Bürgerschaft. Diese Überlegung lässt sich in ein modernes Staats- und Strafverständnis plausibel einordnen. Im neuzeitlichen Legitimationsparadigma ist es die Aufgabe des Staates, dem Einzelnen ein Leben in Freiheit zu ermöglichen. Zu diesem Zweck hat er nicht nur die Freiheitsräume seiner Bürger gegeneinander abzugrenzen und normativ abzusichern. Zu den zentralen Bedingungen freiheitlicher Staatlichkeit gehört es ebenso, eine Infrastruktur bereitzustellen, um das „Individuum mit der allgemeinen Möglichkeit zu vermitteln, die zur Erreichung der individuellen Zwecke vorhanden ist."[41] Dazu zählt nicht zuletzt ein funktionierendes Gesundheits- und Rettungswesen, ohne deren Existenz der Einzelne nicht oder jedenfalls nicht ohne weiteres jene alltäglichen oder besonderen Risiken eingehen könnte, die das Leben und Arbeiten in einer modernen Gesellschaft generiert. In Notfällen allerdings, in denen der Staat und seine Institutionen diese Aufgabe nicht rechtzeitig wahrnehmen können, greifen sie auf den einzelnen Bürger zurück, der dadurch zu einer „quasi-institutionellen"[42] Verpflichtung

---

40 *Seelmann* in: von Hirsch/Neumann/Seelmann, Solidarität im Strafrecht, 2013, S. 42.
41 *Hegel*, Grundlinien der Philosophie des Rechts, 4. Auflage 2017, § 236.
42 *Pawlik*, Der rechtfertigende Notstand, 2002, S. 123.

herangezogen wird. Dieser agiert damit gewissermaßen als „Verwaltungs*helfer*“[43]: Er „wird in ein – kleines und nur temporäres – Amt berufen“[44]. Auch dieses „sekundäre“ Heranziehen zur Erfüllung originärer Verwaltungsaufgaben lässt sich als Ausprägung solidarischer Pflichtenbindung begreifen.[45]

Dieser Gedanke einer in erster Linie dem Staat und seinen Institutionen gegenüber bestehenden Solidarbeziehung hat in der jüngeren Strafrechtswissenschaft erheblichen Zulauf erfahren.[46] Er ermöglicht es, Solidarität nicht als „extern formuliertes“ Programm zu begreifen, das nachträglich in das strafrechtliche Pflichtenrepertoire einzufügen ist. Die Leistungen, die der Einzelne seinen Mitbürgern gegenüber zu erbringen hat, verstehen sich schlicht als Modifikationen des allgemeinen strafrechtlichen Ziels, Freiheit zu ermöglichen. Neben die rein negativ verstandene Pflicht des *neminem laedere* tritt eine positive Freiheitskonzeption, die die Verwirklichungsbedingungen von Freiheit mit einbezieht: Der Einzelne soll nicht lediglich frei von äußeren Negativeinwirkungen existieren, sondern durch geeignete Maßnahmen in den Stand versetzt werden, Freiheitsräume auch faktisch nutzen zu können.[47] Hierfür werden im Bedarfsfall auch seine Mitbürger herangezogen. Demzufolge haben Bürger nicht nur die generelle negative Pflicht, ihren Organisationskreis so zu gestalten, dass daraus keine Risiken oder gar Schädigungen für andere resultieren. Bereichsweise können sie auch dazu verpflichtet werden, anderen in Notlagen beizustehen, ohne dass sie für die konkrete Notsituation verantwortlich oder dem Hilfebedürftigen in besonderem Maße (vgl. § 13 StGB) verbunden sind. Da Freiheit nur real erlebt werden kann, wenn der Handelnde darauf vertrauen darf, dass ihm in elementarer Not eine mögliche und zumutbare Hilfe nicht vorenthalten wird, fügt sich der Solidaritätsgedanke in den Kontext eines freiheitlichen Legitimationsmodells ein.

---

43 *Pawlik*, GA 1995, 365.

44 *Jakobs*, Rechtswissenschaft 2010, S. 283, 313.

45 So auch *Pawlik*, Der rechtfertigende Notstand, 2002, S. 123.

46 Vgl. nur *Jakobs*, Rechtswissenschaft 2010, S. 283, 313; *Pawlik*, Der rechtfertigende Notstand, 2002, S. 179 ff.; *Pawlik*, GA 1995, 363 ff.; *Seelmann* in: von Hirsch/Neumann/Seelmann, Solidarität im Strafrecht, 2013, S. 42 ff.; *Joerden* in: von Hirsch/Neumann/Seelmann, Solidarität im Strafrecht, 2013, S. 50 f.; *Haas*, Kausalität und Rechtsverletzung, 2002, S. 260 ff. Nahestehend auch *Küper*, JZ 2005, 114 f.; *Renzikowski* in: von Hirsch/Neumann/Seelmann, Solidarität im Strafrecht, 2013, S. 32 ff.

47 *Küper*, JZ 2005, 114. Näher zur Unterscheidung negativer und positiver Pflichten *Kubiciel*, Die Wissenschaft vom Besonderen Teil des Strafrechts, 2013, S. 173 ff.; *Pawlik*, Das Unrecht des Bürgers, 2012, S. 175 ff.

IV Solidarität im Medizinstrafrecht und der Gesundheitsversorgung

1 Hilfeleistungspflichten und gesellschaftlicher Wandel

Der gerade skizzierte Gedanke scheint in der von § 323c StGB sanktionierten Hilfeleistungspflicht besonders deutlich auf. Danach ist jedermann (und jede Frau) verpflichtet, bei Unglücksfällen oder gemeiner Gefahr oder Not Hilfe zu leisten, wenn diese erforderlich und den Umständen nach zuzumuten ist. Wer in einer solchen Situation nicht hilft, verletzt mithin eine Solidaritätspflicht.[48] Diese Pflicht trägt dem Umstand Rechnung, dass der Staat seine freiheitsermöglichende Leistung nicht stets und überall selbst, d. h. durch seine Amtsträger und Institutionen erbringen kann. Daher muss er den Bürgern eine „wechselseitige Einstandspflicht gegen die Fährnisse des Lebens“ auferlegen, die der Einsicht folgt, dass Solidarität die Voraussetzung von Freiheit ist.[49]

Da das horizontale Solidaritätsverständnis, das auf das Verhältnis zwischen den einzelnen Bürgern abstellt, nach der hiesigen Konzeption nicht ersatzlos entfällt, sondern in ein vertikales Legitimationsmodell eingebettet ist, haben Veränderungen gesellschaftlicher Anschauungen bzw. des Selbstbildes der Einzelnen durchaus Relevanz. Sie berühren zwar nicht die Legitimation, wohl aber die Interpretation des § 323c StGB. Sichtbar geworden ist dies zuletzt im Jahr 2019, als der BGH die Frage zu beantworten hatte, ob sich Ärzte wegen unterlassener Hilfeleistung strafbar machen, wenn sie einen ohnmächtig gewordenen Suizidenten nicht reanimieren, sondern dem Selbsttötungsversuch seinen Lauf lassen.[50] In früheren, vergleichbaren Fällen hatte der BGH diese Hilfeleistungspflicht noch (umstandslos) bejaht. 1954 berief sich der Große Senat des BGH dabei auf das (christliche) Naturrecht: Die allgemeine Hilfeleistungspflicht umfasse auch die sittliche Pflicht, bei einem „Selbstmordversuch“ einzugreifen; dabei handele es sich um ein Hauptgebot christlicher Lehre, die jede Form der Selbsttötung – auch der freiverantwortlichen – sittlich streng missbillige.[51] Auf dieser Argumentationsgrundlage sah der BGH in einem Selbsttötungsversuch einen „Unglücksfall“ im Sinne des § 323c StGB und hielt ein Eingreifen für sowohl erforderlich als auch zumutbar. Keines der Argumente des Großen Senats war selbstverständlich. Zum einen ist es grammatikalisch und dogmatisch kaum begründbar, in einem freiverantwortlichen Selbsttötungsversuch ein „plötzlich eintretendes Ereignis“ und damit einen Unglücksfall

---

48 Vgl. *Kühl* in: von Hirsch/Neumann/Seelmann, Solidarität im Strafrecht, 2013, S. 93, 97.

49 Vgl. dazu *Depenheuer* in: Isensee/Kirchhoff, Handbuch des Staatsrechts, § 194 Rn. 30. Vgl. auch *Kühl* in: von Hirsch/Neumann/Seelmann, Solidarität im Strafrecht, 2013, S. 101.

50 Siehe dazu auch *Kubiciel*, NJW 2019, 3033 ff.

51 BGH, Urt. v. 10.3.1954 – GSSt 4/35, BGHSt 6, 147, 150, 153.

zu sehen.[52] Zum anderen blieb der BGH eine Begründung dafür schuldig, weshalb Normen der christlichen Ethik zunächst als gültiges Naturrecht und sodann als maßgeblich für die Auslegung staatlichen Strafrechts anzusehen sind. Gleichwohl fand der BGH mit diesen voraussetzungsreichen Argumentationsschritten Anschluss an die (kurze) Phase der Naturrechtsrenaissance und den seinerzeit vorherrschenden sozialen Wertanschauungen.[53]

Dreißig Jahre später hatte sich die rechtswissenschaftliche Selbstverständlichkeit und gesellschaftliche Anschlussfähigkeit derartiger Begründungen verflüchtigt. Demzufolge berief sich der BGH in einer Entscheidung aus dem Jahr 1984 nicht mehr auf naturrechtliche, sondern pragmatische Gründe. Ein Selbsttötungsversuch begründe eine Hilfeleistungspflicht, weil die Motivationsfaktoren einer Selbsttötung innerhalb der kurzen Zeitspanne, die nach einem Selbsttötungsversuch bis zum Eintritt des Todes verbleibe, von Dritten kaum beurteilt werden könnten.[54] Nach dieser Konzeption des BGH soll die Unfreiheit der Selbsttötung vermutet und hierauf eine solidaritätsbasierte Hilfeleistungspflicht gegründet werden. Dieses Argument ist zwar für eine säkularisierte, nachmetaphysische Gesellschaft grundsätzlich plausibel, überzeugt jedoch dann nicht, wenn an der Freiverantwortlichkeit kein vernünftiger Zweifel bestehen kann. Für einen solchen Fall haben die Karlsruher Richter im Jahr 2019 die Anwendung des § 323c StGB schließlich verneint. Der 5. Strafsenat hält zwar an der umstrittenen Einordnung eines Suizidversuchs als Unglücksfall fest. Mit Blick auf die gewachsene gesellschaftliche und rechtliche Bedeutung des Selbstbestimmungsrechts halten die Richterinnen und Richter aber die Hilfeleistung für „nicht zumutbar", wenn an der Freiverantwortlichkeit der Selbsttötung kein Zweifel besteht.[55] Das Urteil ist – jedenfalls im Ergebnis – zu begrüßen. Der Senat hätte zwar gute Gründe gehabt, dem freiverantwortlichen Selbsttötungsversuch insgesamt den Charakter eines Unglücksfalls abzusprechen. Denn bei einem freiverantwortlichen Suizidversuch lässt sich kein Unglücksfall fingieren, der nach der Konzeption des § 323c StGB jene „solidarische" Hilfeleistungspflicht begründet, auf die sich der BGH noch im Jahr 2019 beruft.[56]

---

52 Vgl. dazu *Sternberg-Lieben/Hecker* in: Schönke/Schröder, StGB, 30. Aufl. 2019, § 33c Rn. 5.

53 Zur Naturrechtsrenaissance im Strafrecht *Kubiciel* in: Hilgendorf/Kudlich/Valerius, Handbuch des Strafrechts, Bd. 1, 2019, § 24 Rn. 37 f. Umfassend zu dieser Epoche *Foljanty*, Recht oder Gesetz, 2013, S. 53 ff.; *H. Hofmann*, Rechtsphilosophie nach 1945, 2012, S. 10 ff.

54 BGH, Urt. v. 4.7.1994 – 3 StR96/84, BGHSt 32, 367, 376.

55 BGH, Urt. v. 3.7.2019 – 5 StR 132/18, NJW 2019, 3029, 3092. Dazu *Hecker*, JuS 2020, 82 ff.; *Kudlich*, JA 2019, 867 ff.; *Kubiciel*, NJW 2019, 3033 ff.; zur landgerichtlichen Entscheidung *Hillenkamp*, MedR 2018, 379 f. Siehe ferner *Duttge*, MedR 2017, 139 ff.; *Leipold/Beukelmann*, NJW-Spezial 2016, 506.

56 BGH, Urt. v. 3.7.2019 – 5 StR 132/18, BGHSt 64, 121 = BGH NJW 2019, 3029, 3092. Kritisch dazu *Kubiciel*, NJW 2019, 3033, 3035.

Ungeachtet dieses strafrechtsdogmatischen Streits um die Einordnung einer Selbsttötung als Unglücksfall zeigt die jüngste Entscheidung des BGH indes die Tendenz, die Auslegung des § 323c StGB und der von ihr vorausgesetzten Solidaritätsverpflichtung an die vorherrschenden gesellschaftlichen Wertüberzeugungen zurückzubinden, die inzwischen auch die Verfassungsrechtsprechung prägen: Wenn eine Selbsttötung nicht mehr per se als sittenwidrig erachtet, sondern das Recht auf selbstbestimmtes Sterben gesellschaftlich und verfassungsrechtlich anerkannt wird,[57] ist für die strafrechtliche Erzwingung von Solidarität zum Zwecke der Sicherung personaler Freiheit kein Raum: Der Staat kann vermittels des § 323c StGB nicht dort *private* Hilfe verlangen, wo er *selbst* das allgemeine Persönlichkeitsrecht des Suizidenten zu achten hat. Allgemeiner formuliert: Die generelle Existenz strafrechtlich garantierter Solidaritätspflichten lässt sich freiheitstheoretisch gegenüber dem Verpflichteten rechtfertigen, *wenn* die konkrete Pflicht nicht zu einem aufgedrängten paternalistischen Eingriff in die Rechte einer freiverantwortlich handelnden Person führt.

2 Strafrechtliche Erzwingung von Solidaritätspflichten in der Gesundheitsvorsorge

Eine besondere *politische* Bedeutung hat der Begriff der Solidarität während der Sars-CoV-2-Pandemie erlangt. So betonte Bundeskanzlerin Merkel bereits im März 2020, dass es vor allem um den Schutz älterer Menschen und Menschen mit Vorerkrankungen gehe, was „unsere Solidarität“ auf eine Probe stelle.[58] Die dahinterstehenden Überlegungen verdeutlicht die erste Stellungnahme des Deutschen Ethikrates zur Pandemie, die den Begriff „Solidarität“ in ihrem Titel trägt: „Einerseits ist nach heutigem Wissensstand bei vielen (vor allem Jüngeren) nur ein relativ milder Krankheitsverlauf zu erwarten (...). Andererseits besteht für bestimmte Risikogruppen (z. B. ältere Personen, Menschen mit Begleiterkrankungen bzw. chronisch Kranke) ein deutlich erhöhtes Mortalitätsrisiko.“[59] Die Auflösung solcher Konflikte verspricht sich der Ethikrat von einer gelebten Solidarität, diese verstanden als „Bereitschaft zu prosozialen Handlungen auf der Grundlage relevanter Gemeinsamkeit“[60]. So gesehen, lässt sich die große Bereitschaft der Mehrheit der Bürgerinnen und Bürger, die Regeln zur Eindämmung der Pandemie freiwillig zu befolgen, gesellschaftspolitisch als „ein ermutigendes Zeichen (...) in einer von individualistischen Einstellungen geprägten Gesellschaft“ begreifen.[61]

---

57 BVerfG, Urt. v. 26.2.2020 – 2 BvR 2347/15, NJW 2020, 905 ff. = JZ 2020, 627 ff.; dazu *Hillenkamp*, JZ 2020, 618 ff.

58 Stellungnahme der Bundeskanzlerin v. 11.3.2020, abrufbar unter: https://www.bundesregierung.de/breg-de/themen/coronavirus/merkel-zu-corona-1729780.

59 Deutscher Ethikrat, Solidarität und Verantwortung in der Corona-Krise, 27.3.2020, S. 2.

60 Deutscher Ethikrat, Solidarität und Verantwortung in der Corona-Krise, 27.3.2020, S. 5.

61 *Hase*, JZ 2020, 697, 703. Ähnlich *Häberle/Kotzur*, NJW 2021, 132, 137: „Die Rücksichtnahme auf die am meisten Gefährdeten in der Covid-19-Pandemie ist signifikanter Ausdruck solcher Solidarität.“

Andere haben derartige „Solidaritätsappelle" indes als diskursfeindlich und „krisentypische Einigkeits- und Entschlossenheitsrhetorik" kritisiert.[62] Nach Ansicht von Huster habe die Solidarität Grenzen: „Die Aufopferungspflicht zugunsten Dritter endet irgendwann." Er fügte an: „Jedes Leben ist gleich viel wert, aber dass das Gemeinwesen (...) Entbehrungen in Kauf nehmen muss, um 95jährigen noch weitere zusätzliche Monate oder Jahre zu verschaffen (...), ist eine arge Zumutung für den gesunden Menschenverstand."[63] Man kann in solchen Stellungnahmen den Hinweis sehen, dass „eine abwägungsblinde Verabsolutierung des Lebensschutzes, eine Politik der maximalen Bekämpfung des Corona-Virus um jeden Preis, grundrechtlich nicht der richtige Weg sein kann."[64] Indes hat es einen solchen Abwägungsausfall ebenso wenig gegeben wie eine vollständige Suspension von Grundrechten.[65] So hat bereits der Deutsche Ethikrat in der erwähnten Stellungnahme auf die Notwendigkeit der „permanenten Kontrolle von Erforderlichkeit und Angemessenheit der ergriffenen Maßnahmen" hingewiesen,[66] die Rechtswissenschaft hat die grundlegenden Parameter einer Verhältnismäßigkeitsprüfung frühzeitig an die Vorschriften zur Pandemiebekämpfung angelegt[67] und Gerichte haben diese in zahllosen Verfahren geprüft.

Auffällig ist dabei indes, dass Solidaritätsüberlegungen innerhalb der verfassungsrechtlichen Abwägungen ebenso wenig eine Rolle spielen[68] wie in der strafrechtswissenschaftlichen Diskussion. Soweit strafrechtlich sanktionierte Pflichten nicht einfach als „verwaltungsrechtliche Gehorsamspflichten" bezeichnet werden,[69] werden straf- oder parastrafrechtlich sanktionierte Pflichten zum Tragen einer Mund-Nasen-Bedeckung bzw. Ausgangsbeschränkungen oder Kontaktverbote mit Verweis auf das legitime Ziel der Eindämmung des pandemischen Geschehens für grundsätzlich verhältnismäßig erachtet.[70] Insoweit korrespondiert die politische Bedeutung des Solidaritätstopos in der Pandemie *nicht* mit einer dementsprechenden verfassungs- oder strafrechtlichen Bedeutung. Dies überrascht insoweit, als sich die oben skizzierten Überlegungen zum Zusammenhang von Freiheit und Solidarität durchaus in einem (verfassungs-)rechtlich gehaltvollen Sinne auf die Pandemielage übertragen lassen – jedenfalls im Grundsatz. So weisen einzelne

62 *Kingreen*, Verfassungsblog v. 20.3.2020, abrufbar unter: https://verfassungsblog.de/whatever-it-takes/.

63 *Huster*, Verfassungsblog vom 22.3.2020, abrufbar unter: https://verfassungsblog.de/grenzen-der-solidaritaet/.

64 *Katzenmeier*, MedR 2020, 461, 463.

65 Zutreffend *Kersten/Rixen*, Der Verfassungsstaat in der Corona-Krise, 2020, S. 45, 58.

66 Deutscher Ethikrat, Solidarität und Verantwortung in der Corona-Krise, 27.3.2020, S. 5 f.

67 *Rixen*, NJW 2020, 1097, 1001.

68 Vgl. Kersten/Rixen, Der Verfassungsstaat in der Corona-Krise, S. 45 ff.

69 So unter Bezugnahme auf die Rspr. des BVerfG *Makepeace*, JR 2020, 542.

70 Vgl. *Tsambikakis/Kessler* in: Esser/Tsambikakis, Pandemiestrafrecht, 2020, § 1 Rn. 147, 157.

Stimmen der Verfassungsrechtslehre darauf hin, dass der Staat mit der von ihm bereitgestellten Infrastruktur allein nicht in der Lage ist, die Pandemie einzuhegen, sondern auf die Unterstützung durch eine „aktive Bürgergesellschaft" bzw. „resiliente Risikogesellschaft" angewiesen ist.[71] Indes binden sie diese Überlegung nicht an den Solidaritätsbegriff zurück; infolgedessen bemühen sie sich auch nicht darum, einzelne Freiheitseinschränkungen als Solidaritätspflicht auszuweisen und zu legitimieren. Dabei wäre es – wiederum im Grundsatz – möglich, strafbewehrte Verhaltenspflichten zur Pandemiebekämpfung als Solidaritätspflichten auszuweisen, da sie – ebenso wie der bereits erwähnte § 323c StGB – einer „gemeinen Not" begegnen sollen.

Indes zeigt ein näheres Hinsehen, dass die gängigen Regeln zur Pandemieeindämmung in der Regel *keine* positiven Hilfspflichten begründen, sondern klassische negative Pflichten, d. h. Gefährdungsverbote. Die Pflicht zum Tragen einer Mund-Nasen-Bedeckung dient ebenso wie Kontakt- oder Ausgangsbeschränkungen dazu, andere vor potenziellen Risiken zu schützen, die in der eigenen Organisationssphäre des Normadressaten und potenziellen Virenträgers entstehen. Solche Pflichten sind Ausdruck des klassischen Grundsatzes *neminem laedere*, keine Solidaritätspflichten. Folglich mag der Appell an die Solidarität der politischen Vermittelbarkeit dienen, zu einer (verfassungs-)rechtlichen Rechtfertigung trägt der Solidaritätsbegriff *als Rechtsbegriff* hingegen nichts bei. Anders gewendet: Negative Pflichten in (strafrechtlich abgesicherten) Vorschriften zur Einhaltung von Hygienestandards oder Kontakt- bzw. Ausgangsbeschränkungen müssen jenen Anforderungen genügen, die an Gefährdungs- oder Verletzungsverbote zu stellen sind. Genügen sie diesen Anforderungen nicht, kann der diffuse Verweis auf Solidarität diese nicht über die Schwelle der Verfassungskonformität heben.

Vergleichbares gilt für die umstrittene Impfpflicht, soweit diese mit der Verhinderung einer Übertragung des SARS-CoV-2-Virus begründet werden sollte. In einem solchen Fall diente die Impfpflicht der Einhegung potenzieller Gefahren von Personen, die mangels Impfung das Virus an Dritte weitergeben könnten; die Impfpflicht wäre dann eine negative Pflicht zur Verhinderung von Schädigungen bzw. Gefährdungen anderer. Legitimierbar wären solche Pflichten nur, wenn nachweisbar feststünde, dass eine Impfung zu einer sog. sterilen Immunität führt, d. h. eine Weitergabe des Virus durch eine geimpfte Person ausschließt.[72] Sollte die Impfung einen solchen Schutz nicht entfalten, wäre ein Rückgriff auf eine positive Solidaritätspflicht denkbar: Die Impfung diente in diesem Konzept dem Schutz des (zwangsweise) zu Impfenden, indes nicht in dessen eigenem wohlverstandenen Interesse, sondern im Drittinteresse. Als Beitrag zur Gesundheitsvorsorge könnte

71 *Kersten/Rixen*, Der Verfassungsstaat in der Corona-Krise, 2020, S. 71 f., mit Verweis auf *Wißmann*, FAZ v. 20.3.2020, S. 9.

72 Zudem müsste die Statuierung einer zwangsbewehrten Pflicht auch erforderlich sein, d. h., es müsste an einer freiwilligen Impfbereitschaft in signifikantem Ausmaß fehlen, vgl. *Kersten/Rixen*, Der Verfassungsstaat in der Corona-Krise, 2020, S. 88.

eine solche Impfpflicht als ein Mittel ausgewiesen werden, das einer Überlastung des Gesundheitswesens durch eine Vielzahl von Erkrankten entgegenwirken soll. Nicht paternalistische Erwägungen begründeten mithin eine solche Impfpflicht, sondern die Solidaritätsverpflichtung gegenüber dem (freiheitsermöglichenden) Gesundheitswesen.

V Schluss

Der Ruf nach Solidarität ertönt häufig, sobald es um die Begründung staatsbürgerlicher Pflichten geht. Dabei dient der Begriff regelmäßig als Appellverstärker, der an ein Gefühl der Zusammengehörigkeit und des „füreinander Einstehens" anknüpft. Mit dem normativen Gehalt des Begriffs sind diese Begründungszusammenhänge oftmals nicht zu vereinbaren. Ein recht verstandenes Solidaritätsmodell kann in modernen westlichen Gesellschaften, die von einer weitgehenden Vorrangstellung der Interessen Einzelner ausgehen, lediglich insofern als akzeptables Legitimationsmodell fungieren, als mit ihm ein Bezug zum Schutz individueller Freiheitssphären aufgewiesen wird. Dies führt zu einer wichtigen Differenzierung: Ihren legitimen Ort haben Solidaritätsforderungen dort, wo ein Beitrag zum Funktionieren freiheitsermöglichender Institutionen geleistet werden soll; „negative Pflichten", die sich auf ein Gefährdungsverbot im Verhältnis einzelner Bürger untereinander beziehen, lassen sich hingegen nicht mit einer Anrufung von „Solidarität" rechtfertigen. Diese Differenzierung hat nicht bloß akademischen Wert. Wie sich am Beispiel des Tatbestandes der unterlassenen Hilfeleistung (§ 323c StGB) zeigen lässt, hat die zutreffende legitimationstheoretische Einordnung eines strafrechtlichen Instituts entscheidenden Einfluss auf die Ausgestaltung seiner Voraussetzungen. Auf lange Sicht gesehen fördert eine Rückbesinnung auf den eigentlichen Kerngehalt der Solidarität zudem ihr argumentatives Potential: Ein zum *buzzword* verkommener Begriff, der nach politischem Belieben bemüht wird, ist nicht nur rechtstheoretisch unergiebig, er nutzt sich auch in der öffentlichen Rhetorik schnell ab.

Autor:innenverzeichnis

Jun.-Prof. Dr. Stefanie Börner ist Juniorprofessorin am Institut für Gesellschaftswissenschaften an der Otto-von-Guericke-Universität Magdeburg, Zschokkestr. 32, 39104 Magdeburg.
E-Mail: stefanie.boerner@ovgu.de

Prof. Dr. Peter Dabrock ist Inhaber des Lehrstuhls für Systematische Theologie (Ethik) am Fachbereich Theologie der Friedrich-Alexander-Universität Erlangen-Nürnberg und war von 2016 bis 2020 Vorsitzender des Deutschen Ethikrates, Kochstraße 6, 91054 Erlangen.
E-Mail: peter.dabrock@fau.de

Prof. Dr. Claudia Maria Hofmann ist Inhaberin des Lehrstuhls für Öffentliches Recht und Europäisches Sozialrecht an der Europa-Universität Viadrina und assoziiertes Mitglied des Instituts für Europäische Gesundheitspolitik und Sozialrecht (ineges), Große Scharrnstraße 59, 15230 Frankfurt (Oder).
E-Mail: chofmann@europa-uni.de

Prof. Dr. Stefan Huster ist Inhaber des Lehrstuhls für Öffentliches Recht, Sozial- und Gesundheitsrecht und Rechtsphilosophie an der Ruhr-Universität Bochum, Universitätsstraße 150, 44801 Bochum.
E-Mail: stefan.huster@rub.de

Prof. Dr. Constanze Janda ist Inhaberin des Lehrstuhls für Sozialrecht und Verwaltungswissenschaft an der Deutschen Universität für Verwaltungswissenschaften Speyer, Freiherr-vom-Stein-Straße 2, 67346 Speyer.
E-Mail: janda@uni-speyer.de

Dr. Jenny Krutzinna ist Senior Researcher am Department of Administration and Organization Theory der Universität Bergen, Christiesgt. 17, 5020 Bergen.
E-Mail: jenny.krutzinna@uib.no

Prof. Dr. Dr. h.c. Michael Kubiciel ist Inhaber des Lehrstuhls für Deutsches, Europäisches und Internationales Straf- und Strafprozessrecht, Medizin- und Wirtschaftsstrafrecht an der Universität Augsburg, Universitätsstraße 24, 86159 Augsburg.
E-Mail: sekretariat.kubiciel@jura.uni-augsburg.de

Prof. Dr. Laura Münkler ist Inhaberin des Lehrstuhls für Öffentliches Recht mit Schwerpunkt Verwaltungs- und Gesundheitsrecht an der Universität Greifswald, Domstraße 20, 17489 Greifswald.
E-Mail: laura.muenkler@uni-greifswald.de

Univ.-Prof. Dr. Barbara Prainsack ist Leiterin des Instituts für Politikwissenschaft an der Universität Wien, Universitätsstraße 7, 1010 Wien.
E-Mail: barbara.prainsack@univie.ac.at

Prof. Dr. Stephan Rixen ist Inhaber des Lehrstuhls für Öffentliches Recht, Sozialwirtschafts- und Gesundheitsrecht an der Universität Bayreuth und seit 2020 Mitglied des Deutschen Ethikrates, Universitätsstraße 30, 95447 Bayreuth.
E-Mail: stephan.rixen@uni-bayreuth.de

Wanda Spahl, M.Sc. Bakk. BA, ist Universitätsassistentin am Institut für Politikwissenschaft an der Universität Wien, Universitätsstr. 7, 1010 Wien.
E-Mail: wanda.spahl@univie.ac.at

Prof. Dr. Indra Spiecker gen. Döhmann, LL.M. (Georgetown Univ.) ist Inhaberin der Professur für Öffentliches Recht, Informationsrecht, Umweltrecht und Verwaltungswissenschaft an der Goethe-Universität Frankfurt a.M., Direktorin der Forschungsstelle Datenschutz und geschäftsführende Direktorin des Instituts für Europäische Gesundheitspolitik und Sozialrecht, Theodor-W.-Adorno-Platz 4, 60629 Frankfurt am Main.
E-Mail: spiecker@jur.uni-frankfurt.de

Prof. Dr. Uwe Volkmann ist Inhaber des Lehrstuhls für Öffentliches Recht und Rechtsphilosophie an der Goethe-Universität Frankfurt am Main, Theodor-W.-Adorno-Platz 4, 60629 Frankfurt am Main.
E-Mail: volkmann@jura.uni-frankfurt.de

Dr. Matthias Wachter ist Akademischer Rat am Lehrstuhl für Deutsches, Europäisches und Internationales Straf- und Strafprozessrecht, Medizin- und Wirtschaftsstrafrecht an der Universität Augsburg von Prof. Dr. Dr. h.c. Michael Kubiciel, Universitätsstraße 24, 86159 Augsburg.
E-Mail: matthias.wachter@jura.uni-augsburg.de

Prof. Dr. Felix Welti leitet das Fachgebiet Sozial- und Gesundheitsrecht, Recht der Rehabilitation und Behinderung an der Universität Kassel und ist Sprecher des Forschungsverbunds Sozialrecht und Sozialpolitik (FoSS) der Universität Kassel und der Hochschule Fulda, Arnold-Bode-Straße 10, 34127 Kassel.
E-Mail: welti@uni-kassel.de

Vanessa Zeeb ist wissenschaftliche Mitarbeiterin im Fachbereich Migration und Menschenrechte an der Akademie der Diözese Rottenburg-Stuttgart, Im Schellenkönig 61, 70184 Stuttgart.
E-Mail: zeeb@akademie-rs.de

www.ingramcontent.com/pod-product-compliance
Ingram Content Group UK Ltd.
Pitfield, Milton Keynes, MK11 3LW, UK
UKHW021851290926
8980IPUK00005B/776

9 783631 844694